电子政务研究与实践进展

《图书情报工作》杂志社　编

海洋出版社

2013年·北京

图书在版编目（CIP）数据

电子政务研究与实践进展/图书情报工作杂志社编著．—北京：海洋出版社，2013.10
（名家视点．第4辑）
ISBN 978-7-5027-8655-7

Ⅰ.①电… Ⅱ.①图… Ⅲ.①电子政务-中国-文集 Ⅳ.①D630.1-39

中国版本图书馆 CIP 数据核字（2013）第 215120 号

责任编辑：杨海萍
责任印制：赵麟苏
海洋出版社 出版发行
http://www.oceanpress.com.cn
北京市海淀区大慧寺路 8 号 邮编：100081
北京旺都印务有限公司印刷 新华书店北京发行所经销
2013 年 10 月第 1 版 2013 年 10 月第 1 次印刷
开本：787 mm×1092 mm 1/16 印张：21
字数：486 千字 定价：45.00 元
发行部：62132549 邮购部：68038093 总编室：62114335
海洋版图书印、装错误可随时退换

序

由《图书情报工作》杂志社编辑、海洋出版社出版的《名家视点：图书馆学情报学档案学理论与实践系列丛书》第4辑即将付梓问世。作为我担任《图书情报工作》杂志社社长、主编后经手策划的第一套丛书，我很高兴看到，经过相当长时间的讨论、选题、编辑、加工、出版等一系列环节，第4辑共5本书，就要正式出版。我有种释然的感觉，又觉得有必要多说几句话。

近些年，我们所处的信息环境和文献情报领域发生了非常重大的变化。大英图书馆2008—2011年的战略规划指出：我们所处的环境在过去的二十年里发生的变化超过了过去两百年的变化（初景利、吴冬曼．国际图书馆发展趋势调研报告（一）：环境分析与主要战略．国家图书馆学刊，2010年第1期）；美国一位学者Scott Nicholson也曾提出：图书馆界在过去五年的变化超过了前面一百年的变化，而未来五年的变化将使过去五年的变化微不足道（张晓林．颠覆数字图书馆的大趋势．中国图书馆学报，2011第5期）。

我们需要敏感地认识到这种变化，并积极地应对变化，直面变化所带来的挑战。变化是永恒的（change is constant），但变化也是机会。没有一个学科、一个领域不受快速发展的信息技术所影响，不受快速变化的信息环境所影响。文献情报工作在这种大变革的环境下很可能受到的冲击最大，但也可能是孕育的机会最多的领域。关键是，我们能不能抓住变化的机会，寻求新的业务生长点和自我创新发展的路径。

图书馆学、情报学、档案学的研究者、从业人员、教师、学生和管理者，必须从自身业务上的例行事务中跳出来，睁大眼睛看世界，跟踪和了解国际国内学界业界正在思考的问题，正在发生的变化，正在设计的未来路线。近年来文献情报及相关领域发生的变化可以从《图书情报工作》每年发表的众多文章中感受到这种律动，也可从我们精选的部分文章编辑出版的这套丛书可见一斑。无论是作为图书馆服务的热点的学科服务、知识服务，还是与文献情报有密切关系信息环境和信息化的微博、电子政务、电子商务，都在经历着变革与创新，而正是这种变革与创新不断地推动着文献情报工作及相关领域工作的不断深化和不断向前发展。

我们编辑的这套丛书共5本，分别为《知识服务的现在与未来》、《学科服务进展与创新》、《微博与信息传播》、《电子政务研究与实践进展》、《电子商务研究与实践进展》，基本都是从《图书情报工作》2009 年到 2013 年初所正式发表的文章精选出来的。5 个主题所研究的问题各有侧重，但都注重理论与实践的结合，体现了作者对相关问题的理论思考和实践探索，反映了当前业界学界对这些问题的研究水平和业务进展。相信会对广大读者有一定的帮助，或具有一定的启示作用。他山之石，可以攻玉。我们也都需要通过学习、交流和借鉴，相互沟通，取长补短，共同成长，共同提高。《图书情报工作》是严谨的学术期刊。作为半月刊，每年发文在 700 篇左右（来稿有 7000 篇左右），同时我们还创办了纯网络的电子期刊《知识管理论坛》（原名《图书情报工作网刊》）。这么多的文章全部阅读完，还是有些困难的。为此，我们选择了 5 个专题，从大量的发表的文章中筛选出一些质量好、有特色的文章，编辑了一个专辑 5 本书。读者可以选择其中感兴趣的主题阅读相关的文章，并追踪阅读和利用该领域更多的研究成果与实践进展。

这是自 2009 年《图书情报工作》杂志社与海洋出版社首次合作出版第 1 辑（4 本）、2011 年出版第 2 辑（5 本）、2012 年出版第 3 辑（4 本）之后的再度合作。我们希望通过对《图书情报工作》所发表的文章的精华部分以书的形式出版，形成对这些研究成果的再利用，更充分地发挥这些研究成果的价值和影响力，为读者提供增值的服务，使这些论文的学术思想、理论创新、实践经验、专业成就得到最大限度地利用。

感谢本丛书的多位作者为丛书所提供的重要的科研成果与实践创新案例，这些成果尽管只是《图书情报工作》发表的，但也一定程度上代表了国内这些领域最新的研究成果和取得的学术成就，为读者了解、学习、借鉴和应用这些成果提供了有价值的参考源，并在此基础上进行深入的研究与探索，不断深化所研究的问题，不断创造出更多更好的成果。

丛书的出版，是《图书情报工作》杂志社、海洋出版社和广大作者共同努力的结果，是我们三方共同奉献给业内广大读者的一份礼物。感谢本专辑的作者，感谢海洋出版社。但愿本专辑的出版，能对图书馆学情报学档案学的相关理论研究与实践创新有所裨益、有所推动，体现出其应有的社会价值，为人们的学习、研究、实践提供必要的支持，为发展壮大我们的学科，为图书情报服务的持续创新，做出应有的贡献。

初景利

《图书情报工作》杂志社社长、主编

2013 年 7 月 3 日于中关村

目　次

基　础　篇

平　台　篇

务 实 篇

基 础 篇

国外电子政务研究进展分析

——基于共词分析方法的研究

董 伟[1] 贾东琴[2]

（1. 中国人民大学信息资源管理学院 北京 100872；
2. 南开大学商学院信息资源管理系 天津 300071）

摘 要 在选择近5年国外电子政务研究领域的高频关键词的基础上，借助共词分析法，以SPSS软件为工具探索和分析电子政务的研究进展。将国外电子政务研究领域划分为三大区域：电子政务用户相关研究；电子政务建设实施管理研究；电子政务相关技术的应用研究。最后，根据分析结果和相关的研究文献，对其中各个领域的研究内容进行探讨，并针对我国电子政务的研究提出一些建议。

关键词 电子政务 共词分析 因子分析 多维尺度分析

分类号 D630

随着计算机与互联网等现代信息技术的飞速发展，电子政务（E-government或E-governance）的开发与建设已经成为世界范围内情报学、公共管理学、计算机科学等相关学科研究的热门领域。本文以近5年国外电子政务相关期刊论文为基础，借助SPSS统计软件，采用共词分析、因子分析以及多维尺度分析等方法对国外近5年电子政务的研究热点和最新进展进行分析，希望对国内电子政务研究有所裨益。

1 研究方法和数据来源

共词分析法是一种内容分析的方法，主要是通过对能够表达某一学科领域研究主题或研究方向的专业术语共同出现在一篇文献中的现象的分析，判断学科领域中主题间的关系，从而展现该学科的研究内容与结构。其立论的假设条件是：文章的关键词是文章主题内容的浓缩，两篇文章如果有两个以上的相同关键词，则认为这两篇文章在研究主题的概念、理论或方法上是相关的，内容是相似的，共词文章数量越多，表明这类关键词“距离”越近，利用现代多元统计技术如因子分析、聚类分析和多维尺度分析等，则可以按这种“距离”将一个学科内的重要关键词加以分类，从而分析出该学科领域的研究现状与内容[1]。本文将利用关键词的词频与共现关系，借助共词分析、因子分析以及多维尺度分析对近期国外电子政务的研究热点和进展进行分析。

本文所使用的数据来源于美国科学情报研究所（Institute for Scientific Information，缩写为ISI）出版的Web of Science数据库。数据的检索策略是标题=（e-government t）OR 标题=（electronic government）OR 标题=（digital government），数据库=（SCI-EXPANDED，SSCI，CPCI-S，CPCI-SSH），入库时间=2006－2010，共检索到含有关键词的文章434篇（检索日期为2010年12月16日）。在所获得的434条数据中，共有关键词2 101个。

2 研究热点的发现与处理

为突出反映研究热点，本研究借助EXCEL的统计功能进行词频统计处理，从关键词中选择出词频不小于5次的关键词共45个。随后，对关键词进一步筛选，发现“E-government”、“digital government”、“development”、“challenges”、“technology”、“information”6个关键词尽管频次都超过5次，但这些关键词所表示的含义缺乏对热点研究的代表性，需要对其进行处理。鉴于“e-government”、“digital government”与本文的研究内容完全重合，在共词分析中难以发挥作用，故予以排除。此外，“development”、“challenges”、“technology”、“information”这些关键词是非实质性词语且与电子政务研究热点的联系较弱，无益于主题研究，故将其删除。最终确定了表征电子政务研究的39个关键词如图1所示（截图）。

图1中出现的频次较高的关键词，在很大程度上体现了近5年国外电子政务研究的热点和研究主题的发展状况。如“user acceptance”、“demand”、“user-centered”等频次较高的关键词反映出了当前国外电子政务的研究主要关注用户对电子政务的接受和需求，注重以用户为中心来研究电子政务的建设和改善；同时图1中“trust”、“security”、“risk”、“transparency”等关键词反映了电子政务建设的具体要素，也成为近几年国外电子政务研究者们关注的重点；另外，“web service”、“performance”、“website”、“information systems”等关键词反映电子政务背景下的政府网站服务、服务质量评估、信息系统开发等，这些都是目前国外电子政务研究的热点。从图1中还可以发现一些反映电子政务的管理方法和理念研究的关键词如“knowledge management”，表明该领域的研究也是较受关注的。此外，图1中其他的一些关键词也在一定程度上反映了国外电子政务研究的热点。关于研究热点的分析将在下文中具体展开。

序号	关键词	词频	序号	关键词	词频	序号	关键词	词频
1	User acceptance	28	16	Security	8	31	Democracy	5
2	Trust	26	17	Risk	8	32	Business process	5
3	Model	21	18	Policy	7	33	Workflow	5
4	Adoption	20	19	Interoperability	7	34	SOA	5
5	Factors	16	20	Satisfaction	7	35	Semantic	5
6	Web services	15	21	Accessibility	7	36	Metadata	5
7	Performance	13	22	Transparency	6	37	Xml	5
8	Tam	12	23	Service quality	6	38	Usability	5
9	Demand	11	24	Personalized service	6	39	disability	5
10	Public administration	10	25	Privacy	6			
11	ICT	10	26	Project management	5			
12	Information-systems	10	27	evaluation	5			
13	User-centered	9	28	Ontology	5			
14	Knowledge management	9	29	Integration	5			
15	Websites	8	30	Transformation	5			

图 1　国外电子政务研究论文的高频关键词统计

尽管这些高频关键词在较大程度上代表了当前国外电子政务研究的热点，但是由于某一研究热点会涉及到许多相关知识点，并且不同的研究者对于著录关键词的选择也不一致，因此还需要进一步反映这些关键词之间的关系。本文对选出的关键词进行相应的预处理，进而构建出 39 × 39 的共词矩阵，并以此作为对该领域的高频词进行相关分析的研究基础，部分截图如图 2 所示：

	User acceptance	trust	model	Adoption	Factors	Web services	Performance	tam	demand	Public administration
User acceptance	26	6	4	6	5	0	1	7	2	4
trust	6	25	3	6	5	0	0	6	3	3
model	4	3	18	4	6	0	1	6	0	0
Adoption	6	6	4	19	6	0	1	3	2	0
Factors	5	5	6	6	18	0	2	8	2	0
Web services	0	0	0	0	0	17	1	1	0	0
Performance	1	0	1	1	2	1	16	1	1	0
tam	7	6	6	3	8	1	1	16	1	1
demand	2	3	0	2	2	0	1	1	15	1
Public administration	4	3	0	0	0	0	0	1	1	13

图 2　国外电子政务研究领域关键词共现矩阵截图

3　国外电子政务研究主题分析

本研究以共现矩阵为基础，借助因子分析和多维尺度分析方法，对目前国外电子政务研究的相关主题做进一步分析和探讨，以揭示该领域的研究进展。

3.1　研究热点聚类

3.1.1　因子分析

因子分析要达到的目标就是用尽可能少的因子去描述众多的指标或因素

之间的联系，其基本思想是根据关键词间的相关性大小把研究对象的变量分组使得同组内的变量之间相关性较高，而不同组的变量相关性较低。每组变量代表一个基本结构，这个基本结构称为公共因子，这样较少的几个公共因子就可以反映出原资料的大部分信息。利用因子分析法，可根据因子得分值，在因子所构成的空间中把研究对象的变量点画出来，从而客观地达到分类的目的，并以此来对聚类分析结果进行完善[2]。本文的因子分析结果见图 3、图 4。

通过图 3 可以看出 39 个关键词中共有 5 个公共因子被提取，它们能够解释全部信息的 67.359%。另一方面，根据数据挖掘理论“所提取的因子应能概括总体信息的 60% 以上”，而图 3 显示提取三个因子即可涵盖 60.189% 的信息，说明 39 个关键词可以分别从属于三个不同的大类。

Total Variance Explained

Component	Initial Eigenvalues			Extraction Sums of Squared Loadings		
	Total	% of Variance	Cumulative %	Total	% of Variance	Cumulative %
1	7.370	35.094	35.094	7.370	35.094	35.094
2	3.257	15.748	50.842	3.257	15.748	50.842
3	2.543	10.347	60.189	2.543	10.347	60.189
4	1.089	4.092	64.281	1.089	4.092	64.281
5	1.006	3.078	67.359	1.006	3.078	67.359
6	.969	2.614	69.973			
7	.833	2.568	72.541			
8	.769	2.363	75.109			
[illegible]	[illegible]	[illegible]	[illegible]			

图 3　因子数与涵盖的信息量

因子相关系数矩阵可以反映出各关键字在不同公共因子中的相关度，主要通过因子中各关键词的相关系数的大小进行相关性的判断，为关键词的聚类提供更加细致的依据（负载临界值越高，所确定的分类结构越简单。根据本文的数据情况，为能较好地反映关键词的组成结构，这里将负载临界值定为 0.5）。

图 4 显示 39 个关键词中，因子负载值大于 0.5 的 36 个关键词的相关系数矩阵，而“ICT”、“model”、“risk management” 三个关键词由于其负载值小于 0.5，未能出现在这个因子相关系数矩阵中。ICT（信息通信技术）和 model（模式）尽管频次较高，与各个公共因子都相关，但其在各公共因子中的负载值不高，这也表明其所代表的研究主题在电子政务研究的各个相关领域都有所应用，其聚类区分度不够明确。另外，电子政务中的 risk management（风险管理）虽然也是目前研究热点，但其与各个公共因子几乎没有相关性，甚至负相关，这也说明其属于较为新颖的研究主题，并没有受到太多的关注，

Component Matrix(a)

keywords	Component				
	1	2	3	4	5
user acceptance	0.725	0.543			
trust	0.512	0.664		0.506	
factors	-0.503	0.511			
adoption					0.504
performance		0.570			
tam	0.543				
websites	0.521	0.528		0.501	
user-centered	0.548				0.508
knowledge management		0.665			
transformation		0.523			
security		0.511			
accessibility	0.696				
web services			0.613		
ontology			0.608		
benchmarking			0.534		
supply chain		0.663			
policy		0.595	-0.558		
transparency		0.642			
service quality	0.604		-0.506		
public-services	0.577				
personalized service		0.672			
privacy		0.521		0.501	
information systems				0.502	
democracy		0.500			
business process		0.539	0.515		
workflow			0.623	-0.690	
SOA			0.596		
xml	0.529		0.545	0.506	

图 4　因子相关系数矩阵（部分）（因子负载值大于 0.5）

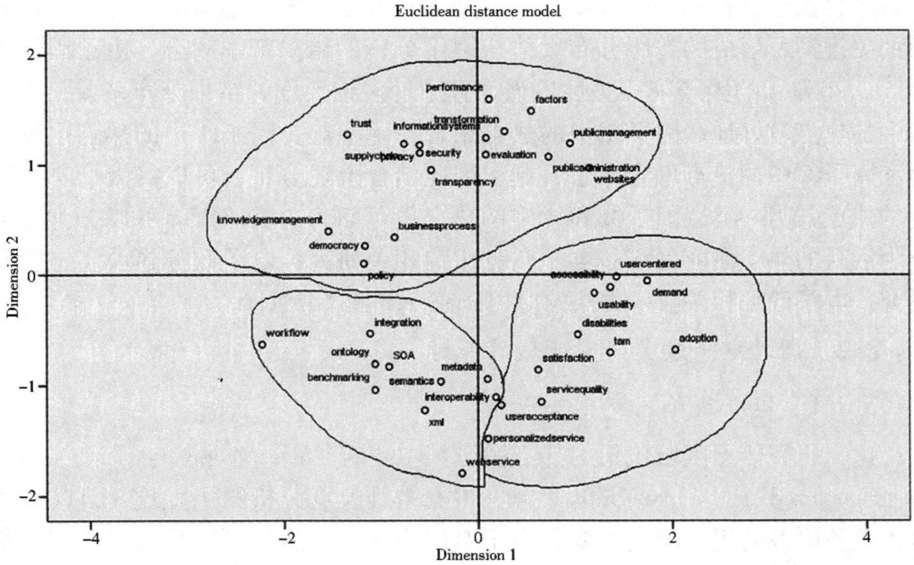

图 5　多维尺度分析结果

因此也没有融入公共因子中。此外，还有一些关键词同时出现在几个因子当中，对不同因子起到了联系的作用，说明了不同研究类别之间的相通之处，如“trust”、“business process”等。

通过因子相关系数的比较，可以对关键词进行因子划分，分别为：①user acceptance、tam、websites、user-centered 等；② public administration、trust、factors 等；③ workflow、semantics、xml、ontology 等；④trust、privacy、websites 等；⑤adoption、user-centered、satisfaction 等。其中因子①和⑤，②和④的因子间相关性较强，可以考虑做进一步的聚类。

3.1.2 多维尺度分析

多维尺度分析试图通过测定事物或观测量之间的距离来发现数据结构，其过程是通过指定观测量到概念空间（通常是二维或三维空间）的一个特定位置，使得空间中距离的相似性越近越好。多维尺度分析结果中，被分析的对象以点状分布，每个点的位置显示了分析对象之间的相似性，有高度相似性的对象聚集在一起，形成一个类别[2]。

本文利用 SPSS 的“Multimensional Scaling (ALSCAL)”（即多维尺度分析），再结合图 3 因子数与涵盖的信息量以及图 4 因子相关系数矩阵（负载值大于 0.5），绘制出多维尺度分析结果图（见图 5）。

结合因子分析和多维尺度分析的结果，可以发现多维尺度中各个坐标相邻的关键词所形成的类团分布大体与因子分析的结果基本吻合。由于因子①和⑤，②和④的因子间相关性较强，且通过多维尺度的结果分布来看，因子⑤中的热点较好地和因子①中的热点聚合在了一起，因子④中的热点也较好地和因子②中的热点融合在了一起，因此结合上述分析，可以将因子①和⑤中的热点归为一类，因子②和④中的热点也可归为一类。大体可以分为三大较为活跃的热点研究区域：电子政务用户相关研究；电子政务建设实施管理研究；电子政务相关技术方法的应用研究（如图 1 所示）。

3.2 国外电子政务研究领域的探讨

3.2.1 电子政务用户相关研究

这个研究热点区域包括的热点关键词主要有“user acceptance”、“tam”、“user-centered”、“accessibility”等。根据多维尺度分析结果发现，目前关于电子政务服务的用户研究主要集中于对用户需求、用户可接受性以及用户个性化服务的研究。

- 关于用户需求，国外主要从各种理论模型入手并结合实践进行研究。Taylor 和 Organ 借助马斯洛需求层次理论、Kano 模型以及重要性－绩效模式

（Importance-Satisfaction Model）分析了电子政务服务的用户的需求维度，从理论的角度探讨了用户的需求[3]。

• 用户的可接受性和满意度，是目前用户研究的主要关注点之一，从关键词的词频统计中可以发现“user acceptance”处于最高的位置。国外在这方面的研究主要集中于相关模型的探索以及对相关调查的分析。如 Lee 等人在整合和深化了 TAM 模型，并在结合 DOI（the Diffusion of Innovation）模型的基础上，提出了一种用于用户接受行为分析的理论模型，然后通过案例分析提出了该模型可以成为未来相关实证研究的基础，从而帮助提高电子政务公共服务的可用性[4]。

• 用户个性化服务也是研究热点之一，国外关于电子政务用户个性化服务的研究与国内关注的焦点稍有不同，国内更多地关注个性化服务理论模型的构建，而国外更多关注弱势人群个性化服务，如残疾人、老年人、儿童等，而且侧重于策略性的研究。如 Kuzma 在其文章中结合英国电子政务网站提供的服务，探讨了目前政府网站对残疾人用户的开放性以及相关服务的提供，其中还重点分析了目前针对残疾人提供的网站导航的不足，并提出了相应的设计方法以供参考[5]。

3.2.2 电子政务的实施与管理研究

这个研究热点区域所包含的关键词最多，主要有“trust”、“performance”、“transparency”等，覆盖的内容也最为广泛。研究内容包括电子政务的实施对政府管理的影响、电子政务的管理方法和理念、电子政务实施的影响因素等。

• 电子政务的实施对政府管理的影响。从词频统计中可以发现，目前对电子政务的实施对政府管理可信度的影响的关注度最高，其中 Wong 等通过对 14 个国家关于网站开放性和可信度的实验研究，得出电子政务使得政府管理的总体可信度水平提高了，另外他还认为电子政务是否促进政府可信度提升主要取决于政府机构的类型[6]。Parent 等指出通过电子政务可以构建公民对政府的信任，如使用 Internet 与政府交互已增加投票者对政府的信任[7]。

• 电子政务的管理方法和理念。随着电子政务的逐步发展，越来越多的应用于其他领域的管理方法和理念都被应用于电子政务中，并且成为国内外电子政务研究的热点。如知识管理和供应链管理模式在电子政务管理中的应用。Fourie 在其研究论文中论述了知识管理思想在电子政务管理中应用的适用性，并分析了如何利用知识管理的方法对电子政务中显性知识和隐性知识进行挖掘和管理[8]。还有 Groznik 等人借助供应链的方法和思想对斯洛文尼亚电子政务的案例进行了分析和评估，发现其较容易忽视电子政务供应链中上游的业务，缺乏对供应链整体的有效管理[9]。

• 电子政务实施和发展的影响因素研究。从热点关键词发现，目前很多国外学者从不同的角度对这方面进行了论述，其中从民主化水平角度对电子政务的影响进行分析者较多，如 Mohamed 等指出，电子政务实施的目标受到民主化水平的影响，高民主化水平国家的公民在期待民主价值时比低民主化水平国家的公民更强调政治责任性、民主反馈、公共服务透明度和完整性、公民参与等[10]。另外，还有不少学者从用户隐私的角度对电子政务服务的实施的影响和制约进行了相关论述，一些学者分别从知识产权以及软件隐私泄露问题等方面论述了隐私问题对电子政务建设的影响和制约，并提出了相关的解决策略[9]。此外，还有不少学者分析了政策实施对电子政务的影响，如 Henman 以及 Helbig 分别就社会福利政策和隐私保护政策对电子政务运行的影响进行了分析。

影响电子政务实施的因素很多，在这里重点探讨了民主化水平、人力资源和政策等几个热点影响因素。此外，国外在这方面的研究较多地是从实证的角度来开展的，不少研究都是基于对本国电子政务实施过程的分析和调查，或者基于几个国家的比较而进行的，因此所得出的影响因子更为具体、客观。

3.2.3 电子政务相关技术应用的研究

电子政务相关技术的研究为电子政务的技术选择、技术框架的构建等方面提供了理论依据和方法。国外在这方面的研究较多地集中于信息资源整合和交互的相关技术的应用和实现，主要包括：metadata、semantics、xml、ontology 等。

元数据互操作在电子政务中的应用研究，是国外相关技术研究的主要关注点之一。如 Charalabidis 等在整合各种政府元数据的标准和内容的基础上，设计和实现了一整套基于本体的元数据集合，从而有利于接口间的信息交换以及对相关业务流程的整合[11]。

除了对元数据关注外，还有不少研究较为关注借助 SOA、ontology、semantics 等技术来实现资源和业务的整合和交互，如 Douwe 等人通过对一些相关技术的比较，认为 SOA 架构是解决电子政务中互操作、整合以及对动态需求的描述等问题较为理想的工具，并在 SOA 的基础上使用 WSDL 和 OWL-S 等描述工具对上述问题进行了解决方案的设计[12]。

4 结 语

本研究借助共词分析方法对相关文献进行了研究，发现国外近 5 年在电子政务领域的研究主要集中于上文中的三个区域。此外，通过对这三个研究领域的深入研究，发现国外有关电子政务研究呈现出一些特点，对我国电子政务的研究有所启示。

4.1 国外电子政务研究特点

4.1.1 研究方法的多元化

通过对选取的文献进行阅读与分析发现，国外研究电子政务的学者们除了采用应用最为广泛的调查问卷、统计等方法外，还较多地运用实验法、案例等多种方法，同时关注定量与定性相结合的研究。

4.1.2 研究主题更为具体

通过对文献主题分析与归纳，发现国外电子政务研究注重实际问题，而非单纯的理论构建。纵观一些热门的研究领域，无论是用户的个性化服务，还是用户认知与行为研究，都较为具体。

4.1.3 研究关联度较高

通过研究可以发现，国外电子政务中相关领域的关联度较高。通过因子分析对关键词间的相关性进行分析，可以发现三大区域并不是孤立的，而是互有交叉的。如"trust"与区域①和区域②的研究内容都具有相关性，"business process"沟通了区域②和区域③。

4.2 对我国电子政务研究的启示

4.2.1 应引进和采用多种研究方法

国内电子政务研究方面较为普遍的研究方法是调查，研究方法具有单一性，即使个别研究会借用案例方法，也多采用单案例而忽视多案例研究，因此，国内在开展电子政务研究方面，需要在保证已有研究方法的规范性基础上，借鉴国外应用广泛和成熟的实验研究方法，进一步完善电子政务领域研究方法体系。

4.2.2 研究主题有待扩展

当前国内电子政务研究多侧重于电子政务相关模型的理论构架，具体实践性的研究较少，国外电子政务相关研究则更多地是在对本国电子政务实践案例的调查或者几个国家具体案例的比较分析的基础上进行的。因此，我们应借鉴国外研究，更多地关注具体的电子政务服务模式的具体规范、用户行为、用户个性化服务、集成管理模式等方面的研究。

总之，这一研究发现不仅对于我们了解国外学者对电子政务的关注热点具有较大的参考价值，而且也可以说在某种程度上为我们今后继续开展研究指明了方向。但总体而言，本研究尚属探索性研究，还存在许多不足之处。比如由于电子政务是一个不断扩大的概念，在检索文献时，所选取的关键词"e-government"、"electronic government"等技术化的关键词，可能会检索出更多偏重于电子政务技术的相关文献，因此有可能会忽略一些电子政务的其他问题，这也是今后研究中需要改进和探讨的地方。另外，本文研究考察的文献类型主要是国外的期刊论文，其他类型的文献涉及得不够丰富，今后需要了解国外各种类型的相关文献，如硕、博士论文等，以更加全面地了解和掌握国外电子政务研究的进展。

参考文献：

[1] 张勤,马费成. 国外知识管理研究范式——以共词分析为方法. 管理科学学报,2007(12):65－75.

[2] 马费成,望俊成,陈金霞等. 我国数字信息资源研究的热点领域:共词分析透视. 情报学报,2007(4):438－443.

[3] Taylor J A, Organ J. Analyzing the dimensions of users' needs in e-government services. Public Management Review,2009,11(6):833－856.

[4] Sang S, Lee J D, Lee J. An empirical study on the determinants of user acceptance of e-government in public sector//Webist 2009: Proceedings of the Fifth International Conference on Web Information Systems and Technologies. Lisbon,2009:540－545.

[5] Kuzma J M. Accessibility design issues with UK e-government sites. Government Information Quarterly,2010,27(2): 141－146.

[6] Wong W, Welch E. Does E-government promote accountability? A comparative analysis of website openness and government accountability. [2010－11－29]. http://www.blackwell-synergy.com/doi/pdf/10.1111/j.1468-0491.2004.00246.x.

[7] Parent M, Vandebeek C A. Building citizen trust through E-government. Government Information Quarterly,2006,22(4):720－736.

[8] Fourie I. Social and political implications of data mining: Knowledge management in e-government. Online Information Review,2010,34(1):194－195.

[9] Groznik A, Trkman P. Upstream supply chain management in e-government: The case of Slovenia. Government Information Quarterly,2009,26(3):459－467.

[10] Mohamed A N, FadlallaA A. Context-based integrative framework for e-government iInnitiative. Government Information Quarterly,2007,2(4): 58－69.

[11] Paul H, Michal A. Information technology and the governance of social security. Critical Social Policy, 2006,23(2):139－164.

[12] Charalabidis Y, Lampathaki F, Askounis D. Metadata sets for e-government resources: The

extended e-government metadata schema. Electronic Government, Proceedings, 2009, 5698:341 - 352.

[13] Douwe V. Construction and test of web service solution for e-government//Proceedings of the 2009 International Conference on Computational Intelligence and Natural Computing. Wuhan,2009:221 - 224.

作者简介

董　伟,男,1983 年生,博士研究生,发表论文 8 篇。

贾东琴,女,1984 年生,博士研究生,发表论文 9 篇。

中国电子政务论文定量分析*

郑　磊　任雅丽

（复旦大学国际关系与公共事务学院　上海　200433）

摘　要　对2008年至2010年间在我国核心期刊上发表的电子政务类研究论文进行系统的量化分析，采用多视角的框架，重点考察作者所在部门及系别、论文发表期刊、论文长度、研究主题、研究方法、分析层级和研究地域等方面。研究发现我国电子政务研究已呈现了明显的跨学科特征，研究主题的覆盖逐渐全面，但仍不平衡，研究方法尚缺乏严谨性和规范性，论文深度和质量也有待提高。在研究结论的基础上，本文对我国电子政务学界、实践领域、研究基金、学术期刊等提出相关建议。

关键词　电子政务　文献　研究　量化

分类号　D630

1　引　言

随着我国电子政务实践的开展，电子政务领域的研究亦不断深入，为全面反映我国电子政务研究现状，本文对2008年7月至2010年6月在我国核心期刊上发表的电子政务类文献进行系统的量化分析和评估，考察该研究领域的进展与不足，并在此基础上为该研究领域未来的发展提出建议，也为推进我国电子政务实践的深入发展提供数据支撑。

2　研究方法

2.1　数据库与论文选择

本文从全国最大的中文论文数据库——中国知网（CNKI）学术文献总库

* 本文系复旦大学“985工程”三期整体推进社会科学研究项目（项目编号：2011SHKXZD013）研究成果之一。

中选取了《中国学术期刊网络出版总库》。鉴于该数据库的高质量和完整性，本文选择该库中的核心期刊作为文献来源。核心期刊一般是指发表论文较多、论文使用率（含被引率、摘转率和流通率）较高、学术影响较大的期刊，而本文所指的中文核心期刊，特指北京大学图书馆出版的《全国中文核心期刊要目总揽》中所列出的期刊。

本研究在上述数据库中，采用“电子政务”、“政府信息化”作为关键词对“论文题目”和“关键词”同时进行搜索，时间跨度电子政务论文较集中的2008年7月至2010年6月。经手工检索与筛选，最终共有290篇符合搜索条件的论文，构成本研究的文献来源。

2.2 多视角的分析框架

鉴于电子政务涉及广泛的研究内容与方法，本文以多视角对检索到的论文进行编码和分析，在参考前人的类似研究后[1]，结合中国实际，确定以下多个分析视角，并对其做具体界定与描述。研究将重点考察作者所属部门与学科背景、论文发表期刊、论文长度、研究主题、研究方法、分析层级和分析地域等方面，如表1所示：

表1 多视角的分析编码

研究视角	代码/分类	界定与描述
作者所在部门	高校或研究机构	高校、研究中心、研究所等
	政府	政府机构
	企业或其他社会组织	企业、社会组织、非营利组织等
作者所属院系的学科背景	计算机科学与工程	计算机科学工程系、软件工程系等
	信息管理	信息资源管理系、信息资源管理学院、图书馆学系、情报学系等
	公共管理	公共管理学院、公共政策学院、公共行政系等
	工商管理	管理学院、商学院、管理信息系统系等
	经济学	经济学院等
	其他	如法学、社会学、教育学系等
论文发表期刊	论文发表期刊	发表电子政务类论文的核心期刊名称
论文长度		计算整篇论文的页数，内容少于一页的也视为一页
研究主题	信息政策框架	与电子政务和政府信息化有关的法规政策，包括信息公开、信息安全法规、知识产权保护、隐私保护等
	电子公共服务	为公民、企业等提供电子化服务，如在线办事、网上办公等
	电子公民参与	公众咨询、政民互动、公民表达、电子民主等

续表

研究视角	代码/分类		界定与描述
研究主题	政府管理与运作	信息资源管理	信息资源开发与管理、知识管理等
		信息共享协同	横向部门间、纵向层级间的信息共享与协同
		绩效评估	电子政务绩效评估体系、指标框架和方法等
		管理实施及其他	战略、规划、建设、领导力、人员能力建设、安全、运行维护等
	行政与体制改革		信息化与政府架构、政府角色、政府文化、流程等方面的改革
研究方法	理论研究	批判性文献综述	全面综合地就某一领域的现有文献进行梳理、分类、总结和评论，一般会涵盖这些文献的研究领域、研究方法与重要结论等，并进行评论，指出其优点与不足，并为该领域的未来研究方向提出建议
		理论构建	对现有文献或理论进行批判性综述，并在此基础上建构新的理论
	经验研究	访谈法	通过对个人或小组的深度访谈，进行定性分析
		问卷调查	通过收集问卷进行定量或定性分析
		观察法	通过参与或非参与式的方法采集数据，并进行定量或定性分析
		二手数据法	数据并非研究者所亲自采集，而是来自于二手资料
		案例分析法	对某一或多个实践案例进行深入分析总结
		比较研究	对两个或多个案例进行比较分析
	描述性论文	理论与实践结合	介绍描述某一理论在实践中的应用，构建实施架构、方法或工具等
		实践介绍与说明	介绍描述某一应用实践或案例，但未采用严格的研究方法和理论提炼
		观点阐述	表达个人观点和建议，对实践提出意见和指导
		理论介绍	对国内外已有的理论研究进行介绍和引进
分析层级	概述性		概述性研究，未明确表明所分析的政府层级
	中央		中央政府及各部委
	区域性		跨地区、区域性
	省级		单个或多个省级的研究，包括直辖市（北京、上海、天津、重庆）
	市级		地级市以及直辖市所含的区
	县级		县级
	基层		基层及居民自治组织
研究地域	境外及港澳台		海外及港澳台地区
	境内（大陆）		中国大陆地区
	跨国比较		对两个或两个以上的国家和地区进行跨国比较研究

选定这些研究视角的原因和目的如下：

- 作者所在部门：关注当前的研究人员主要来自哪些机构，属于哪个部门。
- 作者所属院系的学科背景：鉴于电子政务研究的学科交叉特征，该指标主要关注当前的研究者来自哪个学科。在参照中国教育部颁布的《中华人民共和国学科分类与代码国家标准》后，又结合国际上通行的学科分类方法，最终确定将所涉及到的作者系别归为计算机科学与工程类、信息管理类（包括图书馆学及情报学等）、公共管理类、工商管理类、经济学类及其他类学科等类别。

- 论文发表期刊：对论文的发表去向进行分析；了解当前电子政务领域的论文主要在哪些期刊上发表。
- 论文长度（论文页数）：将论文长度作为反映论文质量的一种指标。
- 研究主题：对论文的研究重点和研究问题进行归类，以了解当前该领域的研究重点；主题分类主要基于 Dawes（2008）年提出的分析框架。
- 研究方法：将论文所采用的研究方法分为理论研究、经验研究和描述性研究三大类，以考察该领域的研究论文所采用的主要研究方法及研究的规范性。
- 分析层级：关注当前该领域研究所针对的政府层级。
- 研究地域：分为国内、国外与跨国比较研究，以检视当前研究的地域关注点。

通过对数据的分类与编码，借助 SPSS 等软件对数据进行定量分析，得出一系列的研究结果。

3　研究发现

3.1　作者部门

本研究以论文第一作者所标明的单位为准进行编码，如作者列明了两个以上的单位，则以其所标明的第一个单位为准。分析发现，约有 97% 的文章来自高校或科研机构，2% 的文章来自政府，仅有不到 1% 的文章来自企业或其他社会组织，如表 2 所示：

表 2　作者部门

部门类别	篇数	百分比（%）
高校及科研机构	281	97.0
政府	7	2.0
企业及其他社会组织	2	1.0
总计	290	100.0

值得注意的是，各部门间相互合作的论文也占有不小的比例，共 27 篇，约占 10%，如表 3 所示：

表3　跨部门跨学科合作

类别	篇数	百分比（%）
跨部门合作论文	27	9.30
跨学科合作论文	18	6.20

3.2　作者学科背景

本文还对来自高校或研究机构的作者所在院系的学科背景进行了分类。由于在不同高校或科研机构，院系名称有所不同，本研究对系别进行了归类。经分析，来自公共管理类、信息管理类以及工商管理类院系的论文所占比例较大，分别占到28%、26%和24%；计算机科学与工程类、经济学类及其他系别如教育学、数学等也都对电子政务的研究予以关注。此外，跨学科合作的研究论文也不断出现，占6%，共18篇。以上结果清楚体现了电子政务领域的跨学科性质，而来自公共管理、工商管理以及信息管理领域的学者是该研究领域最活跃的研究者，如图1所示：

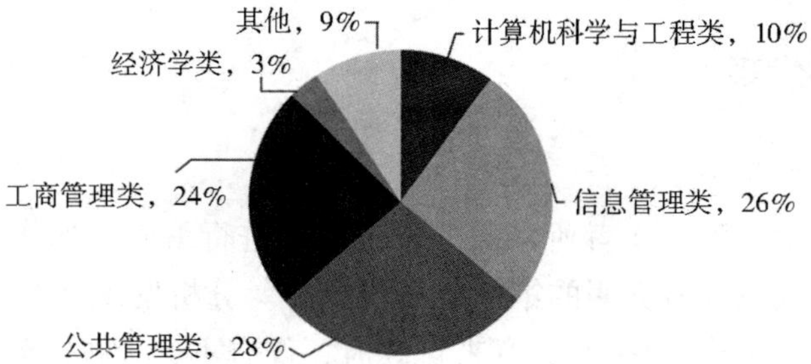

图1　作者的学科背景

3.3　论文长度

图2显示了290篇论文的页数分布，其中论文页数最少为1页，最多为14页，平均值为4.23页。约77.2%的论文页数集中在3到5页之间，篇幅仅1页的文章就有3篇，而长度在6页及以上的论文仅占14.5%，9页及以上的论文仅有5篇。

3.4　研究主题

本研究采用美国学者Sharon S. Dawes的分类方法[2]，其将电子政务的研究分为信息政策框架、电子公共服务、电子公民参与、政府管理与运作、行政与体制改革等5个基本主题。本研究还另增了两个类别，即多主题研究（一

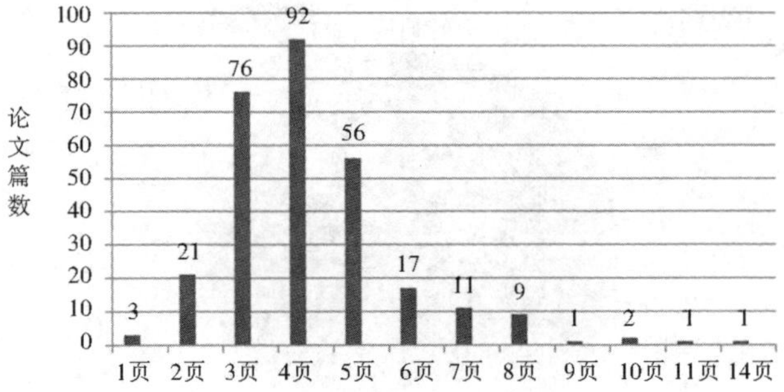

图 2　论文长度

篇论文同时集中于 2－4 个研究主题）与综合型研究（一篇论文同时涉及所有 5 个主题）。

近两年来，国内研究电子政务的学者最多关注的主题是如何通过信息化手段改善政府内部运作及加强内部信息化管理（占 57%），其次是如何运用电子政务为公民提供更好的公共服务（占 20%）。而对于信息化条件下的行政和体制改革、公民参与、信息政策框架等内容，则较少关注。此外，研究还发现 9% 的研究属于综合概述型研究，即对 5 个主题都有所涉及，但都不够深入，如图 3 所示：

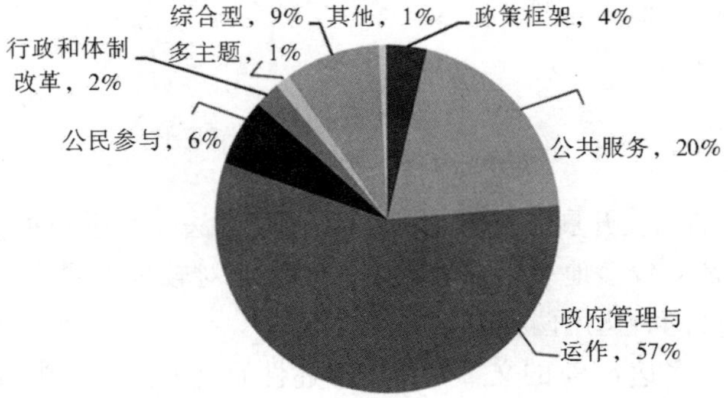

图 3　研究主题

3.5　研究方法

本研究将研究方法分为三大类型，即理论研究、经验研究以及描述性研究。通过对图 4、图 5 的分析发现，290 篇论文中，仅有 6 篇（约占 2%）属于理论研究，且都是文献综述，尚未有进行严格理论构建的论文。而这 6 篇文献综述性理论研究，也更多是对已有研究进行的整理与概述，而缺少严格意义上的批判性综述。

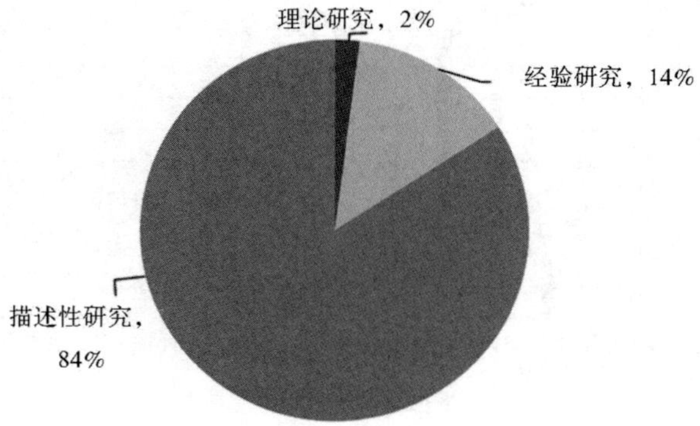

图4　研究方法 I

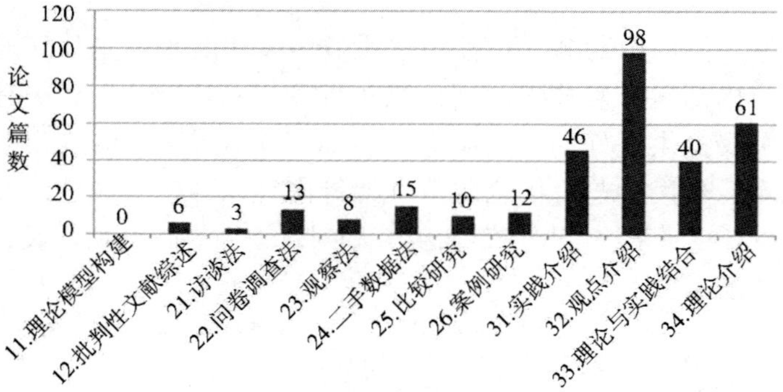

图5　研究方法 Ⅱ

约有14%的论文开展了经验研究。问卷调查法、二手数据法、比较研究法以及观察法都被较多地采用，而深度访谈法相对较少（见图5）。其中，还有一些研究论文同时运用两种以上的研究方法。

研究发现，多达84%的文章采用了描述性研究方法，其中有98篇文章为阐述作者个人观点，而未应用严格的学术研究方法进行验证，这类观点阐述型文章在所有研究论文中所占比重最大（占总数的33.8%）；另有61篇文章（占21%）是对国内外已有相关理论的介绍；46篇文章（占15.8%）是对实践案例的介绍；有40篇文章（13.8%）介绍了理论在实践中的应用。

3.6　分析层级

对政府分析层级的研究结果发现，约有72%的论文没有特别指明研究是针对哪一个政府层级或指明研究结果可适用于哪一级政府，而只是做笼统的概述性研究；只有12%的文章明确指明针对中央政府机构，5%的文章关注省级层面，6%的文章关注于市级政府层面，还有3%的文章将关注点投向基层政府层面。而对区域性或基层政府或机构层面的研究相对较少，各占1%（见图6）。

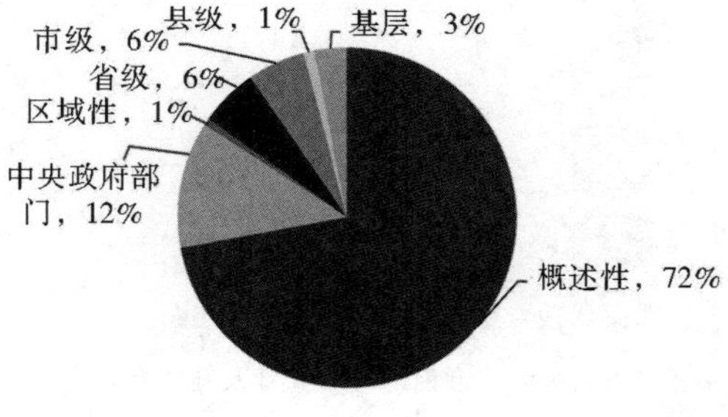

图6　分析层级

3.7　研究地域

对研究地域的分析表明，有多达89%的国内学者关注境内电子政务的研究，4%的文章是对境外与港澳台的研究，还有7%的文章将其他国家（或地区）或国际组织与境内进行比较研究，对中国电子政务的发展具有借鉴意义。如图7所示：

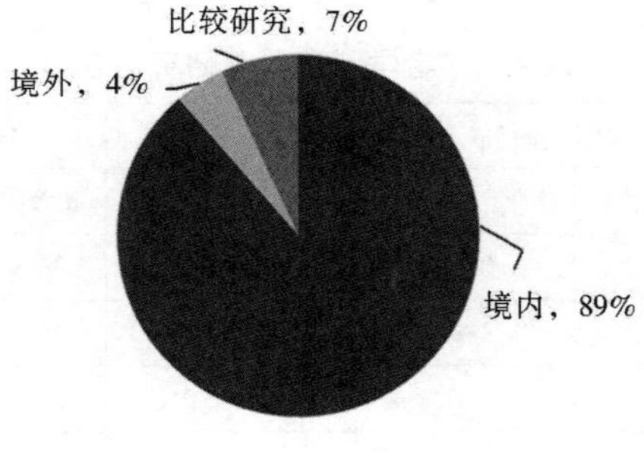

图7　研究地域

3.8　交叉分析：作者部门与研究方法

本研究还对作者所在部门与其采用的研究方法进行了交叉分析。高校与科研机构对电子政务的研究不仅数量上占绝对多数，而且采用理论性研究以及经验研究的比例也相对略高于政府部门、企业及其他组织，但整体上仍以描述性研究所占比例最高。如图8所示：

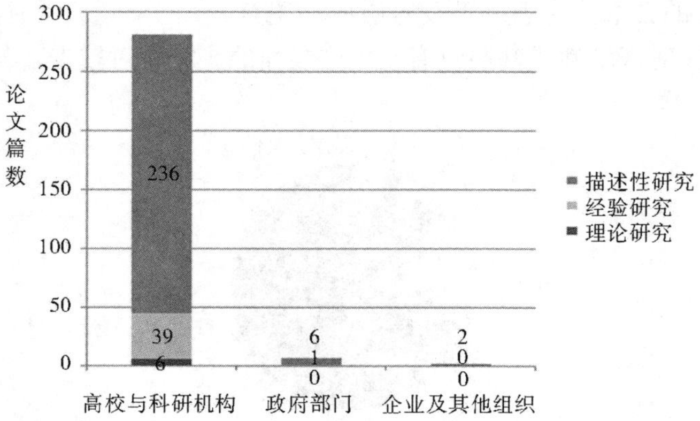

图 8　作者部门与研究方法

3.9　交叉分析：学科背景与研究方法

表 4 对学科背景与研究方法关系的交叉分析表明，来自不同学科背景的学者在研究方法上没有显著差别，整体上仍以描述性研究占较大比例。相对而言，来自经济学类、公共管理类、信息管理类的论文有更高比例运用了理论研究和经验研究的方法。

表 4　作者学科背景与研究方法

类型	理论研究		经验研究		描述性研究		总计
	篇数	比例（%）	篇数	比例（%）	篇数	比例（%）	
计算机技术及工程类	0	0	1	3.7%	26	96.3%	27
信息管理类	3	4.3%	11	16.0%	55	79.7%	69
公共管理类	1	1.3%	14	19.0%	59	79.7%	74
工商管理类	2	3.2%	9	14.3%	52	82.5%	63
经济学类	0	0	2	22.2%	7	77.8%	9
其他	0	0	3	12.0%	22	88.0%	25
总计	6	2.2%	40	15.0%	221	82.8%	267

3.10　交叉分析：论文发表期刊与学科背景

2008 年 7 月至 2010 年 6 月发表“电子政务”类论文超过 5 篇的核心期刊共 15 种。如表 5 所示：

表 5　论文发表期刊与学科背景

期刊名称	期刊类型	类型 1：计算机科学技术	类型 2：信息管理	类型 3：公共管理	类型 4：工商管理	类型 5：经济学	类型 6：其他	总计
情报科学*	2	1	13	7	4	0	1	26
情报杂志	2	1	7	6	9	1	0	24
图书情报工作*	2	0	8	2	3	1	1	15
中国行政管理*	3	0	1	9	3	1	1	15
计算机工程与设计*	1	5	3	0	1	0	1	10
情报理论与实践*	2	1	3	1	2	0	1	8
图书馆理论与实践*	2	0	4	2	1	1	0	8
科技管理研究*	3	0	1	3	1	2	0	7
计算机工程*	1	3	2	0	1	0	0	6
计算机应用研究	1	1	1	0	4	0	0	6
兰台世界	6	0	2	0	2	0	2	6
图书馆学研究*	2	0	3	1	0	1	1	6
计算机应用*	1	3	1	0	1	0	0	5
科技进步与对策	3	0	1	0	3	1	0	5
行政论坛*	3	0	1	4	0	0	0	5

注：有阴影的单元格为在该期刊上发文数量最多的学科类别

分析发现，这些关注电子政务的核心期刊中，信息管理类期刊居多，共有 6 种，且收录文章数量最多，发文最多的前三种期刊都是信息管理类。分析还显示，大部分核心期刊更倾向于接收来自本学科的论文，例如《情报科学》为图书馆情报科学的核心期刊，在其刊载的总共 26 篇电子政务类论文中，有 13 篇（50%）来自信息管理学科。在发表论文 5 篇及以上的 15 种学刊中，明显具有类似特征的有 11 种期刊（加 * 号的期刊）。研究同时也表明，这些期刊在更倾向于接受来自本学科论文的同时，也乐于接受来自其他学科背景的电子政务论文。

3.11　交叉分析：论文发表期刊与研究方法

表 6 关注了采用不同研究方法的论文与期刊的交叉关系。相对而言，收录经验研究论文与理论研究论文占有较高比例的是信息管理领域的期刊，如《情报科学》、《情报杂志》、《图书情报工作》和《图书馆学研究》。其他领域

的期刊发表经验论文与理论研究论文的比例则相对较低，而更多收录描述性论文，如计算机科学类期刊《计算机工程与设计》、《计算机工程》等以及公共管理类期刊《湖北行政学院学报》、《中国行政管理》等。

3.12 交叉分析：分析层级与研究方法

表7显示了研究方法与分析层次的交叉关系：

从表中可以发现，在分析层级上属于区域性（100%）、中央政府（91.4%）、概述性（88.5%）等较宏观层面的文章的有更高比例采用了描述性研究方法，而分析层级在省级及以下的论文则有更高比例采用经验研究方法，这一比例在针对市级的研究论文中尤为显著。

表6 论文发表期刊与研究方法

期刊名称	理论型论文	经验论文	描述性论文		总计
			篇数	比例（%）	
情报科学	2	8	17	63.0	27
情报杂志	1	6	18	72.0	25
中国行政管理	0	1	15	93.8	16
图书情报工作	0	4	11	73.3	15
计算机工程与设计	0	0	10	100.0	10
图书馆理论与实践	0	0	9	100.0	9
情报理论与实践	0	0	8	100.0	8
科技管理研究	0	1	7	87.5	8
计算机工程	0	0	6	100.0	6
兰台世界	0	0	6	100.0	6
计算机应用研究	1	0	5	83.3	6
图书馆学研究	0	2	4	66.7	6
湖北行政学院学报	0	0	5	100.0	5
计算机应用	0	0	5	100.0	5
商业时代	0	0	5	100.0	5
科技进步与对策	0	1	4	80.0	5
行政论坛	0	1	4	80.0	5

表7　分析层级与研究方法

研究方法		概述性	中央政府部门	区域性	省级	市级	县级	基层
理论研究	篇数	6	0	0	0	0	0	0
	比例（%）	2.87	0.00	0.00	0.00	0.00	0.00	0.00
经验研究	篇数	18	3	0	6	10	1	2
	比例（%）	8.61	8.57	0.00	37.50	62.50	33.33	22.22
描述性研究	篇数	185	32	2	10	6	2	7
	比例（%）	88.5	91.4	100.0	62.5	37.5	66.7	77.8
总计		209	35	2	16	16	3	9

3.13　交叉分析：分析层级与研究主题

表8对于分析层级与研究主题的交叉分析表明，无论哪一个主题，在分析层级上都以概述性论文比例最高。在行政与体制改革（85.7%）、多主题（75%）、公共服务（74.1%）、综合类（73.1%）论文中的概述性论文比例相对更高。

表8　分析层级与研究主题

研究主题	概述性		中央政府部门	区域性	省级	市级	县级	基层
	篇数	比例（%）						
信息政策框架	7	63.6	4	0	0	0	0	0
电子公共服务	43	74.1	6	0	2	4	0	3
政府管理与运作	118	72.0	20	2	11	9	2	2
电子公民参与	11	61.1	2	0	1	0	0	4
行政与体制改革	6	85.7	1	0	0	0	0	0
多主题	3	75.0	0	0	0	1	0	0
综合型	19	73.1	2	0	2	2	1	0
其他	2	100.0	0	0	0	0	0	0
总数	209	72.1	35	2	16	16	3	9

3.14　交叉分析：研究主题与研究方法

表9显示了研究主题与研究方法的交叉分析结果。研究发现，除“信息政策框架”类论文（63.6%）和“综合类”论文（65.4%）采用描述研究方法的比例相对较低外，其他主题的研究论文采用描述性方法的比例上没有显著差别，都在80%以上。

表 9　研究方法与研究主题

研究类型 \ 主题类型		信息政策框架	电子公共服务	政府管理与运作	电子化公民参与	行政与体制改革	多主题	综合	其他
理论研究	篇数	0	1	1	0	0	0	4	0
	比例（%）	0.00	1.72	0.61	0.00	0.00	0.00	15.38	0.00
经验研究	篇数	4	9	19	2	1	0	5	0
	比例（%）	36.36	15.52	11.59	11.11	14.29	0.00	19.23	0.00
描述性研究	篇数	7	48	144	16	6	4	17	2
	比例（%）	63.60	82.80	87.80	88.90	85.70	100.00	65.40	100.00
总计		11	58	164	18	7	4	26	2

3.15　交叉分析：研究方法与论文长度

对于研究方法和论文长度的交叉分析表明，运用不同研究方法的论文在页数上存在一定差异（4.02 至 5.83 页），运用理论研究方法和经验研究方法的论文平均页数相对高于描述性论文，这一分析结果进一步印证了描述性论文的质量和规范性程度相对较低。如表 10 所示：

表 10　研究方法与论文长度

研究方法	平均页数	篇数
理论研究	5.83	6
经验研究	5.23	40
描述性研究	4.02	244
所有类别平均数	4.23	290

3.16　交叉分析：研究主题与论文长度

对于研究主题和论文页数的交叉分析结果如下，公共服务类的论文平均页数较高（4.43 页），信息政策框架类的论文次之（4.36 页），而有关行政与体制改革类的论文平均页数最少（3.57 页）。不同研究主题的论文在篇幅上的差距不超过一页（3.57 至 4.50 页），没有显著差别。如表 11 所示：

表 11　研究主题与论文长度

研究主题	平均页数	篇数
其他	4.50	2
电子公共服务	4.43	58

续表

研究主题	平均页数	篇数
信息政策框架	4.36	11
综合型	4.31	26
政府管理与运作	4.18	164
电子公民参与	4.06	18
多主题	4.00	4
行政与体制改革	3.57	7
所有类别平均数	4.23	290

4 讨论与启示

4.1 电子政务研究的跨学科特征

分析表明，研究电子政务的学者来自不同的学科背景，主要有公共管理、信息管理、工商管理三大类，并包括计算机技术与工程、经济学、法学、社会学、数学、教育学等学科。电子政务已成长为一个跨学科的研究领域，跨学科交叉性研究课题不断出现，如信息时代的公共服务、信息时代的公民参与、信息化时代的行政与体制改革等，这反映了信息通信技术与公共管理、信息管理、组织管理等传统领域的交叉融合；此外，由来自不同学科背景、不同部门的学者合作完成的论文也开始出现，虽然总体比例尚不高，相信随着实践的不断深入与融合，电子政务领域的跨学科趋势将进一步显现。

研究也发现，发表电子政务论文的学术期刊具有明显的学科倾向，即某一学科的期刊更偏向于接收来自本学科的电子政务类论文，但大多数期刊仍乐意接收来自其他学科背景的电子政务类论文，顺应了电子政务的跨学科和交叉性特点，有利于推动该领域的跨学科交流与合作。

4.2 研究主题的覆盖面尚不平衡

研究结果发现，我国电子政务类的论文所涉及的研究主题已较全面，对信息政策框架、电子公共服务、电子公民参与、政府管理与运作、行政与体制改革等主题都有所涉及。在注重通过信息化手段提升政府自身的行政效率效能之外，也开始关注通过信息通讯技术提供公共服务，推动公民参与，调整信息政策，加强政府内外的整合与协同。这表明对于该领域的研究已从更多关注政府自身信息化的“电子政务”的理念走向“电子治理”的新目标，开始更加注重通过运用信息通讯技术来改变政府与公民、企业及第三部门之间的关系，推动政府治理方式的转变。

然而，对不同研究主题的关注度尚不平衡。近两年来，国内学者对于电子政务的研究更多集中于运用信息化手段提高政府内部的效率效能，有关政府利用信息化手段提供公共服务相对较少，有关信息时代公民参与的研究更少，而对于信息政策框架构建和信息化与行政与体制改革的研究关注程度相对最低。这些不同主题间具有内在联系，彼此互为前提和条件，这些相对受到忽视的主题应成为下一阶段重点研究的方向，以推动电子政务研究的全面和平衡发展，并将电子政务研究与我国服务型政府、和谐社会建设、社会管理创新等目标更加紧密地结合起来。

学者对于研究主题的失衡在一定程度上也反映出我国电子政务实践的发展状况。在我国电子政务建设初期，资金投入和建设的重点相对更集中于政府内部管理和运作改善，如办公自动化建设、政府上网工程、金字工程等，信息政策框架建设则相对滞后，而通过信息化手段改善公共服务与公民参与的理念近年才逐渐引起重视。2006 年，电子政务专家汪玉凯教授曾对我国电子政务建设的十大发展趋势作出预测[3]，其中大多针对政府后台的管理与运作，如顶层设计、信息资源管理、信息协同共享、管理与技术整合、示范工程、IT 管理等，有三条关注了行政体制改革、公共服务理念以及电子政务政策规范构建，而在 2010 年汪玉凯提出了“十二五”期间的新发展趋势[4]，其中，“服务型政府”、“以公众为中心”、“服务均等化”、“行政服务中心”等成为亮点，这些都有望成为下一阶段电子政务的建设重点，与此相呼应，电子政务研究的重心也有望进一步向公共服务、公民参与等方向转移。

4.3 研究方法尚不严谨，论文深度和质量有待提高

首先，从研究方法上看，290 篇论文中，仅有 16% 的论文采用了较规范的理论或经验研究方法，而大部分文章缺乏严谨的研究方法支撑，更多是理论介绍、实践介绍或者个人观点阐述。而且，无论部门、学科背景与期刊类别，采用经验研究和理论研究方法的比例都不高。该结果一方面可能反映了我国电子政务学界在研究方法上的欠缺，亟需得到加强；另一方面，也在某种程度上反映了我国电子政务实践和理论的实际发展路径。电子政务在中国的发展始于引进国外成熟概念和理论，然后开始出现我国本土的应用和实践案例，之后学界再对这些实践案例进行总结和梳理，并在此基础上构建适合我国国情的理论。这一发展路径也许可以解释为何我国目前有很大比例的电子政务类论文仍停留在理论和实践经验介绍或阐述个人观点等描述性层面，经验研究和理论构建刚刚起步。

其次，从研究对象的层级来看，大部分文章（72%）没有明确的研究层级或对象，而只是概述性地讨论中国电子政务的相关问题。“大题小做”的论文较多，而“小题大做”的论文较少。考虑电子政务实践在不同层级的差异性，宏观概述性的研究有可能将在某一特定层面得出的结论推演至所有层级，从而产生偏差，并对实践产生误导。

再者，从论文篇幅来看，现有论文的篇幅大多在4－6页之间，有8%的论文小于等于两页，6页及以上的论文则鲜见（14%）。虽然论文篇幅的长短并不是判断文章质量的唯一标准，但篇幅太短的文章往往难以展开深入的研究和探讨，其质量也难以得到保证。作为参照，西方国家学术期刊所收录的论文的篇幅至少在10页以上。研究结果也发现，描述性论文的平均页数相对低于开展理论研究和经验研究的论文。论文篇幅较短的原因，一方面可归因于论文本身的质量和规范性，另一方面，也可能与许多学术期刊对论文的篇幅限制有关，面对国内学者发表论文篇数的压力和需求——一些学术期刊不得不通过压低每篇论文的篇幅来提高每期发表论文的数量。

5　结语与建议

基于以上研究结果，本文对我国电子政务研究人员、实践人员、研究基金和学术期刊有以下建议：电子政务学界未来应进一步推动跨学科交流与跨部门合作；在研究主题上应力求全面和平衡，更多关注公共服务、公民参与、行政与体制改革、信息政策框架等主题；在研究方法上也应加强运用规范的经验研究方法和理论研究方法，明确研究层级和研究对象，提高研究论文的深度和质量；各高校和研究机构在对学者科研考核中，也应更注重论文的质量而不是数量，鼓励学者撰写篇幅较长、方法规范、更有深度的论文。相关国家和地方研究基金应对符合以上特征的研究项目予以更多资助和奖励，而学术期刊也应对目前关注度不高的研究主题和研究方法较规范的论文予以一定倾斜。在电子政务实践领域，应进一步加大利用信息化手段改善公共服务和公民参与，推动行政与体制改革，调整信息政策框架的力度，为研究人员提供更多一手数据和素材，最终通过学界与政府的紧密合作，促进理论与实践的结合。

致谢：感谢刘淑华、李重照、李芳玲、李梦影、徐慧娜、范丽丽、王琪、高文漪、郑拓、刘新萍等在数据采集和分析工作中的贡献。

参考文献：

[1] Zhang P, Li N. The intellectual development of human-computer interaction research: A critical assessment of the MIS literature. Journal of the Association for Information Systems, 2005, 6 (11):227 – 292.

[2] Dawes S S. 电子治理的演进及持续挑战. 郑磊,纪昌秀,译. 电子政务,2009(10):108 – 126.

[3] 汪玉凯. 2006 年我国电子政务建设呈现十大趋势. [2011 – 03 – 01]. http://www.yunfu.gov.cn/govmach/yfhg/html/77340_0.htm.

[4] 汪玉凯. 十二五期间我国电子政务发展展望. [2011 – 03 – 01]. http://www.e-gov.org.cn/ziliaoku/news005/wangyukai/201010/112260.html.

作者简介

郑　磊，男，1974 年生，讲师，实验室主任，特聘研究员，博士，发表论文 20 余篇。

任雅丽，女，1989 年生，本科生。

国内外基于知识管理的电子政务研究综述

张莉莎　龙朝阳　廖蓓蓓

（湘潭大学公共管理学院　湘潭 411105）

摘　要　剖析国内外基于知识管理的电子政务研究现状，从电子政务与政府知识管理的关系、基于知识管理的电子政务的必要性和作用、基于知识管理的电子政务流程建设、政府知识资源管理及基于知识管理的电子政务的技术实现 5 个方面，对其研究内容进行归纳、分析与评价，并从知识管理理论、知识资源管理和公共服务 3 个方面提出未来的研究重点。

关键词　电子政务　知识管理　政府信息资源管理

分类号　G203

1　引　言

从全球范围来看，电子政务大规模实用化建设已经走过了 10 余个年头，成为世界各地经济和社会发展的重要推动力。随着信息通信技术（ICT）的飞速发展，电子政务在经历了基于数据管理、信息管理的两个阶段之后，进入了适应当今知识经济发展的基于知识管理的第三阶段。知识管理作为时代的产物，为电子政务的发展提供了一种新的理论工具，可以对政府组织内外的各种显隐性知识进行有效管理，以及时回应各主体对于政府的知识诉求。至此，基于知识管理的电子政务研究已成为各界人士争相探讨的热点之一，但尚未有学者对其进行较为全面系统的梳理，因此，有必要对国内外基于知识管理的电子政务研究作一个阶段性总结，以促进知识管理在电子政务中的应用及电子政务的整体发展。

2　研究概况

联合国经济与社会事务部（DPEPA/UNDESA）发布的《2008 年度全球电子政务调查报告：从电子政务到整体治理》（UN E-Government Survey 2008：

From E-Government to Connected Governance）中显示我国电子政务完备度在全球居于第 65 位。同时，作为获取、存储、学习、传播、应用、共享知识的一种管理方式，知识管理在今天的电子政务建设中举足轻重，在政务理论与实践中都已得到广泛关注，其重要性仅次于业务流程重组和全面质量管理。例如，2005 年国家社会科学基金课题申报指南中提到的研究方向之一即为“基于知识管理的电子政务信息资源建设”，2011 年国家社会科学基金立项资助课题中也有与之相关的研究——“基于知识管理的跨部门政府信息资源整合与共享路径研究”等，可见国家对其的重视程度。

笔者通过中国知网、万方数据资源库等检索系统，以“电子政务（政府）”和“知识管理”为组合检索词，以题名字段为路径，进行跨库检索，得到 2001 - 2011 年国内电子政务知识管理相关领域研究的相关文献共 63 篇，如表 1 所示：

表 1　2001—2011 年国内电子政务知识管理相关文献检索结果

数据库 \ 年份	2011	2010	2009	2008	2007	2006	2005	2004	2003	2002	2001	合计
中国期刊全文数据库		6	8	9	3	8	8	2	4		1	49
中国博士学位论文全文数据库	1						1					2
中国硕士学位论文全文数据库	3	1		2	1		2			1		10
中国重要报纸全文数据库							1	1				2
合　计	3	7	8	11	4	8	12	3	4	1	1	63

从表 1 可看出，2001 年以来各数据库收录的相关文献的各年度分布无明显的变化趋势，但 2005 年和 2008 年较为集中，2011 年文献不多，主要是学位论文。进一步分析后发现，其中以“政务流程”、“信息资源（管理）”为关键词的文献数量分别达到 11 篇、26 篇，可见其相关主题的发展不仅受所处年代重大社会事件影响，还受政策导向的影响，如国务院信息化工作办公室的成立，《国家电子政务建设“十一五”规划》、《中华人民共和国政府信息公开条例》的颁布与实施等。

另外，以“知识管理”为关键词在 CNKI 中进行检索，得到 98 篇博士学位论文、839 篇硕士学位论文、7 008篇学术期刊文献，但是以“知识管理”

+“政府（政务）”为关键词进行检索，仅有114篇相关文献，仅占“知识管理”检索结果的1.4%左右。可见，知识管理在政府工作领域内的相关研究仍较为薄弱，尤其是基于知识管理的电子政务研究，尚处于起步阶段，急需政策的支持和相关人员的深入研究。

笔者以“e-government（electronic government）+ knowledge management（KM）”为检索式在Emerald数据库中检索，得到2001—2011年相关期刊论文5 367篇；以相同检索式在Science Direct数据库中搭配“Abstract，Title，Key Only”路径进行检索，检出相关图书4部。而我国以此为主题的研究成果一般都以期刊论文的形式发表，还未见相关专著。

对表1所得的63篇国内相关文献资料进行进一步分析发现，以“理论（关系、联系、必要性、重要性、作用、意义）”为关键词的文献达到10篇左右，而以“技术（应用）”为关键词的文献不及总量的1/2。与我国以理论、模型研究为主不同，国外该领域的研究较注重实践、应用技术方面，如仅以“technology”为关键词在上述5 367篇相关文献中进一步检索得出的文献数量就已过半。

虽然我国在电子政务知识管理领域的研究与国外相比存在一定距离，但我国基于知识管理的电子政务研究的相关成果仍然值得肯定。以下对近10年来国内外该领域相关研究成果进行具体解析，以深入了解其发展现状。

3 基于知识管理的电子政务的主要研究内容

对近10年来文献的关键词分布进行分析可发现，该领域的研究重点体现出从理论到实践的发展趋势，初期集中于研究知识管理与电子政务的关系、作用等内容，其后则逐渐转为研究基于知识管理的电子政务的作用路径、实现方式等。其中，作用路径主要体现为基于知识管理的电子政务流程，实现方式表现为借鉴政府信息资源管理经验及其他技术实现手段等。具体而言，其研究内容可分为以下5方面：

3.1 电子政务与政府知识管理的关系

厘清电子政务和政府知识管理之间的关系，是研究基于知识管理的电子政务的前提与基础。在二者关系的讨论中，许多学者从政企两者的比较中得出结论，如Zamira Dzhusupova、Adegboyega Ojo、Tomasz Janowski[1]指出电子政务需要用新的方法——知识管理来搜集、管理和分配公共部门的知识资源，以改善公共服务传递方式，促进高中层部门人员的内部合作、政策制定与决策支持等。由此可见知识管理是完成电子政务主要目标的重要方法之一，对电子政务的发展有着不容忽视的作用。但 Zamira 等学者仅解析了知识管理对于电子政务的单方面的关系，忽略了电子政务对政府知识管理的反作用，国内学者张红彬[2]对此进行了补充，他将知识管理在政企中的应用进行比较，预测政府知识管理与电子政务的关系是相辅相成的，发展到一定阶段时二者的界线将会逐渐模糊并最终融为一体；提出应借鉴企业相关研究，对大量的政务信息资源进行数据挖掘，深层次结合知识管理应用于电子政务舞台。这不仅将知识管理与电子政务的联系清晰化，而且从一个新的视角（企业知识管理）促进了基于知识管理的电子政务研究的发展。与此同时，不少学者针对如何根据电子政务与知识管理的关系开展电子政务系统建设等进行了研究。如程刚和郭东强[3]在《略论电子政务与知识管理的关系》中明确指出知识管理是识别、管理和共享政府所拥有信息资源的方法，其目标是快速而方便地找到所需要的知识，将最恰当的知识在最恰当的时间传给最恰当的行政人员。这些研究不仅指出了知识管理在电子政务中的重要作用，更将基于知识管理的电子政务的目标明确化了。但从目前的研究成果来看，对于政府知识管理与电子政务之间的关系认识仍不够细化，如知识管理主要解决的是电子政务的业务流程问题，而电子政务有 4 个应用模式（G2G、G2C、G2E、G2B），如何辨识知识管理与电子政务这 4 个模式的对应关系。

3.2　基于知识管理的电子政务的必要性与作用

基于知识管理的电子政务研究不仅是时代的需求，而且是提升公众满意度和提高政府管理效率的必由之路。Valentia（Dardha）Ndou[4]从时代背景出发，正确认识到知识经济时代对电子政务建设而言既是机遇也是挑战，要把握机遇、迎接挑战，知识管理是一个必不可少的工具。黄璜[5]则从政府管理体制与效率出发，指出知识管理的应用在电子政务发展中已刻不容缓：传统决策模式对于社会需求、公众需求等已不能迅速适应；传统政府决策体制越来越不能适应社会快速发展的需求；知识资源已成为提高竞争力的核心要素。这些学者都已经认识到知识管理在电子政务中应用的必要性，但多从其外部需求（如时代背景、管理体制改革需求等）出发，并未真正考察知识管理本身所具备的功能作用，因而分析不够全面。也有不少学者，如 Wiig[6]、Cong Xiaoming 和 Kaushik V. Pandya[7]等，意识到知识管理本身所具有的优势，认为知识在竞争中已成为决定性因素，政府在迎接由知识经济引起的挑战时，如提高公共服务的决策制定效率、有效增加公众参与度、建构竞争性的社会智力资本能力、增强知识竞争力等，知识管理功不可没；柳巧玲[8]从政府角度明确指出，电子政务环境下政府知识管理具有重要意义，包括增强政府竞争力、提高政府的服务质量及有利于政府管理体制的变革。Wiig、柳巧玲等人都深刻分析了基于知识管理的电子政务的作用，对知识管理在 G2B 中效用的分析尚欠完善。

3.3 基于知识管理的电子政务流程建设

知识管理在电子政务建设中的功效主要体现在业务流程建设中，以解决数字鸿沟、知识孤岛等问题，如何更好地转化隐性知识、配置已有资源、挖掘未开发的资源等仍是近年来学术界的主要研究方向。如 D. C. Misra、Rama Hariharan、ManieKhaneja[9]提出的以 PPTM（流程、人员、技术、管理）4 个维度为基础的政府知识管理实施框架，Cong Xiaoming、Pandya K V[7]的通用知识管理框架，Tatiana Sotirakou 和 Mary Zeppou[10]的“战略性公共知识管理”概念实施的具体方法——MATE 模型（管理——培训——评估模式），Ina Fourie[11]的基于本体的电子政务知识管理框架等，都是以电子政务业务流程中知识资源如何开发配置为主线来设计模型，并充分认识到作为知识载体的“人”的参与的重要性，但各模型的实用性仍需考究，例如，通用知识管理框架可为基于知识管理的电子政务提供借鉴，但灵活性不够。为提高知识管理在电子政务中的应用水平，张亮、梁秀娟[12]从知识管理的内涵及其核心流程出发，指出传统政务流程存在运作时间过长、难以节省运作成本，部门之间信息共享阻碍大，政府机构员工集体意识不强等弊端，并将知识管理中流程管理的理念引入电子政务的流程管理中，设计以知识管理为指导的电子政务流程再造。某种程度上，知识管理在电子政务中的应用有利于简化行政程序、压缩政府层级、实现流程的跨部门化和集约化管理，并为民众提供便捷实惠的服务。张亮等人的理念设计不仅需要制度和评估等方面的配合施行，也需要将知识予以细分，但在细分过程中，隐性知识的转化问题仍未得到有效解决。

3.4 政府知识资源管理

知识是信息的提炼，政府知识资源管理也是对政府信息资源管理的升华，因此基于知识服务的电子政务研究也需借鉴政府信息资源管理的成果。Dang Yuan-yuan、Wang Yong-cheng、Wang Hong-mei[13]设计的基于知识管理的电子政务信息系统，将信息管理与知识管理通过电子政务平台结合起来，以促进电子政务信息管理、组织、挖掘等技术的发展和理论完善，但对信息管理与知识管理的异同缺乏考虑。Yang Tung-mou[14]将公共部门的信息共享分为人际之间、组织内部和组织之间等层次，有利于拓展对政府知识共享的研究，但对组织性质、挖掘技术的研究不够深入。樊博[15]以绩效管理作为推进政府信息协同的驱动力，从机制、方法和工具层面展开研究，提出基于知识管理的绩效信息系统，以发现政务信息协同共享的制约因素，有利于推进基于知识管理的电子政务流程中的知识共享，但对知识获取、分类及利用等的研究略显薄弱。王知津、谢丽娜和李赞梅[16]以知识管理为视角，考察了政府数字信息资源管理与知识管理的关系，结合数字信息资源整合理论，设计了基于知识管理的政府数字信息资源整合模式，从理论上可以使政府门户网站更方便地整合，使政府数字信息资源的价值最大化，但此模式在实施中依赖于社会的全力配合与维护，其实践价值有待验证。

3.5 基于知识管理的电子政务的技术实现

基于知识管理的电子政务的发展离不开信息技术和管理技术的应用，技术实现问题已成为研究的热点。如 Rodney McAdam 和 Re-nee Reid[17]建立的公共知识管理的三种模型（人力资本模型、知识类型模型和社会构建模型）、Jan Paralic 等[18]在项目 Webocracy 中提出的基于知识管理的应用系统架构、Kostas Metaxiotis[19]提出的电子政务知识管理框架等，不仅对技术和支撑基础设施的建设提出了要求，以保证电子政务信息知识服务的有效利用，且有利于各机构、部门和政府决策人员协调工作，以促进电子政务知识资源的获取、共享与利用，推进基于知识管理的电子政务研究。国内在 2001 - 2011 年间发表的 63 篇相关论文，约有 50 多篇提出了电子政务知识管理问题的解决策略，但提出实用技术解决方案的不到 10 篇。如孙浩[20]、贺铁祖[21]侧重研究以数字图书馆为平台的电子政务运行中的知识管理应用。其中孙浩的 DL-EG（digital library-electronic government）模型、贺铁祖的由电子政府、数字图书馆、知识管理平台三部分构成的基于数字图书馆的电子政务系统逻辑结构图，为解决基于知识管理的电子政务发展提供了一个实践平台，有利于服务型电子政府的建设，但其信息与服务覆盖面等有限，制约了我国电子政务的发展，因此以数字图书馆为平台的电子政务建设实施成效欠佳。也有不少学者借用其他领域的技术来推进基于知识管理的电子政务发展，如唐美丽和马廷淮[22]分别采用基于本体论和 XML 结合的知识表达方式、基于案例的推理技术（CBR）等解决电子政务知识表达、知识检索等方面的问题；王学东[23]等借用了 Wiki 技术，将知识管理应用于电子政务门户网站设计；代蕾和徐博艺[24]借鉴知识管理、技术接受模型和信息系统持续使用模型来设计移动电子政务的用户持续使用模型 mG2C，扩大了电子政务使用范围，等等。然而政府作为公共部门，其电子政务的建设也具备公共性，因此，需根据这一性质来合理利用知识管理理论，开展其技术实现研究。

4 结语与展望

基于上述研究，目前国内基于知识管理的电子政务研究已形成初步的研究框架，但相对企业需求及国外实践而言，其知识管理应用水平、电子政务管理与服务水平等都偏低，主要表现在服务意识、信息与服务覆盖面、时效性、实用性与有效性等方面。因此，为实现“智能型”、“知识型”、“服务型”的新型电子政务建设的重要目标，笔者认为今后我国基于知识管理的电子政务的研究重点应当包括：

4.1 拓展政府知识管理理论研究

电子政务作为一个庞大而复杂的信息系统，不仅需要技术支持，也需要管理理论指导。社会环境日新月异，管理理论也需与时俱进。知识管理作为目前最为有效的管理理念，在政府领域中的应用远没有发挥其应有作用，因此深入研究政府知识管理理论是当务之急。

4.2 注重以人为载体的知识资源的挖掘、开发、转化

目前我国电子政务建设缺乏统一规划，没有充分利用人力资源、调动相关人员积极性、合理配置知识载体，以致知识资源流失、搁置或浪费，势必影响电子政务工作效率、政府形象及国家竞争力。因此，开展统一规划、合理开发以人为载体的知识资源的研究势在必行。

4.3 完善相关配套设施及法制规范，强化公共服务意识

长期以来，电子政务信息与服务覆盖面制约了我国电子政务的发展。为响应十二五期间政府关于聚焦民生、强化公共服务的号召，一方面，应完善相关法制规范及配套公共设施以提高电子政务的“硬件”保障，另一方面，应通过知识管理的有效配合来促进电子政务“软件”的发展，强化服务意识、合理设计与执行基于知识管理的电子政务建设将成为未来研究的重点。

参考文献：

[1] Dzhusupova Z, Ojo A, Janowski T. Oganizing and management knowledge for e-governmentissues, practices and challenges [C]//Proceedings of the International Conference on Knowledge Management and Information Sharing. Madeira: The Institute for Systems and Technologies of Information, Control and Communication,2009:206 – 211.

[2] 张红彬. 政府知识管理与企业知识管理比较研究[J]. 西南民族大学学报(人文社科版),2004(11):162 – 164.

[3] 程刚，郭东强．略论电子政务与知识管理的关系[J]．市场周刊(理论研究)，2008(3):92－93.
[4] Ndou V D. E-government for developing countries: Opportunities and chances [J]. The Electronic Journal of Information Systems in Developing Countries,2004,18(1): 1－24.
[5] 黄璜．面向知识管理的电子政务[J]．行政管理改革,2010(11):68－71.
[6] Wiig K M. Application of knowledge management in public administration[J]. Journal of Knowledge Management,2000,6(3): 224－239.
[7] Cong Xiaoming, Pandya K V. Issues of knowledge management in the public sector[J]. Electronic Journal of Knowledge Management, 2003,1(2):23－25.
[8] 柳巧玲．电子政务环境下的政府知识管理[J]．经济师,2005(7):101.
[9] Misra D C, Rama Hariharan, Manie Khaneja. E-knowledge management framework for government organizations[J]. Information System Management,2003,20(2):38－48.
[10] Sotirakou T, Zeppou M. The "MATE" model: A strategic knowledge management technique on the chessboard of public sector modernization[J]. Management Decision,2004,42(1): 69－88.
[11] Fourie I. Social and political implications of data mining: Knowledge management in e-government [J]. Online Information Review,2010,34(1): 194－195.
[12] 张亮，梁秀娟．基于知识管理的电子政务流程再造[J]．情报杂志,2009(12):260－262.
[13] Dang Yuan－yuan,Wang Yong－cheng,Wang Hong－mei. The design and implement of e－government information system based on knowledge management. [2011－11－20]. http://ieeexplore. ieee. org/xpl/login. jsp? tp = &arnumber = 6025912&url = http%3A%2F%2Fieeexplore. ieee. org%2Fxpls%2Fabs_all. jsp%3Farnumber%3D6025912.
[14] Yang Tung-mou. Information-sharing in public organizations: A literature review of interpersonal, intra-organizationl and inter-organizational success factors[J]. Government Information Quarterly,2011,8(2):164－175.
[15] 樊博．绩效驱动的电子政务信息共享及协同应用[J]．图书与情报,2008(4):43－47.
[16] 王知津,谢丽娜,李赞梅．基于知识管理的政府数字信息资源整合模式构建[J]．图书馆, 2011(1):27－30.
[17] McAdam R, Reid R. A comparison of public and private sector perceptions and use of knowledge management[J]. Journal of European Industrial Training, 2004, 24(6):317－329.
[18] Paralic J, Sabol T. Implementation of e－government using knowledge－based system, database and expert systems applications. [2011－11－20]. http://ieeexplore. ieee. org/xpl/login. jsp? tp = &arnumber = 953088&url = http%3A%2F%2Fieeexplore. ieee. org%2Fxpls%2Fabs_all. jsp%3Farnumber%3D953088.

[19] Metaxiotis K. A framework for knowledge management in e – government. [2011 – 11 – 20]. http://www. igi – global. com/chapter/social – political – implications – data – mining/29062.
[20] 孙浩. 一种基于数字图书馆的电子政务运行模型的研究[J]. 现代情报,2007(1):99 – 101.
[21] 贺铁祖. 基于数字图书馆的电子政务探讨[J]. 价值工程,2010(11):198 – 199.
[22] 唐美丽, 马廷淮. 电子政务流程中的知识管理[J]. 情报杂志, 2008(8):64 – 66.
[23] 王学东,潘小毅,孙晶. Wiki在政府知识管理中的应用初探[J]. 情报资料工作,2008(3): 24 – 27.
[24] 代蕾, 徐博艺. 移动电子政务的公众持续使用行为研究[J]. 情报杂志, 2011(1): 186 – 189.

作者简介

张莉莎，女，1987年生，硕士研究生。

龙朝阳，男，1970年生，教授，系主任，硕士生导师，发表论文30余篇。

廖蓓蓓，女，1987年生，硕士研究生。

国内外政府信息资源协作管理研究进展

陈　婧

湖南师范大学公共管理学院　长沙　410081

摘　要　指出目前政府信息资源管理的主体已经从单一的政府部门拓展到公司、企业、第三部门，甚至社会公众，众多主体分工合作发挥着协同效应。梳理国内外政府信息资源协作管理的研究进展，从管理方式、模型与体制、政策等方面揭示政府信息资源协作管理研究的发展轨迹。

关键词　政府信息　信息资源管理　协作管理

分类号　F27

随着政府信息爆炸式的增长，单凭政府部门一己之力来管理政府信息资源已经力不从心了。为了解决此问题，学者纷纷提出自己的看法。列维坦认为，信息资源的本质就是协调和整合[1]。库柏则认为，信息资源管理意味着整合或协调。因此，对于包罗万象的信息资源，必须依靠多元合作、多方协调进行管理[1]。不少人提出应该改变政府信息资源的传统管理模式，引入企业、第三部门，甚至社会公众的力量对政府信息资源进行协作管理。

1　政府信息资源管理的概念

政府信息资源协作管理的概念建立在对政府信息资源概念的认识基础上。不少研究者都认为政府信息资源的概念有狭义和广义之分。狭义的政府信息资源是指一切产生于政府内部或虽然产生于政府外部但对政府活动有影响的信息资源的统称，包括政府部门为履行管理国家行政事务的职责而采集、加工、使用的信息资源，政府部门在业务过程中产生和生成的信息资源，由政府投资建设的信息资源以及由政府部门直接管理的信息资源等。广义的政府信息资源是指政府行政工作中产生和利用的信息资源及其相关人员、设备、技术、环境和资金等要素的集合[2]，可分为政府信息资源本身、信息技术设施资源和其他资源。

很多研究者提出了政府信息资源管理的概念。其中比较经典的是谢阳群从信息资源管理的组成要素出发对其进行的定义：政府信息资源管理既包含信息本身，又包含诸如人员、设备、资金和技术之类的相关资源[3]。朱晓峰、苏新宁从生命周期的视角进行定义，认为政府信息资源管理就是政府信息资源的全生命周期管理，不仅要对政府信息资源本身进行计划、组织、领导和控制，还需对其他相关资源进行计划、组织、领导和控制[4]。

2 政府信息资源协作管理的理论

目前国内外还没有政府信息资源协作管理的系统研究，但在电子政府、电子政务、协同政府、协同治理的研究中都包含了协作管理的思想。

2.1 政府信息资源协作管理的重要性研究

有的研究从政府信息资源管理存在的问题入手，对企业、第三部门参与公共信息协作管理的必要性展开论述。

欧文·休斯从分析政府信息资源共享需求的多样性入手，指出政府信息资源共享应当树立“分类共享”的观点，并在公共物品理论的基础上，把政府信息产品或服务分成两大类，即纯公共信息和准公共信息。根据在竞争性上存在的差别，准公共信息进一步细分为弱竞争信息和强竞争信息。对于纯公共信息应免费共享；弱竞争信息通过向消费者收取一定比例的成本费共享；强竞争信息由信息企业通过市场定价的方式向消费者收费，提供有偿共享[5]。国外还有的研究者认为多元主体参与协作可形成信息化领导力（E-leadership），他们采用 Quad 模型表示多元主体，涵盖除了政府部门、私营部门、民间社团和创新与教育部门（I&E）四个方面的主体。

旃群认为只有市场经济作用于政府信息资源开发、利用，信息资源产品遵循市场供需机制，才能孕育良好的信息资源市场，发挥政府宏观调控的职能[6]。杨玉麟等认为在公共信息资源领域，凡是能提供公共信息，以提高私人福利、引导社会价值取向、实现公共利益为目标的组织，都能够成为公共信息资源的提供者。在新的社会环境下，建立以政府为主导，第三部门、企业及个人等多元主体参与，以公众满意度为宗旨的多元化公共信息资源格局势在必行[7]。陈聪提出了多元化政府信息资源共享的理念，具体而言是指政府信息资源共享的投资建设主体的多元化，从单纯的政府建设转向由政府（中央政府和地方政府）、企业（包括国有企业、集体企业、私营企业、外商独资企业、合资合作企业）、第三部门、社会公众投资或通过合资、合作的形式共同投资建设政府信息资源共享工程[8]。

黄志澄通过对政务信息化过程中出现的问题进行分析，提出引入第三方中介服务对保证政务信息化建设的效益最大化至关重要，进而提出第三方中介服务（包括咨询、监理、培训）的应用，并在此基础上提出对政务信息化建设的若干建议[9]。黄萃认为电子政务信息资源建设的市场化，正成为推动电子政务发展的趋势。一方面，社会团体、企业既具有投资的能力，又具有创新的活力，他们的加入将使电子政务信息资源的发展动力进一步增强；另一方面，社会团体、企业的介入，不但促进了电子政务信息资源的发展，也推动了相关产业和经济的发展[10]。

2.2 政府信息资源协作管理的方式、模型与体制

西方各国政府信息资源公共服务供给模式大致经历了三个阶段：传统官僚制阶段；以“政府外包”、“政府业务合同出租”、“竞争性招标”等为特征的市场多元化阶段；现行的以“整体合作政府”为特征的整体合作阶段[11]。

陈聪所构建的政府信息资源的分类共享模式，包括健全纯公共信息资源的共享模式和优化准公共信息资源的共享模式[8]。魏吉华提出了政府信息资源内外联合开发模式，政府部门可联合社会机构如图书馆、情报所、信息资讯公司、软件开发商、高校等共同开发信息资源[12]。刘月学等认为政府信息资源开发模式有外源化模式、产业化模式、内外联合开发模式[13]和网络开发模式。黄萃认为目前来看电子政务信息资源的市场化和资金筹措已经呈现多元化格局，包括伙伴关系、外协外包、政企整合、发行债券和广告筹资五种模式[10]。

2005年，李立明等以信息化城市管理为对象，提出了电子公共服务模型——GBCP模型，描述了政府（G）、企业（B）、公众和社区（C）、公共产品（P）构成的、涵盖电子公共服务各方面的完整动态循环系统[14]，如图1所示：

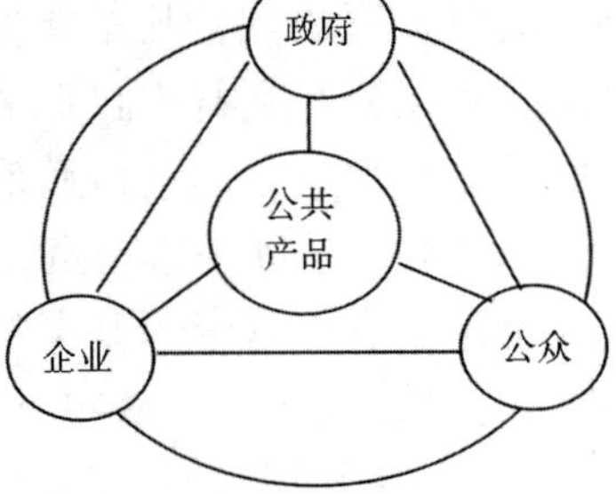

图1 电子公共服务模型

笔者提出在公共信息资源管理领域引入电子参与，调动公众以社会治理者的身份，协调各组织、各阶层的利益来进行公共信息资源的有效管理，笔者还曾提出了基于 E-Participation 的公共信息资源管理模式[15]。

3 政府信息资源协作管理的政策

政策能为协作管理的顺利实施和健康发展提供有效的支持，许多国家制定政策支持公司、企业等私营部门以及非政府组织参与政府信息资源管理、开发与建设，发挥市场机制的功效。

1983 年，英国信息技术咨询小组（ITAp）提议将一部分政府信息在市场上进行交易，由私营信息部门对其进行进一步加工、开发或者利用[16]。2000 年 9 月英国发布的《21 世纪的电子政务服务》中指出了将商业机构和民间组织引入到电子服务市场的重要作用[17]。2003 年 10 月英国批准执行《欧盟公共部门信息再利用指令》，随后参照此指令制定了相应的法规。例如，2004 年制定了《政府公共信息再利用的最佳实践指南》，2005 年颁布了《公共部门信息再利用规则》，它们明确了政府部门职责以及应公开的信息内容，规定在公共信息再利用时要坚持非歧视与公平的原则，并且规范了公共信息再利用的范围、再利用的申请流程，许可证发放以及批准的程序等问题[18]。

1990 年美国工业贸易署发布的《政府拥有的可交易的信息：政府部门与私营部门信息交易指南》中指出，美国政府可按市场价出售已形成市场价格的公共信息；政府为企业提供那些尚未形成市场价的信息时可只收信息成本费。在交易完成后，政府不直接参与信息加工活动，而由企业自己投资建设；对于可由私营部门提供的信息服务，政府不应再提供类似服务。此外，政府部门应与私营部门加强合作，同时将大部分的信息收集工作委托给社会信息服务机构[16]。1993 年美国公布《国家信息基础设施行动计划》，提出了 9 个方面的具体措施，确定了反对垄断、鼓励竞争与合作、优胜劣汰的方针。该计划支持私人企业在国家信息基础设施建设中占据核心地位，并采用税收优惠和颁布相应的监管政策的办法刺激私人企业投资建设国家信息基础设施[19]。2001 年 1 月，美国图书馆与信息科学委员会（NCLIS）向白宫递交《公共信息传播综合评估》报告，肯定了商业机构、非政府组织（NGO）在公共信息传播中的作用[20]。2001 年 3 月，NCLIS 又提交了《公共信息资源改革法案 2001》，提议制定行之有效的公共信息资源获取计划，并采用多种手段特别是以公私合作的方式实现公共信息资源的整个生命周期管理[21]。2002 年美国颁布了《电子政府法案》（E-Government Act 2002），提倡为外包服务商创造有利的环境，鼓励采用外包的方式开展电子政务项目，这样能为承包方带来通过使用IT改造业务流程所节省下来的节余资金（share-in-saving）[22]。

欧盟在多国整合协调基础上进行区域性公共信息资源管理。欧盟成立信息协会（information society），该协会的主要职能为领导和协调欧盟成员国进行信息化建设，特别是进行公共信息资源建设与服务[23]。欧盟1994年发布信息化建设报告，提倡国家信息自由化政策，保护信息化领域的多元化竞争。1996年欧盟制订了《促进公共与私人部门在信息市场的协作指导原则》，促进公共部门和私人部门之间的协作[24]。1999年1月欧盟委员会发表了《公共部门信息：欧洲的重要资源——关于信息社会公共部门信息的绿皮书》，提倡与私人企业、非政府组织、非盈利机构加强合作以促进公共部门和私人部门的公平竞争，提高政府部门信息资源共享程度，明确规定了官方版权的含义、公共部门信息的范围、获取和传播公共信息的条件等[25]。2000年11月欧盟通过了《提高和扩展公共部门信息的获取》指令，提倡公共信息的非歧视性公平交易，并且进一步规定了公共部门信息再利用的申请流程、公共部门信息再利用的条件、这项指令的具体实施等一系列问题[26]。该项指令旨在促进公共部门信息的再利用与商业性开发。

4　现有研究的贡献与存在的问题

虽然已有的研究没有直接提出协作管理的概念，但是多元化管理、公私合作管理、市场化管理、公众参与信息资源管理等研究都包含了协作管理的思想，为政府公共资源协作管理打下了基础。但是研究尚处于发展的初级阶段，尚不成熟，存在不足之处。

4.1　现有研究成果

在理论层面，目前的研究者都意识到，在新的历史条件下，单靠政府部门进行公共信息资源管理存在局限性。不少研究者都明确提出要加强政府、企业、第三部门的协作，依靠行政机制、市场机制、志愿机制的协同效应来提高公共信息资源管理的水平。

有的研究者对公共信息资源进行更细致的分类，指出了哪些类型的公共信息资源具备市场开发的可能性，这些理论为企业参与协作管理奠定了理论基础；有的学者对企业、第三部门参与公共信息资源管理的作用进行了分析；有的研究者从公共信息资源管理起源入手，对公共信息资源管理体制的历史演变进行归纳，并对比分析了国内外一些国家的公共信息资源管理体制，提出了我国公共信息资源多元管理体制。

在政策层面，美国、欧盟、澳大利亚等国家和地区的政府都在电子政务服务的相关条令中提出了一系列促进公私合作（包括政府与企业合作、政府与第三部门合作）的措施，肯定了企业、第三部门在政府信息资源建设中的地位，指出了协作管理、多元化管理对于信息开发的重要意义。特别是《欧盟公共部门信息再利用指令》的影响巨大，许多国家都参照本国的国情制定了政府信息再利用的政策，支持企业参与到政府信息开发和服务中来。各国政府在制定公众参与政策方面的成果也十分突出。联合国自 2003 年后发布的电子政务测评报告中，都设立了电子参与指数，将电子参与的程度直接与电子政务的成效挂钩。电子参与指数的设置反映了政府信息资源管理领域对公众参与的重视。

在实践层面，政府公共资源协作管理方面的项目已经如火如荼地开展起来了。协作管理的形式在电子政府、政府门户网站、公共信息平台、公共信息服务系统、公共信息商业开发、医疗信息服务等政府信息资源管理多种领域得到应用。私营部门通过服务外包、多元融资、成立公司、外聘人员、租用设备等形式参与到政府信息资源的供给、开发利用。第三部门也在信息咨询、技术援助、人员支持等领域参与到政府信息资源管理过程中。公众参与政府信息资源管理的案例也不断涌现。公众参与在政策制定、公众门户、电子论坛、网上民主、服务系统、政府网站、公众参与窗口都得到了广泛的体现。

4.2 研究存在的不足

在理论层面上，把政府信息资源与公共信息资源混为一谈，很少细致地区分出政府信息资源管理这个具体而重要的领域。已有的研究目前还停留在对多主体协作进行公共信息资源管理的重要性的讨论上，还没有深入下去，缺乏对协作模式、协作流程、协作机制、协作平台建设方面的系统研究。公共信息资源管理和政府信息资源管理本身还是一个发展中的课题，它们的概念、内涵、研究对象等至今还处于探索阶段，因此政府公共资源协作管理理论研究还有很长的路要走。

在政策层面，由于政府信息资源协作管理还处于研究的起步阶段，国家缺乏专门针对此领域的立法和政策。现有的法律和规范都是在把政府作为单一主体的传统的管理体制下设立的。

政府信息资源协作管理的实践应该说已经走在理论研究的前面，滞后的理论研究无法为其提供有效的指导，实践活动还处在“摸着石头过河”的自为状态，遇到不少困惑和难题。

参考文献:

[1] 谢阳群. 信息资源管理. 合肥:安徽大学出版社,1999:26.

[2] 李志敏. 浅析政府信息资源管理. 学理论,2010(9):40-41.

[3] 谢阳群. 美国联邦政府的信息资源管理. 国外社会科学,2001(5):58-65.

[4] 朱晓峰,苏新宁. 构建基于生命周期方法的政府信息资源管理模型. 情报学报,2005(2):136-141.

[5] Hughes O E. Public management and administration:An introduction. Derrimut:Macmillan, 2001.

[6] 旃群. 政府信息资源管理探讨,现代情报,2007(6):68-69.

[7] 杨玉麟,赵冰. 公共信息资源与政府信息资源的概念及特征研究. 图书馆建设,2007(6):36-39.

[8] 陈聪. 基于公共物品理论的政府信息资源共享研究[学位论文]. 湘潭:湘潭大学,2006.

[9] 黄志澄. 我国电子政务发展中的问题与对策. 中国信息导报,2003(12):26-27.

[10] 黄萃. 基于门户网站的电子政务信息资源整合机制研究[学位论文]. 武汉:武汉大学,2005.

[11] Remidze H, Stam A, Laffey J M. Web-based template-driven communication supportsystems:Using shadow networkspace to support trust development in virtual teams. International Journal of E-collaboration, 2007, 3 (1): 65-85.

[12] 魏吉华. 探讨我国政府信息资源开发利用策略. 图书情报论坛,2006(4):53-56.

[13] 刘月学,刘明,吴换霞,等. 政府信息资源开发模式比较与评价探析. 农业网络信息,2010(12):97-99.

[14] 李立明,程永强,贾鹏. 信息化城市管理和楷模型初探. 城市管理与科技,2005(5):183-185.

[15] 陈婧. 基于 E-Participation 的公共信息资源管理模式研究. 图书情报工作,2009,53(5):61-65.

[16] 刘渊,张涛. 政府公共信息资源开发利用的市场化战略选择. 信息化建设,2005(9):40-41.

[17] 章祥荪,杜链. 电子政务及其战略规划. 北京:科学出版社,2004.

[18] 张红菊. 英国信息公开制度及其特点. 中国监察,2009(1):45-46.

[19] Congress of the U. S. National Information Infrastructure Act of 1993. [2011-05-23]. http://www. eric. ed. gov.

[20] Hamilton B A. A comprehensive assessment of public information dissemination. [2011-05-23]. http:www. 4vth. gov. ua/usa/erglish/politics/assess/vol/. pdf.

[21] NCLIST. The Public Information Resources Reform Act of 2001. [2011-04-06]. http://www. nclis. gov/govt/assess/assess. Appen11. pdf.

[22] Cmgress of US. E-Government Act 2002. [2011 - 05 - 23]. http://www. access. gpo. gov.
[23] European Union. Building the European Information Society for us all. [2011 - 05 - 23]. http:www. epactice. eu/files/media/media - 688. pdf.
[24] European Union. Guidelines for improving the synergy between the public and private sectors in the information market. [2011 - 03 - 26]. http: //158. 169. 50. 95: 10080/legal/en/access/synergy. html.
[25] EC. Public sector information:A key resource for Europe:Green paper on public sector information in the information society. [2011 - 02 - 28]. http://europa. eu. int/ISPO/docs/policy/docs/COM(98)585/gp-intro. html.
[26] European Union. Improving access to and expanding use of public sector information. [2009 - 11 - 01]. http: //www. cordis. lu/ econtent/psi/pubsec. html.

作者简介

陈 婧，女，1983 年生，讲师，博士，发表论文 25 篇。

公共危机管理中政府面向公众的信息沟通研究综述*

蒋　冠

（天津师范大学管理学院　天津 300387）

摘　要　认为政府面向公众的信息沟通问题成为公共危机管理的一个重要研究领域，目前已有较多研究成果。对国内外关于公共危机管理中政府面向公众的信息沟通的代表性研究进行综述，梳理其研究脉络，总结其研究特点，找出其存在的问题与不足，并对该领域研究的发展方向提出建议，以期为我国公共危机管理中政府面向公众信息沟通的后续研究提供参考与启示。

关键词　公共危机管理　政府　公众　信息沟通

分类号　G209

1　引　言

政府在应对公共危机时需要在内部和外部与多个对象开展信息沟通，其中面向社会公众的信息沟通最为关键。公共危机事件能否得到妥善处理，在很大程度上取决于政府能否与社会公众实现良好的信息沟通。因此，政府面向公众的信息沟通问题成为公共危机管理的一个重要研究领域。国外对于这一问题的研究起步较早。而我国直到2003 年“非典”事件之后，随着国内公共危机管理研究的不断升温，政府面向公众的信息沟通问题才开始引起各界的共同关注，进入传播学、公共管理学、社会学、信息管理学等多个学科的研究视野，相关的研究成果逐年增多。笔者分别以“公共危机”、“信息沟通”、“信息传播”、“信息公开”、“舆情管理”以及“crisis communication”作为关键词，在 CNKI 系列全文数据库与 EBSCO、Emerald 与 ScienceDirect（

* 本文系教育部人文社会科学研究青年基金项目“突发事件中政府面向公众的信息沟通机制研究”（项目编号：10YJC870015）和天津师范大学博士基金项目“公共危机管理中信息沟通机制研究”（项目编号：52X09017）研究成果之一。

Elsevier）等外文数据库中找到与公共危机管理中政府面向公众的信息沟通的相关文献 92 篇，并从中筛选了 30 篇最具代表性的研究成果，在此基础上对这一问题的研究情况进行综述，找出存在的问题与不足，进而对该领域研究的发展方向提出建议。

2 国外研究现状述评

国外对公共危机管理中信息沟通问题的研究，始于 20 世纪 60 年代中期。20 世纪 90 年代，美国危机管理尤其是公共危机管理的研究更加深入。基于这一背景，更多学者投入到公共危机信息沟通的研究领域，其中除了管理学者，更多的是公共关系学和传播学的学者。国外有关公共危机信息沟通的研究，主要围绕如下三个主题展开：

2.1 公共危机信息沟通策略

公共危机信息沟通策略是危机管理研究的热点问题之一，其主要研究内容包括危机信息沟通的原则与方式两个方面。英国危机公关专家 Michael Regester[1] 曾在 *Crisis Management* 一书中提出了著名的突发公共事件沟通“三 T”原则：第一，以我为主提供情况；第二，提供全部情况；第三，尽快提供情况。这一原则至今仍被奉为危机信息沟通的圭臬。Jonathan Bernstein[2] 则侧重于从程序上研究危机信息沟通的策略。他将危机沟通划分为 10 个操作性较强的步骤：①组建危机沟通小组；②指定发言人；③发言人培训；④制定危机沟通计划；⑤识别并确认公众；⑥危机预警；⑦评估危机形势；⑧识别关键信息；⑨决定沟通方法；⑩实施危机沟通。W. Timothy coombs[3] 的研究较为微观，他通过问卷调查发现，在危机沟通中使用视频或使用印刷品公布信息在效果上几乎没有实质性的区别。

2.2 公共危机传播

随着传播学的研究视角被引入危机管理，“crisis communication”更多地被理解为“危机传播”，并逐渐成为一个独立的研究领域。在传播学学者看来，危机传播不过是人类传播过程中的一种特殊形式，也可以从效果、媒介与受众等变量着手进行研究。其代表人物是美国学者 Kathleen Feam-Banks，他将危机传播定义为“在危机事件发生之前、之中以及之后，介于组织和其公众之间的传播”。[4] 美国学者 Surges D. L. [5] 则提出了四阶段危机传播论，他认为有效的危机传播需要使所传播的内容满足公众在危机不同发展阶段的信息需求，并强调每一个阶段都应该有一种传播内容占据主导地位，且与其他阶段相关的传播内容也可以视情况使用。

2.3 突发公共卫生事件中的信息沟通

公共卫生事件在公共危机事件中最为常见，往往难于预测，对公众危害较大，因而国外对于突发公共卫生事件中的信息沟通问题也有较多的专门研究。Baruch Fischhoff[6]认为要坚持以受众为中心的、意思明确的传播原则，否则公众在突发公共卫生事件中会感到更加惊恐和无助。印度学者 Mathew Dolly[7]试图将公共卫生事件中政府内部沟通与外部沟通结合起来考虑，他介绍了南亚国家在突发公共卫生事件管理中通过信息技术保障有效信息沟通的模式，并指出了构建这种模式必要的两个组成部分，即公共卫生和灾难信息网络、互联网社区中心。这一模式能使这些国家内部和国家之间的信息、数据和知识在民族间、国家间以及地区间实现在线共享。Deborah C. Glik[8]在他的著作中说明了突发公共卫生事件信息沟通的一些基本原理，并借鉴其他类型的突发事件沟通，得到若干启示。

国外对于公共危机信息沟通的研究，主要是从传播学和公共关系学视角进行的探讨，不容否认，这些理论成果对于研究我国公共危机管理中政府面向公众的信息沟通问题有一定的借鉴与启示意义，但我国公共危机管理的实践背景和条件与西方国家并不相同，因而在全球化、信息化以及我国社会转型期的时代背景下，要将以美国为代表的公共危机信息沟通理论运用到我国的公共危机管理实践中，必须结合我国具体情况加以修正与创新。

3 国内研究现状述评

国内有关公共危机管理中政府面向公众的信息沟通研究主要从公共危机信息沟通、公共危机信息传播、公共危机信息公开与公共危机舆情管理等角度展开。事实上，危机信息沟通与危机信息传播都源于国外“crisis communication”一词，都是强调在应对危机事件时政府与公众之间信息双向交流的过程。公共危机信息公开则专指在公共危机管理中政府向公众单向传送相关信息，公共危机舆情管理指政府收集与分析公众输出的反馈信息，两者分别对应于公共危机管理中政府面向公众信息沟通过程两个方面。

3.1 公共危机信息沟通研究

当前国内对公共危机信息沟通的研究，存在宏观与微观两种思路。宏观研究侧重于探讨公共危机信息沟通的机制，微观研究则侧重于探讨公共危机信息沟通的具体策略。

3.1.1 沟通机制

对于公共危机信息沟通机制的研究，大部分学者重点关注沟通主体之间关系的调整。例如，冯晓[9]依照沟通路径，将政府、媒体、公众界定为公共危机管理中的外部信息沟通机制的主体，并提出通过改善三者间互助互动的关系构建和完善我国公共危机管理中外部信息沟通机制。陈世瑞[10]在博士论文中对危机沟通的主体、客体以及第三人，亦即政府、公众、媒体，在危机沟通中的角色及其存在问题进行了剖析，认为三者关系多元契合在于价值取向问题，公共危机沟通的核心在于价值观认同。与此同时，也有部分学者试图从政府组织机构形式与运作模式优化的角度对这一问题进行探讨。例如，汤敏轩[11]认为适度的组织机构整合是信息沟通机制的基础，首次从政府组织机构整合角度构建了一套以拉兹洛信息流程系统模型为基础的危机管理体制中信息流程模型，并结合我国实际，对模型的可行性和预期效果进行了分析。此外，还有部分学者注意到了法律与制度建设对于改善政府危机信息沟通的重要性。例如，赖英腾[12]针对公共危机中信息沟通在主观认知、信息系统、沟通管理方面存在的障碍因素，提出了加强危机信息沟通制度化建设的建议。现有关于公共危机信息沟通的宏观研究主要从以上三个维度展开，已经具备了较为宽广的视野，但由于缺乏对社会现状、权力关系的深层反思与批判，因而在深度上还有待于进一步挖掘。

3.1.2 沟通策略

沟通的策略直接影响公共危机信息沟通的效果，因而也引起了众多学者的关注。例如，吕孝礼[13]研究发现，互联网和手机的出现为应急管理部门直接与公众沟通提供了必要的技术条件，充分利用各种网络平台与网络工具，绕开媒体直接面向受众的沟通可以拉近沟通的距离，减少沟通的信息误差。陈晓剑等[14]的研究表明，要基于公共危机的生命周期和公众认知形成过程，了解危机状态下公众对信息的需求和期望，通过定制沟通信息的内容，帮助公众建立针对危机事件的积极认知，提高危机沟通的效率。吴小兵[15]较为成功地运用归因理论与组织形象修复理论，根据危机的不同归因与发展阶段，分别提出了自然灾害危机、人为事故危机、公共卫生危机、冲突危机与谣言危机的沟通策略，并指出政府在公共危机中选择合适的沟通策略，可以达到良好的沟通效果并有助于政府形象的恢复。杨秋菊[16]首次提出，要在应急管理中整合人际沟通、组织沟通和大众沟通等沟通类型，实现信息沟通渠道的多样化，以实现最佳沟通效果。以上研究主要侧重于从改善沟通方式的角度来探讨公共危机信息沟通的策略，但事实上沟通方式并非影响危机信息沟通效果的唯一因素，公共危机信息沟通的效果还要受诸如政治体制与环境、社会文化因素、新媒体的出现与应用等因素的影响。因此，国内有待于从这些角度进一步开展研究，从而为政府制定真正具有适用性的公共危机信息沟通策略提供更有价值的参考。

3.2 公共危机信息传播研究

传播是沟通的代名词，两者在涵义上有互通性。国内公共危机信息传播研究与公共危机信息沟通研究在研究内容上也较为相似，主要侧重于两个方面的问题：①传播主体之间的关系研究。例如，李春华等[17]认为，在公共危机信息传播过程中，政府是信息传播的主导者，媒体是传递者与监督者，公众则是受众与参与者，政府、媒体与公众以信息为载体发生联系，形成一个完整的信息传播系统。周海生[18]则提出，公共危机的信息传播的传播主体政府、媒体及公众具有各自的传播功能，其中政府具有制度建设及制度保障功能，媒体在信息传播中具有监测环境、引导教育、议程设置、缓释、舆论监督、反思功能，公众有参与及塑造功能。②危机信息传播的策略研究。例如，陈晓剑[19]等根据小世界网络的基本特性构建起公共危机信息传播的复杂网络模型，通过改变特殊的参数来对网络演变进行调节。模拟结果显示，政府及时准确发布危机信息，提高网络传递效率，增加信息覆盖范围，以及有效疏通、监控各种谣言是危机信息管理的重要环节。李志宏[20]等提出了基于信息流强弱的突发性公共危机信息传播模式，并在此基础上分析信息传播过程的时段性特征，针对所提出的模型和 5 个阶段的特征，就政府如何有效应对突发性公共危机提出了若干建议。汤敏慧等[21]针对 2008 年广州火车站春运雪灾危机，通过对《人民日报》和《广州日报》两个平面报纸媒体的调查，提出统一口径防止信息矛盾，考虑公众心理以防误导，针对不同危机利益相关者施行不同的信息传播策略，灵活运用信息传播手段增加信息接受性，重要部门应改善信息发布和协调机制等改善政府危机信息传播的措施。区别于公共危机信息沟通的研究，上述有关公共危机信息传播的研究主要运用传播学的理论框架与研究方法，因而尽管两者研究内容雷同，但在研究结论上还是存在较大的差异。

3.3 公共危机信息公开研究

国内有关公共危机信息公开的研究焦点主要是如何确保政府在公共危机管理中及时、有效、权威地发布相关信息，妥善应对公共危机。针对这一问题，国内主要有两种研究倾向。部分学者主要探讨微观层面政府信息公开的方式与策略。例如，胡文静[22]等通过对不确定情况下的决策理论和认识心理学等相关理论的研究，探讨了危机事件中政府如何确定信息公开程度和公开渠道以及制定公开策略。左志富[23]的研究极富实践指导意义，他认为在应对危机时，政府信息的发布要遵循一种梯度规则，即：政府最高层首先发布信息，其次是危机涉及到的具体部门发布信息，然后是危机应对现场的负责部门发布信息，最后由专业技术人员发布信息。相比上述研究，李德华[24]、许敏[25]与蒋明敏[26]等人的研究则较为宏观。李德华尖锐地指出我国政府信息公开存在法律体系不健全、信息公开制度不完善、危机信息管理水平低、知情权意识薄弱等问题，并针对这些问题提出了相应对策。许敏等提出要公开危机管理中的行政信息，改革地方政府绩效考核体系，发挥媒体正确的舆论导向功能和加快危机信息发布平台的建设。蒋明敏则认为消解突发公共事件管理中政府信息公开的障碍，必须将制度、文化建设和行为改进相结合，发挥政府、媒体、民间组织和广大社会公众的合力。事实上，推进公共危机信息公开是一个复杂的系统工程，需要在制度、观念、技术等各个层面采取措施。虽然当前我国政府在应对危机时的信息公开行为方面有了较大的改善，但在公开速度、公开方式与信息质量上仍有欠缺，有待于理论界对此作进一步的探索。

3.4 公共危机舆情管理研究

理论与事实证明，政府在危机预防、危机处理、危机恢复等各个危机管理阶段能否及时有效地掌握舆情信息并根据舆情信息准确及时地采取响应措施，对于提升危机管理的效能至关重要。国内对于公共危机信息沟通的研究主要是从危机处置者向受众传递信息的角度展开，对危机舆情管理的关注较少，只有少数学者涉足这一领域。例如，王来华[27]根据突发性群体事件的阶段性，提出了包括预防预警机制、应急反应机制、分析甄别机制和跟踪反馈机制等4项机制的突发性群体性事件的舆情信息汇集和分析机制。叶皓[28]在总结我国政府突发事件舆论引导方面的经验和教训的基础上，提出了突发事件舆论引导的理念、机制和方法。随着因特网在全球范围内的飞速发展，网络媒体已被公认为是继报纸、广播、电视之后的“第四媒体”，网络成为反映社会舆情的主要载体之一。如何对网络舆情实施有效的管理与控制，成为公共危机管理中一个新的研究领域。例如，杨发坤等[29]专门就政府在公共危机管理中如何有效引导网络舆论的问题进行了探讨。张雅蕊[30]重点探讨了公共危机事件中网络舆情的采集机制建设的路径。舆情管理是公共危机管理中政府面向公众的信息沟通系统的重要组成部分，当前国内对于公共危机舆情管理的研究数量不多，且大都是套用一般舆情管理的理论模式，未能结合公共危机与信息沟通的特点予以专门探讨。

4 后续研究展望

通过对相关文献的回顾可知，国内外对于公共危机管理中政府面向公众的信息沟通问题的研究视角呈现多样化的特点，众多学者围绕这一问题，从多个角度进行了探索性研究。这些成果为后续研究奠定了基础，具有很好的借鉴意义，但仍存在一定的局限性。笔者认为，至少可以从以下几个方面对公共危机管理中政府面向公众的信息沟通问题作进一步的研究：

- 公共危机管理中政府面向公众的信息沟通的保障条件。公共危机管理中政府面向公众的信息沟通的正常开展需要思想观念、法律制度、组织机构与信息技术等多方面的保障条件，探讨这一系列条件的具体作用方式与理想状态，并在此基础上提出健全我国公共危机管理中政府面向公众的信息沟通机制的策略与途径，需要综合多个视角，融合与运用多个学科的理论与方法，结合我国具体实际情况，立足更为宏观的视野开展研究。

- 网络环境下公共危机管理中政府面向公众的信息沟通。网络环境为政府在公共危机管理中面向公众的信息沟通提供了有利条件，同时也使沟通活动的对象、内容、方式与渠道都极大改观，运作过程与影响因素更为复杂。那么，区别于传统环境下政府面向公众的信息沟通，在网络环境下，政府在公共危机管理中面向公众的信息沟通具体有何变化，有何规律，如何实现两者的有效沟通？这一系列问题的解决，需要理论工作者与实践工作者突破现有研究的局限，做更深入的探讨与论证。

- 公共危机管理中网络舆情的监测与引导。网络舆情表达快捷、信息多元，方式互动，对于公共危机的处理有着巨大的影响。政府在公共危机管理中，要建立有效的信息反馈机制，重视对网络舆情的监测与引导，防止公共危机的裂变与恶化。如前所述，国内外对于公共危机信息沟通的研究主要是从危机处置者向受众传递信息的角度展开，对于公共危机管理中网络舆情管理的研究力度偏小。随着互联网络的进一步普及，对这一问题的研究有待加强。

参考文献：

[1] Regester M. Crisis management: How to turn a crisis into an opportunity [M]. London: Hutchison Business, 1987:44 – 46.

[2] Bemstein J. The 10 steps of crisis communications [EB/OL]. [2011 – 03 – 04]. http://www.bernsteincrisismanagement.com/docs/the_10_steps_of_crisis_communications.html

[3] Coombs W T, Holladay S J. Further explorations of post-crisis communication: Effects of media and response strategies on perceptions and intentions[J]. Public Relations Review, 2009,35(1):1 – 6.

[4] Fearn-Banks K. Crisis communications: A casebook approach[M]. New York: Lawrence Erlbaum Associates,1996:22.

[5] Sturges D L. Communicating through crisis: A strategy for organizational survival[J]. Management Communication Quartery, 1994,7(3):297-316.
[6] Fischhoff B. Treating the public with risk communications: A public health perspective[J]. Science,Technology, &Human Values,1987,12(3&4):13-19.
[7] Dolly M. Information technology and public health management of disasters-A model for South Asian countries[J]. Prehosp Disaster Med,2005,20(1):54-60.
[8] Glik D C. Risk communication for public health emergencies[J]. Annual Review of Public Health,2007,28:33-54.
[9] 冯晓. 公共危机管理外部信息沟通机制的构建[D]. 厦门:厦门大学,2008.
[10] 陈世瑞. 公共危机管理中的沟通研究[D]. 上海:华东师范大学,2009.
[11] 汤敏轩. 危机管理体制中的信息沟通机制——基于组织整合的流程分析[J]. 江海学刊,2004(1):105-111.
[12] 赖英腾. 公共危机中的信息沟通及其治理机制[J]. 马克思主义与现实,2008(5):177-179.
[13] 吕孝礼. Web2.0时代的政府应急管理信息沟通[J]. 中国减灾,2010(3):38-40.
[14] 陈晓剑,王海亮,刘天卓. 基于公众感知的危机信息定制与沟通策略研究[C]//中国系统工程学会决策科学专业委员会. 决策科学与评价. 北京:知识产权出版社,2009:237-243.
[15] 吴小冰. 政府公共危机沟通策略探讨——归因理论与形象修复理论的视角[J]. 东南传播,2010(6):28-31.
[16] 杨秋菊. 政府应急管理中的整合沟通研究[J]. 学术论坛,2009(6):49-52.
[17] 李春华,龙厚仲. 公共危机信息传播模式及其运行[J]. 中国人民公安大学学报,2010(5):23-27.
[18] 周海生. 公共危机信息传播中的政府、媒体功能及公众参与[J]. 中共南京市委党校学报,2009(5):65-71.
[19] 陈晓剑,刘智,曾璠. 基于小世界理论的公共危机信息传播网络调控研究[J]. 情报理论与实践,2010(5):80-84.
[20] 李志宏,何济乐,吴鹏飞. 突发性公共危机信息传播模式的时段性特征及管理对策[J]. 图书情报工作,2007(10):88-91.
[21] 汤敏慧,劳彦儿,刘娜,等. 2008年广州火车站春运雪灾危机政府信息传播分析[J]. 中山大学研究生学刊(社会科学版),2008,29(4):49-57.
[22] 胡文静,王怀诗. 公共危机中的信息公开问题初探[J]. 情报杂志,2008(11):141-144.
[23] 左志富. 公共危机事件中政府的信息发布梯度——兼评2005年松花江水污染事件中政府的信息发布[J]. 中山大学研究生学刊(社会科学版),2006,27(3):61-67.
[24] 李德华. 我国政府危机管理中信息公开存在的问题与对策[J]. 图书情报工作,2009,53(7):129-132.

[25] 许敏,张雅勤,胡烽．完善危机信息沟通机制的路径分析[J]．兰州学刊,2006(2):164 - 166.

[26] 蒋明敏．突发公共事件管理中政府信息公开的障碍及其消解[J]．大连理工大学学报(社会科学版),2010(2):63 - 68.

[27] 王来华．论群体性突发事件的舆情信息汇集分析机制[J]．理论与现代化,2007(4):42 - 45.

[28] 叶皓．突发事件的舆论引导[M]．南京:江苏人民出版社,2009.

[29] 杨发坤,邱荣利．谈公共危机事件中政府对网络舆论的引导[J]．行政与法,2010(7):9 - 12.

[30] 张雅蕊．突发公共危机事件中网络舆情的采集机制研究[D]．成都:电子科技大学,2010.

作者简介

蒋　冠，男，1981 年生，副教授，发表论文 30 余篇，出版著作 1 部。

政治利益对政府信息资源共享的影响分析：基于理性选择制度主义的视角

赖茂生　樊振佳

（北京大学信息管理系　北京 100871）

摘　要　政府信息资源共享是一个涉及权力、权利、权威、声望等诸多政治利益流动和再分配的过程。基于理性选择制度主义视角，对政府信息资源共享可能涉及到的政治利益进行分析，指出政治利益对政府信息资源共享的推动和阻碍因素，为实现政府信息资源共享的制度设计提供理论性参考。

关键词　政府行为　信息资源共享　政治人理性　政治利益　理性选择制度主义

分类号　G203　D035.1

政府信息资源共享是政府信息资源管理和开发利用工作的重要内容，是政府职能间整体关联和社会对信息资源均衡配置的需要，也是体现政府执政理念的重要方式[1]。信息管理、公共管理、法学、经济学、计算机科学等学科的研究者对该领域表现出很大的研究兴趣，从不同层面、不同角度采取多种研究方法开展了一系列研究工作，如有学者从产权经济视角[2-3]、公共管理主体多元化视角[4]、共享要素分析视角[5-6]等开展研究，取得了一批颇具代表性的研究成果。

政府的特殊社会政治定位使得政府信息资源不可避免地带有鲜明的政治属性，从政治学的研究视角对政府信息资源管理各个环节加以考察，从逻辑上而言是可行的，并且具有一定的理论价值和现实意义。政府信息资源共享涉及政府部门之间的利益协调与均衡问题，基于政治学领域当下流行的理性选择制度主义研究视角对政府信息资源共享过程中涉及的政治利益开展分析，其理论价值和现实意义也不言自明。

1　政府信息资源及其政治属性

作为一类特殊的社会资源，政府信息资源是由政府掌控并决定其分配的信息资源。如果企业信息资源管理的最终目标可以简单理解为追求企业的经济效益最大化，那么政府信息资源管理的目标可以理解为追求政治的终极目标，即促进自由、平等、公平、正义等政治价值的最大化。作为政府过程中的重要因素，政府信息资共享过程必然涉及多种政治利益的竞争与协调。

1.1 政府信息资源概念界定

政府信息资源的概念界定实际上涉及两个层面：一方面是对“政府”如何认识，这直接决定着政府信息资源的范围；另一方面是“信息资源”的外延，即哪些内容可以算作政府信息资源的范畴。本文把政府界定为广义上的“大政府”，即国家机构的总体，或者说等同于人们通俗意义上的“当局”，把行政机关和与行政机关密切联系的政党机关、权力机关、司法机关等看作整体来对待[7]。反映在方法论上，就是强调政府与其他政治现象乃至与其所处的社会环境的相互作用，重视研究社会其他部门（如公民意见表达团体、新闻舆论等压力团体与公共事业单位等）与政府的关系。这种界定对我国当前政府过程研究、行政管理研究都有显著的现实意义。相应地，本文对政府信息资源的界定是指与政府的运行和管理活动有关的、有序的信息集合[8]。

1.2 政府信息资源与政治利益的关联

作为政府掌控的重要资源，政府信息资源与权力等政治利益密切相关，从而使得政府信息资源具有鲜明的政治属性。政治利益是指政治主体在政治活动所产生的政治需要及其满足，包括政治权力、政治权威、政治声誉、政治支持等。

政府信息资源从采集、处理、开发到分配利用全生命周期都离不开政府部门政治利益的运行。以政府对社会公众和诸如企业等其他社会主体无偿征集信息资源过程为例，政府往往需要借助于政治权力，以法制化手段将行为合法化并强制执行，要求社会公众和企业等信息提供主体无条件配合并为各自提供的信息负责。从这个意义上讲，政府信息资源生命周期的起点就带有鲜明的政治属性。

目前有个别政府部门在政府信息资源采集、开发、经营等权利的归属、配置及相关管理等方面所坚持的原则尚不明确，这就在一定程度上形成了不少政府部门将政府信息的产权归属部门化，从而导致了政府信息资源“部门所有”的格局。不少政府部门将所掌握的政府信息资源当作寻求政治利益的筹码，从而有意或无意地设置信息共享的壁垒[9]，阻碍政府信息资源共享的顺利开展。

尽管政治利益往往表现出政府部门之间的关联，但是政治利益分析中的利益主体最终指向具体个人，也即只有具体个人才能成为真正的、最终的政治利益主体。国内政治学学者研究指出，任何由具体个人所构成的集体，不管这些集体是按照什么自然属性和社会属性抽象出来的，也不管这些集体是按照利益要素的哪些方面抽象出来的，这些集体都需要最终归于具体个人。就分析的意义而言，这些集体最终须在现实性上返回具体个人之间的特定的、具体的和特殊的关系[10]。20世纪美国著名政治学家 Lasswell H D 和 Kaplan A 提出"政治人理性"的基本假设，并将其表述为"追求权力最大化的人"，认为理性政治人"要求关乎他们所有价值的权力的最大化，希望以权力决定权力，还把其他人也当作提高权力地位和影响力的工具"[11]。从这个意义上讲，政治利益实质上是"理性政治人"之间的关联。

因此，从政府中的理性的个体－整体利益角度出发来研究政府信息资源共享过程具有理论层面的可行性，理性选择制度主义秉承理性选择理论的"理性人"基本假设并将其置于既有制度约束，可以作为政府信息资源共享的理论视角之一。

2　理性选择制度主义及其方法论意义

作为新制度主义三大主要流派之一的理性选择制度主义最初用于美国国会政治现象研究。正是因为传统理性选择理论在解释政治现象时的现实局限性日益暴露，理性选择制度主义才得以产生和发展。理性选择制度主义的主要思想是既正视政治过程中个人利益的存在，又不迷信于个人的"完全理性"，而是强调现实制度对个人行为的重要影响。这一思想对分析政府行为具有较强的方法论意义。

2.1　理性选择制度主义基本理论

作为一种制度分析范式，理性选择制度主义在西方特别是美国政治学界居于主导地位。理性选择制度主义作为政治学的一种研究方法和理论流派，其根源可以追溯到17世纪古典政治经济学，但直接产生于20世纪70年代末，是西方政治学界对行为主义政治学批判和反思、对传统制度主义扬弃和对新制度主义经济学成果吸收的产物。理性选择理论主要坚持经济学中的"经济理性人"假设，认为个体在政治活动中寻求自身利益最大化是政治科学研究的核心，政治过程与经济过程相比同样是一个理性人为实现自身的最大利益而展开的交易过程。理性选择制度主义认为理性选择理论把个体视为完全不受制约的理性人，这在现实中是不可能实现的，政府中个体的现实政治活动必然要受到制度的约束。因此，理性选择制度主义在坚持"理性人"假设的同时，认为政治分析的核心应该是既定制度约束下的个人寻求自身利益最大化的过程，制度在个人选择过程中起着重大约束和激励作用。“政治理性人”尽管带有“经济理性人”的理性色彩，但会更加看重自身的政治利益和政治发展。

盖伊·彼得斯认为理性选择制度主义虽然可以分为若干分支，但作为一个整体却有共同的基础[12]：①政治过程的核心行动者是政治人个体，效用最大化是个体开展理性行动的目标；②制度是一种规则，这种规则界定并约束政治人在追求效用最大化时采取的策略；③理性选择制度主义的根本是如何通过制度来引导、约束追求效用最大化的政治人的策略选择；④当面临同样的制度激励与约束时，政治人应该会以相同的方式做出策略选择。

在个人与制度关系问题上，理性选择制度主义认为制度是人理性选择的结果，制度不决定人的行为但对其有一定约束，个人在制度约束基础上的理性选择决定行为，制度为人与人的战略互动提供了重要的限制环境。

2.2 理性选择制度主义的方法论适用性

从方法论渊源来看，理性选择制度主义实际是理性选择范式向制度方向调整的结果，它继承了理性选择理论关于“经济人”行为动机的基本假设，同时又较为充分地兼顾到制度对个人行为的约束，从而使这种研究视角带有一定的整体主义色彩[13]。

从一般意义上理解，政府行为是指政府机关及其工作人员实施行政管理活动的总称。它可以从过程上分为决策行为、计划行为、指挥行为、监督行为等[14]。政府行为是政治学研究的基本对象，基于理性选择制度主义视角去分析政府行为具有很强的针对性和现实性，当代政府过程中任何政府行为都同时伴随着利益追求和制度约束。

作为社会系统中的重要子系统之一，政府会对社会的利益格局产生作用，同时也会受到现行利益格局的影响，这些作用和影响都是通过利益关系调整来体现的。权力及相关的政治利益是政府行为涉及的利益主要方面。“这些利益是伴随着政府自身的产生而产生的。它超越了历史阶段和意识形态，是各个社会中普遍存在的现象，这为政府利益影响其行为提供了一种可能性。其次，政府作为权力执行机关，拥有在全社会推行自己意愿的强制力量，这为其利益对其行为的影响提供了前提条件。”[15]

与此同时，当代政府过程强调法制建设对政府行为和政府社会管理能力的巨大作用。有很大一批政治学者在从事政府制度建设的研究；许多国家的政府和地方政府为了赢得更大范围和更深程度上的社会认可，也在不断强化相关制度建设，以期通过制度约束规范政府行为，进一步逼近政治的终极目标。因此，理性选择制度主义作为方法论对政府行为研究具有很强的适用性。

3　政治利益对政府信息资源共享的影响

所谓政府信息资源共享，就是在一定的政策体制、激励措施和安全保障的基础上，在政府内部、政府与政府外部之间共同使用政府信息资源的一种机制，目的是提高公共管理和公共服务水平[16]。这个定义较好地表述了政府信息资源共享的内涵。政府信息资源共享在很大程度上是一种政府行为或者以政府为主导的社会行为，既包括信息资源在政府内部不同层级之间、不同部门之间的共享，也包括政府面向外部其他社会主体提供的信息资源共享。信息资源共享的过程实质上是政治利益博弈与协调的过程。

3.1　政府信息资源共享涉及的政治利益要素

政府信息资源共享对提升政府公共管理能力和推动社会发展的意义不言而喻，与政治终极目标是相符的。政府信息资源共享有来自政府内部的动力，也有来自于政府内部的阻力和障碍。政府信息资源共享涉及权力、权威、声誉等一系列政治利益要素。

3.1.1　政治权力

作为理解政治内涵的核心要素之一，政治权力是“在特定的力量对比关系中，政治权力主体为了实现和维护自身的利益而拥有的对政治权力客体的制约能力”[17]。权力是政治关系的中介，政治权力要实现的目的主要是利益，权力主体能否达到目的取决于政治力量的对比。政治权力的基础是取得和占有政治权力的资源或资本，主要包括武力、财富、政治技能、知识等。作为权威性资源的核心基础，权力与利益密切相连，利益往往通过权力得以实现[15]。政府信息资源若由某个政府部门垄断，就可以在很大程度上将其作为权力的基础或者索要权力的要件；如果将自己部门掌控的信息资源无偿提供给其他部门或社会主体共享，就意味着这种政治权力的流失，政府信息资源共享遭遇政府部门的阻力也是可以预见的了。但是，反过来，如果通过共享其他部门的信息资源，能在一定程度上获得以前所未获得的权力优势或在一定程度上削弱其他部门对自身的权力威胁，则能对政府部门及其具体政治人参与信息资源共享提供一定的激励。

3.1.2　政治权威

所谓政治权威，就是政府在履行公共管理职能过程中所表现出来的令其他社会主体自愿地服从和支持的影响力。人们对权威的安排的服从是出于认同和接受。从这个意义上讲，权威实际上就可以看作是一种正当的权力的影响力。掌控一定的信息资源，往往是政府部门或具体政治人在该领域政治绩效的证明，政府部门或者具体政治人在该领域就拥有一定的行为权并且有理由使得其他部门或社会主体对其行为产生信服，有利于获得进一步的政治支持。

3.1.3 政治声誉

政治声誉即政治人所拥有的政治名望和受到的评价情况。虽然政治声誉相当于权力而言显得要虚很多，但在政府过程中任何一个个体都希望拥有一个好的政治声誉，只有这样才可以保证其自身政治利益的不断跟进。政府信息资源包括的内容很多，如果涉及对某些个体政治声誉不利的内容，那么这些内容很可能会被屏蔽掉；也可能会有人利用这部分信息，将其故意放大或散播以达到对政府中具体官员政治声誉造成影响的效果。

3.1.4 政治支持

所谓政治支持，指的就是政府过程中具体个体获得社会公众正面肯定的环节。在民主制政府中，政治支持决定着政府官员的政治生涯发展。为了保证自身政治利益的最大化，政府官员总是希望向社会传递有利于自己的信息资源，以期获得更多的政治支持，同时利用社会效应去影响其他社会公众，增加其对自己的支持力度。

不难发现，以上提到的几种政治因素，其实都是跟政府过程中具体个体密切相关的，即使某个政府或具体政府部门在一定时期带有上述政治利益属性，在很大程度上也是该政府或部门中具体个体所拥有的政治利益的反映。

3.2 政治利益对政府信息资源共享过程的影响

从理性选择制度主义的角度看，政府信息资源共享表面是对政府信息资源的重新配置，其背后隐藏的却是政治利益的调整。推进政府信息资源共享的过程，必然会对现有的政治权力结构和既定的政治利益格局产生触动。

政府信息资源共享过程关系到政府部门的社会形象和具体政治人的政绩，信息共享的范围、深度等都是政治人要反复权衡的问题。所以，尽管政府信息资源垄断可能会对具体部门的个人带来潜在的经济利益，但对于理性政治人而言，政治利益追求才是首位的。有学者通过与“经济人理性”比较[18]，指出“政治人理性”是“以满足精神需要为主要特征的自利行为”，是一种“社会公共性行为”，同时具备“政治行为主体的工具理性”特征。

有学者将政府信息资源共享涉及的类型根据主体不同分为政府内部纵向、

政府内部横向和政府面向社会三种类型[19]。这种分法有较强的借鉴意义，本文即从这三个方面对政府信息资源共享中涉及的政治利益展开分析。

3.2.1 纵向政府部门之间的信息资源共享

纵向政府部门之间的信息资源共享过程分为由上至下和由下至上两种方式。由于纵向政府部门设置具有结构－功能的统一性，往往其信息资源共享过程中政治利益也体现出较强的同一性关系，即不同层级的具体政府部门间由于职能的相似和隶属等关系而联系在一起，对外往往表现出相同或相似的利益诉求。

上级政府部门往往更看重通过信息资源共享来更好地实现向下级政府部门的政令畅通，从而保证上级政府部门的政治权威。下级政府部门往往更加看重通过信息资源共享向上级政府部门展示自身的政策执行效果，以期获得上级政府部门的认可和信任，在一定意义上可以争取获得更多政治权力授权的机会。

需要说明的是，由下至上的共享过程中，可能会存在隐瞒甚至篡改信息的情况。政治利益特别是权力和权威的追求是十分明显的，但通过保守信息资源以期获得信息经济利益的诉求绝不是理性政治人的选择。

3.2.2 横向跨部门之间的信息共享

相较于纵向政府部门，横向跨部门之间的信息共享过程难度要更大一些。由于不存在部门隶属关系，信息资源共享的最主要目标是实现政府工作的协作，信息资源共享过程会由于主体之间的信息需求和提供能力异同形成政治利益的互补或对抗关系。互补利益关系是指不同具体政府部门之间由于职能定位、管辖范围、目标互惠等的因素而彼此结合起来的利益关系，对抗性利益关系是指不同的具体政府部门由于职能交叉、定位模糊或其他的差异性而同时获取同一利益的关系从而导致的利益矛盾。

在这种情况下，往往需要共同的上级政府部门出面协调。尽管出于信息资源共享成本的考虑，往往对提供信息资源共享的部门予以一定的经济补偿，但赢得良好的政治声誉对政府部门信息资源共享来说也是一个积极的推动因素。

3.2.3 政府面向社会的信息资源共享

政府面向社会的信息资源共享过程主要表现为政府信息资源公开，主要目标是进一步加强政府与公众的信息沟通，树立政府的良好形象，以期获得良好的政治声誉和政治支持。在这个过程中，社会信息资源主体并不仅仅限于政府某个部门，部分社会信息资源可以由多主体提供，不同政府部门或政府与社会其他主体之间形成替代关系。即在具体的政府部门与其他部门或其他社会主体不存在明显利益冲突的情况下，由于目标的一致性等因素，特定具体主体可以取代既有利益关系中的其他具体主体而形成利益关系。

尽管目前仍然存在部分由政府掌控的信息资源通过市场化方式向公众提供服务并从中牟利的行为，但从长远来看，随着政治民主化进程的推进，面对公众对其合理性的质疑，理性的政治人绝不应该为了追求短期的经济利益而忽视了对自己政治发展更为有利的政治声誉和政治支持。

从以上分析不难看出，政治利益在政府信息资源共享过程中实际上扮演着二元角色：一方面，出于政治利益的争取和维护，政治人希望通过信息共享不断巩固自身政治地位和政治利益；另一方面，考虑到既得政治利益流失的风险，政治人又不希望自身掌握的信息资源被其他部门特别是存在竞争关系的部门所共享，因此可能会采取短视的“个体理性”做法，而忽视了政府“整体理性”。因此，必须从制度层面对这一行为进行引导和规约。新理性制度主义最大的特点是关注制度的运用[20]，将制度定义为规则，用规则指导行为；制度约束行动者实现自我利益的最大化和利益平衡。目前，政府信息资源共享的薄弱环节正在于制度的不足，仅从产权激励等经济角度设计制度并不能有效解决政府信息资源共享动力不足的问题。因此，对于不同层面和类型的政府信息资源共享，关键是在尊重其具体政治人（特别是政府行为中居于主导地位的关键性政治人，比如政府部门领导）的政治利益的前提下，在制度层面设计一套合理的规则来实现不同政治人之间权力、权威、声誉和政治支持等政治利益的平衡。

4 结 语

政府信息资源共享关系着政府的良性运行及其与社会的协调发展。从政府的最基本组成要素——理性政治人研究入手，结合理性选择制度主义研究视角的基本原则，本文提出政府信息资源共享的动力根本在于政府信息资源的所有主体与共享主体的政治利益协调与均衡，特别是如何处理好政治权力这一典型的政治利益。政府从制度层面设计政府信息资源共享的政治利益协调机制，把握政府部门关键政治人的行为特征并采取有效激励，将是推动政府信息资源共享的有效途径。如何从制度层面设计一套合理性规则，从而激励政府信息资源共享主体在追求政治利益最大化过程中推进政府良性运行及其与社会的协调发展，将是笔者进一步的研究内容。

参考文献:

[1] 冯惠玲. 政府信息资源管理[M]. 北京:中国人民大学出版社,2006.
[2] 王芳. 政府信息资源的经济学特征及其产权界定[J]. 图书情报工作,2005,49(5):50-54.
[3] 王芳. 政府信息共享障碍及一个微观解释[J]. 情报科学,2006,24(2):194-199,221.
[4] 夏义堃. 论政府信息共享的路径选择[J]. 情报理论与实践,2007,30(3):317-320.
[5] 胡平,甘露,罗凌霄. 地方政府部门间信息共享的影响因素内部结构分析[J]. 情报科学,2008,26(6):826-833.
[6] 胡平,甘露,罗凌霄. 地方政府部门间信息共享的影响因素间关系研究[J]. 管理工程学报,2009,23(3):85-89.
[7] 朱光磊. 当代中国政府过程[M]. 3版. 天津:天津人民出版社,2008.
[8] 朱晓峰,王忠军. 政府信息资源基本理论研究[J]. 情报理论与实践,2005(1):10-12,5.
[9] 黄萃. 政府数字信息共享的管理障碍与协调模式[J]. 浙江档案,2007(7):38-40.
[10] 高鹏程. 政治利益分析[M]. 北京:社会科学文献出版社,2009.
[11] Lasswell H D, Kaplan A. Power and society[M]. New Haven: Yale University Press,1950.
[12] 彼得斯. 理性选择理论与制度理论[M]//何俊志,任军锋,朱德米,编译. 新制度主义政治学译文精选. 天津:天津人民出版社,2007.
[13] 曹芳. 理性选择制度主义方法论评述:兼论其在中国政治学中的适用性[J]. 学术论坛,2009(11):48-53.
[14] 黄安心. 政府经济管理行为:市场体制下政府行为理论的基本范畴之一[J]. 鄂州大学学报,2001,8(1):1-4.
[15] 刘玉蓉. 政府利益对政府行为的影响及应对[D]. 武汉:武汉大学,2004.
[16] 李卫东. 政府信息资源共享的原理和方法[J]. 中国行政管理,2008(1):65-67.
[17] 王浦劬. 政治学基础[M]. 北京:北京大学出版社,1995.
[18] 刘志伟. 论政治人理性:从"经济人理性"比较分析的角度[M]. 北京:中国社会科学出版社,2005.
[19] 关键. 论政府信息共享的利益机制和路径选择[J]. 档案与建设,2010(9):19-22.
[20] 朱德米. 当代西方政治科学最新进展:行为主义、理性选择理论和新制度主义[J]. 江西社会科学,2004(4):192-199.

作者简介

赖茂生，男，1946年生，博士生导师，发表论文180余篇。

樊振佳，男，1984年生，博士研究生，发表论文11篇。

协同政务知识共享的组织模式及保障因素研究*

高　洁[1]　罗　南[2]

（1. 天津师范大学管理学院　天津 300387；
2. 中国人民武装警察部队后勤学院图书馆　天津 300162）

摘　要　针对从组织保障角度系统研究协同政务主体之间如何进行知识共享的不足，提出协同政务知识共享的组织模式是知识协同网；针对政府知识协同团队、知识型虚拟政府、政府知识社区是知识协同网的具体组织形式，探讨协同政务知识共享的组织保障因素。

关键词　协同政务　知识共享　组织模式　组织保障　知识协同网

分类号　D035　G350

1　引　言

电子政务在推进过程中，由于前期建设中缺乏统一规划和标准，电子政务系统的异构问题使得政务系统之间无法实现“互操作”，政府部门间的信息共享和业务协同出现了严重障碍，极大地困扰着电子政务的深入发展，协同政务就是针对电子政务发展遇到的这一困境而出现的新型政府工作模式。近年来，政府部门借助于协同技术实现了跨部门的信息共享，但随着协同政务的深入发展，政府部门之间对协同过程的服务质量、智能化管理及个性化主动服务等提出了更高的要求，知识日益成为约束协同政务深入发展的关键因素。究其原因：①政府部门间的高效运作建立在部门间具有相容性和互补性知识基础上，当单一政府部门在某方面的知识不能达到协同政务整体需求时，知识价值将很难发挥，协同政务也必然低效；②知识的指数增长及其扩散效应激励着政府部门不断提高知识管理能力和水平，加强基于知识的协同工作，

* 本文系天津市哲学社会科学规划（重点）项目“面向知识共享的协同政务研究”（项目编号：TJTQ10－670）和教育部人文社会科学规划项目“基于语义 Web 服务的协同政务知识共享研究”（项目编号：11YJA870009）研究成果之一。

实现知识的交流、共享及运用。因此，知识共享能够促进协同政务主体间的有效沟通和优势互补。只有通过彼此间基于知识的协同与合作，才能降低信息共享过程中的“语义”障碍而引起的代价，才能将隐性的协作、个性化知识处理和个性化服务需求协调起来，才能实现协同政务中政府部门、公务员、公众及政务信息系统之间的语义互通与知识共享。协同政务知识共享是建立在完善的语义技术基础上的政府部门内部及政府部门之间的知识协同，协同政务知识共享体现以人为本的思想，强调以政府公务员的知识协同为核心，是当前电子政务发展的高级阶段，其实现需要技术支撑环境与组织保障环境的统一[1]。目前，技术不是协同政务知识共享的主要障碍，其瓶颈是组织问题，然而，传统的层级制政府组织结构阻碍知识在政府部门内部和政府之间的流动与共享，政府成员的个人心理因素和组织环境因素使协作中缺乏基本信任，组织成员学习动力不足和传统行政文化的制约都阻碍着知识共享的实现。因此，针对协同政务知识共享中存在的上述组织障碍，必须构建适合协同政务知识共享的组织模式，为跨越政府部门的协同政务知识共享提供良好的组织架构，同时，要研究相应的组织保障机制，这一研究对促进政府部门之间的知识协同，实现协同政务运作从信息协同模式向知识协同模式的发展，最终构建知识型政府具有重要意义。

2 相关研究综述

从研究文献看，目前协同政务知识共享研究还很不系统，国内外现有研究主要从某一特定视角或某一层面对基于语义的电子政务展开研究，或是应用某种语义描述语言来提高语义互操作性，或是从自然语义角度构建本体模型进行语义解析。现有研究从技术角度的某一侧面探讨协同政务各参与方如何实现语义互通与知识共享的研究虽然取得了一定进展，但从组织保障角度探讨协同主体之间如何进行知识共享的研究较少，尤其缺乏对协同政务知识共享组织保障方面的系统研究。

国外学者围绕电子政务知识共享的影响因素进行了研究。Jing Zhang 和 S. S. Dawes[2]等基于调研分析提出，现有的组织因素会严重阻碍跨组织知识共享和电子政务的成功实施，组织和个人会因为不适应组织结构、管理方法和评价系统的改变阻碍知识共享。此外，不同领域专业人员之间缺乏有效沟通交流、组织成员对目标认同的不一致性也会影响知识共享。S. Kim 和 H. Lee[3]等运用实证分析方法探讨了影响公共组织知识共享能力的三个因素——组织文化、组织结构、信息技术，研究结果表明，组织文化应包括清晰的组织愿景、信任机制和社会网络；组织结构应灵活设计，实行层级结构和非层次结构的组合；政府部门应注重非正式网络、绩效激励机制的建构，鼓励员工的知识共享行为，促进团队之间、部门之间的知识流动。

目前国内尚未有专门研究协同政务知识共享组织保障的文献，但是对政府内部知识共享的模式、障碍因素及其对策等已有所论述。毛宇晖[4]提出了团队学习模式、知识库模式、知识专家模式、虚拟社区模式、实践社团模式等政府内部知识共享的模式。夏爱民[5]研究了政府知识共享的障碍与对策，提出建立灵活开放、扁平化、网络化的组织结构，通过建立跨部门、跨组织的动态知识共享团队，促进部门之间和政府之间的知识互补共享。毛宇晖[4]认为信任是知识共享顺利实现的核心要素，强调协作和团队精神在政府知识共享中的重要性，建议设计激励机制，使成员在集体协作中个人目标与组织目标一致，提高组织协作学习的能力。徐云鹏、韩静娴[6]则认为先在小范围（如实践社区、工作团队等）内建立信任，认为共同愿景的建立是知识文化的首要步骤。

笔者认为，协同政务知识共享是建立在政府内部知识共享基础上的，上述相关研究尽管侧重于政府内部知识共享，但为我们进一步研究跨政府部门的协同政务知识共享模式及组织保障因素提供了有益的借鉴。

3 协同政务知识共享的组织模式

协同政务知识共享的实质是基于共同语义体系的知识协同。协同政务知识共享的基础是协同主体对共享内容的语义理解，不仅是知识内容的静态共享和重用，还包括知识内容的动态共享和重用。协同政务知识共享的运作及其协同效应的体现需要一个适合的知识运营环境，即需要以一种新的组织模式为基础进行知识协同，因为通常其是一个由很多协同成员组成的面向知识共享的网络型政府组织（虚拟政府），所以称之为政府知识协同网。这种网络实际是一个在政府部门、公务员、公众和政务信息系统之间形成的联系网络，可以使知识在该网络的各个节点上流动，进而实现知识共享和转移。其中的节点可以是政府部门、公务员、公众和政务信息系统等实体形式，也可以是人脑中的知识单元、计算机中的智能知识单元等虚体形式，可以将它们统称为智能体。协同政务知识共享的目标是建立协同政务各参与方（智能体）之间的共同语义体系，这种共同语义体系的建立，使个人、群体或政务信息系统均变成了智能体，协同关系转变为智能体—智能体的协同问题，这些智能体及其之间的关联构成了政府知识协同网，政府知识协同网与协同环境共同构成了协同政务知识共享体系（见图1[1]）。

协同环境是政府部门开展知识共享的知识协同平台，是实现协同政务知

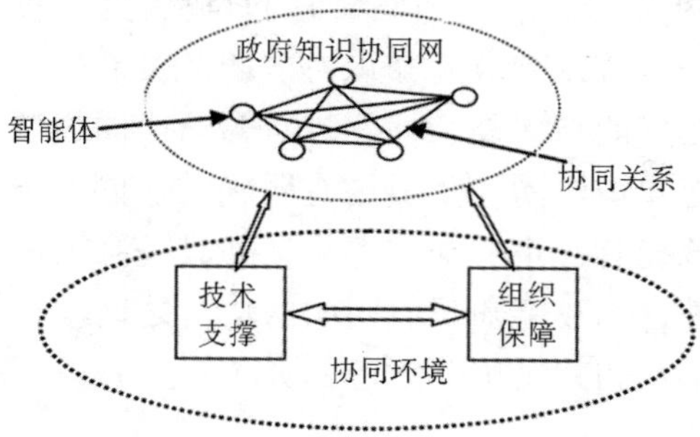

图 1　政府知识协同网及协同政务知识共享体系结构

识共享必不可少的技术支撑环境与组织保障环境，不仅为参与知识共享的政府部门提供协同所需的知识资源和知识共享环境，而且也为政府部门之间协同关系的建立和发展提供交互工具和协同手段。协同环境的建设和开发主要涉及：利用组织关系网环境或计算机网环境传递每个参与协同政务的政府部门提供的知识；通过知识协同平台的有效运作，实现知识组织、检索、传递及应用；最终通过相应的人工传输或网络传输，直接指导跨政府部门的实践活动。以突发事件应急管理知识协同网络为例，它是一个由人员网、应急知识网、应急技术网络等多种形式网络集成的网络系统。这种网络结构复杂并且节点较多，不仅包括各应急组织、个人、团体、研究机构，还包括各类应急文档、知识库以及知识存储设备及系统等[7]。

笔者认为，协同政务知识共享主要以政府知识协同网为组织载体开展知识协同活动，它是协同政务知识共享的组织模式，其具体组织形式可以有多种，如政府知识协同团队、知识型虚拟政府、政府知识社区等。其中，政府知识协同团队是协同政务知识共享最主要的组织形式，它常常是构成知识型虚拟政府、政府知识社区的基本单元[8]。

3.1　政府知识协同团队

政府知识协同团队是指在一定时期内为完成一项特定的协同任务而开展知识协同的团队，是由一些跨地区、跨组织的、通过信息通讯技术联结的政府部门组成的。例如，政府部门在处理自然灾害、交通事故等突发事件过程中，为了有效地保护公共安全，经常需要相关部门跨越组织和功能边界共享信息及知识并协同工作，这时就需要组建知识协同团队。政府知识协同团队是协同政务的核心组织形式，通常由具备不同专业知识背景的知识员工组成，为协同政务知识共享目标的实现而进行互动的知识协同活动。可以将政府知识协同团队视为以下几方面的结合体：协同政务成员（参与者）、协同观念、知识协同的需求、信息技术。政府知识协同团队具有以下特征：①由于协同政务知识共享本身具有的结构复杂性，政府知识协同团队往往是一个动态的网络型组织；②政府知识协同团队成员有明确的协同任务和目标；③政府知识协同团队成员应该拥有一定的知识存量，并具备某方面的专业素质及信任机制等协同基础条件；④政府知识协同团队成员之间应该拥有较好的知识交流渠道、知识共享平台和其他知识交流手段。

3.2 知识型虚拟政府

协同政务知识共享中理想的组织形式是知识型虚拟政府，是一种动态的知识创新型网络组织。知识型虚拟政府是在协同政务知识共享中形成的一种虚拟的政府组织形式，它借助于计算机网络和组织关系网络等连结了多个政府部门，可以实现政府之间的知识协同与创新，并由协同政务各参与方的政府公务员组成多个知识协同团队，实现真正意义的电子政务知识协同，如图2[1]（图中只显示了一个知识协同团队）。

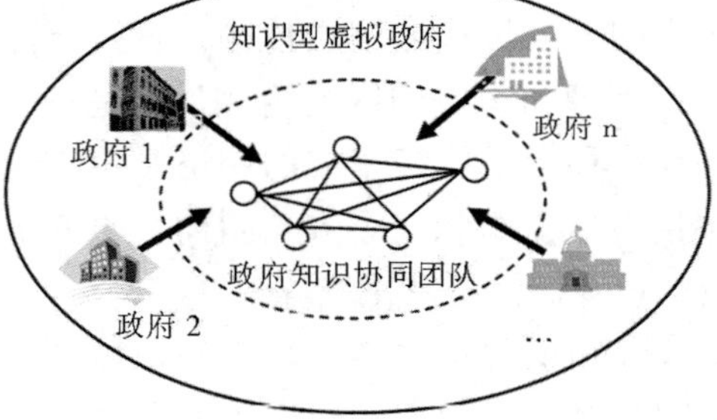

图2　知识型虚拟政府的概念模型

因此，知识型虚拟政府是跨政府部门知识协同的基本组织形式。例如突发事件应急管理知识协同网络的组织形式就可以视为知识型虚拟政府。通常知识型虚拟政府是根据政府组织之间预先达成的协议建立起来的，一般有契约的约束，而其中形成的知识协同团队虽然也会在协议中有所规定，但其中的人员往往会随着不同阶段的协同任务而有所调整，因此，其中的政府知识协同团队是一个动态的、虚拟的、边界不固定的组织结构。知识型虚拟政府以需求、任务、项目为核心，改革传统的政府组织和管理模式，打破科层制的组织结构，增强政府的适应性和可塑性。

3.3 政府知识社区

知识社区是具有相同工作经历或共同兴趣、目标的人们所组成的一种非正式群体[9]，通过网络互动平台使组织内部、组织内部与外界同时达到信息交流、知识共享的目的。政府知识社区是政府成员之间及与公众间进行信息交流、知识共享的一种非正式组织形式。例如，中国MPA社区、公务员网络社区、网上秘书园地等就是我国政府在政务内网上自发形成或组建的知识社区，为政府公务员之间进行信息交流与知识共享创造了更多的机会；再如，人民网的强国社区则是借助政府外网构建的知识社区，该知识社区促进了公务员与社会公众进行更大范围的知识交流与共享，借助于该社区，政府可以及时掌握民意、积累工作经验、提升决策水平。

政府知识社区是政府知识协同团队学习的有效场所，是政府部门成员之间及其与公众间进行知识共享与交流的平台。其特点如下：①鼓励团队成员进行非正式学习，提供一个开放、共享、自由的空间，实现跨越时空、阶层、级别的无障碍知识交流，快速将有价值的隐性知识转化为显性知识。②提供知识学习的最佳场所，任何知识主体都源源不断地从社区获取需要的知识，由于知识的扩散性和可转移性，知识主体之间的学习行为得以产生。知识主体向更先进或更专业的知识主体学习，或者将自身积累的经验和知识予以共享和传播，增加自身的知识存量，实现知识的静态积累和动态积累，即知识的储备和维持、重构和使用。③可以挖掘政府组织中存在的大量隐性知识，通过知识社区成员的非正式交流，将复杂的隐性知识显性化，在知识传输过程中随其传输大量解释性的知识，使知识在整体上易于被结合起来，被大多数员工所理解。

以突发事件应急管理知识协同网络为例，政府知识协同网的上述三种组织形式随着应急协同任务的变化而有不同的表现形式。常态下，政府知识协同团队成员以知识社区为交流平台进行团队学习，分享实践经验，同时了解其他专业知识，拓展知识结构，进行深度知识挖掘，促进团队知识创新。当有特定应急协同任务时，知识协同团队迅速集合，形成知识型虚拟政府，充分调动团队相关专业知识的积淀，根据协同任务的性质，实现知识共享与转移，为公众提供全方位、多角度的知识服务。应急协同任务完成后，团队成员即可解散，回归各自政府部门，但是执行协同任务中的知识并没有随之消散，团队成员可将整个过程中的经验整理总结，存储沉淀到知识库中，以备类似事件发生时随时调用借鉴。

4 协同政务知识共享的组织保障因素

协同政务知识共享的组织保障是指政府部门实现知识优势互补和集成创新必须共同遵守的一些规则、契约和制度，是知识共享正常、有序运作的组织环境，其中包括心理契约、组织文化、组织结构、组织制度、法律制度、合作原则、利益分配原则等有形或无形的约束条件[1]。这些保障因素和政策法律以及知识共享平台等因素共同支持并保障跨政府组织边界的协同政务知识共享的正常运行，如图 3 所示：

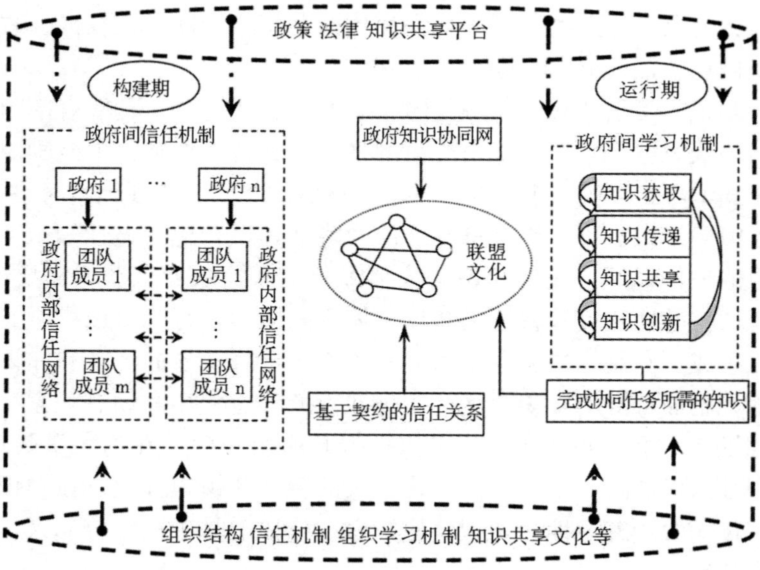

图 3　协同政务知识共享的组织保障因素

由于政策法律以及知识共享平台不是本文的研究重点，因此，笔者重点分析信任机制及学习机制在政府知识协同网构建期及运行期的作用。

政府知识协同网是围绕协同任务、基于知识缺口构建的动态联盟，是实现跨政府组织边界的协同政务知识共享的组织载体，既是一种知识密集型的动态联盟，又是一种学习型联盟，基于知识共享平台将联盟成员的核心知识进行有机整合，旨在弥补彼此的知识缺口，实现彼此间知识的互补[10]，协同创造完成协同任务所需的新知识。在知识协同网构建期，政府组织间的信任机制的建立是关键；在知识协同网运行期，组织间学习机制的建立是核心。而联盟的知识共享文化对于各时期都是十分必要的。

知识协同网构建期，政府之间通过签订协同契约保证信任关系的初步建立，政府之间持久稳固的信任关系则需要建立在政府内部信任网络基础之上。首先，在政府组织内部，知识协同团队成员之间在日常的工作来往中，已经建立了相对稳定的信任关系，构建了政府内部信任网络；其次，政府之间的信任机制不是政府内部信任网络的简单组合，需要考虑到各政府部门的组织结构、组织文化、管理模式、知识共享平台等方面的差异，因此其建立具有一定的难度，但是可以通过跨组织的文化培训、成员之间的频繁沟通交流，树立共同价值观和达成对知识协同目标的一致认识等，促进政府部门之间加深理解，建立良好的互信合作关系。总之，构建期要基于政府内部信任网络以及契约来形成政府组织间的信任机制，建立基于契约的信任关系，确立虚拟政府的协同目标和组织架构。

知识协同网运行期需要政府间组织学习机制的高效配合，通过联盟成员间的组织学习实现知识的获取、传递、共享与创新，实现联盟成员间的知识互补和兼容，弥补彼此存在的知识缺口，创造出完成协同任务所需的新知识。组织学习是通过不同知识主体间的知识转移实现的，按照知识转移的层次，组织学习分为个体学习、团队学习、组织内学习和组织间学习，各个层次的学习可以相互转化，通过这种转化不断提高成员的学习能力和知识水平。成员间的知识传播是通过个体学习和团队合作来实现的，大部分的个人学习都是发生在以协同任务为基础的团队合作中。

5 结 论

协同政务知识共享的组织保障是政府之间进行知识协同的软环境，与技术支撑环境相比，组织保障对于实现政府管理创新、提高公众服务质量具有更重要的作用。本文结合案例，从理论上分析了协同政务知识共享的组织模式及其保障因素，后续研究将围绕这些因素进行具体案例的实证分析，以弥补现有研究的不足。

参考文献：

[1] Gao Jie, Qian Weiwei. Knowledge sharing-oriented coordination e-government system[C]//Prceedings of the 5th International Conference on Cooperation and Promotion of Information Resources in Science and Technology. California: Scientific Research Publishing,2010.

[2] Zhang Jing, Dawes S S, Sarkis J. Exploring stakeholders' expectations of the benefits and barriers of e-government knowledge sharing[J]. The Journal of Enterprise Information Management, 2005,18(5):548 –567.

[3] Kim S, Lee H. Organizational factors affecting knowledge sharing capabilities in e-government: An empirical study[EB/OL]. [2012 - 01 - 06]. http://www.springerlink.com/content/hm4fbpbnceu21y8e/.

[4] 毛宇晖. 我国地方政府的知识共享研究[D]. 上海:上海交通大学,2008.

[5] 夏爱民. 政府内部知识共享影响因素及模式分析[D]. 天津:天津大学,2005.

[6] 徐云鹏,韩静娴. 政府知识共享机制构建各因素辨析 [J]. 现代情报,2009,29(10): 208 - 210.

[7] 李春娟,宋之杰. 基于知识协同的突发事件应急管理对策研究[J]. 情报杂志,2011, 30(5):12 - 13.

[8] 樊治平, 冯博, 俞竹超. 知识协同的发展及研究展望[J]. 科学学与科学技术管理, 2007(11):85 - 92.

[9] 于晶,刘臣,单伟. 基于社会网络聚类的组织知识社区分析[J]. 软科学,2012,26(1): 47 - 50.

[10] 刘二亮,纪艳彬. 基于联盟成员知识特性的知识联盟组织间知识共享研究[J]. 西安电子科技大学学报(社会科学版),2011,21(4):7 - 12.

作者简介

高 洁，女，1962 年生，教授，博士，发表论文 50 余篇，出版著作 10 余部。

罗 南，女，1988 年生，助理馆员，发表论文 1 篇。

基于 K-Blog 的政府知识管理研究

胡海波

（广东药学院医药商学院　广州 510006）

摘　要　阐述 K-Blog 的含义，对 K-Blog 和政府知识管理的研究进展作出文献述评，分析 K-Blog 的政府知识管理功能和优势，构建基于 K-Blog 的政府知识管理模型，探讨其在政府知识获取、知识组织、知识共享及知识利用中的应用。

关键词　K-Blog　政府知识管理　知识型政府　知识管理模型　知识共享

分类号　G203

知识竞争时代，政府如何通过数字化和网络化积累知识、分享知识、传播知识和应用知识，推动政府知识管理，支持高层领导决策，是十分重要的。在提升政府效率和执行力、改善内部管理、提升公务员服务能力等政府管理方面，知识管理发挥着重要的作用。

1　K-Blog 及政府知识管理

1.1　K-Blog 的含义

K-Blog 也称为 knowledge Blog、K-log，即知识博客。关于 K-Blog 的确切定义，目前学术界意见纷呈。一般认为，K-Blog 能够对组织内部分散的知识捕获、收集、分享和利用，能与现有的组织知识管理工具一起在满足组织扁平化和构建学习型组织的同时，实现一定程度的集中控制，是建立在知识生产、收集、加工、链接、传播、共享基础上的博客空间，人们把这种基于 Blog 的知识管理称作 K-Blog，即知识博客[1]。也有一种表述为，K-Blog 是基于 Blog 的组织知识管理方式，即在不影响个人的自由的知识发生机制的前提下，通过信息专业人员的参与使得组织知识管理更为有效的博客方式[2]。另一种观点认为，知识博客指具体的建立在知识生产、收集、加工、链接、传播和共享基础上的博客页面，也可以指博客者，更可以指基于网络博客的知识管理思维[3]。

近年来，学术界对 K-Blog 表现出浓厚的研究兴趣。K-Blog 在图书馆、个人和企业管理中的知识管理都有较为成功的应用，然而，在电子政务和政府知识管理领域，知识博客的应用却近乎空白。

1.2 政府知识管理研究进展

当前，知识管理提出了许多重大的理念和技术，已在很多企业中得到了成功的运用。国内对知识管理的研究大约开始于 2000 年，开始于蒋惠工的一本译著[4]。随后，国内学者开始对知识管理表现出极大的研究兴趣，研究内容多集中于企业知识管理、个人知识管理、图书馆知识管理以及知识工程技术领域，对政府部门知识管理的研究却鲜有涉及，研究深度和广度也明显薄弱。从已有研究成果来看，研究内容多集中于政府知识管理与企业知识管理比较研究、政府知识管理与行政管理、Wiki 与政府知识管理等相关领域。

国外对政府知识管理的研究早于国内，根据 Science Direct Onsite、EBSCO、Kluwer Online Journal、Net Library 及 Google 学术等检索的结果分析，国外研究内容主要包括：①政府知识管理能有效提高公共服务的决策制定效率，有效帮助公众决策制定，建构竞争性的社会智力资本能力[5-6]；②对公共组织知识管理和私营组织知识管理比较研究，公私部门知识管理模式研究[7]；③政府知识管理框架方面，提出了以 PPTM 四个维度为基础的政府知识管理实施框架，即流程、人员、技术、管理框架[8]；通用知识管理框架[6]；④知识管理模型方面，提出了战略性公共知识管理 MATE 模型，即“管理－培训－评估”模式[9]；公共知识管理的三种模型，即人力资本模型、知识类型模型和社会建构模型[7]；⑤政府知识管理应用研究，提出了缺乏知识管理实践有可能导致公共组织的记忆缺失、知识鸿沟和决策失误[10]；⑥从复杂性视角研究了公共知识管理，提出了“知识类型模型”的知识管理[11]。

2 K-Blog 的政府知识管理功能

学者 Wiig 认为，政府部门的知识管理功能，能提高公共部门的决策制定效率，更好地打造透明型政府和知识型政府，使得公众能更有效率的参与公共管理、政策制定，政府的高效率依赖于整个社会成员的知识共享和利用[12]。具体而言，K-Blog 的知识管理功能体现在以下几方面：

2.1 K-Blog 集成了知识管理的两种策略

一般而言，组织的知识管理实现有两大策略，法典化策略和人格化策略。所谓法典化策略，就是知识和人剥离，使知识独立于人而存在，并将知识存储于知识库中反复使用；人格化策略是通过人与人互相接触、沟通、学习，从而实现知识管理[13]。一般认为，前者更适合显性知识的采集、运用；后者则更适合隐性知识的传递共享。在政府知识管理过程中，运用最多的还是人格化策略，如政府领导阅读某部门、某个人的知识库，动态监控政府公务员的工作学习过程就是一个 Blog 与 Blog 交流学习的人格化过程，而 K-Blog 具有隐性知识“外化”和“共享”的功能。因此，K-Blog 能有效体现显性知识的采集和隐性知识的外化两种特点，也集成了知识管理的两种策略。

2.2 K-Blog 具有政府隐性知识“显性化”功能

知识可分为显性知识和隐性知识，显性知识就是指通过某些载体表现出来的知识，如书籍；隐性知识就是难以表达的知识，如长期积累的经验。隐性知识具有难以言传性，但对于一个组织具有至关重要的作用。K-Blog 具有博客的特点，由个人创建、面向大众传播的个人网络化应用，用以表达个人思想和内容，按时间顺序排列。并且不断更新的网络出版和交流形式，是个人对学习、工作的思想、理解、体会和应用的总结，是个人隐性知识的外化过程。K-Blog 提供了一种类似“讲故事”的机制，让人们随时记录下自己的“故事”，组织成员可以阅读别人的“故事”，也可以订阅他人的知识，还可以订阅政府组织某个部门的知识库，且可以及时更新，这些都方便组织员工在工作之中随时随地将零碎的知识经验记录下来，从而使政府隐性知识显性化，方便政府决策层正确决策。

2.3 K-Blog 具有政府知识共享功能

Arthur Andersen 公司将知识管理表达成：$KM = (P + K)S$，其中，K 是指组织中的知识，P 是组织的成员，“ + ”是指技术，而 S 是共享[14]。这个公式所要表达的是“知识管理必须通过将人与技术充分结合，而在共享的组织文化下达到乘数的效果”。台湾学者彭安丽表达为，$KM = (P + K)^{SC}$，其中 SC = S（trust + values + norms + cognitions + beliefs + ……）；P = people；K = knowledge；“ + ” = technology；S = share；SC = share capita[15]，如表 1 所示：

表 1　知识管理的方程式

KM = （P + K）^{sc}，SC = S（trust + values + norms + cognitions + beliefs + …）		
P	people	代表知识的承载者和传播者
+	technology	代表信息技术协助知识管理的建构建
K	knowledge	知识素材包含资料、信息、知识与智慧
S	share	分享
SC	social capital	社会资本为知识管理的平方值；若成员间存在大量的共享价值与规范，彼此诚实互信，一旦组织透过科技将人与知识充分结合时，可因此提高分享意愿和合作动机，发挥社会资本的杠杆效应，促进强化知识管理的能力。

知识积累、信息技术和组织人员是知识管理的基础，而只有知识共享才可以使知识管理达到乘数效果，才能使知识创造价值，而在K-Blog的定义中，知识共享也是博客的功能之一。由此可见，知识共享是K-Blog与知识管理的共同特征。K-Blog能使组织内部雇员发表书面评论、摘要、链接、文档、电子邮件到组织内网，人们能够查找、浏览、建档发布的内容，知识的共享变得非常容易。可以将那些本来难以结构化的零散的知识，变为可以共享的知识。

2.4 K-Blog具有提高政府决策能力的功能

政府部门中运用K-Blog有利于政府系统内外部信息交流，促进知识的交换，缩短查找相关资料的时间，显著提高政府决策的能力，改进决策的质量，帮助政府组织更正确的决策。在运用K-Blog过程之中，对知识进行分类和归档，可以使成员随时发布他们所遇到的问题，也可以找到他们所需要的答案。

2.5 K-Blog具有动态学习功能

现行的知识管理提供的仅仅是技术性知识，是静态知识的管理，这种基于静态知识层面的知识管理只能对现有知识进行组织管理。在K-Blog中，博客们所发表的帖子和所链接的内容都集中在主页，个人对博客进行集中管理，在为博客增加新内容的同时，也在分享其他博客提供的知识，形成了一个由若干链接纵横交错的知识管理网络。这是一个自下而上的集中的知识库，使知识管理自下而上成为可能，K-Blog的这种集中式管理，使得其管理的内容更加丰富和广泛，适合于学习型和知识型组织。

K-Blog具有很强的动态学习能力，能积极主动从外界获取知识，在知识互动中实现动态知识和静态知识的结合，K-Blog从经验中学习，利用博客技术在组织内部建立学习型组织的交流环境，实现了知识的最大化共享和个人知识的高效管理。K-Blog具有传统知识管理所不具有的比较优势，让组织中分散的知识得到集中管理，从而影响到组织的发展和完善，有利于创建学习型政府。

3 K-Blog在政府知识管理中的优势

目前，知识管理存在诸多的问题和困境，如无法完成隐性知识和显性知识的转化，忽略了知识创建和共享过程中的社会关系和社会网络，无法对政府知识进行整体管理等缺陷。K-Blog可以通过专门的软件工具将组织内的Blog连接起来，形成内部网络。因此，它具有快捷查找专业知识，组织、利用知识的高性价比，制定决策的高准确度，改善组织的决策质量和能力等优势。

3.1　K-Blog 具有政府隐性知识外化的优势

隐性知识非常有价值但令人难以捉摸，它之所以有很高的价值，关键就在于我们的知识体系大多数由知道但却难以表达的知识构成，即“我们所知道的远远超过我们所能讲述的”，通常，我们所知道的比能够意识到的多得多。众所周知，显性知识易于被复制和模仿，难以形成持续的竞争优势，而隐含的、未编码的、个性化的隐性知识不容易被模仿和复制，是构成组织核心竞争力的基础。由于隐性知识只存在于人的内部，不容易通过电子方式搜索到，随着组织规模扩大，确定组织中“谁知道什么问题”变得困难，而知识的转化和共享就更加难上加难。

K-Blog 在政府知识管理的运用，将极大克服这一困境。作为网络新型交流工具，K-Blog 的诸多特征都适用于个人或组织进行知识管理。政府部门在内部设立博客社区，让政府职员都拥有一个自己的博客，政府公务员在日常生活、工作中被引导或鼓励记录下自己的想法，政府组织对政府职员所提供的资料进行聚合整理，转化为可共享的知识。因此，K-Blog 使政府组织中分散的信息资料得以集中管理和建设，进而影响组织的发展和完善。

3.2　K-Blog 具有构建社会关系网络的优势

人是需要交流的，也是需要人际网的支持，知识工作者的知识创新和共享更是需要社会关系和交际网络的支持。传统的基于 IT 的知识管理局限性还表现为忽视了知识共享过程中的社会关系和社会网络的重要性，即社会关系的联系、组织知识共享和文化氛围，这些都是非正式组织的交流环境。传统的政府知识管理根本无法形成这种知识创造和知识共享的环境，当然也具有很大的局限性。

K-Blog 在组织知识管理的成功运用，就破解了这一难题，政府公务员利用 K-Blog 在进行知识交流、知识共享的同时，也运用了 SNS（Social Networking Services）平台、微博（Micro Blog）平台，通过 Web、WAP（Wireless Application Protocol）以及各种客户端组建个人社区，即时更新信息，实现知识共享、传播和获取，从而扩大了社会关系网络，也拉近了政府与社会公众之间的距离，有利于促进政府与公众之间的知识交互与协作。K-Blog 重视了组织知识创建、共享过程中的社会关系和网络。

3.3　K-Blog 具有“整体式”管理政府知识的优势

K-Blog 对知识管理具有“整体性”管理优势，即对知识进行的是整体性管理。K-Blog 依靠网络效应和声誉机制，实现自下而上的整体式管理，提供技术性知识的同时，还提供制度性知识，将静态层面的知识管理和动态层面的知识管理结合起来，从而使组织模式向扁平化、网络化、学习化转型。

K-Blog 的运作方式决定了其管理模式，比如，政府在“零技术”的状态下对博客进行集中管理，在为博客增加新内容的同时，也分享着其他博客所提供的新知识，从而便于对政府组织知识库进行更新。K-Blog 这种集中式管理使其管理的内容更加丰富和广泛，适合学习所用。因此，这种全新的知识管理可以为政府动态知识的管理提供良好的管理平台。

4 基于 K-Blog 的政府知识管理模型及应用

随着知识管理应用的深入，其逐渐从过去的对显性知识管理的组织、管理转向对隐性知识的挖掘、利用，更加重视知识在组织中的共享，强调知识管理和业务流程的结合。

4.1 K-Blog 对政府知识工作过程的支持

要了解基于 K-Blog 的政府知识管理模型，要先清楚基于 K-Blog 支持的知识工作过程，学者 Vienna 和 Efimova 构建了基于博客的知识工作过程模型[16-17]。即“搜寻（系统化）知识、个人知识管理、弄清楚知识的含义（个人层面）、通过交流确定含义（社会层面）、创造新的想法、建立并维持个人的交际网、在社群中合作”。在此模型的基础上，用一个表格来揭示 K-Blog 对知识工作过程的一般模型支持，如表 2 所示：

表 2 K-Blog 对政府知识工作过程的支持

政府知识工作过程	K-Blog 的支持
搜寻（系统化）知识（含隐性知识和显性知识）	搜寻网络 K-Blog 的内容，并 RSS 获取
个人知识管理（PIM）（公务员知识管理）	个人知识“档案柜”和知识库
弄清知识的含义（个人层面）	自己可以承上启下获取知识并从他人那里得到反馈
通过交流确定含义（社会层面）	网络博客间的交流跟帖与转载
“创造”新的想法	促进思维的碰撞，知识创造
建立并维持个人的交际网	发现相同兴趣的人，通过 K-Blog 或其他方式交流、共享
在社群中合作	形成互相信任的博客社群，团队合作平台，形成 SNS 社群

从表 2 可以发现，K-Blog 的支持极大了改进了政府知识工作过程，另外，K-Blog 还支持了政府知识创造、知识运用、知识传输与共享、知识组织与存储等诸多环节。通过构建知识管理系统，对政府组织内部、区域内的各种知

识资源进行梳理、建库、联结，实现对知识的快速搜索、利用、管理。

4.2 基于 K-Blog 的政府知识管理模型

基于 K-Blog 政府知识管理就是指利用 Blog 的方法来对政府知识资源进行获取并系统化、知识存储管理、知识学习利用、知识创新的过程。包括对知识本身，还包括与知识有关的有形资产或无形资源的管理。

首先，由于政府为了提高组织决策能力，满足公众的知识共享需要，促进政府管理变革以及政府自身对隐性知识管理的需要，此时，政府对知识资源的探求产生了知识需求。其次，在需求的推动下，政府利用 K-Blog 对知识收集，比如，通过对以前收集过的 Blog 的 URL 列表进行相关主题的检索，对以前搜集过的主题通过 RSS（Really Simple Syndication）技术进行主题内容更新，并将收集后的知识内容建立政府“知识库”。然后，对“知识库”的内容进行定期分类、整理，并适时开发利用。接着根据政府知识库中的内容进行学习创新，如果发现新的知识需求，政府机构可以回溯到知识库，通过内容链接在异地政府知识库寻找答案或通过链接向异地 Blog 进行交流、共享知识，这样就在政府机构之间形成了大型分布式知识库。基于此，笔者构建了 K-Blog 的政府知识管理模型，如图 1 所示：

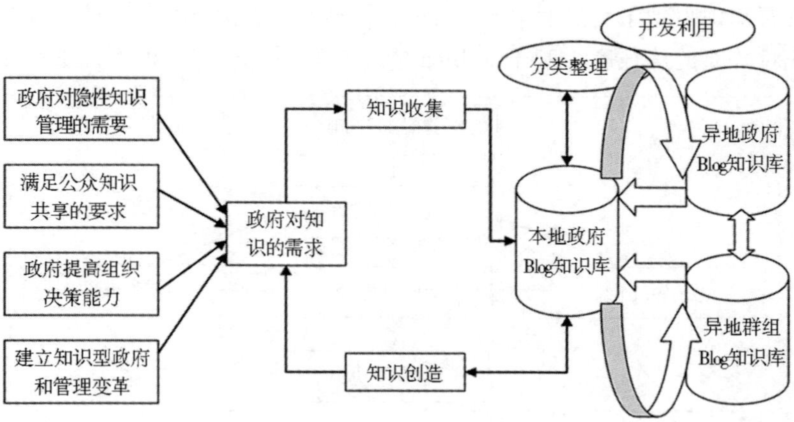

图 1　基于 K-Blog 的政府知识管理流程模型

K-Blog 作为知识获取、吸收、创造并转换的平台，在整个政府知识管理中起到了聚合知识、交流知识、转换知识、创新知识的作用，这一过程形成了“知识链”[18-19]。政府利用 K-Blog 充分挖掘了政府内部知识库的潜在知识，并且聚合了来自公众、企业和其他社会组织的知识创造者的知识，改变了以往知识共享、知识转换的单向作用局面，集结了个人知识管理和组织知识管理，并为二者提供了统一的平台。在这种知识管理系统中，政府在整个知识管理过程中只需对组织内、组织间的知识进行管理和引导，就可以达到知识管理的效果。

4.3 K-Blog 在政府知识管理中的应用

K-Blog 作为一种潜在的知识管理工具，在政府知识获取、组织、分享、利用上都有重要的应用：①在知识的获取方面，K-Blog 能够提供博客专业搜索、博客内置搜索、博客关键词定制搜索等简便方法，能方便高效地获取所需的政府知识。②在知识的组织方面，主要体现在个人或群体对于政府的知识如何进行组织和管理上。个人主要通过时间顺序组织法、分类组织法以及网络标签三种方法对政府知识进行分类组织、管理。在群体组织中的二次传递或流通时，K-Blog 保留了原始知识的完整性、正确性，保障了政府知识流动的安全性。③在知识共享方面，K-Blog 具有“零技术”、“零成本”、“零编辑”和“零形式”的特点[20-22]。Blog 的开放性使得政府知识更加透明化，K-Blog 通过网络上的链接技术、标签工具等使得个人与群体的博客形成点与点的链接，逐渐形成一个政府知识社区，使得知识的传播更为大众化，在政府知识流通传递的同时，也就实现了知识的共享。④在知识的利用方面，K-Blog 使得政府知识得到了完整性传递，保证了知识传递分享的安全性，增加了社会公众对政府的信任度。基于 K-Blog 的政府知识管理应用模型，如图 2 所示：

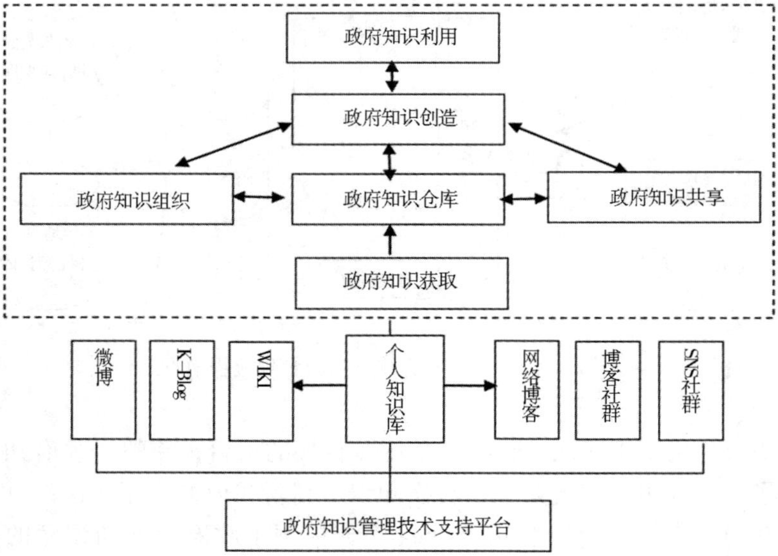

图 2　基于 K-Blog 的政府知识管理应用模型

K-Blog 应用于政府知识管理，能够克服传统知识管理的缺陷，有利于整合政府中的隐性知识和显性知识，促进知识的采集、加工、交流、共享、增值，满足知识环境下的需要，更好地提高政府知识管理的效率，提升政府的服务效率和管理水平，完善电子政务的公共服务功能，有利于构建知识型政府。

参考文献：

[1] 知识博客——百度百科.[2011－03－18]. http://baike. baidu. com/view/4477562. htm.

[2] 李勇. 知识博客——基于博客的知识管理方法研究[学位论文]. 武汉:武汉大学, 2005:78－82.

[3] 燕辉. 知识博客和知识管理的差异探析. 情报资料工作,2005(2):65－68.

[4] 麦耶斯. 知识管理与组织设计. 蒋惠工,译. 珠海:珠海出版社,1998.

[5] Wiig K M. Application of knowledge management in public administration. Journal of Knowledgement,2000,3(3):224－239.

[6] Cong Xiaoming,Pandya K V. Issues of knowledge management in the public sector. [2011－03－06]. http://www. mendeley. com/research/cultivating－a－public.

[7] Macadam R, Reid R. A comparison of public and private sector perceptions and use of knowledge management. Journal of European Industrial Training, 2004,24(6):317－329.

[8] Misra D C, Marinara R, Khaneja M. E-knowledge management framework for government organizations. Information System Management, 2003,20(2):38－48.

[9] Sotirakou T, Zeppou M. The "MATE" model: A strategic knowledge management technique on the chessboard of public sector modernization. Management Decision, 2004, 42 (1) :69－88.

[10] Luen T W, AI-Hawarden S. Knowledge management in the public sector: Principles and practices in police work. Journal of Information Science, 2001, 27(5):311－318.

[11] Knowledge communities of practices or governance instability. [2011－03－06]. http://wrap. warwick. ac. uk/2009/.

[12] Wiig K M. Integrating intellectual capital and knowledge management. Long Range Planning, 1997, 30(3): 399－405.

[13] 杨杰. 知识管理的策略——法典编辑策略和人格化策略. IT 经理世界,2000 (1):48－50.

[14] 安达信公司.[2011－03－18]. http://www. arthurandersen. com/ EN.

[15] 彭安丽. 知识型政府研究专题.[2011－03－18]. http: //www. nhu. edu. tw/ ~alpeng/TM12KG. ppt. 2006.

[16] Distributed KM-Improving knowledge workers productivity and Organizational knowledge sharing with weblog-based Personal Publishing. [2011－03－06]. http://www. roell. net/

publikati-onen/distribute-dkm. shtml.

[17] Efimova L. Legitimized Theft:Distributed apprenticeship in weblog networks. [2011 -03 -06]. http://203. 128. 31. 71/articles/9783642035814. pdf.

[18] 李平,张庆普. 基于 K-Blog 的组织知识和谐管理研究. 情报杂志,2008(6):6 -12.

[19] Femand schmetz (the Belgian Ministry of Social Affairs) Introduction to KM in the Public Sector. [2011 -03 -06]. http://www. knowledgeboard. com/item/847/2010/5/2008.

[20] 程惠霞. 公共部门导入知识管理的整体流程分析. 中国行政管理,2005 (11):100 -104.

[21] 赵玉敏. 浅谈知识博客在知识管理中的应用. 科技情报开发与经济,2010(9):139 -140.

[22] 屈晓晖,胡海燕. 知识博客及其在个人知识管理中的应用. 图书馆学研究,2008(2):51 -53.

作者简介

胡海波,男,1978 年生,讲师,发表论文 15 篇。

对我国政府信息公开制度的思考
——基于不完全信息动态博弈模型

李　晶

（武汉大学信息管理学院　武汉 430072）

摘　要　政府在信息公开过程中一方面要最大限度地满足公众知情权需求，同时也要考虑到信息公开制度运行的经济效率。在成本交易和产权分析理论的基础上，建立政府与公众的不完全信息动态博弈模型，考察双方在信息公开制度中的最优策略选择。研究建议政府部门应该树立正确的信息公开观念，在立法体例上准确界定信息公开的范围并充分利用信息公开的信息反馈机制获知公众对知情权的需求。

关键词　政府信息公开　博弈论　信息管理制度

分类号　G350

政府信息是指行政机关在履行职责过程中制作或者获取的，以一定形式记录、保存的信息[1]，占社会信息总量的80%以上[2]，是信息时代最宝贵的社会资源之一。作为公共政策制定者的政府一方面需要最大限度地满足公众知情权的需要，以保障公众的基本人权，另一方面也需要考虑到信息公开制度运行的经济效率，包括涉及到的各种市场交易成本以及产权制度的影响，以促进市场租金总值的最大化[3]。本文借助博弈论的有关思想，分析政府信息公开中政府与公众双方的最优策略选择，并提出为完善我国政府信息公开制度的建议。为了方便叙述，下文中的信息公开均指以国家行政机关为主的信息公开。

1　我国政府信息公开现状

我国政府信息公开制度从萌芽到全面推进经历了漫长的过程，始终离不开公众的广泛参与和与公众的互动。公众权利意识的逐渐增强和信息诉求的不断高涨推动了政府信息公开制度的确立与完善。1998年，国务院正式成立专门机构研究起草《中华人民共和国信息公开条例》（下文简称《条例》）；

2003 年“非典”、“孙志刚”事件加快了立法进程；同年广州市在全国率先实施《广州市政府信息公开规定》，该规定成为全国第一部全面、系统规范政府信息公开行为的地方性政府规章；2005 年“松花江水污染”事件给政府未能及时公开提供了警示；同年底，全国先后出台了 28 部涉及政府信息公开的地方性法规或规章；2008 年 5 月《条例》正式颁布实施，标志着我国政府信息公开走上制度化与规范化的道路。但是，《条例》实施三年以来，政府与公众之间在信息公开方面的博弈与互动还在继续[4]，最主要的原因在于法规自身的缺陷以及现行相关制度的不配套。《条例》第二章第九条至十二条、十四条对国务院部门、地方各级人民政府及县级以上地方人民政府信息公开的范围予以明确，采取了肯定式列举加概括式排除的方式，但是这种列举方式无法做到面面俱到，这就使政府部门拥有较大的自由裁量权。对政府部门来说，受到传统文化与政治理念、行政成本、政府偏好与官员利己性等因素的影响[5]，对法规未明确规定应该公开的、但又可能涉及到绝大多数公众利益的公共信息有选择地公开，这类信息如官员财产信息、招标、拍卖情况等。《条例》第二章第十三条为公民表达个人信息诉求提供了途径，即规定：在不涉及个人隐私、商业秘密、国家安全等法规明确豁免公开的范围内，公众可以依据条款提出获取政府信息的申请。虽然上述申请公开环节主要是为了满足个别公民的知情权，但随着公众权利意识的普遍增强，这种个别需求成为公众普遍的诉求时，如对公开官员财产信息的诉求[6]，政府部门是选择将其纳入到主动公开的范围，还是选择不公开或不主动公开，等到公众申请或是公众寻求救济途径时再公开，无疑政府会对公开成本与公开的社会效益进行综合衡量。同样，对于政府有自由裁量权的信息，公众是被动等待公开，主动申请公开，还是在上述形式均无效时考虑寻求救济途径，无疑，公众也会全面衡量其知情权的效用价值与申请公开的成本。因此当《条例》规定的信息公开范围的边界出现模糊、不确定时，政府和公众双方就会基于自身利益做出不同的、具有依存性的策略选择，选择的结果会对双方的利益带来直接的影响。

2 不完全信息动态博弈模型的适用性

新制度经济学认为，无论是政府官员还是公众个人都是在他所依存的体制允许的界限内进行选择、追求最大化效用，作为理性经济人的政府与公众同样追求利益最大化[7]：政府部门希望能够以最小的公开成本获得最大的收益即政府公信力的提升；公众希望能够以最小的成本获取其知情权的效用价值，维护自身利益。在信息公开中，政府与公众的策略选择有先后的次序，并且双方都做出不止一次的策略选择，又因为政府与公众之间信息不对称，政府占信息优势，公众占信息劣势，公众不清楚政府的得益情况，处于信息不完全的一方。因此本文用不完全信息动态博弈模型来模拟并分析信息公开中政府与公众的最优策略选择。下面就对博弈的参加者及博弈方的策略选择、博弈方的得益情况做具体的说明。

2.1 博弈中的博弈方与策略选择

在政府信息公开中，公开的主体是国家行政机关、法律等授权和委托的组织，也即下文中作为博弈一方的“政府”；公开的对象为社会中的个人和组织，也即下文中作为利益博弈另一方的“公众”。博弈产生于政府主动公开信息之后，面对公众普遍提出的信息诉求，政府选择接受并扩大其主动公开的范围还是选择不予理会，政府做出选择后，公众也会相应选择是否借助于其他途径反映其知情权的诉求，以促使政府做出公开信息的选择。因此，双方做出的策略选择是有次序的。

政府信息（产品）具有非物质性、消耗无损性、可共享性和可转化性等经济特征。信息内容不会因为使用而减少或消失，反而在共享过程中创造更多的经济效益和社会效益，带来社会福利的增加。根据新制度经济学的成本交易理论，政府信息公开需要政府机构付出成本代价，包括机会成本、边际成本、交易成本等[5]。正如上文所述，如果将政府看作是一个超级企业，政府公开信息的生产行为必然受到各种因素的制约。政府在信息公开过程中会选择某种策略，既能够最大限度地满足公众的知情权，提高政府公信力，又能够最大限度地减少公开信息耗费的各种交易成本，实现政府经济效益最大化。作为理性经济人的公众，也会在法定范围内追求其利益最大化，公众会采取某种策略向政府机构提出信息公开的申请，以维护其知情权。因此在信息公开中，作为博弈双方的政府与公众会做出不同的策略选择或行为。

2.2 公众与政府的得益

博弈模型中，公众的得益体现在知情权的效用价值，政府的得益体现在政府公信力的效用价值。现代意义上的政府公信力，指的是政府履行自己的责任和义务，信守对公众的承诺，从而获得公众内心上对政府的运作方式、政府行政人员的行政行为以及与政府行为相关的整个社会制度的理解和信任[8]。政府公信力是公众对政府的信任，是公众对政府的信心与支持[9]。政府公信力的基础是公众对政府的信任，作为一种社会资本在政府与公众之间架设了一座桥梁，成为社会稳定发展、经济持续增长、政府对外塑造良好形象的重要基础。政府公信力是影响该国经济发展的软实力，良好的政府公信力能够较好地保证制度的稳定性和政策的预期性，从而吸引大量资金和投资者，增强地方经济活力，推动地方经济增长，提高地方经济竞争力[10]。因此政府公信力的提升必将带来巨大的经济效益和社会福利。政府公信力的影响因素来自多方面，国内外学者分别从公共治理视角、承诺——信任关系视角、政府绩效评价视角、社会学视角等展开研究[11]，并提出了建议对策，其中最重要的方面就是要加强政府的透明度，提高公众的知情权和参与权。有的学者甚至提出“政府信息公开是建立政府信任的关键[12]”。因此，本文认为信息公开是提升政府公信力，建设透明、服务型政府的重要途径，也能相应促进社会福利与经济效益的增长。

3 博弈模型的分析

分析不完全信息动态博弈问题的典型例子是工会与厂商之间关于工资和雇用的博弈[13]，本文拓展这一经典博弈模型并在此基础上分析政府与公众双方的博弈策略选择。

3.1 进一步补充假设条件

- 根据上文对政府公信力的分析，假定信息公开成本等于公众知情权的效用价值。
- 信息公开带来政府公信力的提升，进而增加了社会福利和经济效益，本文将这一效用价值设为 π，π 是政府部门内部知晓的，公众无法知道，公众只知道 π 是标准分布于区间［0，1］。
- 假定博弈经历两个回合，第一回合公众提出了信息公开要求，由政府选择是否予以满足，政府选择接受，表示公众知情权的效用价值将得到实现，博弈结束，否则进入第二回合。第二回合也是由公众提出信息公开要求，由政府选择是否接受。政府不接受则表示政府不能满足公众的知情权，在现实中表现为政府拒绝向公众传递信息，公众也无法利用其他方式获取这些信息。若在第二回合中政府满足了公众的信息要求，则双方的得益都要打折扣，折算成第一回合公开信息的得益的折算系数为 δ，这表示将耗费双方更多的成本。设第一回合政府公开信息给公众带来的知情权的效用价值是 w_1，因此耗费的各种行政成本也为 w_1；第二回合政府公开信息给公众带来的知情权的效用价值为 w_2，因此耗费的各种行政成本也为 w_2；则第一回合政府主动公开信息，政府与公众的得益分别为 $\pi - w_1$，w_1，而第二回合才达成协议则双方得益为公众 δw_1，政府为 $\delta(\pi - w_2)$，如果第二回合仍达不成协议，双方得益都为0。

3.2 博弈过程与均衡分析

本文使用逆推归纳法的思路，先从第二回合开始讨论双方的序列理性策略。先看第二个回合（假设第一回合政府已经拒绝）政府的选择。对政府来说，若本回合拒绝则意味着收益为0，因此只要 $\pi > w_2^*$ ，他就一定会选择接受。不管第一回合的 w_1^* 是多少。此时政府的得益为 $\delta(\pi - w_2^*) > 0$ 。

现在来看第二回合公众的选择。首先，公众知道政府在该阶段的选择方式，即政府以 $\pi > w_2^*$ 是否成立作为选择标准；其次，公众此时判断政府拥有信息的总的效用价值是标准分布于 $[0,\pi_1]$ 的（ π_1 的值是在第一回合讨论）。因此公众选择的 W_2^* 要使自己的期望得益最大化，即 $\max\limits_{w_2}(w_2 \cdot p_{2a} + 0 \cdot p_{2r})$ ，其中 $p_{2a} = p\{\pi > w_2\}$ 和 $p_{2r} = p\{\pi \leqslant w_2\}$ 。根据公众对政府的信息收益判断：

$p_{2a} = p\{\pi > w_2\} = (\pi_1 - w_2)/\pi_1$, $p_{2r} = p\{\pi \leqslant w_2\} = w_2/\pi_1$

因此上述最大值问题变成 $\max\limits_{w_2}[w_2(\frac{\pi_1 - w_2}{\pi_1})]$ 。公众的最佳选择 $w_2^* = \pi_1/2$ 。因此如果进行到第二回合，并且政府满足公众信息公开的要求，则双方的得益为公众 $\delta\pi_1/2$ ，政府 $\delta(\pi - \pi_1/2)$ 。

现在回到第一回合，对政府来说，如果进入第二回合，能够得到的最大得益是 $\delta(\pi - \pi_1/2)$ 。因此第一回合选择接受 w_1^* 的条件是选择接受的得益 $\pi - w_1 \geqslant \delta(\pi - \pi_1/2)$ 。整理可得 $\pi \geqslant \frac{w_1^* - \delta\pi_1/2}{1 - \delta}$ ，也就是说，当政府的得益 π 满足上述不等式时，他选择接受 w_1^* ，否则不接受。因此上述不等式的右边就是前面所设的 π_1 ，令 $\pi_1 = \frac{w_1^* - \delta\pi_1/2}{1 - \delta}$ ，则 $\pi_1 = \frac{2w_1^*}{2 - \delta}$ 。公众了解政府在第一回合的上述决策方式及第二回合的结果。公众所选择的 w_1^* 还是要使得自己的期望得益最大，即满足 $\max\limits_{w_1}[w_1 \cdot p_{1a} + \delta w_2(w_1) \cdot p_{ra}]$

其中 p_{1a} 表示第一回合政府接受 w_1 的概率，$p_{1a} = 1 - \pi_1 = 1 - 2w_1/(2 - \delta) = (2 - \delta - 2w_1)/(2 - \delta)$

而 p_{ra} 表示第一回合拒绝但第二回合接受的概率。

$p_{ra} = p_{1r} \cdot p_{2a} = 2w_1/(2 - \delta) \cdot (\pi_1 - w_2)/\pi_1 = 2w_1/(2 - \delta) \cdot (\pi_1 - \pi_1/2)/\pi_1 = w_1/(2 - \delta)$ 。代入上式得：

$w_1^* = (2 - \delta)^2/[2(4 - 3\delta)]$

把 w_1^* 带入上述各式得出 π_1^* ，w_2^* 等得出本博弈的唯一的完美贝叶斯均衡：

- 公众第一回合提出的信息要求 $w_1^* = \frac{(2-\delta)^2}{2(4-3\delta)}$

- 如果政府公信力的效用价值 π 超过 $\pi_1^* = \frac{2-\delta}{4-3\delta}$，则政府接受 w_1^*，否则拒绝 w_1^*。

- 如果第一回合公众的信息要求被拒绝，公众将对政府的判断修改为标准分布于 $[0,\pi_1^*]$，第二回合公众的信息要求 $w_2^* = \frac{1}{2}\pi_1^* = \frac{1}{2}(\frac{2-\delta}{4-3\delta})$。

- 如果政府的信息效益 π 超过 w_2^*，则接受，否则拒绝。

4 模型的结论与启示

4.1 结论

根据以上对模型的假设与构建，可以得出以下几点结论：

4.1.1 公众通过政府信息公开获得知情权的效用价值将随着双方博弈回合次数的增加而递减

由 $w_1^* > w_2^*$ 表明，与第二回合相比，第一回合公众通过政府信息公开获得知情权的效用价值更高。也可以推算出，政府与公众博弈的回合数越多，双方的收益越少，总收益随着公开要求提出次数的增多而递减，在现实中意味着政府公信力将随着拒绝公开次数的增加而递减。反之，政府能够应公众的合法要求主动公开的信息越多，政府的公信力越高、越诚信，公众因此享受到的社会福利也越好。

4.1.2 政府的公信力越高，接受信息公开要求的倾向越明显

根据模型，当信息的价值效用 $\pi \geqslant w_2^*$ 时，政府会在第一阶段接受要求公开所有的信息而不会拖延到第二阶段；反之，政府的公信力越低越会想方设法隐瞒信息，在信息的价值效用 $\pi \leqslant w_2^*$ 时，政府则会选择拒绝公众提出的信息要求。在现实中意味着政府享有公信力越高，就越能够以积极主动的姿态面对公众的信息诉求。

4.1.3 在合法且可接受的成本范围内，政府应尽量地满足公众的信息诉求，尽可能多地公开政府信息

根据模型，当 $\pi > w_2^*$ 时，政府倾向于接受公众的信息诉求，可以进一步的理解为，信息公开的范围应明确为只要政府公信力的效用价值大于公开信息的成本时，对于政府的最优选择是更加积极主动地满足公众的信息诉求。

在现实中意味着在合法且可接受的成本范围内，政府最大限度地公开信息将为社会创造更大的效益，也一定能为公众带来经济效益；对于公众而言，政府公开信息的范围越大，公众对政府的信任感和支持感会越强，也会以更加积极主动的姿态参与政治和经济活动中，发挥公众的自觉能动性，努力提高社会福利，推动社会的全面发展和繁荣，从而实现政府与公众的利益最大化。

4.2 启示

结合上述对博弈模型的分析，本文认为提高我国政府信息公开制度的运行效率，实现政府与公众双方的利益最大化，以政府为主体的一方作为制度的设计者，其决策尤为重要，因此，本文立足于政府角度，提出改进政府信息公开工作的三方面建议：

4.2.1 从根本上转变对信息公开的认识

不论是理论模型还是实践活动，都有力证明了政府信息公开能够提高政府的公信力、控制力和科学决策水平，有利于我国民主和法制发展，防止腐败实现民主政治，促进政府职能转变，建设人民信赖和满意的，公开、透明和问责的服务型政府，实现我国政治、经济、社会的全面发展和繁荣。长期以来，我国的很多事情都是由政府决定的，大量的信息都掌握在政府手中，且官本位和以局部利益为重的思想模式占据了主要地位，阻碍了政府信息公开的推行。政府运作不公开、不透明，缺乏行政监督和群众信任，长此以往必然导致政府行政效率低下，腐败现象滋生，而政府花费在整治腐败和提升公信力方面的成本将远远高于其公开信息的成本，甚至可以说政府封闭信息造成失信于民的后果，很可能给政府带来沉重的打击，损失难以数计。政府部门应该认识到主动公开信息将为政府建设带来更大的利益，包括：①促进决策科学化、民主化。信息公开是民主的基础，也是政府与公众之间的交流和公众参与的基础。信息公开能够吸引公众参与到政策制定和执行的过程中，通过举行听证会、征求意见、决策咨询会等形式让公众的利益与意见得到充分表达，从而确定决策的方向和重点，进而确保政策的公平、公正性，避免制定出偏离公共利益的公共政策。②推动廉政建设。信息公开将使整个行政系统透明公开，破除权利运行的隐蔽性，使政策制定和执行晒在阳光下，可以使公众了解政府部门的职责权限、办事程序和结果，尤其是重大决策和涉及公共利益的决策过程，使行政活动和行政权力的运用一直处于公众的监督之下，从而遏制腐败的滋生和蔓延。此外，信息公开还能够增强政府工作人员的危机感和自觉性，促使政府工作人员廉洁自律，加强对自身的约束，从而提升整个政府的廉政水平[14]。因此，政府部门及其决策者需要转变旧有的思维模式，树立公权观念和政府信息公开意识，认识到只有公开信息，特别是主动公开信息才能增加人民的信任度和支持度，才能增强政府的公信力，才能促进社会长治久安和经济稳定发展。政府部门要把公开信息作为自己的义务和社会公众应享有的权利来看待，提高执政的透明度，从思想上认识到知情权是公众的一项基本权利，树立为大众服务的意识，使公民依法享有知情权。

4.2.2 在立法体例上准确界定信息公开的范围

模型证明了政府信息公开的范围明确与否决定了信息公开的效率。从目前政府信息公开的实践来看，绝大多数的省级行政单位和国务院下设机构都没有严格按照《条例》规定的公开范围公开信息，在实际公开中随意性较强，在一定程度上影响了政府公信力和公众对政府的信赖。本文认为需要做好以下三点：①提高政府信息公开制度的普遍约束力和权威性，使之享有较高的法律地位，成为最高层次的法律规范，相应的信息公开范围也受到法律的保障，同时可根据公众的信息诉求对法律进行修订和完善。②需要明确信息公开范围的原则，对公开内容采用以否定列举为主的方式加以明确。美国联邦政府是世界上较早建立起政府信息公开法律制度的国家之一，于 1967 年颁布了《信息自由法》（The Freedom of Information Act of 1967），并且不断加以修订和完善，相关立法会在 2007 年 3 月通过了信息自由法的修正案（H. R. 1309）。[15]《信息自由法》的第二款列举了 9 条豁免公开的政府信息，并规定除此之外“未授权不公开信息或者限制公众利用记录”。[16]本文认为我国在政府信息公开立法时可以考虑借鉴这种否定列举的方式，逐条列举豁免公开的信息，最大限度减少因肯定式列举带来的“挂一漏万[18]”，从而将政府信息“以公开为原则，不公开为例外”落到实处。③建立有效的权利制约机制和问责机制，明确政府工作人员无正当理由拒不提供信息所承担的法律责任，以及公众在政府部门拒不提供信息时可以采取的救济措施与途径。

4.2.3 充分利用信息公开的信息反馈机制获知公众对知情权的需求

根据模型的分析，政府与公众之间的博弈都伴随着公众对知情权的需求反馈，这可以看作是对政府信息公开需求的信号。据《2009 年中国行政透明度年度报告》显示，《条例》实施的三年里，“在司法救济、依申请公开门槛、财政信息公开等热点领域公众的诉求日益高涨”[18]，这就是在信息公开中潜在的公众信息反馈，也是公众对政府信息公开做出的积极回应。本文认为完善政府信息公开的反馈机制应该在现有基础上加强下述两方面的工作：①畅通信息公开反馈渠道。除了利用传统的信息收集渠道，包括便民电话、信访、各类广播媒体和平面媒体方式外，可以充分利用现代信息技术如web2.0技术拓宽信息公开的渠道，促使政府网站从只具有单一的静态信息发布功能发展为具有与用户交互的动态服务功能，政府部门可以通过在网站上开设各类交互栏目广泛收集公众意见；再如，可以通过开设政府微博，提高收集公众反馈信息的速度和效率，提升公众对政府公开事务的关注度。②进一步完善信息公开救济制度。在公民反馈信息公开诉求之后，需要有法律保障其合法的知情权益。因此，应该在当前政府信息公开条例的基础上增加有关救济制度，包括申诉、行政复议、行政诉讼、行政赔偿以及国家设立专门机关的救济等多种形式，以保障公民的合法信息诉求。

参考文献：

[1] 政府信息公开条例. [2011-02-28]. http://www.gov.cn/zwgk/2007-04/24/content_592937.htm.

[2] 王长胜. 2009年中国电子政务发展报告. [2011-03-11]. http://views.ce.cn/main/qy/xzgl/200912/23/t20091223_20676601.shtml.

[3] 席天扬. 科斯定理，讨价还价和政府：对新制度经济学的理性反思. 东岳论丛，2007(5):15-25.

[4] 政府信息公开条例初读. [2011-03-11]. http://www.ahpc.gov.cn/information.jsp?xxnr_id=10021467.

[5] 姜忠. 论经济学成本理论视域下的政府信息公开范围. 法学论坛，2010(4):64-68.

[6] 中国行政透明度年度报告·2009. [2011-02-27]. http://www.cppss.cn/news_body.asp? id=808.

[7] 王勇. 透明政府. 北京：国家行政学院出版社，2005:158.

[8] 张旭霞. 试论政府公信力和公众的话语权. 中国行政管理，2006(9):58.

[9] Miller A H, Listhaug O. Political parties and confidence in government: A comparison of Norway, Sweden and the United States. British Journal of Political Science, 1990, 20(3): 357-386.

[10] 吴光芸，李建华. 地方政府公信力：影响区域经济发展的重要因素. 当代经济管理，2009(5):56.

[11] 吕维霞，王永贵. 基于公众感知的政府公信力影响因素分析. 华中师范大学学报，2010(4):33-39.

[12] 卫兴华，焦斌龙. 诚信缺失的成因分析及其治理. 教学与研究，2003，(4):25.

[13] 谢识予. 经济博弈论. 上海：复旦大学出版社，2006:337-340.

[14] 袁有华. 信息公开与服务型政府构建. [2011-04-25] http://www.cqdx.gov.cn/theory/article.aspx? id=1896.

[15] 李晶. 美英政府信息公开制度综述. 科技情报开发与经济，2008(8):82-83.

[16] The Freedom of Information Act. [2008 - 01 - 10]. http://www. usdoj. gov/oip/foi - upd. htm.

[17] 汪全胜．政府信息公开的范围探讨．情报理论与实践,2004(6):580 - 582.

[18] 北京大学公众参与研究与支持中心．2009 年中国行政透明度年度报告．[2011 - 04 - 25]. http://www. law. yale. edu/documents/pdf/Intellectual_Life/ch_OGIWA_2009_Report_Exec_Summary_Chinese_1 - 28 - 11. pdf.

作者简介

李　晶，女，1985 年生，博士研究生，发表论文 5 篇。

我国政府信息公共获取行政问责的问题及对策*

王协舟　范琳琳

（湘潭大学公共管理学院　湘潭 411105）

摘　要　当前我国政府信息公共获取缺乏问责意识，缺失问责机构，问责主体单一，问责立法滞后。欲完善政府信息公共获取行政问责，应该着力提高问责意识，建立健全问责法律制度，强化异体问责，确立多元化问责机制，完善问责绩效评估制度、问责救济制度和公益诉讼制度。

关键词　政府信息公共获取　行政问责　问责机制　问责救济

分类号　D630

1　我国政府信息公共获取问责遭遇尴尬的经典案例

《政府信息公开条例》（以下简称《条例》）实施两年多来，我国在政府信息公共获取的行政问责方面取得明显成效。由于我国政府信息公共获取行政问责制度尚处于初创阶段，仍存在一些突出的问题。为更好地阐述其现状，笔者需要介绍政府信息公共获取过程中公众问责遭遇尴尬的经典案例。

2008 年 5 月 4 日，湖南省郴州市汝城县自来水公司的黄由俭、邓柏松等 5 名退休职工向县政府提出公开“原县自来水公司改制情况的调查报告”的申请被拒。6 日，他们以“信息不公开”为由将县政府告上法庭，要求法院责令汝城县人民政府公开其申请公开的相关政府信息，但在此后的 52 天内未得到法院立案与否的答复，不得不向省高级法院起诉，最终法院以“信息涉密”为由驳回了这一诉求[1]。

2008 年 6 月 28 日，贵州省瓮安县部分群众因对一名叫李树芬的女学生死

＊ 本文系国家社会科学基金项目“基于科学发展观视域的政府信息资源公共获取研究”（项目编号：09BTQ025）和湖南省教育厅优秀青年项目“政府信息资源公共获取问题研究——基于政府和公众双向视角的分析”（项目编号：08B076）研究成果之一。

因鉴定结果不满，聚集到县政府和县公安局，引发大规模人群聚集围堵政府部门和少数不法分子打砸抢烧突发事件。事发不到一个月，瓮安县县委书记等相关领导相继被问责。但据 CCTV《新闻 1 + 1》2009 年 3 月 25 日播出的《问责“官员问责制”》，获悉瓮安县被撤职官员复出，复职原因不详，复职形式不清晰[2]。

2009 年 7 月 13 日、14 日，有媒体报道了网上热传的河南开封杞县“钴 60 被传泄漏事件”，直至 16 日，经环保部门核实确认并没有发生泄漏，而仅是发生“卡源”故障。但在当地，随着“放射源将爆炸”谣言的出现，一些群众于 17 日奔向周边县市“避难”，致使县城群众出现大范围恐慌。事后河南警方逮捕 5 名在网上散布谣言的公民；此事件发生一个月尚未出现任何来自当地部门的权威消息，并且有关反映杞县钴泄漏问题的网页一律被屏蔽[3]。

2010 年 8 月上旬，网上传出湖南省金浩茶油的若干批次产品致癌物质含量超标的消息。8 月 20 日，金浩公司公开声明“被查出致癌物超标”是谣传。21 日，湖南省质监局在当地某报纸刊发“茶籽油生产加工企业专项监督抽查结果”，金浩茶油抽检结果显示合格。30 日，有媒体正式披露了金浩茶油致癌物超标的问题。9 月 1 日，金浩方面发布致歉信，正式承认产品确有致癌物超标问题。面对公众“为什么质监部门掌握金浩茶油含致癌物质的信息半年后不公布”的质疑，湖南省质监局以“不公开问题是为维稳”论和“自己无权公开”论试图推卸自己的责任[4]。

2　我国政府信息公共获取行政问责的问题及成因

从以上由于政府信息不公开引发的政府应对群体事件中可知，目前我国政府信息公共获取的行政问责制尚未得到全面、有效实施，仍存在以下问题。

2.1　责任意识与问责意识缺乏

我国传统行政文化“官本位”思想根深蒂固。在这种保守、落后的“官本位”意识的支配下，各级行政领导干部有权无责，将掌握的政府信息作为本部门的私有财产，为了政务的暗箱操作与权力寻租，不愿主动提供信息，责任意识淡薄。以湖南“金浩茶油事件”为例，公众在事件中一直是被动接受相关信息，并未主动问责质监局，而质监局至今不但没有向公众道歉，而且对待信息公开和舆论监督的傲慢似乎“涛声依旧”。

与之相对应，公众问责意识缺乏。长期以来，“官本位”思想很大程度上影响着公众政治参与的积极性，大多数公众面对政府和政府官员惟命是从，处于被管理者的地位。公众获取信息的途径单一，信息获取意识封闭，相当比例的公众没有问责意识或问责意识淡薄。从以上案例可以看出，自《条例》实施以来，公众知情权意识虽有所觉醒，但公众要实现自己的信息需求，正确行使自己获取政府信息的权利，在权利未得到满足时主动问责，还有相当长一段路要走。

2.2 问责机构缺失

目前，我国缺乏专门的监督机构对政府信息公共获取情况进行定期或者不定期的考核与评估。现有的政府信息公开的主管机构除了行使政府信息公开的职能外，也行使监督政府信息公开执行的职能。这些部门在政府信息公共获取过程中虽然起到一定的监督作用，但大多数情况是在政府不公开信息引发重大事件或遭受重大损失时才进行临时问责。如果仅仅由这些政府部门来控制问责权，问责的客观性和民主性就会大大降低。

案例中，当申请公开信息不能如愿，公众向有关责任主体问责时，却久久得不到一个答复。尤其是法院对公众起诉政府信息不公开立案难，导致公众问责无门，这也是问责机构未能承担起其相应的法律责任的表现。

2.3 问责客体权责不清

“对政府的每项行为要确定负有责任的专人”[5]，政府信息公共获取行为也不例外。我国政治体制存在权责不清的弊端，政府信息公共获取服务有些责任不明确，导致误判的产生，使该追究的责任人没有得到惩罚，而无辜的人成为了替罪羊，造成问责的不公。譬如，在“钴 60 事件”中，其处理结果仅仅是对 5 名散布谣言的公民进行了刑事处罚，试问当地相关政府部门责任人是否负有一定的不可推卸的责任。

《条例》规定，我国政府信息公开义务主体是各级人民政府及政府部门，对政府信息公开机构的范围并没有确切的规定。由于我国行政机关内部实行的是行政首长负责制，责任的不明确导致政府多数情况下把问责制作为一种个人责任追究制度，问责客体仅限于行政首长，忽视集体和机构的责任，导致问责的不公。

2.4 问责主体单一

根据问责主体的不同，政府信息公共获取行政问责主体可以分为同体问责和异体问责。所谓同体问责，即行政机关的上级领导及行政机构内部监督机构的问责，而异体问责包括人民代表大会、司法机关、新闻媒体及公众等的问责。目前我国缺乏强有力的问责主体对政府信息公共获取的违法行为进行问责，现行的问责主体主要是上问下同体问责。譬如，文中提到的信息不公开行政问责案中所涉及的问责，更多的是上对下的问责，虽有媒体、公众的介入，但这些主体由于缺乏实施责任追究的权力，无法真正启动问责程序，因此不属于真正意义上的异体问责。显然，这种自上而下的同体问责很难确保问责制的制度化、正常化，因此需要建立和完善“异体问责制”。湖南省郴州市汝城县自来水公司的退休职工“勇吃螃蟹”，状告县政府，开异体问责之先河，但其结果却很不理想。异体问责要发挥其作用，仍是任重而道远。

2.5 问责立法滞后

我国至今还没有一部关于行政问责的全国性法律，出台政府信息公共获取行政问责法缺乏必要的法理基础。问责规定大多是针对重大突发事件、行政效能等，缺乏专门的针对政府信息公共获取行政问责的规定。虽然我国于2009年颁布了《关于实行党政领导干部问责的暂行规定》，但并不属于全国性的问责法律。目前，问责的依据仅限于《中国共产党党内监督条例（试行）》、《党政领导干部辞职暂行规定》以及《中华人民共和国公务员法》中的相关规定，此外还有一些部门规章和地方政府规章。政府信息公共获取问责尚未形成统一的机制，各地方政府信息公共获取的法规条文中缺乏统一的问责规定，很少有明确信息不公开的法律责任，这是目前很多信息公共获取相关案例中公众实行其问责权利，结果以失败告终的根本原因。虽然已有的部分地方政府信息公开办法引入了对责任人的问责机制，但这些规定只是针对信息不公开造成后果或导致的损害进行定性的描述，缺少定量的标准，对问责的标准、问责程序、问责方式及问责结果均无明确规定，实践操作性不强。

2.6 配套制度供给不足

2.6.1 绩效评估制度缺失

我国尚未建立起科学有效的绩效评估指标体系，政府在考量自身职责时很少将公众满意度作为标准，对政府信息公共获取绩效评估的操作大多在行政系统内部进行，由于政府官员的个人主观因素的影响，问责的公正性很难得到保证。政府在制定相关法律法规时更多强调惩罚机制，较少考虑激励机制。譬如，在众多问责法律、法规条文中，更多地是针对失职政府官员责任追究的规定，对积极、主动公开政府信息的激励规定却很少。这种只强调责任而忽视激励的做法只会给行政人员带来消极的思想，最后导致消极的行政行为。

2.6.2 救济制度缺失

我国现行的行政救济法规较少规定被问责官员的救济办法，对被问责官员更多地采取一种严厉的惩罚措施。以惩罚作为结果的问责工作难免会出现偏差和失误，因此，需要相应的救济措施对这些问责失范进行补救。虽然有些问责法规中规定了被问责官员有申诉和申辩的权利，但对于如何申述、向谁申述等问题却没有详细的规定，导致问责的不公平与不合理。

2.6.3 公益诉讼制度缺失

相对于政府行政人员，公众始终处于弱势地位。以“湖南汝城民告官”为例，当法院驳回5位职工的诉求时，其信息获取权得不到实现，如何救济相关利益，保证公众对政府公开信息的权力进行监督制约呢？公益诉讼制度可以有效弥补这一空白，但我国法律中很少关于公益诉讼在政府信息公共获取行政问责方面的规定。仅有少数法律法规中规定了公众利益救济办法，譬如，2010年9月1日长沙市政府发布的《长沙市行政问责办法》中规定“对检举人或控告人打击、报复、陷害，或有国家法律、法规规定的其他从重情节的问责对象将从重问责”[6]。

3 我国政府信息公共获取行政问责的完善对策

3.1 提升政府责任意识与公众问责意识

首先，加强政府责任意识，转变政府信息垄断观念。问责政府信息公开的行为意义应更多地表现为公众对政府信息获取行为的预期，其实现有赖于政府对信息公开责任的认识及履行职责行为的控制。因此，应该采取有效措施，改变政府的传统思想，提高政府主动公开信息的责任意识，从“官本位”转向“民本位”，从对上级负责转向对公众负责。

其次，提升公众问责意识，保证公众知情权。问责意识决定问责行为，公众只有意识到问责政府信息公开对自身利益和公开信息的重要性，才会引发问责行为。问责就意味着将政府的信息公开活动置于公众的监督之下，公众行使监督权的表现之一就是信息知情权的实现，因此，当务之急是完善各种信息公共获取制度，吸纳公众参与到政府信息公共获取实施过程中，使公众不仅敢于问责，而且勇于问责，真正实现自己的知情权。

3.2 构建科学的问责法律制度

3.2.1 界定问责主客体

作为一种责任追究活动，政府信息公共获取行政问责应有特定的问责主体，并且问责的主体应是多元化的。政府信息公共获取行政问责客体应是政府信息公开的执行者，即政府信息公共获取的义务主体。广义的政府信息公共获取的义务主体即政府信息资源的产生部门。根据《条例》，政府信息公开的法定义务主体主要有三类：①行政机关；②法律、法规授权的具有管理公共事务的组织；③医疗、教育等与公众利益密切相关的公共企事业单位。这就决定了政府信息公共获取行政问责的客体，应当是负有信息公开职责而不履行职责的行政主体、行政工作人员及行使公共权力的组织和人员。

3.2.2 明确问责范围

政府信息公共获取行政问责的最终目的并不是对过错的惩罚，而是通过问责提高政府及公务员的信息公开责任意识，更好地为公众服务。因此，问责的意义不仅仅表现为一种事后惩罚，而应将这种“事后惩罚性问责”转变为“日常问责”，从单纯追究“有过”向既追究“有过”又追究“无为”转变；不仅对政府信息的透明度进行问责，而且要对政府信息的共享度进行问责；不仅对信息不公开等过失行为进行问责，而且要对日常的政府信息公开行为进行问责；不仅对政府机构问责，而且要对行政人员进行问责；不仅要对行政人员的行政行为进行问责，而且要对行政人员的个人行为进行问责。

3.2.3 优化问责程序

无论是针对“有过”行为的问责还是针对不作为行为的问责，问责程序都要体现公正性、规范性、科学性和可操作性，以此保证政府信息公共获取行政问责的合法、有序、高效。在规范问责程序的过程中也要注意：首先，问责主体应多元化，但是行政问责不等同于行政监督，其本质是一种责任追究活动，问责主体拥有对问责对象进行直接处分的权力和义务。因此，虽然公众、新闻媒体及组织属于问责主体的范畴，但不能直接认定和追究问责客体的责任，只能通过举报、批评或新闻媒体介入等方式引起问责，从而让有权对问责客体进行责任追究的主体真正启动问责程序。其次，建立专门的问责受理机构，接受问责主体的控诉、检举和控告。“通过这样一个机构，公众可以在第一时间了解政府的详细动态，政府部门也能及时地得到公众反馈的信息，改进自己的行政策略。”[7]才不至于出现类似“石首事件”、“瓮安事件”等群体性突发事件的发生。

3.2.4 确定问责结果

政府信息公共获取行政问责中的责任可分为政治责任、行政责任、法律责任和道德责任。由于责任性质的不同，其责任承担形式也不同。根据权责一致的原则，针对不同的问责客体应采取不同的问责方式。譬如，对行政机关及行使公共权力的组织的问责方式有：责令公开道歉、通报批评、取消评奖、评优、评先资格等；对行政机关人员和行政机关任命的其他人员的问责方式有：告诫、通报批评、责令公开道歉、引咎辞职、责令辞职、免职等。

总之，对责任承担方式的规定应体现多样性和层次性，可以视情况单独或合并适用，明确不同责任主体应承担的具体责任类型，确定责任追究的广度和深度，保证问责方式的科学合理。

3.3 强化多元化的异体问责机制

政府信息公共获取行政问责重在异体问责，而异体问责重在问责主体的多元化。行政问责要实现问责主体的多元化，就必须把一切利益相关者都引入到行政问责制度的程序中。我国是人民民主专政的国家，政府权力由人民授予，政府信息是一种特殊的公共产品，政府信息公开是一种特殊的公共服务，公众有权请求获取政府信息并对其信息服务行为进行问责。因此，从根本上说公众是主要问责主体。而现实中公众将共同行使的权力授予了“人大”，宪法和法律也赋予“人大”对行政机关进行问责的职责。因此，从理论上说，人大是最具有权威性和效力的问责主体。司法机关作为一种专门化的权力制约机关，其问责通常会带有强制性与法定性，在问责过程中不仅可以限制政府信息公开权力的违法行使，还可以保障公众及问责客体的合法权益，是一种特殊的问责主体。

从上述政府信息公众获取案例的进展可以看出，随着民主政治进程的逐步推进，新闻舆论监督问责已越来越显示出它不可替代的重要作用，凡此类案例，一经新闻媒体报道，无不引起全国各地的高关注度，新闻媒体已经成为一种对政府进行问责的强大社会力量，如果缺少了公正的新闻舆论问责，就不可能引入真正的政府信息公共获取行政问责。根据《条例》规定，政府信息公共获取的权利主体是公众、法人和其他组织。民间组织、非政府组织及社区自治等作为政府信息公共获取的权利主体，理应纳入问责主体的行列。

3.4 确立多样化的配套运行机制

3.4.1 完善信息公开绩效评估机制

有效的问责要以及时、有效的信息作为基础，绩效评估可以为其提供高效的信息服务。将问责与绩效评估结合起来，可对问责客体及其行政行为进行有效的监控，防止问责客体可能产生的行政失职行为，增强问责的针对性和高效性，从而使信息公共获取行政问责高效运行。应将公众满意度作为政府绩效评估的重要指标，并对该指标体系进行量化或定性分析，建立有效的政府信息公共获取绩效评估指标体系；既要注重惩罚机制，也要强调激励机制，把政府信息公共获取义务主体履行职责的业绩作为奖惩的依据。

3.4.2 健全行政问责救济制度

目前在我国，问责客体寻求救济的途径主要是行政系统内部救济，司法救济途径较少。有必要开拓问责救济途径，维护被问责客体的合法权益，保证问责的顺利实施。要将行政救济制度纳入行政问责的层面，把行政救济作为问责程序的一个环节；拓宽救济渠道，当问责客体对问责结果不服时，除向上级机关寻求救济之外，在穷尽行政救济的情况下，可以向有关的法院上诉，或通过信息公开审查委员会等信息公共获取主管机构获得第三方救济。

3.4.3 建立行政公益诉讼制度

通过检察机关、社会团体和公众提起行政公益诉讼，运用诉讼的方式解决政府信息不公开的行为对社会公益和公众自身权益造成侵害的问题。建立行政公益诉讼制度可从以下两方面考虑：①在宪法中确立公众的知情权和问责权的地位，保证公众在信息公共获取失败的情况下，顺利问责有关责任主体，防止出现公众勇于问责，法院忌吃“螃蟹”的情况蔓延[8]。②完善行政诉讼法，设置相应的诉讼程序，并以法律的形式规定行政诉讼主体的资格及受案范围，将政府拒绝主动公开信息、拒绝被问责等行政行为纳入受案范围。

参考文献：

[1] 李兰香．汝城退休职工在全国首告政府信息不公开．[2011－03－15]．http://www.xinhuanet.com/chinanews/2008－05/07/content_13188727.htm.

[2] 袁钧．瓮安事件．[2011－03－15]．http://news.xinhuanet.com/legal/2008－07/09/content_8517937.htm.

[3] 史宝银．河南开封警方抓获杞县钴60事件5名造谣传谣者．[2011－03－15]．http://news.163.com/09/0719/20/5EK52E8N0001124J.html.

[4] 赵何娟．湖南金浩等茶油致癌物超标 政府与企业秘密召回．[2011－03－15]．http://news.qq.com/a/20100830/000529.htm.

[5] 休斯．公共管理导论．北京:中国人民大学出版社，2001:269.

[6] 陈暄．公务员问责方式增5种．[2010－12－27]．http://news.qq.com/a/20100902/000625.htm.

[7] 范琳琳，王协舟．政府信息公开背景下异体问责制的完善路径．图书馆学研究，2009(12):80－83.

[8] 林静．政府信息公开第一案仍未立案 法院忌吃“第一只螃蟹”．[2011－07－19]．http://news/xinhuanet.com/legal/2008－06/25/content－8433799.htm.

作者简介

王协舟，男，1974年生，教授，电子政务系主任，博士，硕士生导师，发表论文50余篇，出版著作、教材（含合著）6部；范琳琳，女，1985年生，硕士研究生，发表论文4篇。

政府信息著作权授权的新路径

——“开放内容授权”模式研究

张 衡

（上海社会科学院信息研究所 上海 200235）

摘 要 通过对我国政府网站著作权管理现状的调查，分析当前我国政府信息著作权授权存在的问题。在此基础上，对“开放内容授权”模式的内涵和特点进行阐述，分析政府信息著作权授出适用该模式的制度优势。在借鉴英国实践经验的基础上，提出我国政府信息资源开发中著作权管理的开放策略。

关键词 政府信息 开放内容 知识共享许可

分类号 G253

过去几十年来，政府信息①资源开发已经成为世界各国政府的重要议题之一。尤其是美国和欧盟，相继制定了各自的政府信息资源开发战略，成为该领域的领导者。这些公共信息政策的制定和实践不仅增加了政府的透明度，提高了政府的办事效率，还形成了巨大的政府信息消费市场，在政治、经济和社会层面都获得了成功。

政府信息资源开发利用的过程中，值得思考的是政府信息享有著作权是否会造成信息市场发展的一项障碍。因为政府享有著作权的同时限制了私有企业对信息市场开发的潜力，也有可能形成市场的垄断[1]；但另一方面，如果采取过于简单的方式将所有政府信息置于公共领域，可能会导致公共和国

---

① 对“政府信息”内涵的界定，本文拟采用较为广义的概念。本文所指的“政府信息”是指由公共部门基于公共事务职能而产生的信息。信息的制作者包括政府雇员、基于合同或受政府委托的非政府组织以及由公共财政支持的公共事业组织。政府信息的内容包括了法律法规、政策文件、政府报告、气象信息、科学研究数据库、统计数据、空间地理信息以及其他以“公共目的”所生产的信息。这一内涵与目前国际上广泛使用的“公共部门信息”（PSI）这一概念相衔接。《欧洲公共部门信息获取和再利用指令》、OECD2008 年《网络经济的未来首尔宣言》和 OECD 委员会《加强获取和有效利用公共部门信息的建议》都采用了“公共部门信息”这一概念。采用广义的解释，有助于比较和借鉴国外的经验做法，同时也符合政府信息更广泛获取和利用的旨意。

家资产被私有部门不当利用，不能给承担信息创造成本的政府或纳税人带来任何好处。

为了使公众能更广泛地获取和再利用政府信息，必然涉及政府如何进行信息权利管理，如何行使著作权的问题。本文试图通过分析我国政府信息著作权管理的现状和问题，借鉴最新的“开放内容”著作权授权模式及其在英国的应用和实践，为我国政府信息资源开发中的著作权管理提出一点建议。

1　政府信息著作权的法律依据

本文所探讨的政府信息是指排除了根据我国法律规定不适用著作权法，尚在著作权保护期内的政府信息。根据我国《著作权法》第5条规定：“本法不适用于：（一）法律、法规，国家机关的决议、决定、命令和其他具有立法、行政、司法性质的文件，及其官方正式译文”。从该条规定来看，除了上述不属于著作权法保护范围内的政府信息外，其他政府信息并未被排除政府著作权。政府著作权的管理也是针对此类政府信息而言。在少量的关于政府著作权的司法审判实践中，也可以观察到，法院承认政府可以拥有著作权，如2007年广州市中级人民法院将广州标志“五羊雕塑”的著作权判给了广州市政府，确认了政府拥有著作权的合法性[2]。因此，从法律规定和司法实践来看，我国承认大量的政府信息是受我国版权法保护的。

此外，我国政府近年来颁布施行的一系列旨在推动政府信息资源开发利用的《关于加强信息资源开发利用工作的若干意见》、《关于加强信息资源开发利用工作任务分工的通知》、《2006—2020年国家信息化发展战略》[3]等全国性的规范中也提出了“完善知识产权保护制度”的要求。

2　我国政府信息著作权管理现状

2.1　我国政府网站信息著作权授权状况调查

笔者于2010年12月期间对中央政府及其各部门和机构的官方网站进行了一次网上调查，范围包括中央政府、国务院组成部门、国务院直属特设机构、国务院直属机构、国务院办事机构、国务院直属事业单位和国务院部委管理的国家局等共87家单位[4]。其中，有83家政府机构建立了官方网站，占总数的95%；这些机构中，在网站的首页标明版权声明的共有72家，占总数的近87%；余下11家网站没有版权声明。在72家标明版权声明的网站中，38家只简单标注了“版权所有”或“All Rights Reserved”。13家标注了“版权所有，未经许可不得转载”、“未经本网书面授权，请勿转载、摘编或建立镜像，否则视为侵权”等简单的禁止性声明。在剩下的21家网站中，虽然版权声明的条款有所增加，但内容却五花八门，各不相同：①在著作权的归属方面，有些声明属于该网站，有些则声明属于该网站所属的政府机构；②在著作权许可方面，有些表示再利用政府信息必须获得“书面授权”，有些禁止任何“商业性的使用”，有些禁止建立“镜像”或设置“商业性链接”等。

2.2 我国政府网站信息著作权管理存在的问题分析

2.2.1 著作权声明过于简单

受调查的政府网站中，46%的政府网站其著作权声明仅为简单的“版权所有”或“保留所有权利”，没有对著作权行使的进一步说明。政府作为著作权所有人没有放弃任何著作权。这种“保留所有权利”的声明并不表示政府对其著作权的重视，而恰恰反映出一些政府部门缺乏著作权意识，无法在实践中通过著作权管理实现政府信息的开发利用。

2.2.2 使用者开发利用政府信息的权利难以保障

凡是刊载版权声明的政府网站都持“保留所有权利”的态度，几乎所有的网站都表示未经授权，公众不得对政府信息进行复制、传播、开发利用。因此，使用者想要再利用政府信息，必须直接向相关机构进行申请。目前尚无法律规定政府必须对使用者的再利用申请作出回应。在政府垄断信息的情况下，很难保证其履行相应的义务，或者对同一类申请者采取不同对待，使用者开发利用政府信息的权利难以得到保障。

2.2.3 普通使用者的权利范围不明

受调查的政府网站的版权声明，绝大多数对普通使用者著作权“合理使用”的范围没有表述或表述得非常随意，普通使用者难以辨别哪些政府信息的使用属于法律许可的“合理使用”的范围，哪些超出了“合理使用”的范围，这也增加了使用者的负担。

2.2.4 申请再利用政府信息缺乏明确的程序

使用者如想要再利用政府信息，在简单的版权声明中，无法获得有关申请政府信息再利用的程序性信息。对申请人的资格审查、取得授权的途径和方式，比如向谁申请授权、如何获得授权等内容在调查的政府网站版权声明中也很少见。

2.2.5 政府信息的自然垄断特征导致普遍采用排他性授权，信息市场难以培育

根据受调查网站的著作权声明可知，目前政府禁止公众和企业在未获得

政府书面授权的情况下，自由免费地进行政府信息的开发利用。实践中，政府信息著作权的授予通常采取排他性授权，获得授权的往往是有政府背景或与政府关系密切的少数企业或机构。政府信息被视为政府垄断的某种资源，其开发利用的权力仍保留在政府控制的极小范围之内。这导致了我国政府信息市场开发远远滞后于欧美发达国家，难以实现其巨大的经济价值。

3 政府信息著作权管理适用“开放内容授权”模式

3.1 “开放内容授权”的内涵

“开放内容授权”是在著作权人保留著作权的基础上，慷慨地允许他人获取和使用其作品，行使包括复制、出版、传播等在内的排他性权利。任何人只要遵照授权条款的规定，就可以使用该作品，无须另行取得著作权人的同意[5]。“开放内容授权”是与传统的“保留所有权利”和“完全放弃著作权”相对应的新型著作权授权模式。

3.1.1 “开放内容授权”与“保留所有权利”

“保留所有权利”是以限制他人使用受著作权保护的作品的方式实现其权利。著作权授权是以某些条件或相应经济回报为要求允许被授权人行使部分排他性权利，通常以合同、额外的义务或限制等方式进行。这些额外的义务一般包括有关信息的使用方式、被授权人须承担信息的保密责任，以及信息通过被授权人的一系列交易转让给他人时仍受相同的再利用限制等[6]。“开放内容授权”则预设允许被授权人在特定条件下行使这些排他性权利，而无需另行订立授权合同。

3.1.2 “开放内容授权”与“完全放弃著作权”

“完全放弃著作权”是指政府信息被完全排除在著作权法的保护之外，公众可以无限制地商业化或非商业化地利用政府信息。采用“完全放弃著作权”模式有利于促进信息的自由流动和信息市场的自由发展。而采用“开放内容授权”的主要优势在于，它能对政府信息离开政府防护墙后的获取和再利用行为设置条件。通过保留著作权，政府有权根据政策目标，规范“下游”获取，从而保证公众利益的最大化。

受美国联邦政府信息公开理念的发展以及信息自由法具体化的影响，美国联邦政府信息就是采用“完全放弃著作权”的模式。根据美国《版权法》第105条的规定，美国联邦政府作为著作人的任何著作都排除在著作权保护范围内[7]。

3.2 “开放内容授权”之“知识共享”许可协议

“开放内容授权”模式中使用最多的为“知识共享”（Creative Commons，CC）许可协议。① CC许可协议是一种标准化的“开放内容”授权模式。CC组织在其网站上免费提供一套CC许可条款，以不违反现行著作权法为原则，协助人们表达出他们希望分享其著作的方式。著作权人通过选用CC许可条款“保留部分著作权”，减少沟通成本，让作品的创作者及利用者双方都能获益。

CC许可协议同时以普通文本、法律文本以及元数据呈现。创作人仅需在采用CC许可条款的著作附近放置“保留部分权利”的标识，该标识连接约定的具体条款，使全世界的使用者都能知悉著作权人所选择的授权条款。目前中国大陆所采用的CC许可协议2.5版，共有以下4种可选择的授权条件，包括：署名、非商业性使用、禁止演绎、相同方式共享[8]。通过对这4种权利要求的选择与搭配组合，产生出了：署名、署名－禁止演绎、署名－禁止演绎－非商业性使用、署名－非商业性使用、署名－非商业性使用－相同方式分享、署名－相同方式分享6种形式。这些授权具有3个特色：①全球通用，无地域限制；②在作品的著作权存续期间，持续有效；③不可撤回。

3.3 “开放内容授权”模式的制度优势

这些年来，各国政府部门和公共组织对“开放内容授权”，特别是CC许可协议的研究呈指数式增长。大量的例子包括：英国data.gov.uk网站、英国广播公司“创意典藏授权团队”、英国《公共信息环境报告》[9]研究结论、澳大利亚统计局网站、澳大利亚昆士兰州政府信息授权框架（GILF）、教育、科学和培训部的“开放获取知识法律项目”和AEShareNet项目等。

从各国的实践来看，政府信息著作权适用“开放内容授权”模式有其制度优势：

3.3.1 明确告知被授权人的权利义务范围

使用CC许可等“开放内容授权”，可以通过简单的标识告知使用者其被授予的权利范围，无须使用者提出授权申请，也免去了双方进行相关授权协商的时间。澳大利亚统计局在使用CC许可后认为，该授权模式帮助澳大利亚统计局的使用者厘清了使用、分享和再利用该局统计数据所要履行的义务及承担的责任。该协议能够帮助创造一个思想和信息自由流动的和谐的社会环境[10]。

---

① “开放内容授权”主要包括：GNU自由文件协议、出版开放协议、开放目录许可、知识共享许可等。

3.3.2 增加信息的可信度

虽然互联网上的信息如山似海，但是其质量却是良莠不齐。相对来说，政府信息代表了合理的标准和质量，具有相当的可信度。所有 CC 授权协议都要求标注“署名”，使用者可以清晰地了解该信息的来源，增加了使用者对信息质量的认可和信心。

3.3.3 “CC”标志受到广泛认同

随着 CC 全球化运动的广泛开展，目前已有 70 多个司法管辖区进行了 CC 授权条款本地化的工作，越来越多的作品通过 CC 协议进行发布。2008 年 12 月，新加坡国立大学吉奥戈斯·切里奥提斯（Giorgos Cheliotis）教授曾进行过一次使用 CC 协议人群的统计研究，通过 yahoo linkback 搜索 CC 总站上使用“知识共享”条款2.5版的中国大陆许可协议的数量合计为：732 065 个，2010 年 6 月 1 日，这一数据总计已达 1 165 276 个，增长率为 59%[11]。政府信息采用 CC 授权条款，可以帮助公众明确其授权状态，推动政府信息再利用。

3.3.4 增加数字政府作品可搜索性

“知识共享”协议适用于 Web 2.0 环境。各种条款中都附带了可机读的数字代码（元数据）和相关的网页链接，这将帮助 Google 等搜索引擎方便地搜索到此类政府作品以及相关的授权信息。

3.3.5 消除政府版权作品再利用的法律障碍

虽然技术层面上各种政府信息的混合和再创作没有障碍，但这并不意味着这种混合再创作的作品是合法的。使用各种相互之间无法协调连贯的授权协议将导致政府信息自由流动的巨大障碍。适用统一的“知识共享协议”则为包括政府信息在内的各种信息在全球范围的合法和高效的再利用提供了法律基础。

3.4 “开放内容授权”模式在英国的实践

2005 年，英国率先将欧盟《公共部门信息再利用指令》转化为国内法。随着该指令的实施和“开放获取”理念的发展，英国开始对其公共部门信息管理政策进行改革。英国政府陆续发布了一系列研究报告，包括：《信息权力：一份独立调查》（2007）[12]、《通过营运基金提供公共部门信息模式》[13]以及《信息小组的权力报告》（2009）[14]。这些研究报告建议，必须要对传统的公共部门信息政策进行根本的改革。这些政策建议最直接的结果就是 2010 年 1 月发布的 data. gov. uk 网站。

3.4.1 data. gov. uk 网站简介

该网站是英国政府为公众免费利用政府信息而服务的网站，几乎包含了所有为公务目的而获得的政府信息。目前，共有超过2 500个来自英国各个政府部门的数据库通过该网站为公众提供免费的信息再利用服务。其中，英国地形测绘局（Ordnance Survey）推出的“OS OpenData 地图库”和财政部“联合网上信息系统”（COINS）的免费开放利用更是受到广泛关注。

该网站的著作权许可协议主要采用了“知识共享”许可协议 3.0（Creative Commons Attribution 3.0 License）。根据该协议，在受“皇家版权”保护的前提下，公众可以自由免费地再利用该网站提供的政府信息，而不论其是出于私人目的或商业目的。该协议允许公众复制、分发、传播、改编、商业性使用该网站的政府信息，并允许对信息进一步授权，与其他信息相结合进行信息产品的生产等等。这种在全球范围内都适用的免费的、永久的、非排他性的版权授权条款，只要求再利用者在所有信息上标明版权和数据的来源。

3.4.2 “知识共享”许可协议的特点

与英国政府之前使用的“点击 - 使用”许可协议（Click-Use License）相比，data. gov. uk 网站所采用的“知识共享”许可协议具有以下特点：①便捷性，即公众无须获得专门的许可就可以进行政府信息资源的再利用，免去了填写表格、等待许可的时间；②永久性，该许可协议可以在全球范围内永久存在，不受期限限制；③更少的再利用限制，如无“最终用户许可”的限制，方便再创作的信息产品的进一步传播和利用。相较而言，采用该授权协议将能促进更广泛的公共部门信息的再利用，从而推动创新和开放获取。

4 我国建立开放的政府信息著作权管理模式的思考

4.1 树立“开放内容授权”的版权理念

过往的理论一般认为政府信息的“公益性”和“增值性”很难统一，需要对纷繁复杂的政府信息进行分类区别，针对不同的政府信息，运用各种复杂的版权授权模式进行相应的授权再利用。“开放内容授权”模式抛弃了简单教条地区分政府信息公开和政府信息再利用之间的区别，而将政府信息开放给任何想使用它的人，不管是出于政治目的亦或是经济目的。这种免费、开放的授权条款受到英国、澳大利亚这些有着保护政府信息著作权悠久历史的国家的青睐，正是因为其体现了政府信息在信息社会中所拥有的民主和经济功能。

我国在进行政府信息资源开发利用的过程中，必须树立“开放内容授权”

的版权理念。政府可以广泛运用“知识共享”的著作权授权模式，以统一政府信息的获取和再利用。

4.2 建立完善的政府信息资源开发制度框架

我国政府信息资源开发刚刚起步，虽然制定了一系列全国性的政策和规范，但是缺乏具体明确的落实办法。各国的经验是建立统一的政府信息资源开发制度框架，对政府信息的公开和利用、国家秘密保护、个人数据保护等各个层面进行法律规范。因此，我们可以在承认政府信息享有著作权的基础上，运用“开放内容授权”进行著作权管理。此外，还需对目前的《政府信息公开条例》、《保密法》等法律法规进行修改，确立政府信息开放获取的立场；就“个人数据保护”等问题尽快制定专门的法律，搭建完善的政府信息资源开发的法律制度框架。

4.3 统一规划实施，完善组织架构

政府信息资源的开发利用是一项综合性的工作，涉及中央和地方各级政府和部门，需要中央层面的专门机构来统一规划和实施。如英国和澳大利亚都设立了国家或联邦的信息委员办公室；英国设立了公共部门信息办公室（OPSI）专门负责政府信息著作权的管理。虽然我国政府在《关于加强信息资源开发利用工作任务分工的通知》中就政府信息资源开发的各项任务做了具体的分工布置，但尚缺少全国性的统一协调机构。因此，我国需要尽快设立国家层面的专门机构，协调各部门和地方政府的政府信息资源开发工作，特别是设立政府信息著作权管理的专门机关，统一全国的政府著作权管理。

4.4 制定全流程的政府著作权授权框架

根据政府信息的生命周期，制定从政府信息生产到著作权授出的全流程授权框架。主要包括 3 个步骤：①信息公开审查，根据《政府信息公开条例》，审查政府信息是否可以公开，即是否存在或者部分存在免于公开的情形，包括个人隐私和商业秘密等；②信息安全审查，即根据《保密法》等信息安全法律，审查信息是否涉及国家安全的范畴；③著作权授权审查，即对于可以公开的政府信息，确认其著作权归属，并适用恰当的著作权授权协议。

4.5 利用 Web2.0 技术，建立统一的政府信息网站

在认识到政府信息资源的社会和经济价值之后，我国中央和地方政府纷纷建立了各种政府信息数据库。虽然这些项目为我国整体的政府信息资源开发利用提供了很好的示范，但由于缺乏统一的平台，这些纷繁复杂的政府信息数据库的知晓度和使用效率存在疑问。为了更好地整合政府信息资源，统

一标准，提高效率，有必要建设全国性政府信息网站，运用诸如Web2.0等信息技术，使用统一、开放的著作权授权条款，为公众提供更好的政府信息服务。上述英国的 data. gov. uk 网站为我们提供了很好的示范。

4.6 培育市场主体，防止垄断经营

政府信息资源的开发采用市场化模式，不仅能够清晰界定信息获取与利用性质、优化政府信息资源配置、满足用户群体个性化信息需求、培育和繁荣信息市场，而且“私人公司进行增值信息活动可以提高数据利用质量，如统一信息形式、扩大信息覆盖面、改进信息品质、增加数据获取路径等[15]”。但是鉴于政府机构往往是某一类信息生产的唯一部门，具有相关信息的自然垄断特征，这很可能会导致对特定使用者的排他性许可或非常有限的市场竞争。因此，政府不应当直接参与政府信息资源的市场运作，而应鼓励和扶持私人企业开展政府信息资源的开发建设，培育市场参与的主体和竞争性的商业环境，防止垄断经营。

参考文献：

[1] 邱炯友．政府信息传播与出版授权．研考双月刊,2001,25(2):35－46.

[2] 广州标志五羊雕塑著作权判归广州市政府．[2009－12－15]. http://news.163.com/07/1215/10/3VOFSDK50001124J.html.

[3] 原光,王艺．我国政府信息资源增值利用模式的创新．统计与决策,2009(16):70－72.

[4] 中国政府网中“政府机构”一栏．[2010－08－06]. http://www.gov.cn/gjjg/2005－08/01/content_18608.htm.

[5] 周文茵,庄庭瑞．政府出版品与著作公众授权．研考双月刊,2006(6):3－15.

[6] Hooper N, Fitzgerald A M, Barker T, et al. Government information licensing framework project stage 2 report. [2011－01－12]. http://eprints.qut.edu.au/32117/.

[7] 苏美如．中美政府出版品寄存图书馆制度之比较研究[学位论文]. 台湾:“国立”政治大学图书信息学研究所,2002.

[8] Creative Commons. [2010－12－20]. http://cn.creativecommons.org/.

[9] Barker E, Duncan C, Guadamuz A, et al. The common information environment and creative commons: Final report to the common information environment members of a study on the applicability of Creative Commons Licenses [2010 － 12 － 08]. http://www.intrallect.com/index.php/intrallect/knowledge_base/general_articles/creative_commons_licensing_solutions_for_the_common_information_environment__1/

[10] Siu-Ming Tam. Informing the nation-open access to statistical information in Australia. [2011 － 01 － 23]. http://www.unece.org/stats/documents/ece/ces/ge.45/2009/wp.

11. e. pdf.

[11] 王春燕．知识共享大陆项目的发展．[2010 - 08 - 08]. http://cn. creativecommons. org/2010/07/26/a - 2/.

[12] Mayo E, Steinberg T. The power of information: An independent review. [2010 - 07 - 12]. http://www. opsi. gov. uk/advice/poi/index.

[13] Newbery D, Bently L, Pollock R. Models of public sector information provision via trading funds. [2011 - 01 - 11]. http://www. opsi. gov. uk/advice/poi/models-psi-via-trading-funds. pdf.

[14] Allan R. Power of information taskforce report. [2011 - 01 - 11]. http://poit. cabinetoffice. gov. uk/poit/.

[15] Proceedings of the seminar free accessibility of geo2 information inthe Netherlands. [2011 - 01 - 18]. http://www. ravi. nl/project2en /98wstoegankelijkheid% 202okt. htm.

作者简介

张　衡，女，1980 年生，研究实习员，硕士，发表论文 10 余篇。

平　台　篇

中美省、州级政府门户网站绩效水平对比研究*

——基于改进的成本效益分析法

龙　怡

（上海政法学院现代教育技术中心　上海 201701）

摘　要　通过一种改进的成本效益分析法来对比中美政府网站绩效：将成本简化为运营费用和全职人员数量两个指标，通过“申请政府信息公开”获取中国省级政府网站的数据，用美国州政府网站“联系我们”、“实时帮助”等栏目获取美国数据，而效益数据来源于全球通用的互联网统计工具的监测数据。利用统计软件分析两国政府网站在成本、效益上的差异，进而结合网民规模计算出绩效因子，以判别中美政府网站的绩效水平。最后给出结论并归纳出本研究存在的问题。

关键词　政府网站　成本效益分析　电子政务　绩效评估　中国　美国　比较研究

分类号　F270. 7

1　研究概述

从1999年“政府上网年”至今，我国的政府网站建设运营已进入第12年，由于各级政府的重视和投入，兼之我国在信息技术应用领域的后发优势，我国政府网站发展迅速。美国是电子政务的倡导者和领先者，而且幅员辽阔、人口众多，与我国可比性较强，因此本文选择美国作对比研究。由于两国的省、州级政府，在政府行政序列中级别相同，且都有政府门户网站，特选择我国省（市）、自治区级政府（港、澳、台除外，共31个）和美国州级政府（含哥伦比亚特区，共51个）的门户网站作为具体研究对象。

---

* 本文系上海政法学院科研项目“中美省（州）级政府门户网站成本效益对比研究”（项目编号：SZ10017）研究成果之一。

1.1 中外政府网站成本效益研究概况

政府网站成本效益研究，是电子政务绩效评估的一个分支。目前电子政务绩效评估中最常见的研究方法是：设立指标——依据指标评分——定量处理数据。成本效益分析法则是一种更为客观的经济评价，直接定量分析、测算电子政务（政府网站）的成本和效益。这种研究的难点是科学量化政府网站运营的成本和产生的收益。成本属于政府信息，构成复杂，数据难以收集；收益包括政府机构的收益、公民的收益和企业的收益，收集或量化的难度极大。

文献调研表明，我国采用成本效益分析法对政府网站进行研究尚处起步阶段：截至2011年4月21日，在中国知网数据库中，题名中含“成本+效益（or收益）+电子政务（or政府网站）”的文章共有7篇。其中有6篇从理论上分析了电子政务成本和效益的构成，探讨了量化方法或给出数学模型；仅1篇对我国96个政府网站进行实证研究，最终通过类比商业网站收益，完成对其中40个网站成本收益的测算[1]；未见中美对比研究。

外文文献调研表明：国外学者在电子政务的成本收益方面的实证研究比我国略多，且研究更为深入细致，也未见中美对比研究。截止到2011年4月25日，以检索式“标题=（cost* benefit*）and（egovernment or（government web*）or（electronic government）”，在各数据库中获得记录情况如下：ISI Web of Knowledge和SpringerLink中查到同1条记录；在EBSCOhost、ScienceDirect、ProQuest中，没有记录。结合参考文献回溯检索，找到4篇含实证研究的文章。在这些研究中，国外学者为了攻克量化政府网站（或电子政务项目）成本收益的难题，采取了一些替代性的研究方法，如Sorin Kertesz用“网上事务处理减少了办公室的拥挤”来量化收益，即“收益值=在线事务处理的百分比乘以总房租”[2]；Kim Viborg Andersen提出用“政府机关办公时间缩减”换算成“支付工资减少”来测算政府收益，用“公民耗时减少×时薪”来测算公民效益[3]；还有文章对从货币和非货币两方面分别量化用户的成本和收益[4]问题进行研究。

1.2 本文研究的技术路线及其合理性分析

笔者采用的技术路线为：①用“申请政府信息公开”的方式获取两国省、州级政府网站运营费用和工作人员数量，作为成本指标；②以日页面访问量等网站流量数据作为效益指标；③采用改进的成本效益分析法，即用效益与成本的比值来计算政府网站绩效因子。

采用这种技术路线的理由如下：

● 政府网站收益复杂，若采用国外的替代性研究方法将需要获取更多政府信息，较适用于单个项目研究，不适合研究对象数量较多的情况。

● 网站流量是各类网站排名的最权威的依据，是一个较为客观的指标，政府网站三方面的收益显然都与网站流量正相关。调研中获得了政府网站管理部门的反馈意见，认为用网站流量作为效益指标较为合理，直接用货币量化网站收益容易出现过分强调经济效益而忽视社会效益的倾向。

● 用客观数据进行测算，可以最大程度上排除各种影响因素的干扰，确保中美对比研究的可信度。

2 政府网站成本数据分析

2.1 我国政府网站成本

通过在线方式（在线表格、电子邮件）或传统信函，向省（市）、自治区级政府提出“依申请公开”申请，获取成本数据，包括：①2009 年“中国某省（市）、自治区”政府门户网站的全职工作人员数量；②2009 年用于“中国某省（市）、自治区”政府门户网站运营的全部费用。

研究从 2010 年 8 月 12 日起提出申请，经过协调努力，于 2011 年 3 月 25 日止收到全部 31 个省（市）、自治区的答复。各省（市）、自治区对于人员信息普遍答复明确数值，仅一个答复“不予公开”，各省（市）、自治区工作人员人数最低值为 2 人，最高值为 30 人，平均值为 8.91 人。各省（市）、自治区对于运营费用的答复情况差异较大，有 23 个省（市）、自治区给出了具体数值，还有 5 个答复“信息不存在”，3 个答复“不予公开”。各省（市）、自治区网站运营费用最低值为 0（即除人员工资外无任何费用），最高值为 2 928.93 万元，平均值为 202.08 万元。具体情况如表 1 所示：

表 1 我国各省（市）、自治区级政府门户网站人员和运营费用情况

省（市）、自治区	人数	费用（万元）
北京	30	2 928.93
天津	4	25.3
河北	5	35.9
山西	2	40
内蒙古	5	10
辽宁	13	23.4
吉林	8	400

续表

省（市）、自治区	人数	费用（万元）
黑龙江	7	0（仅人员工资）
上海	10	21.959 9
江苏	同左	属于内部管理信息，不予公开
浙江	3.5	273
安徽	6	费用未统计
福建	8	100
江西	20	40
山东	4	10.5（外包）
河南	8	不属于公开内容
湖北	15	120（外包）
湖南	22	48
广东	11	130（含11名专职人员的工资薪酬）
广西	7	60
海南	20	80
重庆	4	信息不存在
四川	11	涉及第三方（电信）权益，不予公开
贵州	4	10.564
云南	5	100
西藏	3	150（含硬件80，软件70）
陕西	13	网站费用尚未完全统计
甘肃	6	没有专项经费
宁夏	2	8.4（即每月7 000元的电信线路费用，不含人员工资）
青海	8	不确定
新疆	3	32

2.2 美国政府网站成本

由于美国各州政府网站上普遍没有专门的“依申请公开”功能，笔者主要是利用政府网站上提供的contact us、help、feedback等在线表格提出信息申请，还寻求图书馆员、政府公共信息官员、州政府管理部门的帮助，对美国网站提出的申请为：The number of the full-time employees who design and maintain the portal site and the total operating expenses of the portal site during FY 2010。

于2010年7月29日起提出申请，至2011年4月23日，共收到美国50个州的答复，有1个州仍在等待答复中。对于人员信息，有3个州答复“信息不存在”，还有1个州称“信息不可获得”，其余46州均给出了具体数值。各州政府网站人员人数最低值为0人，最高值为20人，平均值为2.42人。对运营费用，有7个州答复“信息不存在”，2个州答复“没有专项资金”，2个州答复“信息不可获得”，其余39个州均给出了具体数值。各州网站运营费用最低值为0（即无需任何政府开支），最高值为880万美金，平均值为83.839 8万美金，折合人民币570.911 5万元（由于两国的财政年度统计方式不同，我国所获数据为2009年度，美国为2009年7月至2010年6月底，故按照中国人民银行2009年12月31日与2010年6月30日人民币对美元的汇率[5]平均值680.955来进行折算）。美国的具体情况见表2。

3 中美政府网站成本效益数据分析

3.1 两国政府网站效益数据说明

目前，全球最专业的流量统计公司是Alexa，其数据来源于由数以百万的Alexa工具栏用户和其他流量数据源组成的巨大样本[6]，其页面访问量（PageView，PV）和网站排名为全球所认可。在Alexa统计数据中，研究选取了网站排名、国内排名、反向链接数、用户量（网站用户占全球互联网用户的百分比）、页面访问量（网站页面访问量占全球页面访问量的百分比）、人均页面访问量、蹦失率（只访问一个页面的人次的百分比）作为表征网站效益的指标。通过登录Alexa中文官方网站[7]，将政府网站网址输入检索框，即可获得上述统计数据。

3.1.1 数据选择和处理

为尽量减少数据短期波动的影响，所有数据均采用3个月的平均值；由于用户量和页面访问量数值太小，为便于统计，下文中的数值均以0.000 001% 为1，即将数值放大10^8倍进行计算。

表2 美国各州政府门户网站人员和运营费用情况

州	人数	费用（美元）
Alabama	0	0
Alaska	2	20 000
Arizona	0	信息不存在
Arkansas	0	0

续表

州	人数	费用（美元）
California	5	326 026
Colorado	0	0
Connecticut	5	5 500 000
Delaware	8	1 200 000
District of Columbia	10	1 500 000
Florida	2	318 207
Georgia	10	6 000 000
Hawaii	0	0
Idaho	0	0
Illinois	等待中	等待中
Indiana	0	8 800 000
Iowa	2	6 000
Kansas	0	0
Kentucky	0	0
Louisiana	1	70 000
Maine	0	0
Maryland	20	1 383 140. 71
Massachusetts	11. 5	1 800 000
Michigan	信息不存在	信息不存在
Minnesota	0. 2	0
Mississippi	2	无专项资金
Missouri	信息不存在	信息不存在
Montana	0	0
Nebraska	0	0
Nevada	3	信息不存在
New Hampshire	5	信息不可获得
New Jersey	信息不存在	信息不存在
New Mexico	2	3 350

续表

州	人数	费用（美元）
New York	7	信息不存在
North Carolina	0	110 000
North Dakota	0.25	272 160
Ohio	1	938 640.05
Oklahoma	0	0
Oregon	2	2 200 000
Pennsylvania	6	无专项资金
Rhode Island	0	0
South Carolina	0	0
South Dakota	0.5	50 000
Tennessee	0	0
Texas	0	0
Utah	0	0
Vermont	0	0
Virginia	0	0
Washington	3	2 200 000
West Virginia	0	0
Wisconsin	信息不可获得	信息不可获得
Wyoming	3	信息不存在

3.1.2 数据指征说明

在这些数据中，页面访问量、网站排名、国内排名、用户量、反向链接数都是体现网站流量的指标，人均页面访问量、蹦失率则反映的是网站的“粘性”。因此，本文的研究有一个基本假设——即网站流量较大，用户粘性较高，则网站效益较好。

3.2 两国成本效益数据的差异分析

用 SPSS 做两组独立样本的 T 检验（按国别分组，中美各为一组，设置 95%置信区间）来比较中美两国在成本和效益数据方面的差异。

结果显示：在 9 个数据指标中，有 2 个指标（费用、国内排名）显示中美无显著差异，其余7个体现出显著的中美差异，其中1个（人均页面访问量）方差不具齐性（即 Equal variances not assumed 行上 Sig.（2 - tailed）< 0.05），6个方差具齐性（即 Equal variances assumed 行上 Sig.（2 - tailed）< 0.05），具体值如表3所示：

表3　中美成本效益数据的差异分析

指标	国别	N	Mean	Std. Deviation	Std. Error Mean
人数	CN	30	8.916 7	6.713 4	1.225 7
	USA	46	2.422 8	4.054 0	.597 7
费用	CN	23	202.084 8	601.798 8	125.483 7
	USA	39	570.911 5	1 288.152 6	206.269 5
网站排名	CN	31	283 142.516 1	450 880.373 9	80 980.505 7
	USA	51	60 825.411 8	100 440.126 2	14 064.430 8
国内排名	CN	30	22 053.566 7	24 647.227 7	4 499.947 5
	USA	51	13 616.156 9	24 567.061 9	3 440.076 7
反向链接数	CN	31	747.516 1	333.116 2	59.829 4
	USA	51	1 674.254 9	1 905.470 9	266.819 3
用户量	CN	31	2 416.774 2	3 071.360 6	551.632 6
	USA	51	14 485.568 6	24 670.824 6	3 454.606 4
页面访问量	CN	31	68.871 0	97.631 9	17.535 2
	USA	51	643.000 0	1 211.272 8	169.612 1
人均页面访问量	CN	31	2.832 6	1.189 0	.2135
	USA	51	4.044 1	1.084 3	.1518
蹦失率	CN	31	52.229 0	14.226 8	2.555 2
	USA	51	38.941 2	7.921 9	1.109 3

3.3　成本效益数据相关性分析

政府网站的运营成本是否与效益正相关，投入越多，效益越好？用 SPSS 做成本数据和效益数据的相关分析，可以得出结论（相关分析结果见表4）。

显然，人数指标仅和人均页面访问量在0.05置信水平上弱相关，相关系数为 -0.255；而费用指标仅与反向链接数在0.01置信水平上中度相关，相关系数为0.579。因此，不能认定高投入高产出的模式。考虑到两国存在差异，因此将中美数据分别处理，来进一步验证。

3.3.1　中国成本效益数据相关性分析

结果显示：在我国，人数在0.05置信水平上有两个相关项：人均页面访问量（相关系数为-0.255）和蹦失率（相关系数0.313），都是弱相关。费用仅与反向链接数在0.01置信水平上中度相关，相关系数为0.579。

3.3.2　美国成本效益数据相关性分析

结果显示：在美国，人数在0.05置信水平上和费用弱相关，相关系数为0.337。费用和反向链接数在0.01置信水平上中度相关，相关系数为0.574。

因此可见：政府网站运营费用与反向链接数有中度相关关系，与其他网站效益指标无显著相关，网站运营的高投入不能直接导致高产出。

表4　成本与效益的相关分析

指标		人数	费用	网站排名	国内排名	反向链接数	用户量	页面访问量	人均页面访问量	蹦失率
人数	Pearson Correlation	1.000	.210	-.077	-.137	.021	-.051	-.068	-.255*	.313
	Sig.（2-tailed）	.	.101	.507	.241	.858	.660	.557	.026	.006
	N	76	62	76	75	76	76	76	76	76
费用	Pearson Correlation	.210	1.000	-.147	-.227	.579**	.094	.076	.104	-.029
	Sig.（2-tailed）	.101	.	.254	.079	.000	.467	.558	.422	.824
	N	62	62	62	61	62	62	62	62	62

4　绩效水平测算

在所有的指标中，网站排名和国内排名是顺序级数据，不能进行乘除运算，只能舍弃。其余指标皆为比率数据，可以进行测算。这种测算具备逻辑上的合理性，效益指标与成本指标的比值，可以看作是单位成本（人、资金）带来的效益（用户量、访问量等）。显然，单位成本带来的效益高，则绩效水平高。

4.1　单位人力绩效因子分析

为便于分析，剔除两类数据：一是未获得具体数值的数据，二是数值为零的数据（目的是避免除数为零的情况）。测算出5个单位人力绩效因子：

每人页面访问量=页面访问量/网站人数

每人用户量=用户量/网站人数

每人反向链接数 = 反向链接数/网站人数

每人人均页面访问量 = 人均页面访问量/网站人数

每人蹦失率 = 蹦失率/网站人数

对人力绩效因子做两组独立样本的T检验（95%置信区间），结果显示，两国在所有因子上都差异显著（见表5）。

值得说明的是：蹦失率是一个反向因子，美国的值相对于我国更高，只是因为美国人力使用较少，不能说明美国的人力绩效水平较低。

表5　中美政府网站单位人力绩效因子情况

指标	国别	N	Mean	Std. Deviation	Std. Error Mean
每人反向链接数	CN	30	112.680 8	66.653 7	12.169 2
	USA	24	1 041.164 6	1 915.075 7	390.913 2
每人用户量	CN	30	305.353 4	380.377 7	69.447 1
	USA	24	9 763.085 1	19 113.552 4	3901.537 5
每人页面访问量	CN	30	8.769 1	11.667 2	2.130 1
	USA	24	396.232 1	746.893 4	152.459 0
每人人均页面访问量	CN	30	.502 6	.352 5	6.435E-02
	USA	24	2.779 5	4.468 2	.912 1
每人蹦失率	CN	30	9.030 4	6.644 8	1.213 2
	USA	24	33.423 6	56.102 1	11.451 8

4.2　单位资金绩效因子分析

为便于分析，同样剔除未获得具体数值的数据和数值为零的数据。测算出5个单位资金绩效因子：

每万元页面访问量 = 页面访问量/费用万元数

每万元用户量 = 用户量/费用万元数

每万元反向链接数 = 反向链接数/费用万元数

每万元人均页面访问量 = 人均页面访问量/费用万元数

每万元蹦失率 = 蹦失率/费用万元数

对资金绩效因子做两组独立样本的T检验（95%置信区间），结果显示，两国仅在一个因子（每万元反向链接数）上有显著差异，如表6所示：

表6　中美政府网站单位资金绩效因子情况

指标	国别	N	Mean	Std. Deviation	Std. Error Mean
每万元反向链接数	CN	22	21.429 156	21.894 162	4.667 851
	USA	19	2.115 41E -02	4.536 63E -02	1.040 77E -02
每万元用户量	CN	22	60.061 661	151.276 175	32.252 189
	USA	19	152.119 373	244.766 110	56.153 197
每万元页面访问量	CN	22	1.652 441 5	4.445 616 5	.9 478 086
	USA	18	6.564 082 9	12.271 746 8	2.892 478 5
每万元人均页面访问量	CN	22	8.942 41E -02	9.250 19E -02	1.972 15E -02
	USA	19	.1801 21	.4 223 63	9.689 66E -02
每万元蹦失率	CN	22	1.623 833	1.815 411	.3870 47
	USA	19	1.664 229	4.170 539	.956 787

4.3　结合网民规模修正绩效因子

由于网民规模与网站流量指标有明显联系，因而考虑用网民规模数据修正绩效因子。我国网民数据来源于中国互联网信息中心发布的《中国互联网络发展状况统计报告》（第27次）[8]，美国的网民数据来源于有11年互联网使用和用户量统计经验的Internet World Stats发布的数据[9]。为使测算具备逻辑上的合理性，在效益指标中只能选择页面访问量、每人用户量两个指标，可以看作是单位成本（人、资金）为单位网民带来的效益（用户量、访问量等）。经修正后的绩效因子有4个，笔者认为，计算方法如下：

每人万网民页面访问量 = 页面访问量/网站人数/网民万人数

每人万网民用户量 = 用户量/网站人数/网民万人数

万元万网民页面访问量 = 页面访问量/费用万元数/网民万人数

万元万网民用户量 = 用户量/费用万元数/网民万人数

具体数值见表7（按每人万网民页面访问量降序排列）。

这4个绩效因子中，人力绩效因子仍显示中美差异显著，而资金绩效因子则完全相反，两国水平相当，见表8、表9。

5　结论与本研究的局限

5.1　结论

- 中美省州级政府网站在运营费用上相当，说明两国省州级政府对政府网站的重视程度较为一致。

- 中美省州级政府网站在工作人员数量上差异明显，美国人数少于我国，这可能与美国薪资水平较高有关。
- 中美省州级政府网站在页面访问量、网站排名、用户量、反向链接数、人均页面访问量、蹦失率水平上有显著差异，美国水平较高，体现出美国网民对政府网站的应用更为普遍。
- 政府网站运营费用与反向链接数中度相关，但不能显著影响页面访问量、用户量等更直接的效益指标，因此加大政府网站投入并不能明显提高效益。
- 美国政府网站的人力绩效水平相对我国较高，两国的资金绩效水平相当。
- 修正绩效因子显示，低投入的政府网站更容易达到高绩效水平。因此随着政府网站建设趋于稳定，可以逐渐减少人力资金投入。绩效因子不仅能用于政府网站间横向比较，还可作为政府网站纵向自我评估的一种手段。

5.2 本研究存在的局限

本研究的局限主要有三方面：

- 成本数据的精确度不够。为获取两国政府网站运营成本的第一手数据，研究选择了运营费用和人员这两个最基本的数据，但它们并不能涵盖网站的全部成本，如办公地点的租用费用、物业费用等都无法统计。而且，由于公务员工资不在依申请公开的范围，因此，运营费用不包括人员薪酬。但是少数省（湖北、广东等）在答复申请时将人员薪酬包含在内，这使得在计算资金绩效因子时，这些省的数据会偏低。

表7 中美政府网站修正绩效因子

名称	每人万网民页面访问量	每人万网民用户量	万元万网民页面访问量	万元万网民用户量
North Dakota	8.141 763 4	303.905 43	0.0109 829	0.409 954 6
Minnesota	7.643 010 1	205.949 37		
Alaska	3.498 018 4	61.531 407	0.513 693	9.036 046
South Dakota	1.937 104 2	78.486 12	0.028 446 9	1.152 588 9
Washington	1.3014 791	26.503 057	0.002 606 3	0.053 073 3
Ohio	1.141 928 4	26.592 853	0.001 786 6	0.041 605 2
Florida	0.666 467 2	12.563 99	0.006 151 5	0.115 965 7
Delaware	0.562 890 9	15.288 395	0.005 510 8	0.149 676

续表

名称	每人万网民页面访问量	每人万网民用户量	万元万网民页面访问量	万元万网民用户量
Oregon	0. 542 372 5	22. 235 771	0. 000 724 1	0. 029 685 3
California	0. 527 035 7	10. 860 618	0. 011 869 7	0. 244 598 6
Louisiana	0. 442 712 2	14. 420 7	0. 009 287 6	0. 302 531
District of Columbia	0. 420 709 3	11. 758 284	0. 004 118 8	0. 115 115 6
Connecticut	0. 392 293 5	10. 083 829	0. 000 523 7	0. 013 462 1
New Hampshire	0. 291 981	8. 062 656 5		
Iowa	0. 282 410 5	5. 520 807 5	0. 138 242 4	2. 702 482 8
New York	0. 199 036 9	4. 074 842		
Massachusetts	0. 155 272 7	3. 601 841 6	0. 001 456 8	0. 033 793 4
Nevada	0. 141 938 6	5. 989 497 8		
New Mexico	0. 112 289 7	4. 129 363 5	0. 098 448	3. 620 344 5
Wyoming	0. 061 100 8	4. 047 930 6		
上海	0. 037 853 1	1. 291 364	0. 017 237 4	0. 588 055 5
重庆	0. 036 868 7	1. 590 909 1		
Maryland	0. 036 304 9	0. 886 515 5	0. 000 770 9	0. 018 824 9
Georgia	0. 029 614 6	0. 931 872 2	7. 25E－05	0. 002 280 8
Mississippi	0. 019 780 4	1. 130 307 5		
云南	0. 016 846 2	0. 476 003 9	0. 000 842 3	0. 023 800 2
甘肃	0. 016 793 9	0. 554 707 4		
Pennsylvania	0. 016 482 5	0. 086 449 2		
吉林	0. 015 164 4	0. 510 204 1	0. 000 303 3	0. 010 204 1
河南	0. 014 842 8	0. 199 627 6		
海南	0. 009 571	0. 503 300 3	0. 002 392 7	0. 125 825 1
西藏	0. 008 230 5	0. 246 913 6	0. 000 164 6	0. 004 938 3
浙江	0. 005 845 6	0. 199 979 5	7. 49E－05	0. 002 563 8
宁夏	0. 005 714 3	0. 2	0. 001 360 5	0. 047 619
山西	0. 005 6	0. 32	0. 000 28	0. 016
天津	0. 005 401 2	0. 219 907 4	0. 000 854	0. 034 768
青海	0. 005 319 1	0. 352 393 6		

续表

名称	每人万网民页面访问量	每人万网民用户量	万元万网民页面访问量	万元万网民用户量
安徽	0.004 909	0.195 162 8		
新疆	0.004 477	0.183 150 2	0.000 419 7	0.017 170 3
内蒙古	0.004 016 1	0.216 867 5	0.002 008	0.108 433 7
北京	0.003 913 5	0.191 570 9	4.01E-05	0.001 962 2
江西	0.003 421 1	0.163 684 2	0.001 710 5	0.081 842 1
广东	0.003 261 4	0.088 791 7	0.000 276	0.007 513 1
陕西	0.002 316 6	0.134 838 1		
湖南	0.002 263 6	0.071 030 9	0.001 037 5	0.032 555 8
黑龙江	0.002 154 9	0.100 139 4		
辽宁	0.002 047 5	0.067 849 7	0.001 137 5	0.037 694 3
河北	0.002 002 7	0.104 688 2	0.000 278 9	0.014 580 5
贵州	0.001 997 3	0.089 880 2	0.000 756 3	0.034 032 6
四川	0.001 638	0.087 815 1		
福建	0.001 623 4	0.085 903 7	0.000 129 9	0.006 872 3
广西	0.001 165 2	0.053 600 6	0.000 135 9	0.006 253 4
山东	0.000 825 3	0.026 260 5	0.000 314 4	0.010 004
湖北	0.000 701	0.030 844 7	8.76E-05	0.003 855 6
North Carolina			0.000 196 1	0.008 626 6
Indiana			0.000 290 7	0.005 877

表 8　中美政府网站单位人力修正绩效因子

对比项	国别	N	Mean	Std. Deviation	Std. Error Mean
每人万网民用户量	cn	30	.285 246	.348 783	6.367 88E-02
	usa	24	34.943 413	71.770 650	14.650 123
每人万网民页面访问量	cn	30	7.559 48E-03	9.362 39E-03	1.709 33E-03
	usa	24	1.190 167	2.204 958	.450 085

表9　中美政府网站单位资金修正绩效因子

对比项	国别	N	Mean	Std. Deviation	Std. Error Mean
万元万网民用户量	cn	22	5.529 75E-02	.123 764	2.638 65E-02
	usa	19	.950 344	2.193 484	.503 220
万元万网民页面访问量	cn	22	1.447 37E-03	3.589 88E-03	7.65 365E-04
	usa	19	4.395 68E-02	.1195 43	2.742 49E-02

- 效益数据的有效性受互联网统计工具直接影响。虽然 Alexa 的权威性为业界所公认，也是此类统计数据最可靠的提供者，但安装 Alexa 工具栏的美国用户明显多于我国，这是否会影响所获数据的中美可比性，值得探讨。
- 单位人力修正绩效因子和单位资金修正绩效因子，虽然可以从一定程度上判断网站的绩效水平，但仍无法给出一个理想的模型，说明最优化的成本投入。

参考文献：

[1]　龙怡,吴英. 我国政府网站的成本效益研究[J]. 图书情报工作,2010,54(13):120-123.

[2]　Kertesz S. Cost-benefit analysis of e-government investments[EB/OL]. [2011-04-30]. http://www.edemocratie.ro/publicatii/Cost-Benefit.pdf.

[3]　Andersen K V, Medaglia R. Egovernment front-end services: Administrative and citizen cost-benefits. Electronic Government [C]//Proceedimgs of 7th International Conference, EGOV 2008. Turin: Electronic Government,2008:148-159.

[4]　Measuring the expected benefits of e-government[EB/OL]. [2011-04-30]. http://www.ogc.gov.uk/documents/HMTGuidelinesVersion1_4.pdf.

[5]　中国银行总行外汇牌价[EB/OL]. [2011-04-30]. http://www.bankofchina.com/sourcedb/lswhpj/.

[6]　详解 Alexa 网站流量排名[EB/OL]. [2011-04-30]. http://cn.Alexa.com/help/traffic-learn-more.

[7]　Alexa 互联网-网站信息[EB/OL]. [2011-06-15]. http://cn.alexa.com/siteinfo.

[8]　中国互联网络信息中心. 中国互联网络发展状况统计报告[EB/OL]. [2011-04-30]. http://www.cnnic.net/dtygg/dtgg/201101/P020110119328960192287.pdf.

[9]　Internet World Stats. United states internet and facebook usage state by state[EB/OL]. [2011-04-30]. http://www.internetworldstats.com/unitedstates.htm.

作者简介

龙　怡，女，1978 年生，讲师，发表论文 10 余篇。

我国高校信息公开网站建设现状调查与优化对策*

马海群[1]　吕　红[2]

（1. 黑龙江大学信息资源管理研究中心　哈尔滨 150080；
2. 黑龙江大学信息管理学院　哈尔滨 150080）

摘　要　为了解我国高校信息公开网站建设现状，采用网络调查法，对 2 417 所高等学校的信息公开网站进行调研。将我国高校信息公开网站建设情况归纳为外部、内在、依申请公开、用户及网络效应五大属性进行阐述，并分析高校信息公开网站存在的问题，提出相关优化建议。研究结果可为我国高校信息公开网站的研究和实践提供指导和借鉴。

关键词　信息公开　网站建设　高校

分类号　G203

1　调查说明

为贯彻落实《中华人民共和国政府信息公开条例》（以下简称《条例》），全面推进高校信息公开工作，由教育部组织研究制定的《高等学校信息公开办法》（以下简称《办法》）于 2010 年 4 月 6 日正式公布，自 2010 年 9 月 1 起施行[1]。信息公开需要载体作保障。现代化网络技术具有跨越时间、空间的优势，可以加快信息公开速度、效率及服务质量，高校应加大对信息公开载体的建设投入[2]。从多角度考虑，并结合 WEB 网站平台的突出优势，WEB 网站成为高校信息公开载体的首选。教育部办公厅关于施行《办法》的通知中指出要紧密结合高校实际和特点，认真做好贯彻实施《办法》的各项工作，

＊ 本文系国家社科基金项目“高校信息公开制度的构建与绩效评价”（项目编号：11BTQ028）和黑龙江省自然科学基金项目“大学信息公开政策的构建与评价研究”（项目编号：G201010）研究成果之一。

要求高校充分发挥网站快速、便捷的优势，努力把学校网站建成信息公开的第一平台，信息公开专栏和意见箱应于2010年8月底前开通[3]。

为了解信息公开网站的实际开通情况，笔者根据《办法》第29条对高等学校的分类，对教育部公布的2010年具有普通高等学历教育招生资格的2 417所高校信息公开网站建设情况进行网络调查。2 417所高校按办学类型分为792所普通本科院校、1 239所普通高职院校、316所经国家批准设立的独立学院、经国家审定的70个分校办学点[4]。本文所指的信息公开网站是指高等学校新版官方网站首页上开通的信息公开专题或专栏，调查时间为2011年1月26日到2011年3月16日。各大高校网址多数通过Hao123的大学网址页面[5]获取，少数通过百度等搜索引擎获取。调查期间发现遵义医学院医学与科技学院、中国石油大学胜利学院等17所高校尚无独立的官方网站或网站已停用（DNS无法解析，搜索引擎无网站快照或快照停留在大半年前），因此将这17所高校视为无高校信息公开网站。

2 调查结果分析

2.1 总体情况分析

根据调查数据，笔者将网站建设情况划分为五类：第一类是有信息公开网站，并且名符其实；第二类是有信息公开网站，但网站是空框架；第三类是有信息公开文字或者图片的链接，但实际是链接到校务（院务）公开、校长办公室、新闻网等其他部门网站；第四类是有信息公开网站，但是无法访问；第五类是暂无信息公开网站。具体情况如表1所示：

表1 我国高校信息公开网站建设分类情况

分类	高等学校数量（所）	所占百分比（%）
第一类：有（名符其实）	241	9.97
第二类：有（空网站框架）	31	1.28
第三类：有（链接到其他网页）	20	0.83
第四类：有（无法访问）	8	0.33
第五类：无信息公开网站	2 117	87.59
合计	2 417	100.00

从表1可以看出，目前我国高校信息公开网站建设现状并不乐观，87.59%的高校还未开设信息公开网站，2.44%的高校信息公开网站还存在严

重问题，只有9.97%的高校建设了实际可用的信息公开网站。

第二类涉及的31所高校是指有信息公开网站，但要么是空框架，要么是有信息公开指南等图片或文字，但无相应链接或是空链接，要么只有信息公开受理及监督投诉的联系方式或信息公开领导小组成员名单，要么只有信息公开意见箱或几篇校园新闻，有的甚至连网站框架和测试新闻都没有。第三类涉及的20所高校是指高校官方网站有信息公开字样的文字或图片链接，但是要么链接到校务（院务）公开、校长办公室、学校新闻网等其他网站，要么链接到类似网站地图的网页。第四类涉及的8所高校是指要么只有信息公开字样的纯文本文字，要么是空链接或链接到自身高校网站，要么以IP控制或需要用户名、密码登陆的方式禁止校外公众访问，要么显示无法找到该页。根据《办法》要求，这三类不是真正意义上的高校信息公开网站。可见目前第二类、第三类、第四类共计59所的高等学校在信息公开网站建设上存在严重问题。

本文对高校信息公开网站相关属性的分析主要针对第一类的高校信息公开网站。根据高校信息公开网站提供的外在超级链接形式、网站名称、网站内部四大核心内容建设情况（信息公开意见箱、指南、目录、年度报告）、依申请公开及其方式、网站检索功能及栏目导航的建设情况、网址域名类型、网站被搜索引擎收录情况等方面，本文将高校信息公开网站建设情况划分为外部、内在、依申请公开、用户及网络效应五大属性进行分析。

2.2 高校信息公开网站外部属性分析

高校信息公开网站外部属性主要包括高校官方网站对高校信息公开网站提供的超级链接形式和高校信息公开网站名称，是公众对高校信息公开网站的第一感知。高校官方网站对高校信息公开网站提供的超级链接形式主要分为仅提供文字链接、仅提供图片链接、提供文字和图片链接、首页无链接四类。数据显示，180所高校仅提供文字链接，占74.69%；56所高校仅提供图片链接，占23.24%；天津科技大学和北京新圆明职业学院2所高校提供文字和图片链接，占0.83%；3所高校首页无链接，占1.24%。中南大学可在校内导航网页找到高校信息公开的网站链接，贵州大学和山东大学可在学校校长（党委）办公室所在网页找到高校信息公开的网站链接。高校信息公开网站名称是指高校信息公开网站首页HTML源码中<title>与</title>之间的内容。为便于统计，将标题信息中的“欢迎您”、“首页”、“主页”、“文章中心”等字样及横线、空格等字符去掉，可分为六类，如表2所示：

表 2　我国高校信息公开网站外部属性（网站名称）

网站名称分类	高等学校数量（所）	所占百分比（%）
高校名称加信息公开或信息公开加高校名称	132	54.77
高校名称或高校校长（党政）办公室	49	20.33
高校名称加校（政）务公开或校（院）务公开加高校名称	25	10.37
信息公开网或信息公开专栏	22	9.13
校务公开	6	2.49
其他	7	2.90
合计	241	100.00

2.3　高校信息公开网站内在属性分析

高校信息公开网站内在属性主要包括信息公开意见箱、指南、目录、年度报告四部分，是高校信息公开的核心内容。《办法》第 13 条规定高校应当在学校网站开设信息公开意见箱，并通过信息公开意见箱听取公众对学校信息公开工作的意见和建议。笔者认为，信息公开意见箱应是专门用来与公众沟通的工具，而不是校长（院长）信箱。高校信息公开指南应当向公众明确本校的信息公开工作机构、信息分类、信息编排体系、信息获取方式及依申请公开的处理和答复流程。高校信息公开目录的每一条记录应当包括索引号、名称、生成（更新）日期、责任部门、是主动公开还是依申请公开，并对主动公开的信息提供获取链接。高校信息公开年度报告应根据当年信息公开工作执行情况编制，内容应包括总体情况概述、学校信息公开执行情况、存在的问题及今后工作设想四部分。《办法》第 24 条规定高等学校应当编制学校上一学年信息公开工作年度报告，并于每年 10 月底前报送所在地省级教育行政部门。笔者认为，高校信息公开年度报告应该在报送确认无误后及时上网更新，以便公众及时获取。目前我国高校信息公开网站的内在属性情况，如表 3、表 4 所示：

表 3　我国高校信息公开网站内在属性（意见箱、指南）

信息公开意见箱			信息公开指南		
分类	高等学校数量（所）	所占百分比（%）	分类	高等学校数量（所）	所占百分比（%）
有，Email	75	31.12	有，合格	197	81.74

续表

信息公开意见箱			信息公开指南		
分类	高等学校数量（所）	所占百分比（%）	分类	高等学校数量（所）	所占百分比（%）
有，表单	1	0.41	有，不合格	1	0.41
有，无法使用	1	0.41	有，无法获取	1	0.41
无	164	68.05	无	42	17.43
合计	241	100.00	合计	241	100.00

表4　我国高校信息公开网站内在属性（目录、年度报告）

信息公开目录			信息公开年度报告		
分类	高等学校数量（年）	所占百分比（%）	分类	高等学校数量（所）	所占百分比（%）
有，合格	58	24.07	有	3	1.24
有，基本合格	47	19.50			
有，不合格	89	36.93	无	238	98.76
无	47 所	19.50			
合计	241	100.00	合计	241	100.00

从表3可知，目前我国高校信息公开网站的意见箱开设率不高，并且意见箱主要以Email为主。仅长安大学信息公开网站提供在线表单的形式，而上海对外贸易学院信息公开网站仅有意见箱的图片，无法使用。我国高校信息公开指南编制合格的有81.74%，而17.43%的高校还未编制信息公开指南。重庆化工职业学院信息公开指南只有信息公开领导机构的联系方式，常州大学信息公开指南校外IP无法获取。面对高校信息公开指南内容编排体系的差异，应出台类似英国大学Publication Scheme的信息公开指南模式，此模式能够规范信息公开指南内容编排体系，使其科学、合理地展示给公众，并有助于信息公开工作主管人员检视高校信息公开指南内容是否完整、规范，进而整顿高校信息公开工作[6]。

在表4中：有信息公开目录链接，但内容为空视为无；有信息公开目录，但内容为几条简单信息或内容直接链接到学校相关部门的网站视为不合格；有信息公开目录，内容包括主动公开的12项内容，但部分内容未上传任何数据或需要登录后进行查看，视为基本合格；有信息公开目录，内容全面并能获取视为合格；有信息公开年度报告链接，但内容为空视为无。数据显示，目前我国高校信息公开网站信息公开目录编制情况不理想，合格率为24.07%，基本合格率为19.5%，不合格率为36.93%，未编制信息公开目录的比率为19.5%。目前我国高校信息公开网站信息公开年度报告编制情况极不理想，仅中山大学、海南师范大学、天津大学三所高校的信息公开网站编制了相应的高校信息公开年度报告。

2.4 高校信息公开网站依申请公开属性分析

高校信息公开网站依申请公开属性主要包括是否有依申请公开表下载和依申请公开采取何种方式。《办法》第九条规定除高等学校已公开的信息外，公民、法人和其他组织还可以根据自身学习、科研、工作等特殊需要，以书面形式（包括数据电文形式）向学校申请获取相关信息。数据显示，174所高校信息公开网站提供依申请公开表下载，占72.2%；64所高校信息公开网站未提供依申请公开表下载，占26.56%；昆明理工大学、天津石油职业技术学院、上海对外贸易学院3所高校的依申请公开表无法下载，占1.24%。目前我国高校信息公开网站依申请公开的方式主要采用在线申请和传统申请，一般不直接受理通过电话方式提出的信息公开申请，如表5所示：

表5 我国高校信息公开网站依申请公开属性（申请方式）

申请方式分类		高等学校数量（所）	所占百分比（%）
传统申请	信函、电报、传真、当面申请	88	36.51
在线申请	仅支持 Email	139	57.68
	仅支持在线表单	5	2.07
	支持 Emial 和在线表单	9	3.73
合计		241	100.00

2.5 高校信息公开网站用户属性分析

高校信息公开网站用户属性主要包括高校信息公开网站的检索功能及栏目导航的建设情况。用户属性可表征信息公开网站给公众提供获取信息的便利、快捷程度。数据显示，56.43%的高校信息公开网站还没有信息检索功能；43.57%的高校信息公开网站有信息检索功能，主要以简单题名检索为主，占33.2%；还有2.9%的分栏目（部门）检索和7.47%的高级复合检索。高校信息公开网站栏目导航的建设情况也直接影响着公众对信息的获取，网站栏目导航越有针对性，公众获取信息越快。数据显示，90.04%的高校信息公开网站建设了栏目导航，9.96%的高校信息公开网站没有独立的栏目导航。利用 ROSTCM 词频分析工具[7]对我国高校信息公开网站栏目导航内容进行频次分析，出现频次≥7 次的栏目关键字如表 6 所示：

表 6　我国高校信息公开网站栏目导航内容频次分布

栏目关键字	频次	栏目关键字	频次	栏目关键字	频次
信息公开指南	115	网站首页	16	信息公开实施细则	9
信息公开目录	108	信息公开栏目	14	信息公开	8
首页	87	信息公开制度	14	本站首页	8
依申请公开	44	在线服务	13	学院首页	7
信息公开申请	33	信息公开规章制度	11	财务管理	7
规章制度	23	信息公开法规与制度	11	学校概况	7
公开目录	21	学生工作	11	学校主页	7
最新公开信息	21	信息公开意见箱	11	信息公开年度报告	7
公开指南	20	工作机构	9	领导小组	7
新闻发布	18	组织机构	9	招生就业	7

为便于分析目前高校信息公开网站栏目的重点，将 241 所高校信息公开网站栏目导航里同样的内容采用不同名称的情况进行合并处理，如将申请信息公开和信息公开申请等统一命名为依申请公开。利用 ROSTCM 的可视化功能生成我国高校信息公开网站栏目导航标签云，如图 1 所示：

图 1　我国高校信息公开网站栏目导航标签云

数据显示目前我国信息公开网站栏目导航的重点内容主要有信息公开指南、信息公开目录、网站首页、依申请公开、信息公开规章制度、最新公开信息、信息公开、信息公开年度报告、人事人才工作、学校主页、公示公告、信息公开实施细则。

2.6 高校信息公开网站网络效应属性分析

高校信息公开网站网络效应属性主要包括信息公开网站网址域名类型及其被搜索引擎收录情况。网络效应属性是信息公开网站网络效应的反映。通常情况下，域名类型越简洁清晰，同时搜索引擎收录越多，信息公开网站的网络效应就越好。高校公开网址域名分类情况如图2所示：

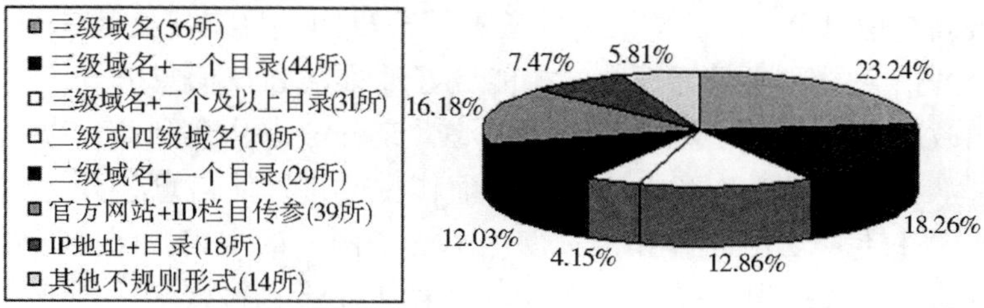

图2 我国高校信息公开网站网址域名分类情况

用搜索引擎SITE命令对网站的收录情况进行查询，即在搜索引擎中进行网址限制的位置检索[8]。如果网址是单独域名形式，如“xxgk. ycit. cn”，查询的方式是在搜索框中输入“site：域名”，如果搜索引擎返回结果为找不到相符的内容或信息，视为该搜索引擎未收录该网站；如果是其他网址形式（非单独域名）则直接在搜索框中输入网址进行搜索。本文选择百度、Google、雅虎、Soso、有道、Bing、搜狗七大搜索引擎对我国高校信息公开网站的收录情况进行分析，如图3所示：

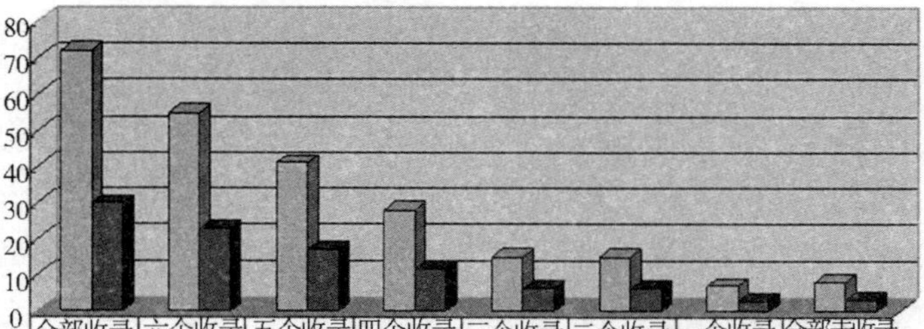

	全部收录	六个收录	五个收录	四个收录	三个收录	二个收录	一个收录	全部未收录
高校数量(所)	72	55	41	28	16	16	7	8
所占百分比(%)	29.88	22.82	17.01	11.62	6.22	6.22	2.9	3.32

图3 我国高校信息公开网站搜索引擎收录情况

3　我国高校信息公开网站建设优化策略

3.1　尽快建立并完善高校信息公开网站及评估体系

针对目前高校信息公开网站开通率较低的问题，暂未开通信息公开网站的2 117所高校应按《办法》要求，督促学校信息公开工作机构马上开展网站建设工作，确保尽快开通信息公开网站。信息公开网站建设存在严重问题的高校应立刻对网站存在的问题进行处理，争取尽快完善信息公开网站。

开展高校信息公开工作需要有完善的管理机制，只有建立起有利于主动、自觉地公开信息的管理运行机制，才能更好地推动高校信息公开[9]。段尧清等人指出政府信息公开中需以公众为中心，充分考虑公众利益，以服务的方式展开，从公开方式、公开内容等多方面作出改进，使信息公开达到更好的效果[10]。高校信息公开工作作为贯彻落实《条例》的举措，同样需要进一步强化高校信息服务意识，提高公众对高校信息公开的满意度。高校信息公开网站建设作为高校信息公开工作的重要内容，建设、完善高校信息公开网站也同样要进行管理机制的创新。要确保信息公开网站日常更新，高校信息公开工作机构还须制定本校信息公开网站管理办法，并给高校信息公开网站建设及维护提供人才和经费支持，让高校信息公开网站真正成为高校信息公开的第一平台。

教育部应尽快建立高校信息公开评估体系，制定高校信息公开的激励及处罚措施，将高校信息公开工作评估纳入高校年度教学质量评估体系，并应进一步对高校开展指导、协调和监督工作[11]。定期开展针对高校信息公开工作人员的业务指导培训，对高校信息公开实施过程中遇到的困难进行协调解决，不定期进行信息公开督促检查活动。《办法》第22、23条都规定，高等学校主管部门、省级教育行政部门和高等学校应当将信息公开工作纳入干部岗位责任考核内容。加强高校领导的信息公开意识，让领导提高对高校信息公开工作重要性的认识，为本校信息公开政策的实施制定相配套的规章制度，对违反《办法》规定及阻碍《办法》实施的行为进行治理和处罚[12]。

3.2　优化高校信息公开网站五大属性

目前我国高校信息公开网站外部、内在、依申请公开、用户、网络效应五大属性都存在相应的问题，高校信息公开工作机构应对高校信息公开网站的五大属性开展相应优化，如表7所示：

表 7　高校信息公开网站五大属性优化策略

外部属性	内在属性	依申请公开属性	用户属性	网络效应属性
策略一：学校官方网站首页对信息公开网站提供文字和图片链接； 策略二：统一规范高校信息公开网站名称，建议采用高校全名+信息公开网，如华东师范大学信息公开网； 策略三：将高校信息公开网站内容页的标题标签更改为：<title>信息公开内容—高校信息公开网站名称</title>。	策略一：开通在线网页表单提交意见，并开通专门的信息公开意见箱； 策略二：编制合格的高校信息公开指南、信息公开目录、信息公开年度报告，并让校内外用户可自由获取； 策略三：对于应该主动公开的信息，高校信息公开目录索引可直接链接到信息获取页面，取消 IP 访问控制及需登录查看信息。	策略一：依申请公开方式采用在线申请（网页在线表单提交、Email）为主，传统申请为辅； 策略二：开设特别申请途径：申请人申请获取与自身相关的信息时，申请人可持身份证及事先填写的申请表，当面向学校信息公开办公室提交书面申请； 策略三：开设下载专区，添加用户依申请公开过程中需要的表格，如申请表。	策略一：网站增加高级复合检索功能，以提高信息查全率和查准率； 策略二：规范统一高校信息公开网站导航栏目的内容，详见本文 3.3； 策略三：提高网站反应速度，优化色彩搭配。	策略一：高校信息公开网站域名采用二级域名或三级域名的形式，开头部分采用信息公开汉语拼音的简写，如：xxgk. ycit. cn、xxgk. sjtu. edu. cn； 策略二：主动提交网址到搜索引擎，七大主流搜索引擎网站收录提交页面地址见表 8。

表 8　七大主流搜索引擎网站收录提交页面地址

搜索引擎	网站收录提交页面地址
百度	http：//www. baidu. com/search/url_ submit. html
Google	http：//www. google. com/addurl/
雅虎	http：//search. help. cn. yahoo. com/h4_ 4. html
Soso	http：//www. soso. com/help/usb/urlsubmit. shtml
有道	http：//tellbot. youdao. com/report
Bing	http：//cn. bing. com/webmaster/SubmitSitePage. aspx
搜狗	http：//www. sogou. com/feedback/urlfeedback. php

3.3　规范高校信息公开网站栏目导航内容

目前我国高校信息公开网站的栏目导航内容五花八门，亟待规范。图 1 中字体较小的云其实可以归入某些字体较大的云，如设备管理、收费管理等都可归入信息公开目录。通过对图1的进一步归类分析，可以得出高校信息公开网站栏目导航内容依次为首页、最新公开信息、信息公开规章制度、信息公开实施细则、信息公开指南、信息公开目录、依申请公开、信息公开年度报告、信息公开监督、常见问题解答、友情链接。

3.4 制定高校信息公开内容网络发布标准

为进一步加强我国高校信息公开网站的开发建设与应用管理，不断提高我国高校信息公开网站的效率及其网络服务质量，制定我国高校信息公开网站信息内容网络发布规范标准是十分必要的。提供统一的高校信息公开信息内容网络发布规范标准，一方面可为公众有效查找、获取和使用高校信息公开网站平台资源提供支持，另一方面还可以更好地指导我国高校信息公开网站平台的建设及其评估工作。结合目前我国高校信息公开网站建设的现状，笔者建议应以《条例》、《办法》等相关规章为依据，以公开为原则，以不公开为例外，实行“谁主管谁负责、谁审核谁负责、谁发布谁负责”的规定，从信息生成、信息发布、信息发布的审核、责任维护、监督考核五方面来制定高校信息公开内容网络发布标准。比如，在信息生成环节中，应规定每一条信息内容应包含如下字段：信息名称、信息索引号、发文字号、公开范围、主题词、所属主题、公开责任部门、生成日期、登记日期、发文日期、修改日期、所属机构、统一登记号、操作员、信息内容正文。

3.5 将信息构建应用于高校信息公开网站建设

目前我国信息构建方面的研究论文呈逐年递增的趋势，信息构建正处于研究的热点时期，涉及信息内容组织、结构设计和空间优化的地方都可以运用信息构建的理论和方法[13]。信息构建理论应用于网站设计方面，则是通过对网站信息的组织系统、标识系统、导航系统、搜索系统进行规划设计，从而实现网站信息的清晰化和可理解，以满足用户的信息需求[14]。高校信息公开网站建设过程中应该引入信息构建的理论和方法，并通过先构建基于信息构建的评价指标体系，然后对我国高校信息公开网站进行相关评价分析研究。

4 结 语

通过网络调查分析，发现目前我国高校信息公开网站建设现状很不乐观，还有很多方面需进一步改进、优化，使得高校信息公开网站标准化、规范化。高校信息公开网站既是一扇展现高校信息公开工作情况的门窗，又是一架沟通高等学校和公众的桥梁，高等学校理应将高校信息公开网站打造成高校信息公开第一平台，对公众的信息公开需求提供一站式信息服务。

参考文献：

[1] 刘奕湛．高校信息公开办法公布[N]．人民日报海外版,2010-05-25(04).

[2] 曾兵．加强高校信息公开制度建设的若干构想[J]．淮南师范学院学报,2006,8(6):138-141.

[3] 中华人民共和国教育部．教育部办公厅关于施行《高等学校信息公开办法》的通知[EB/OL].[2011-01-26]. http://www.gov.cn/zwgk/2010-05/12/content_1604328.htm.

[4] 中华人民共和国教育部．2010年具有普通高等学历教育招生资格的高等学校名单[EB/OL].[2011-01-26]. http://www.moe.edu.cn/publicfiles/business/htmlfiles/moe/moe_122/201010/109688.html.

[5] Hao123网址之家[EB/OL]．各地大学．[2011-01-26]. http://www.hao123.com/edu.htm.

[6] 马海群，王英．英国Publication Scheme的发展及其对我国大学信息公开的启示[J]．情报科学,2010,28(3):321-324.

[7] 免费的学术性数字人文、内容与文本分析研究平台ROSTCM官网．ROSTCM数字人文研究[EB/OL].[2010-06-13]. http://hi.baidu.com/rostcm/blog/item/62a4b3fe1cbf69d3b58f31d7.html.

[8] 蔡瑞平,钟哲辉．搜索引擎的检索功能特征及技巧[J]．图书与情报,2003(4):52-53.

[9] 刘磊,魏丹,王浩．大学生对高校信息公开的反应——基于南京市的调查分析[J]．大学图书馆学报,2010(1):105-110.

[10] 段尧清,费奎明,徐希,等．我国政府信息公开公众响应情况调查报告[J]．图书情报工作,2008,52(4):66-69.

[11] 吕红,马海群．我国高校信息公开公众响应情况及意识需求调查分析报告[J]．现代情报,2011,31(3):12-17,22.

[12] 马海群,温丽丽．我国大学信息公开政策的法律依据及问题分析[J]．现代情报,2011,31(3):3-6.

[13] 吕红,马海群．近8年我国信息构建论文的文献计量统计分析与评价[J]．情报科学,2010,28(10):1526-1531.

[14] 施文蔚,朱庆华．信息构建在政府信息公开中的应用——以政府网站信息公开栏目建设为例[J]．图书情报工作,2009,53(1):121-125.

作者简介

马海群，男，1964年生，教授，博士，博士生导师，发表论文260余篇。

吕　红，男，1987年生，硕士研究生，发表论文4篇。

山西省政府网站信息公开状况分析*

贾君枝　武晓宇　闫晓美

（山西大学管理学院　太原 030006）

摘　要　从山西省政府以及下属 11 个市政府网站信息公开的现状着手，通过实地调查及网站分析，与国内其他省市的信息公开进行比较分析，明确山西省政府网站信息公开的程度及水平、存在的问题，并提出相应的建议。旨在为进一步提高政府信息公开的水平提供现实依据，同时为国内政府信息公开的发展提出一些可借鉴性的结论。

关键词　政府网站　信息公开　山西省　元数据　信息标引

分类号　D035.5

1　引　言

政府部门拥有整个社会 80% 的信息资源，是信息资源最大的拥有者和管理者。如此数量丰富的信息资源，如果得到有效的开发及利用，可以创造出巨大的社会效益与经济效益[1]。2008 年 5 月 1 日，我国正式实施《中华人民共和国政府信息公开条例》，政府信息公开受到了前所未有的重视，各级政府部门纷纷构建政府信息公开网站，以保证公众迅速准确地获得政府信息资源。政府信息公开很大程度上可以促进政府信息的流动和社会共享，扩大信息传播范围，使政府信息资源能够为整个社会所利用，推动经济与社会的发展；公民通过详细地了解政府的活动及其政治、经济领域发生的重大事件，以正确行使选举权、参政权和监督权，最终实现政府与公民之间的相互信任与支持；各级政府采用多种渠道及时准确地公布信息，尤其在自然灾害或者人类灾难中，可以有效地避免社会秩序混乱，维护社会稳定，树立政府良好的执政形象。可以看出，实现政府信息公开的良性运作与发展具有重要的现实政治意义和社会意义[2]。

---

* 本文系太原市软科学项目“政府信息公开技术支撑体系建设研究”（项目编号：ZBSH1101－01）研究成果之一。

根据《中华人民共和国政府信息公开条例》要求，从2008年5月1日起山西省开展政府信息公开工作。截至2010年底，全省11个市、119个县（市、区）人民政府、55个省直部门都已开展了信息公开工作[3]，通过设置信息公开专栏、编制信息公开指南和公开目录等形式开展政府信息公开活动，并将部门网站作为政府信息公开的第一渠道。从近两年来政府信息公开情况看，已取得了一系列较明显的成果，但也存在着某些问题。

本文通过对山西省政府及下属部门政府的信息公开状况进行实地调查及网站分析，在与国内其他省市信息公开比较分析的基础上，明确山西省政府网站信息公开的程度及水平、存在的问题，并深入探究成因，希望为国内政府信息公开的发展提出一些可借鉴性的建议。

2 政府信息公开的基本状况

2.1 政府信息公开总量明显增加

2008年底，山西省主动公开政府信息39 792条[4]，2009年，全省主动公开政府信息49.9万条[5]。2010年，山西省主动公开政府信息61.4万条[3]，较2008年相比，增长14倍。公布范围主要涉及机构职能、政策法规、工作动态、决策、行政职权类信息，三年中，工作动态信息占到50%，居于首位，政府法规类信息居于其次。各类型信息分布，如图1所示：

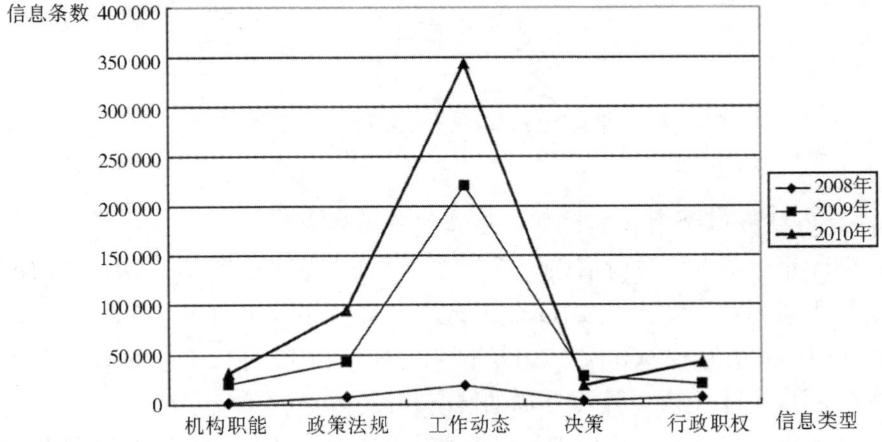

图1 山西省主动公开政府信息数量分布

依申请公开是基于主动公开的一种需要补充，是对公民的知情权、参与权和监督权的充分保障。2008年，山西省共受理信息公开申请5 751件[4]；

2009 年，共受理政府信息公开申请 23 810 件[5]。2010 年，共受理政府信息公开申请 15 895 件[3]，比 2008 同期增长 2 倍。可以看出，山西省依申请公开量明显增加。此外，受理信息公开申请的回复率为 100%，涉及内容范围较广，2010 年主要集中在工商企业信息、劳动保障与就业、公务员招考、职称考试、工资晋升、教育收费、用地审批、拆迁补偿、城市规划和项目建设等方面[3]。

政府信息公开从 2008 年到 2010 年，无论从数量上，还是类型上，都处于不断增长和完善的趋势。依照全国 21 个省级政府依申请公开信息数量（包括 18 个省和 3 个自治区，由于河北、山东、湖南、湖北、台湾 5 省以及宁夏、新疆两个自治区的数据查不到，因而予以去除），从高到低排序。可以看出，山西省处于先列。如图 2 所示：

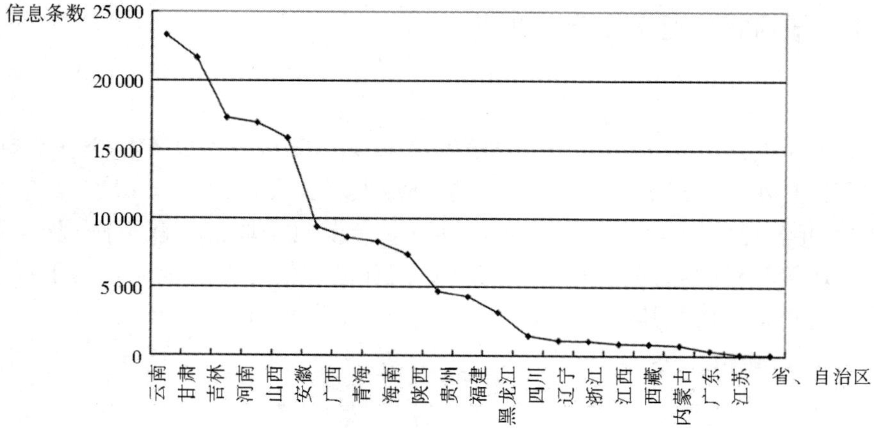

图 2　2011 年我国各省级政府依申请公开信息量分布[6]

2.2　政府网站浏览量增加，信息公开渠道多样化

2008 年山西省“政府信息公开专栏”页面浏览量达 72.5 万次，平均每天的点击量达 4 000 多次[7]。2011 年，近三个月（2011 年 3 月 – 5 月）省政府网站日均点击量为 12 960 次。2011 年较 2008 年相比增长 2 倍。此外，省政府网站建立了与 11 个市、55 个厅局的网络链接。

2008 年、2009 年，山西省政府信息公开的渠道主要依赖于互联网上的政府网站。2010 年，山西省在主动公开政府信息渠道建设方面积极开展工作，较 2008 年、2009 年拓宽了政府信息公开渠道，分别有政府网站、政府公报、新闻发布会和新闻媒体、信息公开查询系统、其他形式 5 种途径。如 2010 年省科技厅除了将门户网站作为政府信息公开的主渠道外，还在办公大楼设置触摸屏提供服务指南。此外，还以《山西科技年鉴》、《山西科技统计年鉴》等形式定期向社会发布有关科技信息和科技统计信息[3]。

3 存在的问题及成因分析

3.1 各政府部门领导信息公开意识淡漠

进行我国政府信息公开是一场“自上而下”的对政府自身进行“外科手术”式的行政主导型改革，由于受我国传统政治文化的羁绊及历史环境差异的影响，政府部门的管理一向是封闭式管理，政府领导者普遍认为公众无权知晓政府部门的管理活动，同时害怕政府信息公开可能给他们带来某些层面上的负面影响，因此在观念上他们既没有意识到信息公开是自己的责任，也没有从行动上主动承担起信息公开的工作，只是囿于形式，把一些工作动态类信息公开，而关于公众利益的信息却涉及较少，更新速度较慢，从而阻碍了信息公开工作的良性发展[1]。具体表现在：

3.1.1 信息公开量还有待增加

同国内其他省、自治区相比，山西省的信息公开数量明显处于偏低水平。以 2010 年为例，图 3 是我国 21 个省级政府信息公开量分布（包括 18 个省和 3 个自治区，由于河北、江苏、湖南、广东、台湾 5 省以及宁夏、新疆两个自治区的数据查不到，因而予以去除），其中 12 个省级政府的年信息公开数量远远高于山西省。这表明：山西省各政府部门信息公开的意识有待增强，信息公开的数量及程度提升的空间较大。

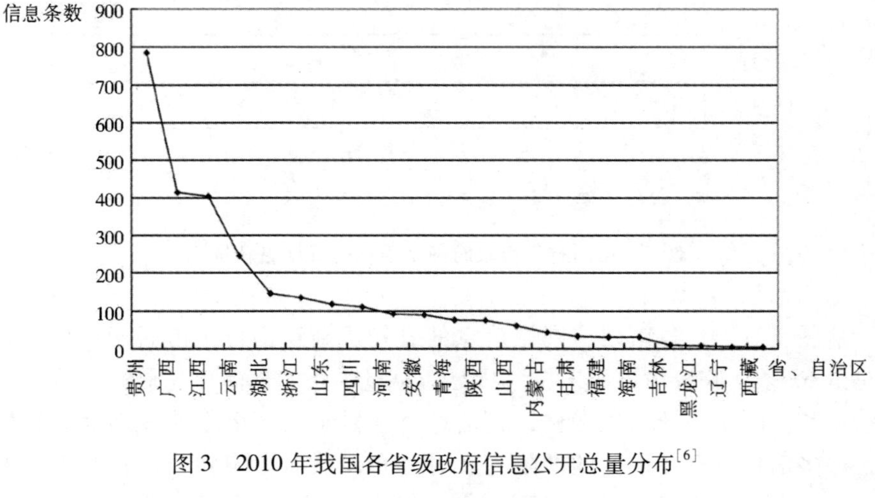

图 3 2010 年我国各省级政府信息公开总量分布[6]

3.1.2 信息资源分布不均衡

政府公开信息应该直接面对百姓，侧重于政策执行、办事流程、互动方式和补助救济途径等更贴近于百姓关心的事情[8]。但在山西省政府及下属11个市政府发布的信息中，工作动态信息均占到50%以上，且同一条信息在不同类目中重复出现。如太原市大部分信息集中于“日常工作动态”，而“通知公告公示”在2010年的公开信息中仅“短期天气预报”这一内容就占到98%。此外，在“其他”类目中只有“气象灾害预警”、“重要气象信息”和“短期天气预报”三项内容，其中“短期天气预报”竟占99%。太原、晋城、阳泉、朔州、吕梁、晋中、运城这7个市的政府信息中缺少“人口与计划生育”、“妇女儿童工作”、“科技、教育”以及“卫生、体育”等老百姓关心的关键类目信息。

3.1.3 信息更新不及时

以2011年6月为时间段，山西省下属的11个市政府网站信息的月平均更新总量为706条，日均更新总量为24条。如图4所示：

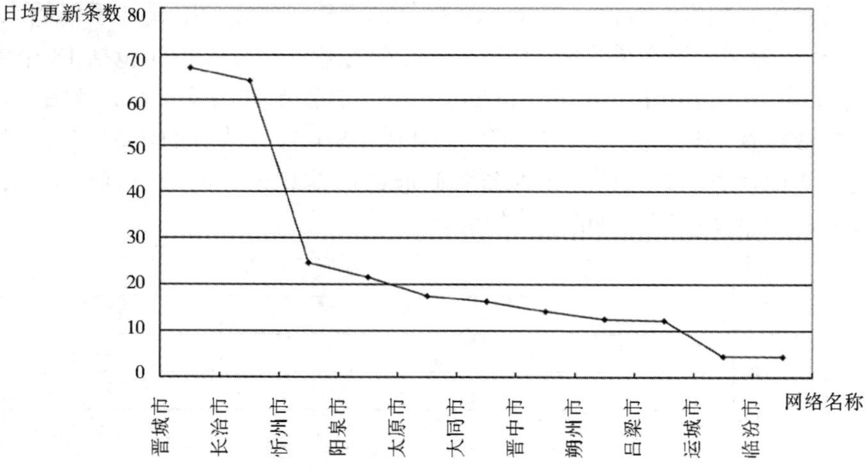

图4 山西省各市政府网站信息的日均更新量[9]

从图4看出，各市政府网站信息的日均更新量，晋城市居于首位，日更新总量67条，临汾市居于末位，日更新总量4条。长治市位居第二，但打开长治市政府网站公开信息专栏，其信息公开目录内容更新速度却处于较慢水平，很多信息没有在预定的期限内及时公布，从而影响到公众及时地获取信息。如“非行政许可项目”只更新到2010年6月，“专项经费”类目下只有

2010 年 12 月的一条信息。此外，太原市政府网站上列出的“优秀政府子站排行表”中，国税局政府网站位居第二，但其所公开信息中新闻动态更新居多。其最近一次更新内容显示为“2011 年 5 月 20 日”，依次打开 6 个一级类目以及所属的二级类目，发现：本月更新内容方面，“机构职能”0 条，“法规文件”0 条，“新闻动态”4 条，“公告通知”1 条，“决策信息”、“行政职能”和“其他”类目下不仅没有本月的更新信息且没有任何历史信息。

如何采用完善的法律体系保证公民的知情权？如何加强政府信息公开的激励约束机制，将信息公开度纳入到政府行政职能效率评价体系中，促使政府领导者的意识与行为变被动为主动？如何培养领导干部的信息公开意识，提高思想认识，消除认识误区、更新思想观念？这些将成为政府公共事务管理中必须要解决的重要问题。

3.2　公民对公开信息获取意识不强，信息使用率低

与其他省级政府相比，山西省政府网站日点击量偏低，公民浏览量还有待进一步提高。图 5 统计了我国 31 个省、市、自治区（除台湾外的 22 个省、5 个自治区、4 个直辖市）近三个月（2011 年 2 月—5 月）的日均点击量，山西省政府网站居于倒数第 10 位。

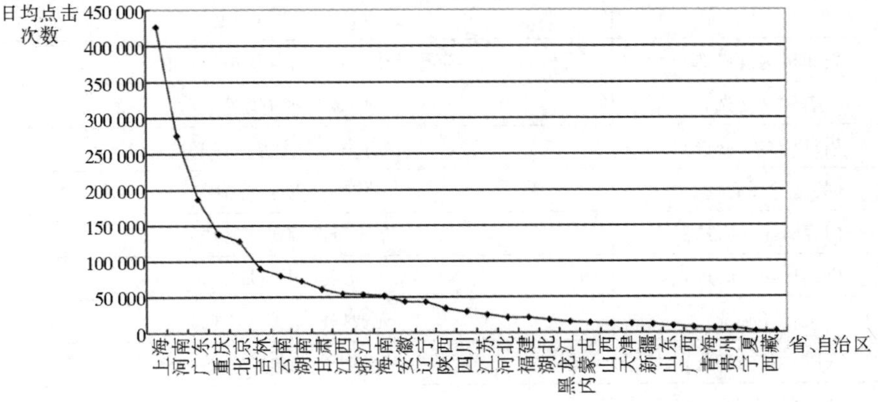

图 5　2011 年 2—5 月各省、市、自治区政府网站日均点击量

由于传统文化观念以及受教育水平高低的影响，对于公众而言，没有认识到政府信息公开的意义以及知情权是其基本人权，抑或是缺乏电子技术知识，使得人们认为很难获得政府机构的信息，从而压抑自身对政府信息的需求，久而久之导致了公众层面的信息需求小，使政府网站信息浏览量及其依申请公开的信息数量、公众咨询人数的数量都没有达到理想效果[10]。

3.3 所制定的信息公开标准规模性差，可操作性不强

各级政府部门推出的政府信息公开专栏形式各异，既不遵循国家颁布的政府信息目录系统的相关标准，省、市级各机构之间又相互缺少统一性和协调性[11]，加之各部门之间信息公开水平存在着的差异性，很难做到内容、形式上的统一，从而形成一个个信息孤岛，影响各机构之间的信息共享与交流。

目前山西省政府信息公开的分类体系、元数据描述项目与国家所制定的标准还存在不一致性，这样易导致数据描述的一致性及规范化程度低，从而影响数据之间的交流与共享。

2008 年 5 月山西省人民政府《信息公开指南》中，对政府信息核心元数据集进行了规定，总共涉及 14 项，其中必备的核心元数据有 9 项：索引号、信息名称、内容概述、文号、发布机构、主题分类、关键词、生成日期、在线链接地址[12]。同国家颁布的政府信息资源元数据标准 GB/T 21063 相比，山西省比国家标准多出 2 个核心元数据和 3 个必选项，两者之对比如表 1 所示：

表 1　山西省与国家 GB/T 21063 标准对比[13]

山西省标准	国家标准
索引号（必选）	信息资源标识符（必选）
发布机构（必选）	资源提供方：资源提供单位（必选）
名称（必选）	资源名称（必选）
信息分类（必选）	资源分类：分类方式（必选）
关键词（必选）	关键字说明：关键字
内容概述（必选）	信息资源摘要（必选）
生成日期（必选）	元数据更新日期
文号（必选）	元数据标识符（必选）
获取方式（必选）	在线资源链接地址
著录日期	信息资源发布日期
	服务信息
	元数据维护方
有效期	
相关信息	
公开时限	
公开形式	

当前山西省制定的政府信息核心元数据标准存在着一定的不规范性，表现在：①缺乏对元数据含义的正确理解，将一些不必要的元素错误理解并纳入到元数据集合中。比如信息正文并不等于内容概述，不应该作为核心元数据，元数据是关于数据的数据，是对政府信息资源的描述，其元数据不包含信息内容本身。②元数据定义不明确，所定义内容与标引过程不能实现有效匹配，易于导致标引人员错误地标识。如信息分类元素定义不准确，该元数据定义中，认为信息分类是对分类方式（主题分类、题材分类、服务分类和机构分类）的界定，而在实际标注中，却使用类目名称。另外，“获取方式”作为必备元素，山西省标准对其作的定义为“规定了在线地址（URL），依申请公开的联系方式和信息类型”，但实际标注中却只有获取的类型，没有指出链接地址和联系方式，不能明确指出所在资源的在线链接地址，给用户信息的查找带来不便。③元数据定义不具体，有些元素项需要明确划分子项，并应该明确规定各元素值的取值范围。而目前山西省所制定的元数据标准中，缺乏此方面的信息。比如信息分类元素没有子项，因此有必要对信息分类元素进行细分，划分为分类方式、类目名称和类目编码三个必选项。④分类标准体系欠完整。山西省 11 个市政府信息的一级类目中，10 个市（阳泉市除外）都从体裁角度将信息资源划分为“组织机构”、“法规规章”、“领导动态”、“工作动态”、“决策信息”、“ 行政职权”等类，这些类目并没有很好地体现为公民服务这一理念。太原市、晋城市、阳泉市、朔州市、吕梁市、晋中市、运城市这 7 个市的政府信息中，“农业、林业、水利”、“工业、交通”、“商贸、海关、旅游”、“城乡建设、环境保护”等主题类目都没有体现出来，相关资源都分散放置于各类类目中，类目体系较为粗糙，随着政府公开信息量的逐年增加，这样易于导致针对某一类目的信息量非常多，为公众快速查找到所需信息增加了很大的困难。

3.4 管理制度不健全，信息标引不准确

政府信息公开工作的顺利进行离不开相应的法规制度。政府信息公开工作缺少健全的管理制度，致使管理人员权责不明；信息标引人员素质不一，导致信息资源描述归类及其元数据描述存在问题，主要表现在以下两个方面：①描述的不准确性。体现在“内容概述”、“主题词”两个元素的表达上。“内容概述”元素基本采用标题描述，而不是对所发布信息内容的简要概括，所以其“名称”元素通常与“内容概述”元素取值相同；“主题词”的描述不准确，由标引人员随意选择，其中存在大量动词及其无意义的词，如：讲、做、查、建、的、我等，这样无法真正从关键词层面检索政府公开信息，从

而影响了检全率和检准率。而且一些必选项的元数据，标引人员却没有标注，如2011年7月8日的一篇题为《民营资本大投入酒都汾阳大建设汾酒产业大发展》的信息资源，其“主题分类”栏和“主题词”栏都为空。②主题归类的随意性。所归属的类目在山西省政府公开信息目录中不存在。例如：2011年5月21日，山西省政府公开信息网站一篇题为《全国省级广电报第二十届好新闻评选揭晓 山西广播电视报社七件作品获奖》的公开信息，本应归属为“文化、广电、新闻出版”类，却标注为“宣传管理”类，在山西省所构建的分类体系中找不到对应类目。

3.5 信息公开系统缺乏技术支撑，功能不完善，缺少系统与用户之间的互动交流

我国网络基础设施普及率还有待提高，从而影响到公众有效地从网络途径上获取政府公开信息。由于我国政府信息公开的实践和应用工作刚刚起步，同其他相关领域的信息化水平相比，还没有一整套相应的系统平台与规范成熟的技术软件，现在所建设的政府公开信息网站明显表现为功能不全，如信息检索功能、与公众互动交流功能、个性化服务功能等欠缺，只是一个简单的信息发布平台。具体表现在：①缺少信息查询功能。通过调查，山西省11个市政府网站的信息公开内容中，只有36%的网站（长治、晋城、临汾、运城4个城市）设置了信息检索功能，供用户进行公开信息的快速查询。其余的7个市以及山西省政府信息公开网站只提供信息的分类浏览，却没有提供信息资源的检索功能，公众只能通过浏览、逐页查找所需信息，随着信息量的增加，这无疑将给公众带来信息获取的困难，很大程度上降低了公众快速查询政府公开信息资源的效率。②依申请公开办理功能不完善。目前政府信息公开工作中，依申请公开办理主要以提交表单的形式来申请信息公开。通过调查，只有山西省政府和所属18%的市政府（长治市、运城市）信息公开网站实现了依申请公开表单的在线提交功能，其余82%的政府网站仅仅提供了依申请公开表格的下载功能，并没有实现真正意义上的在线业务处理。因此，需及时设计、完善、实现该功能，方便相关工作人员对依申请公开业务的处理，提高工作效率。③目录下载功能打不开。山西省政府信息公开网站中还存在一个比较隐蔽的不足，即政府信息公开的目录下载问题，虽然网页上设置有目录下载功能，但此功能尚未真正实现，而下属11个市政府网站均没有设置目录下载功能，对于需要了解和查阅相关目录信息的公众，带来了诸多不便。④缺少与公众的互动。除长治市在“依申请公开”栏目下设置了“政府信息公开公众评议（满意、基本满意、不满意）”外，山西省政府以及

下属10个市政府信息公开网站均没有涉及留言板、意见箱或论坛等功能模块，缺少公众与政府的交流互动平台，使得用户无法与相关工作人员及时地进行咨询和交流，政府对于公众的疑问无法及时予以解答。

4 建议及对策

4.1 统一领导思想，形成政府信息公开的普遍服务意识

对于政府部门，无论是各级领导还是普通工作人员，都要形成政府信息公开的服务意识。改变传统的官本位思想，增强公仆意识，真正将信息公开工作看作是政府部门的责任。政府信息公开应突破传统的媒体发布格局，树立网上公开的意识，将政府网站放到与其他渠道公开并重的位置，借鉴其他省、市、自治区较成熟的公开信息经验，积极实践研究，逐步完善现有的规范、标准，让各行政部门积极主动地参与到政府信息公开的建设中，努力做到政府网站上的公开信息及时全面，从而吸引和方便民众利用政府网站查询政府信息。

4.2 加大宣传力度，引导公众参与

目前的政府信息公开形式主要以政府主动公开为主，公众被动接受。针对公众消极接受政府信息、需求量少的现状，政府应采取必要的措施。一方面，政府各部门应通过讲座、咨询、传单、媒体等各种传播渠道，加强面向公众的宣传力度，积极与公众沟通，使公众形成在网上查阅、搜索政府信息的观念，并习惯于主动根据自上而下的程序办理申请，从而引导公众参与政府信息公开形式的共建。其次，政府内部也应积极针对公众的需要，对于公众依申请公开的政府信息，应在申请程序中明确供公众选择的公开形式，并在公众申请后，政府及时给其提供有效信息的送达、参与形式及反馈结果[10]。

4.3 将信息公开工作纳入政府绩效考核环节，提高网上服务能力

政府网站是各级政府部门在互联网上发布政务信息、提供在线服务、与公众互动交流的重要平台，直接关系到政务公开的质量和效果。2010 年我国制定了《2010 年中国政府网站绩效评估指标体系》，开展了政府网站绩效评估工作。而政府信息公开是政府网站的核心内容，为提升政务服务水平，提高公众的满意度，政府信息公开已成为我国政府网站绩效评估的重要指标内容。山西省政府可以对其下属的部门以及市县级各机构的网站建设、管理水平、政务信息发布质量、网上办事服务能力和态度等进行评估，开展群众满意度调查，将政府信息公开纳入到政府部门与相关人员的绩效考核中，对评

估对象进行综合打分、排名，从而提高政府绩效。

4.4 技术应用上，提高所公开信息的更新速度，增强政府与民众的互动性

政府信息的海量化和复杂化，增加了信息处理工作的复杂性，对政府部门工作人员提出了较高的要求，同时使公众信息获取层面难度增加。因此，政府网站需要从技术层面上引入一些较为先进的技术，如文本特征自动抽取、自动分类标引、自动关键词提取技术等；在互动交流方面的实际建设能力较弱，需进一步采用 Web 2.0 技术，建立以用户为中心的电子政务系统[14]，这样既能实现政府所公开信息的快速更新与发布，又能减轻工作人员的标引工作压力，提高标引的规范性与一致性。同时，注重构建以用户为中心的网络平台，增强系统的易用性、可交互性、友好性，使用户不需任何学习就可准确全面地获得所需信息，政府也能及时获得用户反馈信息，对网站功能及信息内容不断进行完善优化。

5 结 论

目前我国政府信息公开工作还处于初步发展阶段，同国外 200 多年政府信息公开的发展历程相比，我们与实现真正意义上的行政职能公开透明化、政府信息服务于大众的目标还有相当大的距离。山西省需借鉴其他省、市、自治区较成熟的信息公开经验，积极实践研究，逐步完善现有的规范、标准，让各行政部门积极主动地参与到政府信息公开的建设中，努力做到政府网站上的公开信息及时全面，从而吸引和方便民众利用政府网站查询政府信息[15]。

参考文献：

[1] 顾继光．我国政府信息公开存在的问题及对策[J]．情报科学，2010，28(6)：834－835.

[2] 蒋冠．论服务型政府背景下政府信息公开的目标取向[J]．图书馆学研究，2010(2)：75－78.

[3] 山西省人民政府．2010 年度山西省人民政府信息公开年度报告[EB/OL]．[2011－05－20]. http://www. shanxigov. cn / n16/n1203/n13386 383/14840032. html.

[4] 山西省人民政府．2008 年度山西省人民政府信息公开年度报告[EB/OL]．[2011－05－20]. http://www. shanxigov. cn/n16/n1203/ 138782. html.

[5] 山西省人民政府．2009 年度山西省人民政府信息公开年度报告[EB/OL]．[2011－05－20]. http://www. shanxigov. cn/n16/n1116/ n13386093/13395583. html

[6] 各省人民政府．各省政府信息公开报告[EB/OL].[2011 - 05 - 20].http://www.gov.cn /gzdt/ 2011 - 04/29/ con tent_1854812.htm.

[7] 李莉,李飞飞,赵雪．山西省政府信息公开情况调查[N/OL]．山西晚报,2008 - 11 - 21(12).[2011 - 05 - 20]．http://www.drcnet.com.cn/DRCNet.Common.Web/DocView-Summary.aspx? docid = 1841987&chnid = 2106&leafid = 3090&gourl =/DRCNet.Common.Web/DocView.aspx.

[8] 冯璐,陈琳．对我国地方政府信息公开目录分类体系的编制建议[J]．图书情报工作,2010,54(23):133 - 136.

[9] 山西省人民政府．山西省地市网站运行情况[EB/OL].[2011 - 05 - 20].http://jg.shanxi.gov.cn:1023 /sd/ jcpt/site_running/site_run_pagef.jsp? side = dishi&viewTime = 20110720&viewEndTime = 20110720&validate = in.

[10] 赵芸霄．我国政府信息公开的缺失及对策建议[J]．辽宁行政学院学报,2008,10(5):12 - 13.

[11] 余珊珊．我国政府信息公开的渠道、问题和展望[J]．情报科学,2007,25(4):628 - 631.

[12] 山西省人民政府．山西省人民政府信息公开指南[EB/OL].[2011 - 05 - 20].http://www.shanxigov.cn/n16/n1116/138732.html.

[13] 中华人民共和国国家质量监督检验检疫总局,中国国家标准化管理委员会．政务信息资源目录体系第 3 部分:政务信息资源分类:GB/T 21063.3 - 2007[S]．北京:中国标准出版社,2007.

[14] Verdegem P, Verleye G. User-centered E-Government in practice:A comprehensive model for measuring user satisfaction[J]. Government Information Quarterly, 2009,26(3):487 - 497.

[15] 陈剑波．政府信息公开管理平台技术研究——以宁波市政府信息公开管理平台的建设为例[J]．图书情报工作,2009,53(23):123 - 127.

作者简介

贾君枝，女，1972 生，教授，博士，发表论文 50 余篇，出版著作 1 部；

武晓宇，女，1987 生，硕士研究生，发表论文 2 篇；

闫晓美，女，1984 生，硕士研究生，发表论文 2 篇。

智慧城市演进发展及信息服务平台构建研究*

王晰巍[1,2]　王　维[1]　李连子[1]

（1. 吉林大学管理学院信息管理系　长春 130025；
2. 吉林大学管理学院信息资源中心　长春 130025）

摘　要　首先对智慧城市的演进历程及发展特征进行分析，从发展的角度对国内外智慧城市建设现状进行归纳总结，分析我国智慧城市演进中遇到的瓶颈，论证智慧城市信息服务平台对智慧城市的演进和发展所起到的关键基础性作用；在此基础上，提出智慧城市信息服务平台构建的模型，分析平台核心能力构建的内容及构建中存在的影响因素。期望本研究在理论和实践层面对推动我国智慧城市发展进程起到指导作用。

关键词　智慧城市　信息服务平台　能力构建　影响因素

分类号　G25

城市发展日益受到土地、空间、能源和清洁水等资源短缺的约束，城市人口膨胀、环境保护等问题面临的压力也越来越大。能耗、环境等问题日益突出，使用传统的技术和管理方法已经难以有效解决，目前发达国家正在研究如何创新性地使用新一代信息技术[1]、知识[2]和智能技术[3]手段来重新审视城市的本质、城市发展目标的定位、城市功能的培育、城市结构的调整、城市形象与特色等一系列现代城市发展中的关键问题，特别是通过智慧传感和城市智能决策平台来解决节能、环保、水资源短缺等问题。智慧城市（smart city）建设已成为一种潮流，受到社会的广泛关注，其独特的魅力也征服了世界各地政府，他们竞相提出了智慧城市发展目标，同时智慧城市建设也成为我国各地政府“十二五”规划中的重要内容。

* 本文系教育部人文社会科学青年基金“低碳经济下产业技术链的演进及创新机制研究（项目编号：10YJC6300250）”、吉林省科技发展计划“低碳经济下吉林省新能源产业链的构建及发展对策研究”（项目编号：20110636）和吉林大学“985 工程”项目研究成果之一。

在学术领域中，国外学者 Arun Mahizhnan[4]结合新加坡政府在智慧城市建设中的做法，运用案例研究方法对新加坡如何利用智慧城市的建设促进国家经济发展进行了分析；Jean Philippe[5]认为信息和通信技术（information and communication technology，简称 ICT）可以更好地促进智慧城市的发展，并提出可以利用智慧物网络对环境进行监控；Sung AhKim[6]构建了一个集成信息监控模型以实现智慧城市发展中对能量使用的监控。王世伟[7]从创新未来城市发展的顶层设计入手，从多角度提出了我国智慧城市建设的思路；邓贤峰[8]给出智慧城市建设的评价指标体系，并以“智慧南京”为例进行了案例分析；袁文蔚等[9]从技术和人本两个角度对我国上海、宁波等 5 个城市智慧城市战略规划文件做了内容分析，提出中国智慧城市建设和发展的政策建议。从国内外文献的研究现状来看，国外智慧城市研究逐渐关注智慧城市建设中 ICT 这一“使能”技术，而我国目前的研究从建设策略的角度进行分析的相对较多。那么，我国智慧城市建设中的关键基础性问题是什么？如何构建其核心能力以满足智慧城市建设发展的需求？其构建过程中关键基础性问题的影响因素是什么？针对这些方面的理论及实践性的研究成果相对较少。

本文的研究目标在于洞察我国智慧城市在演进发展中的瓶颈，归纳分析其发展中的关键基础性问题，从智慧城市建设发展中信息服务平台构建的视角，提出满足智慧城市信息服务平台发展的总体框架，分析其构建中的 5 个关键信息服务能力，并结合国外在智慧城市建设中的实践，分析平台构建中的影响因素。本文的研究对推动我国智慧城市建设进程和促进更美好的宜居城市发展具有一定的理论和现实意义。

1　智慧城市的演进及特征

1.1　智慧城市的内涵

IBM 认为智慧城市是运用信息和通信技术手段感测、分析、整合城市运行核心系统的各项关键信息，从而对包括民生、环保、公共安全、城市服务、工商业活动在内的各种需求做出智能响应[10]。IBM 定义的实质是强调用先进的信息技术，实现城市智慧式管理和运行，进而为城市居民创造更美好的生活，促进城市的和谐、可持续成长。美国学者 Patrizia Lombardi[11]认为智慧城市是通过参与式治理，对人力资本、社会资本、传统和现代的通信基础设施进行投资，促进经济的可持续增长，提高居民生活质量以及对自然资源进行可持续综合管理。意大利和荷兰学者结合维也纳大学评价欧洲大中型城市的 6

个维度（即智慧经济、智慧运输、智慧环境、智慧居民、智慧生活和智慧管理），认为智慧城市是通过人力、社会资本、交通和信息通讯基础设置的投资，来推动可持续经济增长和高质量城市生活[12]。

在综合上述研究的基础上，笔者认为，所谓“智慧城市”就是城市信息化，即运用信息技术和通信技术手段感测、分析、整合城市运行核心系统的各项关键信息，从而对于包括民生、环保、公共安全、城市服务、工商业活动在内的各种需求做出智能的响应，为人类创造更美好的城市生活。

1.2 智慧城市的演进

在过去的10年中，世界上有大约1 000多个城市围绕智慧城市的建设开展了相关课题的研究和政策的制定，以维护城市的可持续发展[11]。纵观这些智慧城市的建设历程，大致可以分为3个阶段：①第一阶段为信息化城市建设阶段，这一阶段的特点是注重信息基础设施和信息通信技术的建设，如光纤铺设、卫星站点修建、跨国海底光缆接通、带宽扩展和网络架构等。②第二阶段是数字城市建设阶段，城市建设的主要资源围绕用户电子文档建设、数据库建设、信息传递、互联网的应用开发等。③第3阶段演进为智慧城市阶段，该阶段主要资源用于使城市的信息网络实现自动监控、信息自动采集、自动分析处理和自动决策等。这一阶段的特点是注重运用信息与通信技术推动社会、环境与管理的协调发展，其着力点是整合、惠民、绿色。智慧城市的3个发展阶段是前后紧密相续或互相交叉、交融的。总体而言，智慧城市是智慧地球的体现形式，是数字城市建设的延续，其演进发展的历程受到ICT发展的巨大推动，是城市信息化发展到更高阶段的必然产物。

1.3 智慧城市的特征

智慧城市是人的智慧与信息通信技术紧密结合的产物，因此它的重要特征主要体现在具有更强的智慧性地发现问题、解决问题的能力。具体来说，国内外智慧城市的发展体现出如下特征[12-13]：①更深入的智慧化。城市拥有海量的信息资源，通过分布在城市重要的基础设施、城市公共环境中的传感系统、自动监测和监控设施联网以及分布在城市中各个角落的个人、组织、政府信息系统，实现城市海量信息与数据的实时收集与存储。②更全面的互联互通。通过城市高带宽的固定网络、无线网络、移动通信网络以及实时在线连接，帮助用户从全局的角度分析并实时解决问题，从而彻底改变城市管理与运作方式。③更有效的交换共享。通过管理体制的创新保障，构建身份认证、目录交换、结算清分、信用评估等技术平台的系统性建设，从而促进分布在城市不同角落的海量数据的流转、交换、共享、对比，为应用提供良好的协同工作环境。④更协同的关联应用。以政府、城乡居民、企业的互动为核心来构建公共管理与服务平台，从而为政府协同办公、城市协同治理、面向城市居民的协同式服务、面向企业的协同式管理等提供更加智能、高效的决策支持系统和创新应用模式。

2 智慧城市的国内外发展

2.1 国外智慧城市发展

智慧城市已被世界各国确定为金融危机后振兴经济的关键策略。美国的亚特兰大、波士顿、拉斯维加斯、洛杉矶、旧金山、西雅图、费城、奥斯汀、克利夫兰、马里恩、匹兹堡、密尔沃基等城市都在建设无线网络，新加坡和韩国的首尔、仁川、釜山等6个城市以及马来西亚的吉隆坡、澳大利亚的悉尼等都在积极地推进智慧城市的建设[4]。

2006年，新加坡实施了“智慧国2015”计划，着力构建新一代资讯通信基础设施，发展有全球竞争力的信息通信产业，培养有全球竞争力的信息化人才，利用信息通信技术提升数字媒体与娱乐、教育培训、医疗卫生、金融服务、贸易和物流产业、旅游零售和电子政务九大领域的发展水平。前不久，新加坡又将云计算、商业分析、绿色通信技术等纳入“智慧国2015计划”[12,14]。

2009年6月，英国发布了《数字英国》(Digital Britain) 计划，利用移动的网络优势和信息化产品，为分布在城市中的企业提供方便、快捷、有效的统一语音、数据、视频的多媒体应用平台。英国智慧城市的建设，主要是注重发展应对世界气候变化的各种智能和环境友好型技术与方案，把分散的、各自为政的信息化系统、物联网系统整合起来，提升为一个具有较好协同能力和调控能力的有机整体，“绿色环境”是英国城市智慧化的目标之一[15]。

2009年9月，美国迪比克市与IBM共同宣布，将在美国建设第一个智慧城市。IBM采用一系列新技术武装迪比克市，将其完全数字化并将城市的所有资源都连接起来，可以侦测、分析和整合各种数据，并智能化地响应市民的需求，降低城市的能耗和成本，使其更适合居住和商业的发展[16]。

2.2 国内智慧城市发展

中国北京、天津、青岛、武汉、上海、南京、杭州、广州、深圳、扬州、厦门等城市已经明确了智慧城市的发展计划并已处在建设之中。从地域分布来看，这些城市主要集中在长三角、珠三角和环渤海地区。

北京作为智慧城市的试点城市，建设动力主要有来自交通及社会管理的压力以及科技经济发展带来的新机遇。在被符号化的城市形象下，北京的一举一动可能都在传递智慧城市的未来趋势。2012 年 3 月 16 日，北京市经济信息化委员会发布了《智慧北京行动纲要》[17]，提出了城市智能运行行动计划、市民数字生活行动计划、企业网络运营行动计划、政府整合服务行动计划、信息基础设施提升行动计划、智慧共用平台建设行动计划以及应用与产业对接行动计划、发展环境创新八大行动计划。

上海市《推进智慧城市建设行动计划》指出，新一代信息技术产业将成为智慧城市发展的有力支撑，上海将以企业为主，重点实施云计算、物联网、TD－LTE、高端软件、集成电路、下一代网络、车联网、信息服务 8 个专项。上海市政府围绕世博、亚太信息枢纽、3G 网络建设等领域，有效推进设备制造、网络运营、内容服务、用户终端等产业的持续健康发展，为上海经济的进一步提升服务，并推动智慧门户、智慧政务、智慧医疗、三网融合创新四大应用工程，发挥示范作用，推进“智慧上海”建设。

深圳市充分发挥信息通信产业发达、RFID 相关技术领先、电信业务及信息化基础设施优良等优势，通过建设信息通信基础设施、认证、安全等平台和示范工程，加快产业关键技术攻关，构建城市发展的智慧环境。

2.3　我国智慧城市发展中的关键瓶颈

2012 年 6 月，全国信息技术标准化技术委员会[18]对我国开展智慧城市建设的典型城市及 IT 系统企业进行了深入的调研，发现我国北京、上海、深圳等智慧城市的建设与北美和欧洲国家相比确实取得了一定的进展，但很多城市在发展中也遇到了一些问题，其存在的关键瓶颈表现在以下三个方面：①很多城市在建设过程中缺乏统一的行业标准、建设标准和评估标准等建设指导（占调查比例的 72%），不同系统之间接口复杂，不易实现系统互联互通和信息的共享协同，有形成“智能孤岛”的可能。②在数字城市向智慧城市演进的过程中，缺少城市部门间的协同协作（占调查比例的 64%），造成城市信息在业务流转时由于各类数据资源分散，独立运行，缺乏有效的组织和管理，致使无法实现城市信息共享，不能为政府综合决策提供一站式在线信息综合服务。③智慧城市建设缺乏统筹管理和顶层规划（占调查比例的 62%），存在着低水平信息应用系统重复建设、实用主义现象严重的情况，造成投入成本过高、资源利用率低等后果。全国信息技术标准化技术委员会调查代表性城市在智慧城市建设发展中遇到的问题见图 1，笔者将调查统计结果中的前 3 个作为目前我国智慧城市发展中的关键瓶颈。

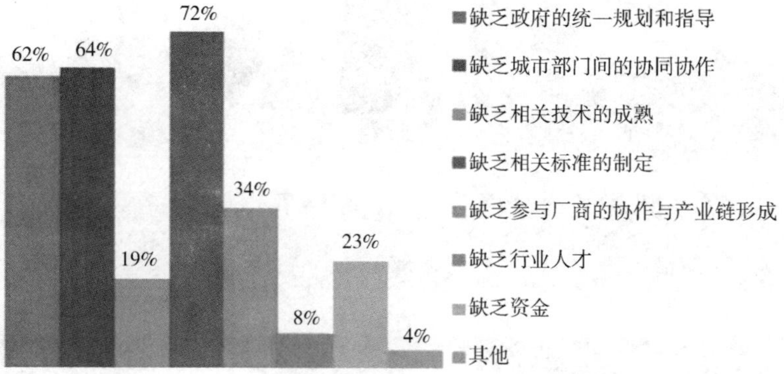

图1　我国智慧城市发展的问题及挑战

资料来源：我国智慧城市建设及SOA应用、标准化情况调研报告（2012年6月）

从目前我国智慧城市演进中所遇到的关键瓶颈来看，如何从整体城市可持续发展角度和顶层规划入手，构建智慧城市综合信息服务平台，促进行业标准化建设，充分发挥核心技术的作用并促进产品的自主创新，消除部门内部“智能孤岛”，实现技术统筹应用，是目前我国智慧城市建设发展中从“系统角度”开始着手的关键基础性问题。同时，智慧城市信息服务平台的构建对推进“数字城市”向“智慧城市”的演进发展，促进信息系统集成和后续功能扩充，实现城市发展中智慧性地发现问题和解决问题将起到关键的作用。

3　智慧城市信息服务平台构建

3.1　智慧城市信息服务平台的整体框架模型

智慧城市从顶层设计的角度需要构建信息服务平台的整体框架，以便服务于城市数据中心，实现智慧城市应用系统的不断扩充，解决不同系统之间的接口问题和当前我国智慧城市发展中的信息系统共享、“智能孤岛”和顶层规划等瓶颈问题。

智慧城市信息服务平台整体架构模型可以分为4层，即应用层、平台层、网络层及感知层（见图2）：①应用层是最顶层，是国内外智慧城市在应用层面建设的核心内容，包括智慧环境、智慧经济、智慧服务、智慧人文和智慧生活5个维度。各维度的具体建设内容及建设关键点见表1。这一环节是指导智慧城市建设目标、发展方向及体现智慧城市建设效果的关键。②平台层提

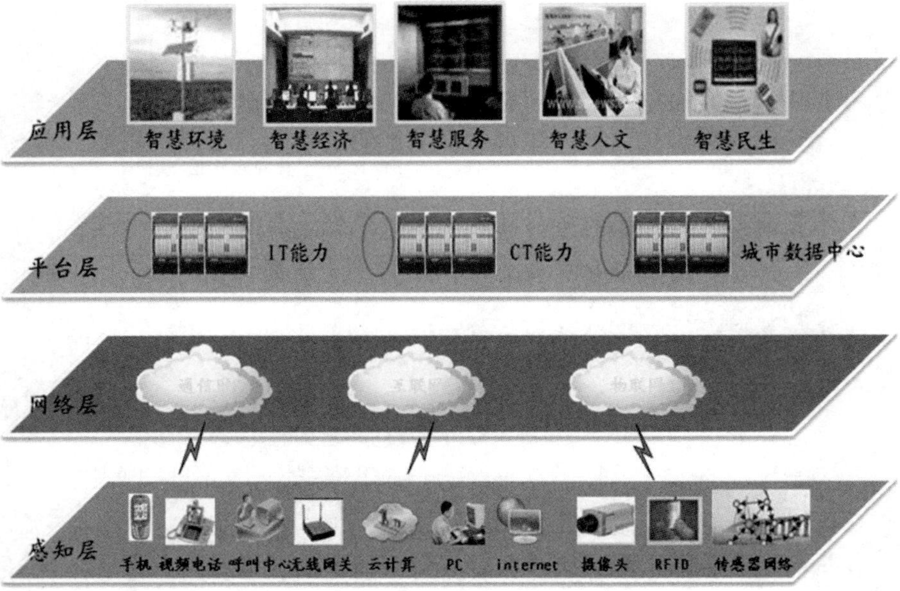

图 2　智慧城市建设的整体框架模型

供各种公用机柜、电源、主机、存储、系统软件、虚拟化软件等，其中系统软件包括操作系统、数据库、中间件。在资源服务利用与提供方面，该平台层的数据不仅可供自用，而且能够在集成、整合的基础上为城市各方面提供大量的基础数据，还能提供包括主机托管、主机租赁、整机租赁和虚拟主机服务的平台底层服务资源。③网络层连接了中心机房、政务网络、广播电视网络、运营商网络、各项业务专网（包括电力数据网络、金融专网）等，并向上述网络以及互联网发布相关信息。同时完成大量的数据路由与交换，汇聚接入本地的服务资源，接入城市所有能协调的外部网络，提供外部对公共平台的访问。④感知层可以利用手机、视频电话、呼叫中心、无线网关、云计算、RFID 技术、传感器网络等，进行城市各种数据和事件的实时测量、采集、事件收集、数据抓取和识别。

表1　智慧城市建设应用层的5个维度建设内容

维度	建设内容	建设关键点
智慧环境	智慧基础设施	家庭光纤接入率
		无限网络覆盖率
		主要公共场所 WLAN 覆盖率
		下一代广播电视网（NGB）覆盖率
		户均网络接入水平
		环境质量自动化监测比例
	智慧化环保监控	重点污染源监控比例
		碳排放指标
		家庭智能表具安装率
	智慧能源	企业智能化能源管理比例
		道路路灯智能化管理比例
		新能源汽车比例
		建筑物数字节能比例
智慧经济	信息产业发展水平	信息服务业增加值占地区生产总值比重
		信息服务业从业人员占社会从业人员总数的比例
		电子商务交易额占商品销售总额的比重
	企业信息化水平	工业化和信息化融合指数
		企业网站建站率
		企业电子商务行为率
		企业信息化系统使用率
智慧服务	智慧医疗	市民电子健康档案建档率
		电子病历使用率
		医院间资源和信息共享率
	智慧教育	城市人均教育支出水平（占 GDP）
		家校信息化互动率
		网络教学比例
	智慧交通	市民对交通信息的关注率
		公交站牌电子化率
		城市道路传感终端安装率
		停车诱导系统覆盖率

续表

维度	建设内容	建设关键点
智慧服务	智慧化政府	行政审批项目网上办理比例
		政府公务行为全程电子监察率
		政府非涉密公文网上流转率
		企业和政府网络互动率
		市民与政府网络互动率
智慧人文	智慧社区管理	社区信息服务系统覆盖率
		社区服务信息推送率
		社区老人信息化监护服务覆盖率
		居民小区安全监控传感器安装率
	市民文化科学素养	城市公众科学素养达标率
		市民信息化宣传培训水平
智慧民生	智慧化公共安全管理	食品药品追溯系统覆盖率
		自然灾害预警发布率
		重大突发事件应急系统建设率
		户籍人口及常住人口信息跟踪
	生活便捷感	交通信息获取便捷度
		城市就医方便程度
		政府服务的便捷程度
		图书馆资源的便捷程度
		社区信息服务的便捷程度

智慧城市建设的整体框架可以帮助明确智慧城市在信息服务平台构建中的重点领域和建设的主要内容，为创造面向未来的智慧城市系统框架奠定信息服务和高效决策的基础。

3.2 智慧城市信息服务平台的核心能力

在智慧城市信息服务平台整体框架构建的过程中，需要快速的应用提供能力、应用系统集成能力、数据统一分析能力、系统资源共享能力、系统平滑演进能力，并通过 ICT 集成框架，为智慧城市的演进提供综合的应用支撑和管理（见图 3）：①在构建快速的应用提供能力方面，通过应用模版（包括数字城管、数字巡警、数字执法、数字工商、数字医疗等）和能力引擎（包括消息引擎、语音引擎、视频引擎、IT 引擎和 Web 引擎），提供基于工作流引擎的工作环境，从而提供快速的应用交付能力。②在构建应用系统集成能力方面，需定义系统标准接口，以便支持多层次的第三方应用系统的数据集成、能力集成和应用集成。③在构建数据统一分析能力方面，通过城市仪表盘为决策者提供各种城市应用数据，在进行实时数据分析后，通过城市仪表盘灵活地展现城市数据分析视图，便于城市不同应用层面决策者开展统一的指挥调度。④在构建系统资源共享能力方面，数据中心管理员按需分配计算资源给各类智慧城市的不同应用，以提供计算能力及海量存储资源，然后各应用按照计算资源的租用数量、实际占用量进行统计。这种系统资源共享能力的优势在于容量性价比极高、绿色节能、简化管理，可实现系统平滑的可持续发展及扩充。⑤在构建系统平滑演进能力方面，能支持消息能力、语音能力、视频能力、IT 能力、Web 能力、扩展能力等不同时期的建设能力需求，以便能够支持智慧城市不同信息系统的分期建设，实现系统的可成长和可持续扩充的建设需求。

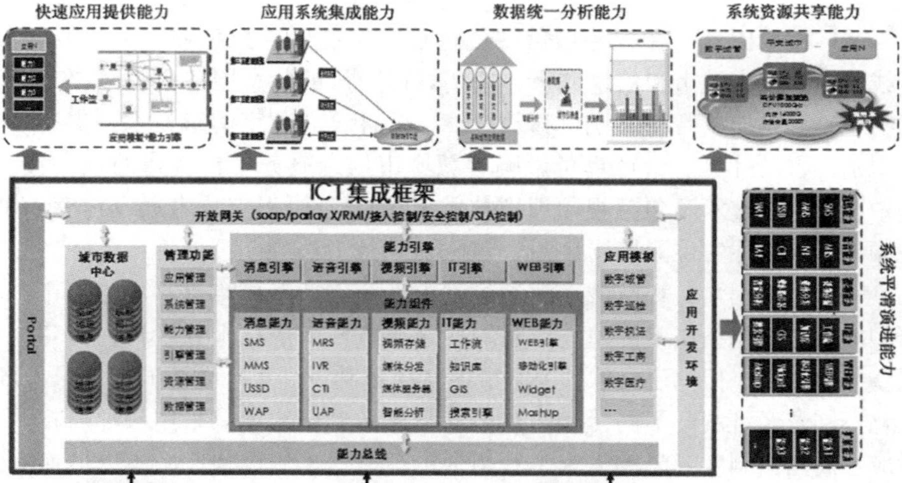

图 3　智慧城市信息服务平台的核心能力

3.3　智慧城市信息服务平台能力构建中的影响因素

智慧城市信息服务平台核心能力在建设的过程中，受到各种因素的影响，这些因素对智慧城市的演进发展、瓶颈问题的解决和信息服务平台核心能力构建起到关键作用。本文从 3 个维度即技术因素维度、制度因素维度和人文因素维度，对影响智慧城市信息服务平台能力构建的影响因素进行了分析，同时，将智慧城市演进中的服务特征与3个维度进行关联，如图4所示：

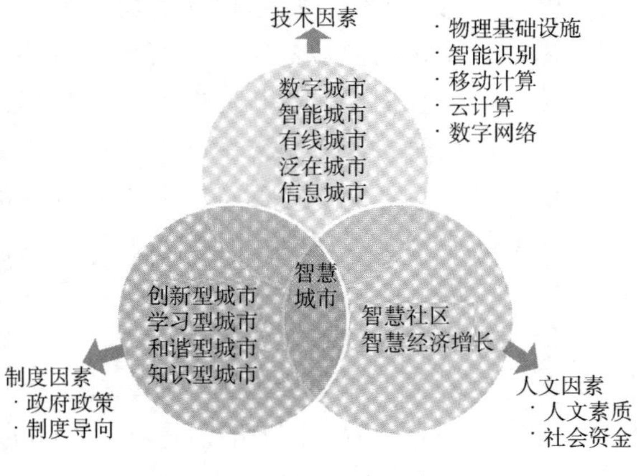

图4　智慧城市信息服务平台构建中的影响因素维度

- 技术因素。在智慧城市演进过程中所经历了数字城市、智能城市、有线城市、泛在城市和信息城市，这些城市建设的信息服务内容需要有一定的物理基础设施、智能识别、移动计算、云计算和数字网络技术的支持。智能识别、移动计算、云计算是影响智慧城市信息服务平台构建的核心技术。其中智能识别技术又包括视频识别技术RFID、条码识别技术以及传感识别、视频识别和无线定位测量技术。
- 制度因素。智慧城市演进过程中涉及创新型城市、学习型城市、和谐型城市和知识型城市的演进历程。尽管智慧城市信息服务平台在构建中有一些共同之处，但由于全球每个城市各自的基础不同、环境不同、需求不同、文化不同及经济制度不同，因此在信息服务平台构建中只采用一种新技术去适应不同国家制度背景的需求是行不通的，应当采用因地制宜、因城而宜的原则，根据需要由各地政府度身定制相关的政府政策并采取一定的制度导向，以体现实事求是的精神和实践上的可操作性。
- 人文因素。智慧城市演进过程中需要智慧社区和智慧经济的增长，其中人文因素包括人文素质的提升和社会资金的投入。智慧城市信息服务平台的建设要让市民在任何时间、任何地点，通过任意的网络和设备即可获得所需要的信息和相关服务。因此在建设中最大的挑战是观念上的，必须意识到这样一种需求，即设计一个平台，从而将所有技术应用于面向市民的公共服务，而非他用。

4 结 论

从城市演进发展角度来看，智慧城市是一个全新的理念，是城市化进程的必然选择，其核心特征是将信息资源作为重要的生产要素，来推动经济转型升级，再创城市发展的新优势。智慧城市信息服务平台构建是推动智慧城市演进进程中的关键基础性问题，对实现由信息化城市向数字城市，再向智慧型城市演进具有重要的推动作用。纵观国内外智慧城市演进发展的关键及我国智慧城市建设中存在的问题和遇到的瓶颈，从整体城市可持续发展角度和顶层规划入手，构建智慧城市信息服务平台，是当前我国智慧城市演进发展中的关键基础性问题。

在本文的研究中，仅就智慧城市信息服务平台构建中的整体框架、服务能力和影响因素 3 个关键问题进行了分析，没有结合典型城市信息服务平台构建进行案例分析，同时对于信息服务平台构建的具体指标和信息服务平台构建中影响因素的实证研究，还有待进一步的研究。本文的研究，在理论层面可延展智慧城市理论体系框架，推动以信息服务平台作为智慧城市演进发展的关键基础性问题的建设，为智慧城市纵深化理论研究指明新的方向；在实践层面可进一步指导我国智慧城市的构建，从而更好地推动我国低碳经济建设，推动中国政府提出的“资源节约型、环境友好型社会”的实现。

参考文献：

[1] Sproull L, Patterson J F. Making information cities livable [J]. Communications of the ACM,2004,47(2):33－37.

[2] Dirks S, Gurdgiev C, Keeling M. Smarter cities for smarter growth: How cities can optimize their systems for the talent-based economy [OL]. [2010－12－10]. http://public. dhe. ibm. com/common/ssi/ecm/en/gbe03348usen/ GBE03348USEN. PDF.

[3] Malek J A. Informative global community development index of informative smart city[C]//Proceedings of the 8th WSEAS International Conference on Education and Educational Technology. Genora: University of Genora,2009.

[4] Mahizhnan A. Smart cities: The Singapore case[J]. Cities,1999,16(1):13－18.

[5] Vasseur J P, Dunkels A. Smart cities and urban networks[M]//Interconnecting Smart Objects with IP. Elsevier,2010:335－351.

[6] Kim S A, Shin D, Choe Y, et al. Integrated energy monitoring and visualization system for smart green city development: Designing a spatial information integrated energy monitoring model in the context of massive data management on a Web based platform [J]. Automation in Construction, 2012,22(3): 51－59.

[7] 王世伟. 说“智慧城市”[J]. 图书情报工作,2012,56(2):5-9.
[8] 邓贤峰. “智慧城市”评价指标体系研究[J]. 发展研究,2010(12):111-116.
[9] 袁文蔚,郑磊. 中国智慧城市战略规划比较研究[J]. 电子政务,2012(4):54-63.
[10] Qin Honghua, Li Hanqing, Zhao Xia. Development status of domestic and foreign smart city[J]. Global Presence, 2010(9): 50-52.
[11] Lombardi P, Giordano S, Caragliu A. An advanced triple-helix network model for smart cities performance[OL]. [2012-06-04]. ftp://zappa. ubvu. vu. nl/20110045. pdf.
[12] Pan Jin-Gu, Lin Yu-Fan, Chuang Su-Yi, et al. From governance to service-Smart city evaluations in Taiwan[C]//2011 International Joint Conference on Service Sciences. Taiwan: Yuan Ze University,2011:334-337.
[13] Caragliu A, Bo C D, Nijkamp P. Smart cities in Europe[C]//3rd Central European Conference in Regional Science-CERS. Bratislava: University of Economics, 2009:45-57.
[14] Conceptualizing smart city with dimensions of technology, people, and institutions[C]// The Proceedings of the 12th Annual International Conference on Digital Government Research. New York: City University of New York,2011:282-291.
[15] 张陶新,杨英,喻理. 智慧城市的理论与实践研究[J]. 湖南工业大学学报(社会科学版), 2012,17(1):1-7.
[16] Anthopoulos L, Tsoukalas I A. The implementation model of a digital city[J]. Journal of EGovernment, 2(2): 91-110.
[17] 崔婧.《智慧北京行动纲要》诞生记[OL]. [2012-04-12]. http://miit. ccidnet. com/art/32683/20120412/3764959_1. html.
[18] 全国信息技术标准化技术委员会 SOA 标准工作组. 我国智慧城市建设及 SOA 应用、标准化情况调研报告[R]. [2012-06-18]http://www. nits. gov. cn/UploadFile/soa/File/%E6%88%91%E5%9B%BD%E6%99%BA%E6%85%A7%E5%9F%8E%E5%B8%82%E5%BB%BA%E8%AE%BE%E5%8F%8ASOA%E5%BA%94%E7%94%A8%E3%80%81%E6%A0%87%E5%87%86%E5%8C%96%E6%83%85%E5%86%B5%E8%B0%83%E7%A0%94%E6%8A%A5%E5%91%8A. pdf2012:16.

作者简介

王昕巍，女，1975 年生，教授，博士生导师，发表论文 50 余篇；
王　维，女，1987 年生，硕士研究生，发表论文 2 篇；
李连子，女，1988 年生，硕士研究生，发表论文 2 篇。

基于电子政务的灾害应急物资信息平台建设*

刘焕成[1]　郑淼磊[2]

（1. 郑州航空工业管理学院信息科学学院　郑州 450015；
2. 郑州大学信息管理系　郑州 450001）

摘　要　分析我国应急物资信息管理存在的多种问题，讨论基于电子政务的灾害应急物资信息平台的优势，并详细论述该信息平台的建设内容，以期为我国完善应急机制，利用电子政务的建设成果，建立起统一的灾害应急物资信息平台，促进应急物资信息的流通和共享提供参考。

关键词　电子政务　灾害　应急物资　信息平台

分类号　G203

近年来，我国各种突发性灾害频发，灾害应急物资管理成为各级政府政务工作的一项重要内容[1]。但是，由于我国缺乏统一的应急物资信息平台，传统政府应急物资管理模式又存在部门分割、多头指挥等问题，导致应急物资信息沟通不及时、流通不顺畅、组织混乱等问题，给灾害应急管理工作带来了不利影响[2]。随着我国电子政务建设的深入开展，利用已经建立起来电子政务网络系统，建立基于电子政务的灾害应急物资信息平台，对于实现应急物资信息在政府部门、救援物资储备基地、相关生产企业以及受灾地区之间的合理流动，为政府决策部门有效开展应急物资管理提供一个经济科学的环境，具有重要的研究价值。

1　我国灾害应急物资信息管理问题分析

1.1　信息沟通不畅

信息沟通不畅主要给灾害应急救援工作带来了以下几点问题：

＊ 本文系郑州市科技项目“社会突发事件应急信息管理研究”（项目编号：0910SGYG25231－3）研究成果之一。

一是政府决策部门与应急物资储备基地、受灾地区之间的信息沟通不畅，导致应急物资“需”与“求”的矛盾突出。如汶川地震中，一方面是救援物资堆积如山，另一方面真正需求的物资却出现了短缺。

二是应急物资筹集难。在2008年雪灾、汶川地震和2009年的西南旱灾过程中，都曾因信息沟通差而出现短期的救援物资短缺现象[3]。虽然可以借助于社会上一些商业信息平台来筹集应急物资，但是商业网站平台自身存在运行不稳定、信息真实性没有保障、出现问题难以解决、容易暗箱操作等问题，难以长期使用。

三是应急物资运输调度指挥难。由于缺乏对应急物资运输有效沟通的信息平台，难以对应急物资运输管理部门和人员进行全面、系统、科学的指挥调度[4]。同时，政府各机构、应急物资储备基地、社会救援组织、应急物资生产企业之间没有建立日常的信息化平台，各方面信息不明，沟通不及时，协调不一致，往往出现各自为战、重复运输、无序运输的现象。灾情发生后，尤其是在灾害发生初期交通损坏严重的情况下，这种无序严重加大了应急交通保障压力。

四是应急物资的发放和回收信息协调性差。由于缺乏信息平台，应急物资发放和回收的信息协调共享能力差，导致应急物资发放过程混乱，主要表现在应急物资发放过程存在多种渠道分发、多头指挥、低效配送、重复供应、低水平回收等问题[5]。

1.2 各地重复建设现象严重

由于缺乏统一的应急物资信息平台，各个地区、省份往往根据自己的特点或经济实力去建立一套自己的应急物资管理系统。因为各地情况不同，建设水平参差不齐，系统间的协同共享性差，难以发挥合力。各地应急系统数据库之间、系统与电子政务数据库之间数据的共享性不足，若一个省份发生灾害，只能在该省份应急系统中去收集相关的应急物资信息，或者利用该省份的系统去调度资源，而不能直接去调度其他省份的资源。一旦发生跨区域的大规模灾害，在应对的时候，往往延误救灾的最佳时机。各地低水平重复建设难以发挥国家多年来电子政务的建设成果，也给国家的公共资源造成了严重浪费。

1.3 缺乏统一的救援物资信息公布平台

应急物资缺乏统一的信息发布平台，国家应急物资储备信息、生产信息、需求信息分散在各个省份、各个系统的网站信息栏目中，难以集中快速掌握和一次检索，对于救灾物资的信息发布、日常管理以及生产情况难以实现科学规划和管理。这不仅不利于政府统一协调指挥应急救灾，指导应急物资生产企业和社会救援机构开展工作，也不利于受灾地区直接寻求物资帮助。同时，由于信息公开不统一，公众掌握的信息量有限，难以开展有效的社会监督。

1.4 公众参与程度低

由于缺乏信息公开的平台，社会公众难以参与到应急物资管理中来。一些针对应急物资管理方面的合理化意见或建议，也难以直接地提供给决策者去参考，使得政府在应急物资管理方便陷入了孤军奋战的境地，难以发挥群众集体的智慧去战胜灾害。

2 基于电子政务的灾害应急物资信息平台的优势

2.1 当前提出的一些应急信息平台存在的问题

关于应急物资信息平台的建设，国内一些专家学者也提出了一些方案。如北京交通大学梁艳萍教授等[6]从应急物资的供给与需求入手，提出建立应急物资信息共享与沟通的平台。但是，该方案主要是在北京市救灾物资储备体系物理构建的基础上，对应急物资管理的信息发布平台并没有真正地从全国应急物资需求的角度去考虑，也缺乏对发布信息的有效共享和使用。吴庄莹提出通过电子政务网络和各个部门建立连接来建立一个应急指挥中心，各地可以根据应急需要向应急指挥中心传递相应资源[7]。这个方案虽然提出利用电子政务的建设成果，但是在具体实施上却没有提出将电子政务建立起来的渠道和数据资源运用到应急管理中去，同时也缺乏对应急信息横向的管理和传递。

综合以上两种方案的缺陷可以看出，全国性的高效的应急信息平台，只有建立在电子政务网络基础上，充分发掘和利用电子政务的成果，才能够真正地发挥其应有作用。

2.2 利用电子政务网络建设灾害应急物资信息平台的优势

2.2.1 可以直接利用电子政务的建设成果

电子政务极大地改善了我国的政务处置模式和政府软硬件环境，使各地政府通过网络系统构建起了信息即时沟通处理的平台，也为政府政务高效处理和科学决策积累了一定的经验。这些成果都可以被运用到灾害应急物资信息平台建设中。平台可以直接利用电子政务的政府网络渠道，也可以直接调用政府收集起来的数据库系统资源。平台的建设只需要通过建立相应的机制，对现有电子政务系统进行改进即可实现其功能。系统平台建设完成之后，可以直接利用电子政府已有的应急信息管理工作团队去维护，从而大大减少系统建设和运营开支。

2.2.2 能够汇集各地政府信息资源

基于电子政务的应急物资信息平台可以将分散在各省份、各地方系统网站中关于应急物资方面的信息汇集起来，通过政府网站群检索功能，快速检索到相关信息。同时，在电子政务信息网络的支持下，还能将全国任何一个受灾地区的物资需求信息，通过政府网络及时发布出来。在救援物资采购方面，可以在已有的政府采购系统的基础上，对应急物资生产企业进行系统的组织和管理，实现应急物资信息在政府、应急物资生产企业、受灾地区之间的横向传播，使信息获取更加便捷有效。

2.2.3 系统内容更加丰富，与民众沟通更便利

基于电子政务的灾害应急物资信息平台，不仅具有发布各种信息的功能，还具有应急物资的日常管理、决策支持、跟踪和查询、与民互动等多种功能。同时，还可以通过系统平台介绍国外发达国家关于应急救灾方面的知识和经验。平台不仅内容丰富，功能强大，还通过政府网站已有的信息互动模式，如政府论坛、在线交流等形式来开展与社会公众之间的交流互动。

3 灾害应急救援物资信息平台的建设

基于电子政务的救援物资信息系统平台可以参照图 1 的模式进行构建。它既利用了电子政务建设的优势条件和基础框架，也可以为我国应急物资信息管理提供应急决策支持、救援物资信息发布、救援物资跟踪及日常管理、救援物资监督保障和救援过程科学评估等功能。

3.1 决策支持系统

决策支持系统可以通过数据信息模拟各种环境下的应急救援方案，并通过各种算法分析建立起应急物资管理的科学决策模式，进而对应急物资管理进行统筹规划。

决策支持系统可以模拟灾害应急物资管理过程和方案的环境，分析各个过程，建立应对灾害物资救援的方案。系统通过调用数据库系统数据，以及各种电子政务环境下的信息资源和分析工具，对应急物资的需求数量和种类进行科学预测。系统通过综合受灾地的受灾人口、受灾程度、环境等因素计算每一种物资的最小需求数量，可以得出比以往的专家预测和经验预测更加精确的数据，消除因估算偏差较大而导致物资供应偏差的现象。

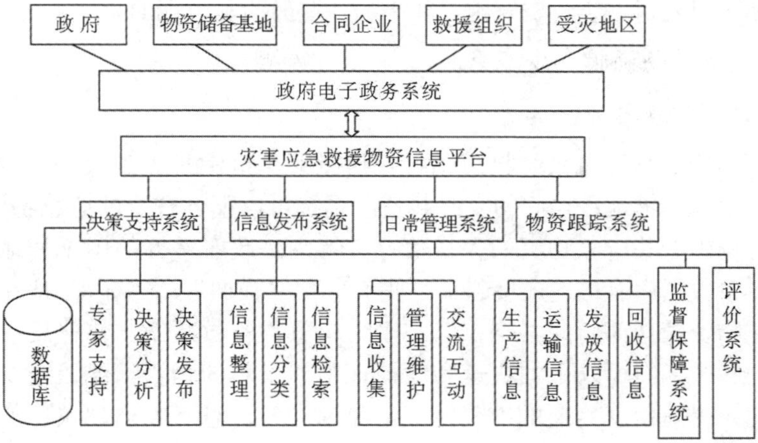

图1　基于电子政务的应急物资信息系统平台

决策支持系统通过利用各种算法提供全面的应急物资调配方案。决策者只要输入物资的数量、受灾地区、配送点等信息，点击确定即可得到应急物资的最优方案。决策支持系统平台的关键是模拟专家系统和分析系统，利用节约值法、遗传算法等方法，在计算救援物资需求数量、最近救援距离等方面给予决策者支持，帮助决策者快速地制定科学的物资救援方案。

3.2　数据库系统

灾害应急物资信息平台数据库系统是为了满足平台运行的需求，通过信息技术手段将各类灾害应急物资管理所需数据进行整合，并通过数据库软件进行查询。数据库数据可以直接与电子政务系统数据库实现数据共享。按应急物资管理的要求，数据库数据主要分为以下几种类型：

一是基础数据资源：主要包括与应急物资管理有关的基本信息，如各地区社会经济情况、人口数量分布、主要应急救援力量、应急物资生产企业分布、国家和地方应急物资储备点的数据信息。

二是空间地理信息数据：主要包括用于应急物资救援的空间地理数据信息，并通过矢量化图形将其数据信息整合到更为直观的地图上。这些数据包括地貌、水系、植被、山川、湖泊等自然地理信息要素，以及居民点、交通网、地名、地标性建筑、机场、码头、车站等社会地理信息要素，也包括相关的描述性元数据，是系统平台在应急物资救援过程中作为统一的 GIS 空间定位来指挥应急物资运输的主要依据[8]。

三是历史数据资源：包括历年重大灾害的相关应急物资情况统计数据、

应对方案，以及对灾害物资管理工作中的一些经验和教训的总结。

3.3 救援物资信息发布系统

3.3.1 信息整理和共享

救援物资信息发布系统将应急物资信息共享范围扩大到政府、企业、社会救援组织和受灾地区之间的实时共享。系统可以整合政府的应急物资信息，把政府机构内有关应急物资的大量信息，特别是政府掌握的国家和地方的应急物资储备数据库有机地连接起来，使信息可“横向”、“纵向”地在政府及其他应急物资管理部门间共享，以利于对应急物资救援做出快速反应[6]。应急救援的各个部门可以更加快速和便捷地掌握最新的物资情况，减少信息的交流时间，提高信息传递的准确性，避免现有的信息不畅通现象，从而加快应急指挥工作的决策速度，为救灾物资运抵灾区赢得更多更宝贵的时间。

3.3.2 快速发布信息

灾害事件发生后，政府可以通过应急物资信息收集平台，对分散的信息进行收集和整合，受灾地区人员也可通过网络平台发送相关信息[9]。各级政府不需要再建立自己的应急物资信息交流平台，系统可以给政府、企业、社会组织以及受灾地区设置相应的权限，以利于他们及时地上传更新信息，保障信息的及时发布；同时，也需要在一些大众传媒与网络媒体上建立链接，使公众最大程度地获取信息，避免谣言引起社会混乱。

3.3.3 信息检索查询

系统还针对不同的使用主体分配相应的检索和查询权限。查询范围不仅包括应急物资新闻、物资储备、物资援助、政府采购、救援物资规格等信息，也可以查询受灾地区的空间地理信息、周边的应急物资分布情况[10]。使用者在检索框输入相关的检索词后，通过数据库系统的检索和去重排序，将检索结果以使用者需要的形式呈现出来。

3.4 救援物流跟踪系统

应急物资物流跟踪系统，就是要建立起针对灾害应急物资运输的有效的信息联通平台，将应急物资从生产、发送、回收整个过程的信息组织起来。在这个过程中可以利用标签技术，主要通过使用无线射频识别技术，在救援物资上贴上与无线设备连接起来的电子标签，实时地掌握救援物资的信息。电子标签的使用可以体现在救援物资跟踪系统的以下几个步骤上：

3.4.1 生产管理

系统可以对政府应急物资储备基地的物资、企业代为储存的物资以及社会组织的物资信息进行统一的电子标签标识。标识的内容包括物资所属类别、数量、地区等信息，以便于准确掌握具体储备情况[11]。在灾害发生后，系统还可以将来自四面八方的救灾物资，包括政府的调拨物资、企业生产物资、社会捐赠的物资等庞大的数据进行统计和分类，并贴上相应的标签，以便于管理。

3.4.2 运输过程管理

物资运输过程中可以利用标签技术掌握物资运输过程中的详细信息。在每辆运输车上贴上跟GPS相连接的电子标签，可以跟踪应急物资的去向。利用现代物流技术原理，可以对救援物资的运输进行实时的动态管理，为应急物资运输制定最佳路线和最优的配送选择，对运输部门进行全局的统筹管理，为科学的物流运输决策提供依据[12]。

3.4.3 应急物资发放和回收管理

系统可以在每一个救援物资领取中心建立电子标签，确定需求物资的种类和数量，其所需物品要与运输的救援物资上标签吻合，这样政府不仅可以准确把握救援物资的发放数量、地区等信息，还可以根据每个避难所的人数发放物资，实现受灾人群和救灾物资、受灾人群和救灾场所的对应，尽可能地做到合理分配。对于救灾帐篷、简易房屋等可以回收的物资，通过系统建立起来的应急物资回收平台，在每一件应当回收的物资上面做详细的标记，以便于工作人员根据标记开展回收工作。

3.5 应急物资日常管理系统

3.5.1 信息收集渠道建立与物资的维护

应急物资信息的收集渠道在电子政务已有渠道的基础上，突出应急物资信息的特点。对政府网站信息进行有效编码，可确保信息的自由流动。这需要政府制定相应的政策规范，促使渠道的建立。同时也需要其他相关部门积极配合，保证渠道的建成和维护。在储备物资的维护方面，对应急储备库中长期不用、快要过期的物资，应通过系统平台，向企业、超市或者其他群体等低价出售，使物资得到充分利用，节省成本和清理库存。系统要定期对各地区应急物资进行自动的分类检索，对于应急物资可以按照保质期划分为红色、黄色和蓝色三种：蓝色为完好的物资，黄色为即将到保质期的物资，红色为已经受到损害不能使用的物资。这样就有了一个较为清晰的统计，以便于日常的管理。

3.5.2 日常互动交流

系统可以在电子政务已有沟通模式的基础上，建立起围绕应急物资管理信息交流的互动模块，吸引政府、企业、专家、公众开展关于应急物资管理方面的交流，积极发挥群体的力量，确保应急救灾物资管理工作的开展。系统要建立一套针对公众建议的处理和反馈机制，保障公众的意见及时得到反馈。在线交流方面，系统可以开展针对政府应急物资的采购和代储方面的政企交流，以共同保障应急物资的供应。受灾地区的政府可以直接联系企业，企业也可主动与政府交流要求承担应急物资的供应工作，双方通过平台交流相互选择、增强信任，使应急物资的管理更加科学，组织更加严密。

3.6 应急物资管理监督系统

3.6.1 日常监督

系统要对应急物资管理的所有情况，从生产、保存、运输到发放和回收，建立一套严格的监督审核机制，保障系统的正常运作。为保障监督的有效性，要对信息进行公开，尤其是灾害发生后，要将投入的应急物资的需求信息、招标信息、来源信息、物资去向信息都向社会公布，以便于社会监督的进行，保障应急物资管理过程的公开透明。为保证应急物资的信息公开，系统要积极利用电子政务建设成果，将这些信息通过政府网站进行详细公布。在信息公布渠道的选择上，除了要利用本系统平台公布以外，还要利用一些大众传媒发布信息，让公众参与监督。

3.6.2 灾时监督

灾害尤其是大规模的自然灾害，所涉及的物资数额大、部门多、信息量大、影响广，更加大了监督的必要性和难度。要对灾时应急物资管理进行必要的审计，建立跨部门的联合监督小组，人员组成包括政府、生产企业、社会组织、受灾地区、群众代表，对应急物资管理的收支及救灾工作中应急物资去向的真实性和效益性进行审查和评价，确保物资的去向明确。这些信息都要在系统平台上及时公布。

3.7 评价系统

评价系统就是按照预定的目标，对灾害应急物资信息平台的功能和结构进行量化描述，对平台自身的运行及处理方案进行系统的、可量化的评价。

基于电子政务的灾害应急物资信息平台的评价系统是由若干单项评价指标组成的。各个指标由平台整体要素的客观属性变量组成，各属性变量是关于灾害物资信息管理平台运行的框架结构。评价指标一般有：①政策性指标，包括政府的相关方针政策、法令规划等；②技术性指标，包括平台的性能、板块设计、运行效果等；③经济性指标，包括系统设计和运行的成本、周期等；④社会性指标，包括系统的社会效益、社会影响等；⑤时间性指标，包括系统建设进度、运行时间等。各个评价指标组成了灾害应急物资信息平台的评价系统指标体系，并通过每一个指标在系统中的作用来分配指标权值。评价系统通过对各个系统功能的实现程度进行分析，并通过连环比率法、综合指数法、模糊综合法等定量分析方法来得出系统的结论，反馈给系统决策人员，为系统平台的建设和维护提供科学的指导。

4 结 论

基于电子政务的灾害应急救援物资信息平台不仅强化了政府应急物资管理职能，起到及时、动态地掌握救援物资信息的作用，还可以掌握第一手的救援物资储备、需求以及生产的情况，实现政府应急部门与救援物资储备基地、救援物资生产厂家、受灾地区之间的协调联动，实现对应急物资管理过程的监控。对于受灾地区来说，可以及时获得灾区需要的救援物资，优化救援物资过程管理，减少救灾损失。但是，任何平台都不是万能的，在平台的建设过程中，一定要本着科学的态度设计设施，确保该平台真正地发挥其应有的作用。

参考文献：

[1] 孙建．基于应急平台的资源调配模型的研究与实现[学位论文]．长春：吉林大学，2009.

[2] 方磊．电子政务环境下政府危机管理系统的框架研究．中国软科学，2004(4)：45－49.

[3] 张萧化．从应急物流的角度谈应急物资的管理．经济师，2009(1)：286－288.

[4] 张革．我国应急物流发展中存在的问题及完善策略．商业时代，2010(8)：34－35.

[5] 孙悦．自然灾害挑战应急物流体系．物流科技，2009(2)：19－20.

[6] 李洺，王巍．政府应急平台数据库的数据需求、实现路径与管理制度．电子政务，2008(5)：56－61.

[7] 吴庄莹．构建基于电子政务平台的应急管理系统．电子政务，2009(1)：95－99.

[8] 梁艳萍，文杰．应急物资信息发布平台的设计与实现．网络与信息化，2010(6)：129－131.

[9] 龙彧．关于推进国家应急平台建设的建议．中国工程科学，2009(9)：87－90.

[10] Sun X. GIS-based urban emergency decision support system. Emergency Decision Support System, 2008, 8(6): 240－246.

[11] 程琦．论自然灾害应急物流管理体系的构建[学位论文]．武汉：武汉理工大学，2010.

[12] Amailef K, Lu J. M-covernment: A framework of mobile-based emergency response systems. Intelligent System and Knowledge Engineering, 2008, 8(3):1401 – 1407.

作者简介

刘焕成，男，1965 生，教授，硕士生导师，发表论文 65 篇；

郑淼磊，男，1986 年生，硕士研究生。

EA 在电子政务顶层设计中的应用

王欢喜　王璟璇

（武汉大学信息管理学院　武汉 430072）

摘　要　首先阐释电子政务顶层设计的定义及内涵，指出当前加快顶层设计的研究和探索工作十分迫切。通过对总体架构（EA）的概念、定义、相关理论框架和方法的分析以及成功案例的研究，提出应用 EA 开展我国电子政务的顶层设计工作。最后结合 EA 与我国实际，提出当前开展电子政务顶层设计的基本路径以及需要后续深入研究的重要问题。

关键词　电子政务　顶层设计　总体架构　联邦政府总体架构

分类号　G203

最近几年，随着我国政务信息化实践的深入，顶层设计的思想被引入电子政务建设中并迅速成为我国电子政务发展的迫切需求。然而，与这种迫切需求相比，我国电子政务顶层设计的理论和方法还极不成熟，中央或地方层面真正意义上的顶层设计案例也未出现。通过对总体架构（enterprise architecture，EA）的分析与研究，笔者认为可以将 EA 的相关理论和方法应用于我国电子政务顶层设计中，尽快推动我国电子政务顶层设计工作的顺利开展。

1　电子政务顶层设计阐释

设计是把一种计划、规划、设想通过视觉的形式传达出来的活动过程[1]。顶层设计，顾名思义就是从顶层、全局的角度进行设计。在我国，顶层设计现已成为一个被各行各业广泛使用的名词。顶层设计代表的是一种系统论思想和全局观念，通常是指从全局视角出发，围绕某个对象的核心目标，统筹考虑和协调对象的各方面和各要素，对对象的基本架构及要素间运作机制进行总体的、全面的规划和设计。顶层设计的基本特征有三个：一是顶层决定性，顶层设计是自高端向低端展开的设计方法，核心理念与目标都源自顶层，因此顶层决定底层，高端决定低端；二是整体关联性，顶层设计强调设计，对象内部要素之间围绕核心理念和顶层目标所形成的关联、匹配与有机衔接；

三是实际可操作性，设计的基本要求是表述简洁明确，设计成果具备切实可行性，因此顶层设计成果应是可实施、可操作的。

电子政务建设是一个庞大、复杂的系统工程，包含政务和技术方面的众多要素，因而更加需要开展顶层设计，对这些要素进行统筹规划和协调，以保证电子政务系统健康有序运作。我国对电子政务顶层设计的研究刚刚起步，对什么是电子政务顶层设计在认识上还不统一、不到位。结合我国国情及以上分析，笔者认为所谓电子政务顶层设计，就是关于国家、某个地区、行业或者部门电子政务发展规划或总体框架的详细设计及其内部各要素之间有效组合运行的动力机制和发展机制的模型化设定，以保证电子政务系统功能相互协调，结构基本一致，资源互相共享，标准基本统一[2]。这一定义的具体含义包括：

- 设计对象的多样化。顶层指的是概念层级上的顶层，是自高端开始对全局进行总体设计，而非在设计对象上是顶层，从这个意义上讲，电子政务顶层设计的设计对象就不限于国家层面，还包括对省、市、区县甚至部门的电子政务建设进行顶层设计。
- 从顶层、整体的高度去看待和分析电子政务发展的问题，这就需要跳出局部环境、局部利益的约束和限制。
- 所包含的要素内容非常全面。顶层设计不仅要考虑政务层面的内容，如行政管理体制、政府职能及其具体业务类型之间的关系，还应考虑网络建设、安全管理、信息资源建设等诸多技术层面的内容；不仅要考虑设计对象自身的构成要素和体系结构，还应考虑设计对象的外部环境影响。例如一个部门的电子政务顶层设计不仅要考虑部门内各种要素之间的运作关系，还应考虑该部门在政府纵向层面和横向层面上的相互协调。
- 顶层设计的重点在于建立各要素间良好的互动关系。对于我国的电子政务来说，需要探讨如何推动各部门间的业务协同和信息共享，如何确保工作流程、信息系统、数据以及相应技术之间的深度融合。

目前，我国还缺乏指导电子政务从政务使命、绩效目标、业务规划到技术实现的规范的顶层设计体系，加快顶层设计的研究和探索工作十分迫切。

2 EA的基本认识

EA被普遍译为“企业架构”、“实体总体架构”、“总体结构”，是近年来国际上普遍采用的IT规划、管理和复杂系统设计与实施方面的理论、方法和工具。在欧美发达国家，EA已经广泛应用于大中型企业、政府、军事部门的信息化建设中。

2.1 EA的概念及定义

EA的历史源于1987年，当时任职于IBM的约翰·扎克曼（John Zachman）在IBM的内部期刊上发表了题为《信息系统架构框架》的文章，提出了“信息系统架构框架”（即Zachman框架），被认为是EA领域的开创性工作，Zachman本人也被公认为EA理论的开拓者。1997年，经过10年的完善和改进，Zachman又在原有基础上提出了更完整的框架，并最终确定为“企业架构框架”（framework for enterprise architecture，又称为Zachman框架）。最初Zachman提出的EA概念主要是针对企业的信息化规划和设计。随后，在其基础上，各类EA框架理论和方法不断涌现，EA的应用范围也迅速从企业扩大到政府机构、军事部门和其他组织。此时的“enterprise”一词就不仅仅指企业，而是引申为一个有着共同目标的组织的集合，可以是政府或政府的一个部门、一个完整的公司或企业、一个公司或企业的子公司、一个单一的大型业务或技术部门，甚至可以是一个由具有共同性质但地域上分散的实体连接起来的组织。因此，笔者认为在不同应用领域中对EA的翻译应是不同的。在企业领域，EA可以直译为“企业架构”，但在政府信息化建设中，EA被称为“政府总体架构”更为合适。政府是一个庞大而复杂的系统，而EA体现了整体和全局的规划和设计思想，因此采用“总体架构”更能体现EA之于政府的价值。

目前，对EA概念还未形成一致公认的定义，较为典型的定义有：①Zachman的定义：“EA是构成组织的所有关键元素和关系的综合描述。企业架构框架（EAF）是一个描述EA方法的蓝图”[3]。②美国管理和预算办公室（OMB）颁布的A-130公告中的定义：EA是业务和管理流程与信息技术之间当前和将来关系的清晰描述和记录[4]。③开放群组（Open Group）的定义：EA是关于理解所有构成企业的不同企业元素，以及这些元素怎样相互关联[5]的方法和工具。④美塔集团（Meta Group）的定义：EA是一个系统过程，它表达了企业的关键业务、信息、应用和技术战略以及它们对业务功能和流程的影响。关于信息技术怎样以及应该如何在企业内实施，EA提供了一个一致、整体的视角，以使它与业务和市场战略一致[6]。笔者认为EA是指从组织全局的角度将组织的管理模式、业务流程、信息资源、信息系统、信息化技术创造性地融合起来，系统考虑与信息化相关的业务、信息、应用和技术及其彼此之间的相互作用关系，并与组织的使命和战略目标相结合，从而指导信息化工作。

2.2 EA的定位及核心特征

传统的信息化建设通常是根据组织的使命和战略目标来制定IT规划，但由于使命和战略目标非常宏观，很难具体指导IT规划，因而往往造成分散建设、重复投资甚至是无效项目的产生。EA强调在对业务战略和流程理解的基础上，描绘出一个未来组织信息化中业务、信息、应用和技术互动的蓝图，它是组织的战略与IT规划之间的桥梁（见图1）。

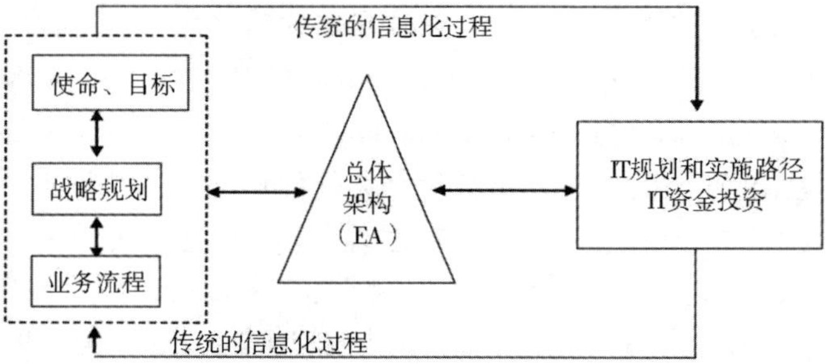

图1　EA的定位

“蓝图”的设计是EA的核心，也是一个复杂的过程，涉及到对多个方面的综合考虑。为此，人们开发出各种EA框架理论用于系统地指导蓝图设计和实施过程。目前影响较大且使用较广泛的EA框架和方法主要有Zachman框架、TOGAF框架、FEAF框架、DoDAF框架等。详细介绍EA框架和方法的文章很多，本文不再赘述。但值得强调的是，以上框架之所以被称为EA框架，主要是因为他们具有三个共同特性：一是强调架构的设计是基于组织的目标和战略；二是总体架构的组成均包含业务和技术两个层面，即均包含对业务流程、信息、应用系统、技术的描述和综合考虑，要素全面且构成有机的整体；三是架构设计的原理是从现状向目标的转换过程，在这个转换过程中设计、规划出信息化建设的具体路径和解决方案，可实施性很强。

3　EA在电子政务顶层设计中的成功应用——美国FEA

谈及电子政务顶层设计，就不得不提到美国的FEA。FEA即联邦政府总体架构（Federal Enterprise Architecture），被广泛认为是美国联邦政府电子政务的顶层设计，亦被韩国、澳大利亚、新西兰等国家参考和借鉴。FEA是在EA理论和方法的基础上发展而来的成功案例。

3.1　FEA的源起与发展

美国在实施电子政务的过程中也遇到了诸如重复投资、重复建设、信息孤岛、效益低下等问题。美国国会决策者们一直都在关心联邦政府运作可能产生的低效率和无效能，特别是当其涉及到每年700亿的电子政务投资决策时[7]。1996年，美国国会通过克林格-科恩（Clinger-Cohen）法案（又称信息技术管理改革法案）。法案要求各个机构开发和维护信息技术架构从而使得政府内部的信息技术应用能够带来更多收益。为此，在早期EA理论的基础上，1999年9月美国联邦首席信息官委员会发布了《联邦政府总体架构框架》（Federal Enterprise Architecture Framework，FEAF），旨在为联邦机构提供一个架构的基础性结构，促进联邦政府各部门和其他政府实体之间的信息共享、互操作以及通用业务过程的共享开发。FEAF是一个概念化的框架（见图2），说明了架构组件的整体结构和彼此之间的关系，以及如何开发和维护FEA，但却没有包含具体的架构内容。

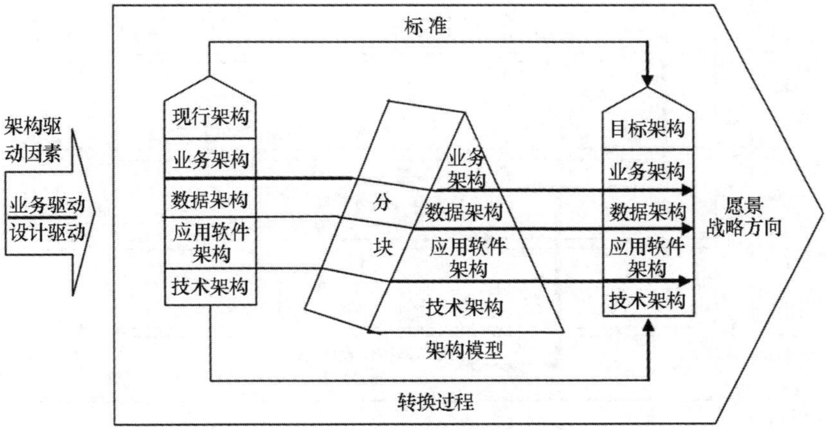

图2　美国联邦政府总体架构框架（FEAF）[8]

为使FEAF能够更具体地指导联邦政府的电子政务投资和互操作，2002年OMB启动了“联邦政府总体架构”（FEA）项目，并为此成立了项目管理办公室（FEAPMO）。自2002年项目启动开始，FEAPMO相继开发出五大参考模型、一系列实施指南和管理工具。经过10多年的发展，FEA已经成为联邦政府在各机构中间发现差距、共享、合作和复用机会的重要工具，成为顶层统筹规划电子政务建设的有效方法，在美国电子政务集中统一管理中发挥着越来越重要的作用。

3.2　FEA的顶层管理思路

FEA的顶层管理思路概括为自顶向下的设计和自下而上的匹配。自顶向下的设计，就是OMB站在联邦政府战略全局的角度，运用EA的设计思路提出FEA参考模型，作为通用的业务、绩效、技术的定义和结构，并通过一系列指南指导各机构的架构开发和 IT 规划工作。自下而上的匹配，就是各联邦机构在开展自身的 EA 工作时，需要确保机构架构与 FEA 参考模型之间的匹配，并且提出的每一项 IT 投资规划均需要实现与 FEA 参考模型的映射，从而确保顶层的设计能够转化为各机构的具体目标和项目建设。

3.2.1 FEA 的顶层架构

参考模型是 FEA 的核心，分别从绩效、业务、服务、数据、技术 5 个角度勾画出 5 个详细的模型，作为联邦政府的顶层架构。这个顶层架构是以绩效为导向、以业务为驱动而设计的，各模型之间的关系见图 3。

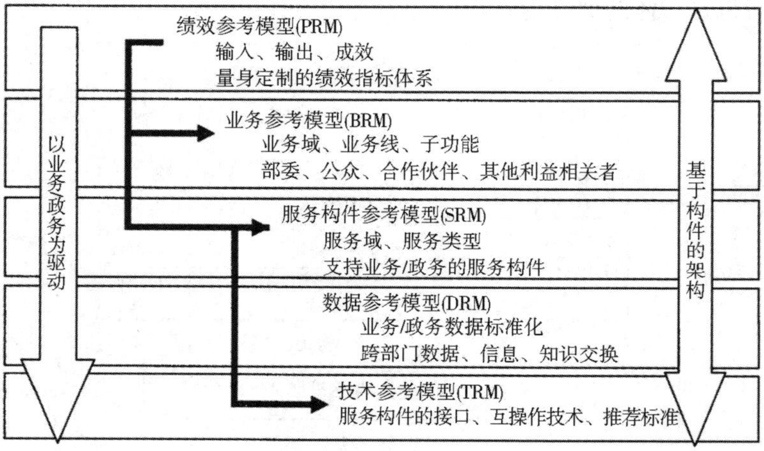

图 3 美国联邦政府 FEA 架构[9]

简单说来，5 个参考模型中，绩效参考模型是政府业务目标的导向，位于最顶层，提供了一套绩效评估的标准框架。业务参考模型是电子政务“电子化”过程的驱动，从政府职能视角（而非机构视角）提出一种旨在促进联邦政府业务线的框架，避免机构业务之间相互孤立，便于机构发现相互协作的机会。FEA 业务参考模型共包含 4 个业务域、39 条业务线和 153 个子功能，是对联邦政府所有业务的系统梳理和分析。服务构件参考模型用于建立业务参考模型和技术参考模型之间的映射关系，提供了电子政务服务域横向业务线共有或常用的功能模块，便于实现部分业务的重用，共包含用户服务、业务流程自动化服务、业务管理服务、数字资产管理、业务分析服务、内勤服务和支撑性服务七大领域的通用构件。数据是由业务过程产生的，因此数据参考模型与业务参考模型紧密结合，提供一系列标准规范，旨在实现数据的跨机构识别和共享。FEA 参考模型自 2002 年发布以来，不断调整更新，并年年用于联邦政府电子政务项目的预算管理过程。

3.2.2 FEA 的实施管理

FEA 的精髓并非体现在其参考模型中，而是其动态地实施管理。为发挥参考模型在统筹指导各联邦机构电子政务建设中的作用，2007 年 11 月，FEAPMO 发布《联邦政府总体架构实践指南》，指南中为各机构开展自身的 EA 工作以及与参考模型的匹配提供了标准的流程。同时，为确保 FEA 方法的有效执行，达到顶层管理的目的，OMB 不断强化和完善以下工作：

- 开展定期汇报和评估工作。为了解各联邦机构的 EA 开发和利用情况，促使各机构利用 EA 驱动绩效改进，OMB 要求各机构每季度都要向其提交分块报告和机构 EA 自评估报告。这些报告既作为评估机构 EA 工作成熟度的依据，又是 OMB 后期审查 IT 投资项目的基础。在定期汇报的基础上，OMB 每年都会组织开展 EA 评估工作，并为此颁布当年的评估框架——总体架构评估框架（EAAF），确定当年的评估内容、指标和评分标准。

- 提出跨机构协作项目。为进一步促进跨机构协作，OMB 于 2006 年 6 月开发了《联邦转换框架》。联邦转换框架是一个跨机构电子政务行动的目录，所列行动既包含了由 OMB 早先发起的电子政务行动和业务线行动，又包含了其他一些政府范围内的跨机构协作项目。该目录每年更新并与总体架构评估框架一起发布，用以确保各机构的 EA 与跨机构行动保持一致，并更好地指导电子政务投资的决策。跨机构协作项目的定期发布有力地促进了联邦政府内部的业务协同和互操作，避免了重复建设和分散化建设。

- 统筹管理各机构的投资项目。近些年随着美国联邦政府对 IT 投资力度的不断加大，OMB 对这些投资的监督工作也在不断改进。2006 年 6 月，OMB 对其通告 A－11《预算的准备、提交与执行》进行了修订，要求联邦各部门和机构都应向 OMB 证明其电子政务投资符合 FEA 标准和指南，以便于他们获得投资审批。这表明，美国联邦政府已经将 FEA 与电子政务投资控制紧密结合，借助 FEA 的整体性规划来统筹管理各机构的电子政务投资项目。

FEA 从顶层和全局的高度将所有联邦机构纳入一个单一、通用的架构之下，促使政府从机构分割走向跨机构的协同工作，从而避免重复性投资并改进政府在信息化条件下运作的绩效。FEA 的成功让我们看到了 EA 在电子政务顶层设计中应用的可行性。

4 应用 EA 开展我国电子政务顶层设计

EA 作为将组织战略目标映射到 IT 总体目标的蓝图设计，现已成为西方发达国家政府广泛使用的 IT 规划和电子政务总体架构设计方法。电子政务顶层设计是一个中国化的概念，目前还较多停留在理念层面，缺乏方法支撑。

4.1 EA 之于我国电子政务顶层设计的价值

4.1.1 EA 能够确保电子政务顶层设计的“顶层”性

“顶层”是强调全局和整体，强调设计过程和设计成果要有战略高度。当前我国电子政务的发展规划和战略框架主要是根据目标和任务而设计制订的，在规划与工程项目之间缺少了一个极其重要的层次——顶层设计工作，从而造成电子政务项目与政府使命及目标之间缺乏清晰连接，跨机构的合作项目也缺乏发现和发起的机制。因此，开展顶层设计的直接目的就是要从顶层和全局的角度对电子政务工程项目进行有效整合和跨部门协调。EA 是一个自顶向下、业务战略驱动的过程，它从组织的使命和战略高度系统地考虑业务、信息、应用系统和技术，构建业务、信息、系统和技术相互融合、彼此互动的总体架构。顶层设计中采用 EA 可以确保设计的“顶层”特性，同时确保将与电子政务紧密相关的业务、信息、技术等要素全面、有机地予以考虑。

4.1.2 EA 能够为电子政务顶层设计提供一种通用框架和共同语言

在我国，电子政务是一个包含了党委、人大、政府、政协、法院、检察院六大系统在内的大系统，不管是国家电子政务顶层设计，还是省、市、县的电子政务顶层设计，抑或是某个纵向行业的电子政务顶层设计，都将面对极其复杂的条块关系，涉及众多部门和机构。EA 是设计和开发大型复杂系统的理论和方法，它自顶向下将系统内的各个对象和要素纳入统一的框架之内，便于达成共识，也便于建立跨机构合作项目的发现和发起机制。我国电子政务是个条块交错复杂的大系统，各个条和块的顶层设计既要确保其内部对象和要素的统筹协调，又要确保条与条的顶层设计之间、块与块的顶层设计之间、条与块的顶层设计之间的协调和相通性，因此我国电子政务顶层设计更加需要 EA 提供通用的框架和用于描述业务、信息、技术的共同语言。

4.1.3 EA 能够确保电子政务顶层设计成果的落地实施

顶层设计不仅仅强调“顶层”的战略高度，也强调“设计”的清晰和可实施性。既有高度又要能落地实施，这是顶层设计的精髓。EA 不仅仅有目标架构的设计方法，更强调从现状到目标架构的实施路径安排或 IT 路线图设定。在国外政府的电子政务建设中，EA 往往将电子政务的发展战略转化为具体的工程项目规划。因此，电子政务顶层设计成果的有效应用亦需要 EA 实施方法的指导。

4.2 基于EA开展我国电子政务顶层设计的初步思考

借鉴EA的基本理论和设计理念，同时结合我国国情，笔者提出当前我国开展电子政务顶层设计的基本路径以及需要后续深入研究的一些重要问题。

4.2.1 开展电子政务顶层设计的基本路径

首先，国家尽快提出电子政务顶层设计的基本框架结构。这个框架包含了顶层设计应该考虑的几大要素，作为国家自顶向下的参考模型统一指导和约束各地方和行业的顶层设计。基于EA的四大核心架构（业务架构、信息架构、应用架构、技术架构），笔者认为这个基本框架结构应包含管理体制架构、绩效架构、业务架构、信息架构和技术架构。其中，管理体制架构是整个电子政务有效运行的保障，绩效架构是电子政务的发展导向，业务架构是电子政务内部协同与整合的驱动，信息架构是电子政务内部资源共享和对外服务的基础，技术架构是电子政务目标实现的技术支撑，各个架构相互配合构成统一整体。由于各地、各行业电子政务建设存在各自的特殊性，因此这个基本框架重在提供一种设计思路。内容较为宏观才具有全国指导性。

其次，依据基本框架分层开展顶层架构设计，即将顶层设计工作分成中央和省、地市和区县两个大的层次来开展。中央统筹中央本级各部门和省级电子政务顶层设计工作，各省统筹本省各政务部门和下辖各地市、区县的顶层设计工作。这样，既能够确保顶层设计工作的上下一致，又有效缓解了“条强块弱”的矛盾。

再次，顶层架构成果动态应用与实施。采用EA从现状向目标的转换方法，各地方基于自己的顶层架构，首先选择几个重点领域和社会问题进行顶层设计成果的应用探索，例如通过业务架构中业务条线的组合，发现并规划需跨机构的拟建项目和需整合的已建、在建项目，通过信息架构规范信息的开发、利用、共享要求，通过绩效架构为电子政务发展提供价值导向。随后，基于个别领域的应用经验逐步推及至全面应用。顶层架构成果的应用重在探索一种动态的运行机制，能够针对不同时期的政务目标和社会问题动态地组合电子政务系统内的各类要素，特别是通过业务条线的组合来规划业务协同和信息共享项目。

4.2.2 需要深入研究的重要问题

当前，我国电子政务顶层设计的顺利开展还面临着诸多问题亟待进一步深入研究。一是进一步探索顶层设计所需的科学的业务梳理方法，顶层设计是为了更好地实现政府履职能力，因此必然离不开对业务的梳理和需求调研，这也是实现跨部门合作和项目整合的前提和基础。二是研究EA架构设计方法在我国电子政务顶层架构设计中的应用，用于指导各地、各部门结合自身实际细化体制、绩效、业务、信息和技术的架构设计。三是研究跨部门协同项目的发现与发起机制，促进对社会重要问题的解决以及对公共服务的改善。四是研究推进我国电子政务顶层设计工作所需的相关体制机制问题。电子政务顶层设计旨在指导全局性的信息化规划建设，促进多部门的协同，涉及面广，推动力度大，需要研究建立一个具有统筹推进职能的组织体制和协调机制，保障其顺利实施。五是深入研究国外的相关理论和实践，发掘其对我国的借鉴价值。

参考文献：

[1] 百度百科．设计[EB/OL].[2011-02-15]. http://baike.baidu.com/view/14417.htm.

[2] 于施洋,王璟璇,杨道玲,等．电子政务顶层设计:基本概念阐释[J]．电子政务,2011(8):2-7.

[3] Zachman J A. A framework for information systems architecture[J]. IBM Systems Journal, 1987, 26(3):276-292.

[4] OMB. A-130 Circular: Management of federal information resources[EB/OL]. [2010-12-25]. http://www.whitehouse.gov/omb/circulars_a130_a130trans4.

[5] The Open Group. What is enterprise architecture? [EB/OL]. [2011-03-04]. http://opengroup.org.za/enterprise-architecture.

[6] 互动百科．企业架构[EB/OL].[2011-03-02]. http://www.hudong.com/wiki/%E4%BC%81%E4%B8%9A%E6%9E%B6%E6%9E%84.

[7] Seifert J W. Federal Enterprise Architecture and e-government: Issues for information technology management [EB/OL]. [2010-09-30]. http://www.fas.org/sgp/crs/secrecy/RL33417.pdf.

[8] The Chief Information Officers Council. Federal enterprise architecture framework[EB/OL]. [2010-08-30]. http://www.cio.gov/documents/fedarch1.pdf.

[9] OMB. FEA consolidated reference model document version 2.3[EB/OL]. [2010-10-30]. http://www.whitehouse.gov/sites/default/files/omb/assets/fea_docs/FEA_CRM_v23_Final_Oct_2007_Revised.pdf.

作者简介

王欢喜，男，1978 年生，博士研究生，发表论文 10 余篇，参编著作 1 部；

王璟璇，女，1984 年生，博士研究生，发表论文 15 篇，参编学术著作 3 部。

基于关联数据的电子政务信息资源语义组织研究

吕元智

（上海师范大学人文与传播学院信息管理系　上海 200234）

摘　要　分析关联数据应用于电子政务信息资源语义组织的意义，利用关联数据构建电子政务信息资源语义“关联”组织层次模型，进而从设计思想、实现步骤等方面提出实施对策，最后对电子政务信息资源语义“关联”组织中的标识符唯一性问题、空白节点问题、数据融合问题进行探讨。

关键词　电子政务信息资源　语义组织　关联数据

分类号　G250

关联数据是国际互联网协会（W3C）推荐的一种用来组织、发布和联接各类数据、信息和知识的规范，其目的是在现有万维网基础上构建一张计算机能理解的语义数据网络，使任何人都能够准确、高效、可靠地查找、利用这些相互关联的信息和知识。关联数据自 2006 年由 T. Berners-Lee[1] 提出以来，得到了社会的广泛响应，并迅速推广应用。截至 2011 年 9 月，关联数据网络已包含了 320 亿条 RDF 三元组，拥有 5 亿多个 RDF 链接[2]。

为了进一步推动关联数据的应用与发展，国内外一些学者和机构展开了相关研究，并取得了一定成果。在国外，目前关联数据的应用研究主要集中在图书馆、企业等领域。如 A. Sderbck 和 M. Malmsten 研究了如何将图书馆主题词表转换为关联数据的问题[3]；Google 公司探讨了关联数据在视频内容标记和搜索中的具体应用[4]；雷诺公司利用关联数据为企业的数据存储和服务构建了有效解决方案[5]等。在国内，一些学者也开始研究关联数据的应用问题，如黄永文对关联数据在图书馆中的应用进行了详细的阐述，并提出了利用关联数据扩展资源发现服务等建议[6]；钱国富探讨了基于关联数据的政府数据发布问题[7]；白海燕、乔晓东研究了基于本体和关联数据的书目组织语义化问题[8]；张春景、刘炜、夏翠娟等人探讨了关联数据开放的应用协议[9]等。可以说，国内外这些研究为关联数据的应用与发展提供了有力的支持。

目前，关联数据已成为语义 Web 最佳实践，它在语义信息组织、信息资源整合等方面发挥着越来越重要的作用。基于此，本文在借鉴国内外相关研究成果的基础上，探讨关联数据在电子政务信息资源语义组织中的应用问题，构建电子政务信息资源语义“关联”组织层次模型，以促进其语义组织工作的发展。

1 关联数据应用于电子政务信息资源语义组织的意义

从本质上来讲，关联数据是一组共享数据实践的集合，它为语义信息组织工作提供了一种轻型、渐增化、可伸缩和可扩展的动态机制[10]。在现阶段，将其应用于电子政务信息资源语义组织工作具有十分重要的现实意义。

- 关联数据为电子政务信息资源语义组织提供了一种简化的资源描述框架，能有效地解决电子政务信息资源表现形式复杂多样且难以描述的问题，降低其语义组织工作难度。众所周知，电子政务信息资源来源广泛、构成复杂、表现形式多样，其语义异构现象严重，对其进行语义描述是一件不容易的事情。在当前，将关联数据应用于该领域，可以较好地解决这一问题。关联数据采用严格的 RDF 三元组（RDF triples）形式来描述对象，并使用统一资源定位符（URI）作为所有事物的标识名称，可以对任何形式的电子政务信息资源进行描述，并形成规范的 RDF 文件。它在很大程度上降低了电子政务信息资源语义组织工作的难度，有利于电子政务信息资源语义组织工作的推广与应用。

- 关联数据为电子政务信息资源语义组织提供了规范的数据发布与关联标准，有利于电子政务信息资源语义组织工作部门协同工作，构建出更大范围的电子政务信息语义网络。在电子政务信息资源语义组织活动中，不仅要将这些经过规范描述的 RDF 文件发布到 Web 上，而且还需要构建能被计算机理解的结构化的并富含语义的电子政务数据网络，以达到数据或知识共享的目的。在现阶段，各电子政务信息资源语义组织部门可以根据关联数据“尽可能提供链接，指向其他的 URI，以使人们发现更多的相关信息”[11]等规则，协同工作，发掘并链接电子政务数据或信息相互间的各种关联关系，构建出范围更广泛、内容更丰富、可信度更高的电子政务语义网络，为用户利用电子政务信息资源创造良好的信息环境。

- 关联数据能将传统的政务信息组织成果纳入语义组织工作体系，降低电子政务信息资源语义组织工作成本，并为电子政务信息智能检索创造条件。一方面，关联数据继承了传统 Web 技术中的超文本传输协议（HTTP）和 URI，它能有效地将传统的政务信息组织成果（如已发布的电子政务网页、建立的各类电子政务数据库等）统一到电子政务语义网络中来，减少重复建设，降低语义组织工作成本。另一方面，利用关联数据构建的电子政务语义网络能较好地被计算机自动解析，在用户检索时，它能根据用户的需求来提供有用信息，为电子政务信息资源智能检索的实现创造条件。在某种程度上，建立于关联数据基础之上的电子政务信息资源检索活动是计算机根据用户需求而进行的一种智能化的信息“自组织”活动。

2 基于关联数据的电子政务信息资源语义组织框架

根据关联数据这一语义 Web 最佳实践进行电子政务信息资源语义组织的目的，是让电子政务信息资源能被计算机更好地理解，并通过 URI 在不同数据之间建立关联，形成一个智能化的语义政务数据网络，为用户利用电子政务信息资源创造更加便利的条件。在此，根据语义网发展的要求，在综合考虑电子政务信息资源来源复杂、语义异构现象严重的基础上，结合关联数据已有的研究与实践成果[12]，构建电子政务信息资源语义“关联”组织层次模型，为电子政务信息资源语义组织工作提供参考，具体如图 1 所示：

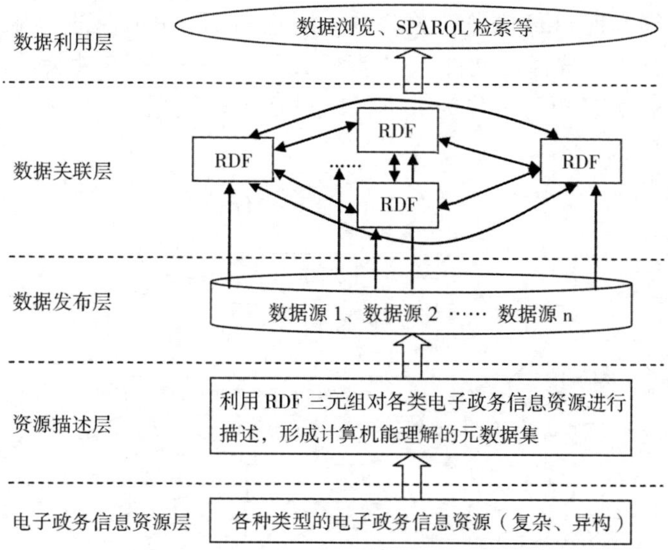

图 1 电子政务信息资源语义“关联”组织层次模型

从图 1 中可以看出，电子政务信息资源语义“关联”组织层次模型从下到上分为 5 层——电子政务信息资源层、资源描述层、数据发布层、数据关联层和数据利用层。其中，电子政务信息资源层由分布在各个系统中的电子政务信息资源构成，它是电子政务信息资源语义“关联”组织的原材料，呈现来源复杂、形式多样、语义异构等特性。资源描述层主要是利用 RDF 三元组对“电子政务信息资源层”提供的各种信息资源进行描述，形成计算机能理解的元数据集，为其关联数据发布作准备；数据发布层根据关联数据 4 原则将“资源描述层”描述形成 RDF 文件或数据发布到 Web 上，以便用户能够浏览；数据关联层对各个不同系统中的电子政务信息资源数据存在的关联关系进行整理，并通过 RDF 链接联系起来[13]，形成一个语义政务数据网络；数据利用层主要是指建立在各种关联数据基础上的 Web 应用，如数据浏览（关联浏览和 html 浏览）、SPARQL 检索等，它主要是为用户搭建一个访问平台。

3　基于关联数据的电子政务信息资源语义组织实现

3.1　电子政务信息资源语义组织实现思想

鉴于目前我国电子政务信息资源建设现状、关联数据实现成本以及政务数据网络的实用性，本文设计的电子政务信息资源语义“关联”组织实现思想为：以电子政务信息资源目录数据为主要组织对象，将其以关联数据的形式发布，最终实现 html 浏览、关联数据浏览和 SPARQL 检索等服务。为了便于操作，在此主要选择“文件”、“责任者”、“机构”、“社会活动”、“存储地”、“其他信息资源”等作为数据源来进行关联组织，其各数据之间关联关系如图 2[14] 所示：

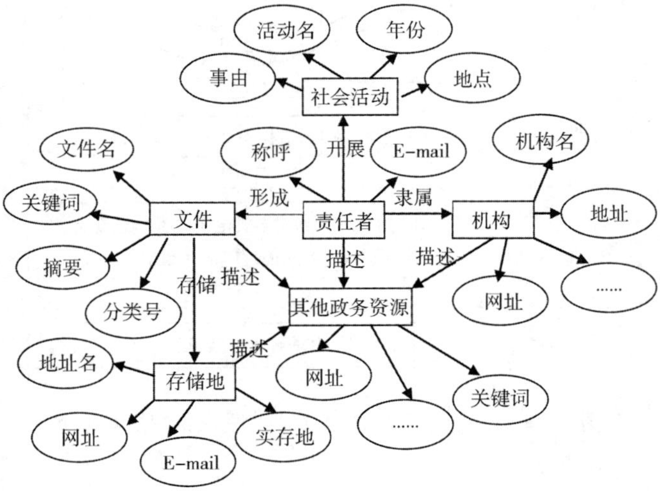

图 2　电子政务信息资源中的数据关联关系

其中，每个数据实体如“文件名”、“摘要”等以字符串的形式表现出来，且仅仅与相关实体（“文件”）发生关联，并在此基础上挖掘出每个实体间存在的潜在语义关联。在用户方面，只要对任意实体进行浏览，系统就会自动提供与之相关的所有描述，提供相关知识关联线索，从而达到知识发现的目的。

3.2　电子政务信息资源语义组织实现步骤

根据图1，电子政务信息资源语义组织工作可以分为以下几个阶段：

第一阶段：确定电子政务信息资源语义“关联”组织范围。目前我国大多数电子政务信息资源管理与服务部门均已建立起了较为标准化的政务信息目录数据库，并提供在线查询服务。这些为电子政务信息资源的语义“关联”组织工作奠定了初步基础。但是，面对庞杂的电子政务信息资源体系，如何经济有效地实现其语义信息组织工作，还需要科学地划定组织范围，选择容易实现且有价值的突破点。也即需要考虑在现有的条件下，选择哪些电子政务信息资源进行语义关联组织。具体而言，根据本文设计的语义组织思想，在现阶段，一方面可以以政务信息目录数据为主要组织对象，降低语义关联组织难度；另一方面，需要综合考虑用户利用需求以及关联组织成本等因素确立具体关联组织范围。另外，在具体关联对象元素选择方面，可以根据用户利用习惯和电子政务信息资源关联组织的可行性及方便性，选择一些最为常用的政务信息组织元素，如“文件名”、“责任者”、“关键词”等作为具体关联对象。

第二阶段：进行电子政务信息资源描述。此阶段主要是用资源描述框架（RDF）来描述各类需要关联的电子政务信息资源内容。在具体操作中，首先要对这些存储在各类信息系统中的电子政务信息资源元数据进行抽取和预处理，将不规范的数据表现形式转化为便于描述的“规范”形式。如，利用D2RQ平台[15]将关系数据库中需要转换的政务信息目录数据进行预处理，并按照数据表之间的连接关系使D2R Server生成映射文件[16]等；其次，将预处理的政务信息数据或信息资源进行RDF格式描述。在具体操作方面，利用RDF三元组（RDF triples）模型来描述需要组织发布的电子政务信息资源，如“上海市政府（主体）——发布（谓词）——关于……决定（客体）”，并用HTTP URI来标识这些描述的数据，生成RDF描述文件。

第三阶段：电子政务信息资源RDF文档发布。目前关联数据的发布模式有静态发布、批量存储、调用时生成、事后转换（D2R）[17]等方式，其工具主要有VoID词表、OWL及SKOS相关工具、Web services、CMS等。在具体发布方法上，可以采用支持HTTP的内容协商机制（content negotiation），根据客户端信息请求的类型决定返回 html 的表示形式还是 RDF 的表示形式，或支持采用带“#”号（hash）的 URI 方式定位到 RDF 中具体的数据资源[18]等方法完成关联数据发布任务。

第四阶段：在数据与数据之间建立 RDF 动态链接。电子政务信息资源 RDF 描述文件中包含了多个由 HTTP URI 所标识的其他资源，在此阶段需要建立数据 RDF 链接机制，实现电子政务信息资源的语义链接，如图 3 所示：

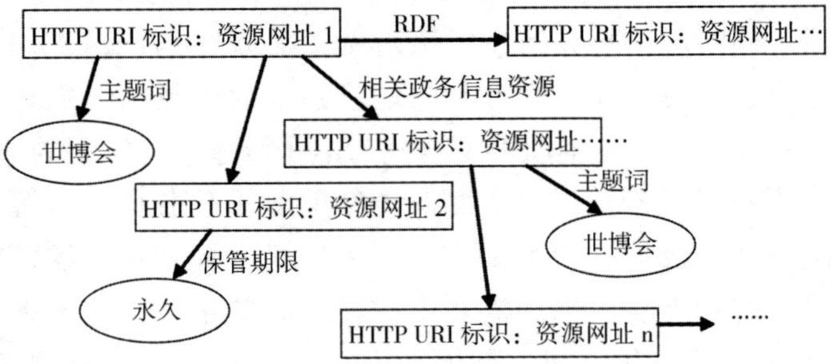

图 3　电子政务信息资源数据关联链接机制

事实上，RDF 所表达的链接不仅仅是一个 link，而且是有语义的，并表明当前资源与被链接资源的关系。在具体链接操作上，针对电子政务信息资源关联数据集的动态性特征，宜采用动态链接的方法实现链接。目前，数据关联动态链接的方法主要有三种[19]：①基于 WOD-LMP 协议的方法。该方法要求链接双方都遵守 WOD-LMP 协议，是一种理想化的链接方法，但可操作性不强。②基于更新通知的方法，它适用于目标数据集具有数据更新通知机制的情况，适应范围较为有限。③基于主动监测机制的方法。此种方法对目标数据集的要求较低，只需要提供 SPARQL 查询接口或支持 RDF 堆下载即可，适应性较强。因此，在链接方面宜采用基于主动监测机制的方法实现电子政务信息资源语义关联动态链接。

第五阶段：提供关联数据访问接口。此阶段的主要任务是为用户提供一个开放的标准化访问平台。针对目前语义网发展现状以及现有的电子政务信息资源服务网络体系，此阶段构建的平台，一方面要能支持用户使用 SPARQL 语言对 RDF 数据库进行检索；另一方面还要能让用户进行 html 浏览、关联数据浏览等，以适应不同层次用户的需求。

3.3　应注意的几个问题

关联数据作为一种简化的语义网最佳实践，其价值在于运用 RDF 数据模型将非结构化的数据以及不同标准的结构化电子政务数据转化为机器可以理解的数据，实现数据共享。但是，在具体的电子政务信息资源语义组织工作中，还需要注意以下几个问题：

- 标识符唯一性问题。标识符的唯一性是关联数据应用的基本要求之一，URI 模式在理论上赋予每一个特定实体一个全局唯一的标识符，但是在实际应用中由于早期 URI 还没出现以及资源知识产权保护等因素影响，一个实体可能会有多于一个的标识符[20]。显然，它与关联数据标识符的唯一性要求是不相符的。因此，在具体语义信息组织工作中，一方面要尽快对电子政务信息资源网中的资源进行合并，减少一个实体出现多个标识符的现象；另一方面要制订出台相关标准，对电子政务信息资源关联数据标识符赋予行为进行规范，减少语义关联障碍。

- 空白节点（blank node）问题。空白节点是指没有全局 ID 的本地资源，没有定义命名域的 URI。在具体电子政务信息资源语义“关联”组织工作中，要尽量避免这一现象，因为它无法与其他资源关联，从而不被发现成为“盲点”或“看不见”的资源。

- 数据融合问题。在电子政务信息数据网中有大量不同的资源，这些资源以各自不同的词汇进行描述，如对资源中的“地点”、“组织”等通用概念的描述也会有多种方式。这些为电子政务信息资源的语义“关联”带来不小困难，也会让用户在广泛复杂的“关联”面前无所适从。所以，在具体应用中，尤其是在用户关联数据访问接口建设方面，要积极利用数据融合（data fusion）技术为用户提供最有价值的数据、信息和知识。数据融合也称信息融合，是一个多级、多层面的数据处理过程，主要完成对多个信息源的数据进行自动检测、关联、相关、估计及组合等的处理[21]。采用数据融合技术解决数据冲突与数据“粗糙”的问题，可为用户提供优质的政务信息服务。

4 结 语

电子政务信息资源是最有价值的社会信息资源，对其进行语义组织有助于进行深层次的电子政务信息资源开发，为社会提供更好的信息和知识服务。本文利用关联数据构建了电子政务信息资源语义组织“关联”层次模型，并对其实现思想和步骤等进行探讨。然而，电子政务信息资源语义组织工作是一项复杂的系统工程，今后需要在电子政务信息资源领域本体建设、关联数据质量提升以及数据关联关系利用等方面继续开展深入研究。

参考文献：

[1] Berners-Lee T. Linked data[EB/OL]. [2011 - 10 - 19]. http://www.w3.org/DesignIs-

sues/LinkedData. html.
[2] W3C. Linking open data[EB/OL]. [2012 - 05 - 24]. http://www. w3. org/wiki/SweoIG/TaskForces_CommunityProjects/LinkingOpenData.
[3] Sderbck A, Malmsten M. LIBRIS-Linked library data[EB/OL]. [2012 - 08 - 16]. http://www. stylid. org/story/rdf/id/1017.
[4] 谷奥. Google 添加 Facebook Share 和 RDFa 标签支持[EB/OL]. [2012 - 08 - 12]. http://www. google. org. cn/posts/supporting-facebook-share-and-rdfa-for-videos. html.
[5] Shakya A, Takeda H, Wuwongse V. Community-driven linked data authoring and production of consolidated linked data [J]. International Journal on Semantic Web and Information Systems, 2009, 5(3): 23 - 48.
[6] 黄永文. 关联数据在图书馆中的应用研究综述. 现代图书情报技术,2010(5):1 - 7.
[7] 钱国富. 基于关联数据的政府数据发布[J]. 图书情报工作,2012,56(5):123 - 127.
[8] 白海燕,乔晓东. 基于本体和关联数据的书目组织语义化研究[J]. 现代图书情报技术,2010(9):18 - 27.
[9] 张春景,刘炜,夏翠娟,等. 关联数据开放应用协议[J]. 中国图书馆学报,2012,38(1):43 - 48.
[10] 沈志宏,张晓林. 关联数据及其应用现状综述[J]. 现代图书情报技术,2010,26(11):1 - 9.
[11] W3C. Linked data[EB/OL]. [2012 - 05 - 07]. http://www. w3. org/Design Issues/Linked Data. html.
[12] Heath T, Bizer C. Linked data: Evolving the Web into a global data space [EB/OL]. [2012 - 05 - 07]. http://www. morganclaypool. com/doi/abs/10. 2200/s00334 ed1v01y201102wbe001.
[13] Heath T, Hausenblas M, Bizer C, et al. How to publish linked data on the Web[EB/OL]. [2012 - 05 - 01]. http://www4. wiwiss. fu-berlin. de/bizer/pub/LinkedDataTutorial/.
[14] 马费成,赵红斌,万燕玲,等. 基于关联数据的网络信息资源集成[J]. 情报杂志,2011,30(2):167 - 170.
[15] D2R server [EB/OL]. [2012 - 01 - 15]. http://www. wiwiss. fu-berlin. de/suhl/bizer/d2r-server/.
[16] The D2RQ platform [EB/OL]. [2011 - 09 - 28]. http://sites. wiwiss. fu-berlin. de/suhl/bizer/D2RQ/spec/.
[17] 张静,马春娥. 如何利用 D2R 发布 Linked data[EB/OL]. [2012 - 05 - 18]. http://www. ibm. com/developerworks/cn/web/1003_zhangjing_d2r/? S_TACT = 105AGX52&S_CMP = tec-csdn.
[18] 夏翠娟,刘炜,赵亮,等. 关联数据发布技术及其实现——以 Drupal 为例[J]. 中国图书馆学报,2012,38(1):49 - 57.

[19] 郭少友. 关联数据的动态链接维护研究[J]. 图书情报工作,2011,55(17):112 -116.
[20] 潘明仙. Library2.0 环境下的信息服务个性化[J]. 图书情报工作,2010,54(5):75 -78.
[21] Definitions of sensor data fusion in the literature[EB/OL]. [2012 -05 -28]. http://net. cs. uni-bonn. de/wg/sensor-data-and-information-fusion/what-is-it/sdf-definitions/.

作者简介

吕元智,男,1976 年生,副教授,系主任,硕士生导师,发表论文 30 余篇,出版著作 2 部。

基于路径搜索法的政府网站分类目录用户心智模型研究*

——以南京市政府网站为例

尤少伟　吴　鹏　汤丽娟　严　悦

（南京理工大学经济管理学院　南京 210094）

摘　要　针对目前政府网站分类体系用户的满意度比较低、无法满足用户网站获取信息需求的现状，以南京市政府网站旅游概念主题分类目录为例，研究基于路径搜索法定量测量用户对网站分类目录的心智模型以及与网站表现模型之间的相似性，同时分析性别、职业、经验和教育背景对用户心智模型的影响程度，得出公务员组与网站模型存在中度相似的结论，并针对研究结论提出一些改进建议。

关键词　政府网站　心智模型　分类目录　路径搜索法　卡片分类法

分类号　G353.1

1　前　言

对于任何一个政府网站来讲，其网站的分类目录都有着举足轻重的作用，网站的分类目录就是以某种分类方法组织站内信息，建立主题树分层目录，并将采集、筛选后的信息分门别类地放入各大类或子类下面，用户通过层层点击，随着范围的缩小与查询专指度的提高，最终满足用户的查询需求[1]。一个优秀的网站分类目录有利于整个网站信息组织的完备，提高网站的利用率以及工作人员更新信息的快捷性，帮助用户迅速搜寻到所需要的信息，从而节省信息搜寻过程中所消耗的时间。通过前期调研，笔者发现现有政府网站分类体系存在着很多问题，主要有：知识体系不完整、类目划分不合逻辑、类目用词不准确、类目级数不合理、分类体系不统一等[2]。

---

* 本文系国家自然科学基金项目“网站用户信息获取中的心智模型研究——以政府网站为例”（项目编号：71003049）研究成果之一。

心智模型是个体理解和看待周围事物的思维模型[3]，在对网站界面进行信息获取时，心智模型是影响用户与网站交互时内在的、可预测的认知模型，是描述系统目标和形式、解释系统功能、预测系统未来状态的用户知识结构和信念体系[4]。同时，用户与网站交互的心智模型是用户理解他们所需要进行的工作的过程。表现模型离用户心智模型越近，用户就会发现网站越容易使用和理解。所以，在交互设计中，设计师倾向于形成比现实更简单的表现模型，以帮助用户更好地理解[5]。

因此，网站设计者可以借助用户心智模型，了解最易被用户普遍接受的分类目录体系，据此来设计网站。在网站用户的心智模型测量中，心理近似数据是个体对感知的概念之间关系的主观评估，其中“关联性”、“空间性”是主要测量角度。在概念的“关联性”测量中，路径搜索法可以进行网站分类目录不同概念之间的相关性或紧密性的主观评估，可以将评估矩阵转换成由节点和连线组成的网络图，其中概念表征为节点，而概念间的关系表征为节点间的关系，以路径的最短距离作为两个节点间的距离，概念间的距离权重值为两个概念的关联程度。基于这一假设，路径搜索法通过定量指标来揭示认知结构（例如人机互动），其结果是一个网络化的表征（PFNET，路径搜索网络图），可以有效地进行心智模型内容（例如陈述性知识和过程性知识）的描述与可视化[6]。在本实验中，将借助用户心智模型这一概念，通过记录和测量用户关于政府网站分类目录的心智模型，并将用户关于政府网站分类目录的心智模型与实际政府网站的分类目录进行分析与比较，得出相关结论，以对南京市政府网站分类目录体系提出适当的建议和意见。

2　路径搜索法

路径搜索法（pathfinder）是1985年美国新墨西哥州立大学计算研究实验室的领导人Schvaneveldt根据语义网络理论和图形理论研究发展出的路径搜索量化规则，用来建构和分析知识结构[7]。路径搜索法主要通过定量的指标来揭示认知结构，它将相似性评定矩阵转换成由节点和连线组成的概念图来反映概念元素之间的关系（即路径搜索网络图），直观揭示个体的知识结构，因而用于表征心智模型。其中，节点用来表示概念，而概念与概念间的距离为概念之关联关系，以路径的最短距离作为两个节点间的距离，概念间距离之上的权重值为两个概念的关联程度[5]。在生成了相关路径搜索网络图之后，为了深入研究，一般需要将两个网络图进行比较，分析其相似性和相异性。在本实验中，将运用到的路径搜索网络图（PFNET）应用算法为GT-PD算法[4]。

GT-PD算法是以图形理论为基础，基于网络图的路径距离来计算全局相关系数，对于有特殊要求的项目，还可以计算对应单个概念之间的相关系数。具体算法的步骤如下：①根据研究对象的路径搜索网络图，将其表示成上三角距离矩阵，并分别将其转换成对应的距离向量 A 和 B；②根据转换得到的距离矩阵 A 和 B，采用公式 $GTDCC_{PAB}=\frac{\sum(a-\bar{a})(b-\bar{b})}{\sqrt{\sum(a-\bar{a})^2\sum(b-\bar{b})^2}}$，计算出向量 A 和 B 之间的全局相关系数，具体算法和约束规则见下文；③根据算法中应用到的启发式规则，对相关系数值进行分析，确定对象之间的相似性与相异性。

这里以系统开发为例，将开发者和用户的路径搜索网络图进行对比分析，详细介绍该算法的使用方法。开发者和用户设计的概念层次如图 1 和图 2 所示（包含概念 1 到概念 7）：

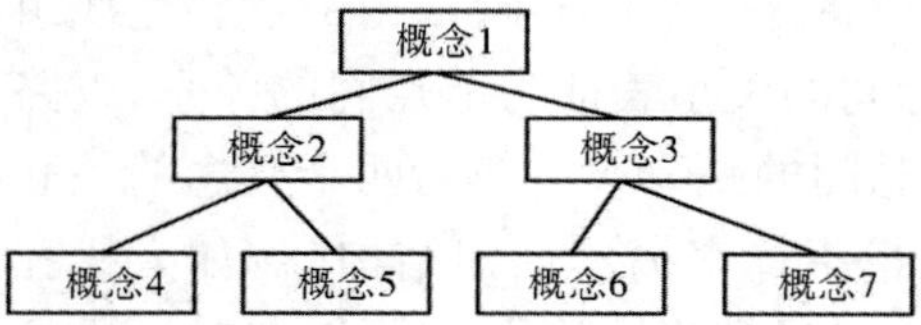

图 1　开发者的路径搜索网络[4]

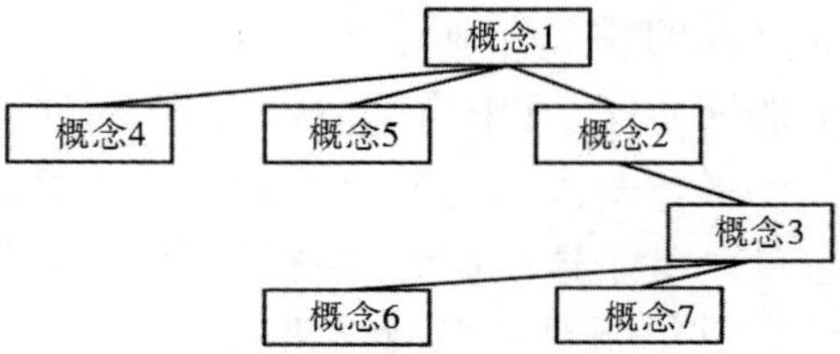

图 2　用户的路径搜索网络[4]

根据图 1 和图 2，并将所有边的权值假定为 1，得到开发者与用户的上三角距离矩阵，具体如表 1 和表 2 所示：

表 1　开发者的上三角距离矩阵[4]

节点	1	2	3	4	5	6	7
1	–	1	1	2	2	2	2
2	–	2	1	1	3	3	–
3	–	–	–	3	3	1	1
4	–	–	–	–	2	4	4
5	–	–	–	–	–	4	4
6	–	–	–	–	–	–	2
7	–	–	–	–	–	–	–

表 2 用户的上三角距离矩阵[4]

节点	1	2	3	4	5	6	7
1	-	1	2	1	1	3	3
2	-	2	2	2	2	2	-
3	-	-	-	3	3	1	1
4	-	-	-	-	2	4	4
5	-	-	-	-	-	4	4
6	-	-	-	-	-	-	2
7	-	-	-	-	-	-	-

由表 1 得到开发者的路径搜索网络图的距离向量为(1 1 2 2 2 2 2 2 1 1 3 3 3 3 1 1 2 4 4 4 4 2),记为 A;由表 2 得到用户的路径搜索网络图的距离向量为(1 2 1 1 3 3 1 2 2 2 2 2 3 3 1 1 2 4 4 4 4 2),记为 B。根据 A、B 的距离向量,用公式计算全局相关系数:

$$GTDCC_{PAB} = \frac{\sum(a-\bar{a})(b-\bar{b})}{\sqrt{\sum(a-\bar{a})^2\sum(b-\bar{b})^2}}。$$

其中 a 为距离向量 A 中的元素,$\bar{a}$ 为距离向量 A 中所有元素的平均值,同理,b 为距离向量 B 中的元素,$\bar{b}$ 为距离向量 B 中所有元素的平均值。相关系数的范围为[-1,+1],-1 表示两个图是不同的,+1 表示两个图是相同的。相关系数值越小,表明两个图的相似性就越低。为了防止分母变 0,当$\sum(a-\bar{b})^2$ 或者$\sum(a-\bar{b})^2$ 等于 0 的时候,相关系数赋值为 0。

同理,两个点之间路径距离的相关系数也可以用该公式计算。惟一不同的是从一个特殊的节点到其它节点的路径距离是向量 A 和 B 的子向量。例如,在图 2 中节点 1 的距离向量为(1 2 1 1 3 3)。

路径搜索网络图以距离矩阵的形式表示,其中数值表示对应节点之间的距离。距离矩阵以长度为$(n^2-n)/2$ 的向量表示,n 为节点数,涵盖所有的节点对。一旦确定每个图的距离向量,那么通过计算全局相关系数和局部相关系数就可以比较网络图之间的相似性和相异性。对网络图中所有需求对进行路径距离计算,进而通过全局相关系数测量两个网络图之间所有节点的对应路径距离的相关性。

算法中应用如下的启发式规则[4]:网络图之间或者节点之间的相关系数值低于 0.4,被认为是没有相似性或者低相似性,表明理解上存在很大的差异;相关系数值在0.4和0.7之间,被认为是中等程度的相似性,表明理解上有些差异;相关系数值大于0.7,被认为具有较大的相似性,表明理解基本相同。

3 实验研究

3.1 实验目的及假设

实验以南京市政府网站(www. nanjing. gov. cn)中以“旅游”为主题的分类目录为研究对象,对其合理性进行分析。实验的目的主要包括:①用户对政府网站分类目录理解的心智模型的测量;②用户心智模型与网站实际分类目录模型之间的相关性分析与比较。

现有研究表明,用户的内在因素也能够影响心智模型和期望的发展[8]。网站设计者与传统网站使用者之间存在着很多不同。同时有研究表明,长期使用系统能够增加用户对系统的理解。通过重复使用拥有大量目标系统经验的用户通常比没有经验的用户能够更好地理解系统。与此同时,其他的一些个人特质,例如年龄、职业或者性别因素等也不同程度地影响着心智模型的变化[9]。网站用户在信息获取中的心智模型主要有以下几个影响因素[10]:

3.1.1 性别背景

众多研究表明男性和女性的认知偏好倾向各有不同,男女在信息获取的形式和内容上存在差异性,表现在心智模型上也各具特色。

3.1.2 职业背景

职业的不同会带来人与人之间对同种事物的不同理解和看法,在网站信息搜寻中,不同职业背景的人之间的心智模型也或多或少存在一些差异。

3.1.3 经验背景

现实生活中,个人经验对如何看待生活或特定事件有着重大影响,而在网络环境下,个人经验对用户的信息行为是存在一定影响。个人经验在此可以理解为用户是否访问、使用过类似网站。

3.1.4 教育背景

本研究中将教育背景按照不同职业进行分类,即分别在公务员组按学历、学生组按年级对组内的成员进行教育背景影响因素的分析[10]。

基于对以上因素的分析,在此提出以下4种假设:

假设1:性别对用户关于网站分类体系的心智模型具有影响作用。

假设2:职业背景对用户关于网站分类体系的心智模型具有影响作用。

假设3:经验背景对用户关于网站分类体系的心智模型具有影响作用。即使用过政府网站的用户的网站心智模型与实际的网站分类体系相似性越大。

假设4:教育背景对用户关于网站分类体系的心智模型具有影响作用。

并且,假设:在公务员组内,学历(教育背景)对用户关于网站分类体系的心智模型具有影响作用,即具有本科以上学历的用户比具有本科及以下学历的用户对网站分类体系的理解更成熟,与网站实际分类体系相似性越大。

另外,假设:在学生组内,年级(教育背景)对用户关于网站分类体系心智模型具有影响作用,即高的用户比低年级的用户对网站分类体系的理解更成熟,与网站实际分类体系相似性越大。

3.2 实验方法及设计

实验中以调查问卷的形式,采用封闭式卡片分类法,进行用户心智信息的收集。卡片分类法是用来对信息块进行分类的技术,从而创建一个结构,以最大限度地满足用户查找信息块的可能性。卡片分类法分为开放式和封闭式。多数学者在研究用户心智模型时,采用封闭式卡片分类法,即给用户指定数量和种类的卡片,要求用户根据自己内心的知识结构将各个卡片进行归类,这样可避免由于用户个体差异造成的分类结果混乱[5]。

实验设计部分主要是调查问卷的设计,具体内容如下:

3.2.1 实验网站分类目录说明

本次实验选择南京市政府网站中与“旅游”主题相关的9个概念,包含顶级目录“南京政府”共10个概念。这些概念形成三级分类目录体系。实验选取的概念如表3所示:

表3 实验概念

①南京政府	⑥旅游休闲
②交通出行	⑦畅游金陵
③交通旅游	⑧城市生活
④文化南京	⑨南京概况
⑤文化历史	⑩办事服务

南京政府网站设计的分类目录如图3所示:

3.2.2 实验对象

为了验证实验前期假设,实验参考了被试的性别、职业背景和教育背景等因素,选取的对象包括在校大学生以及南京市公务员两大类群体。本次实验共回收问卷115份,其中学生组57份,有效问卷44份,有效率77.19%;公务员组

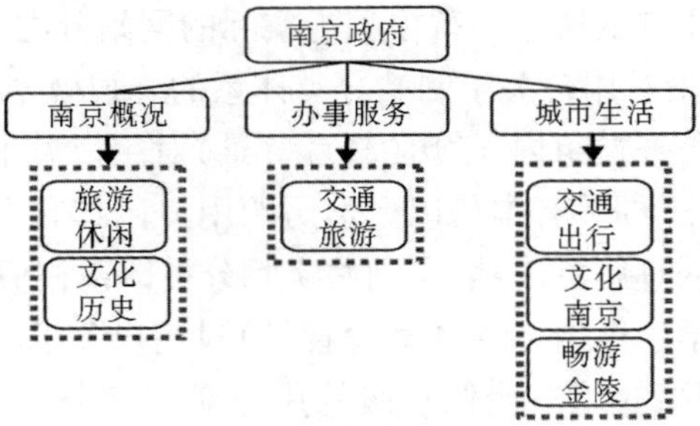

图 3　南京政府网站“旅游”主题的分类目录

58 份，有效问卷 32 份，有效率 55.17%。

3.2.3　问卷设计和实验实施

为了便于实验的实施，本次实验中不采用具体的卡片，而是采用问卷形式，将需要分类的所有概念呈现给用户，要求用户按照自己所理解的目录层级关系，将相应的概念填写在另一张组织结构图上。问卷的内容包括被试者的个人信息，即被试者的性别、职业、教育背景等，还包括分类目录实验填写示例以及最终的实验任务。被试需要根据自己的理解将所给出的概念编号填入对应的方框中，其中概念“南京政府”已填入指定位置，剩余 9 个概念每个只能使用一次。

3.3　实验数据处理及分析

3.3.1　数据处理

本次实验研究中设定每两个相邻概念节点之间的距离权值为 1，同时将南京政府网站的具体分类 m 目录作为标准路径，见图 4。

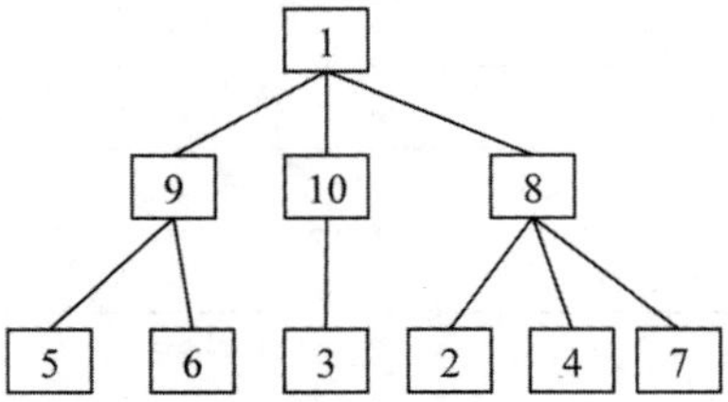

图 4　网站标准路径搜索网络

由此标准路径得到网络图的距离矩阵，见表 4。

表 4　网站标准网络图的距离矩阵

节点	1	2	3	4	5	6	7	8	9	10
1	0	2	2	2	2	2	2	1	1	1
2	2	0	4	2	4	4	2	1	3	3
3	2	4	0	4	4	4	4	3	3	1
4	2	2	4	0	4	4	2	1	3	3
5	2	4	4	4	0	2	4	3	1	3
6	2	4	4	4	2	0	4	3	1	3
7	2	2	4	2	4	4	0	1	3	3
8	1	1	3	1	3	3	1	0	2	2
9	1	3	3	3	1	1	3	2	0	2
10	1	3	1	3	3	3	3	2	2	0

根据 GT－PD 算法,先将网站路径搜索网络图(见图 3)表示成距离矩阵。其距离向量 A 为:(2 2 2 2 2 2 1 1 1 4 2 4 4 2 1 3 3 4 4 4 4 3 3 1 4 4 2 1 3 3 2 4 3 1 3 4 3 1 3 1 3 3 2 2 2),求得 $\bar{a}$ =2. 56。

针对样本容量较大的问题,采用最大概率的计算方式,即根据两组被试分别得出两个能够代表每组样本的最大概率化的单个样本数据,其路径搜索网络图如图 5 和图 6 所示:

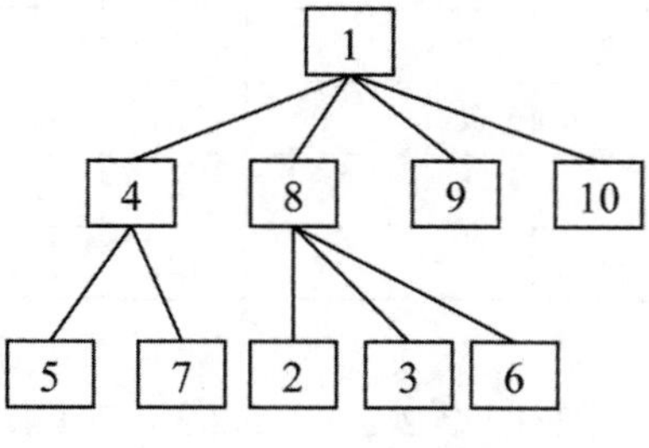

图 5　学生组的路径搜索网络

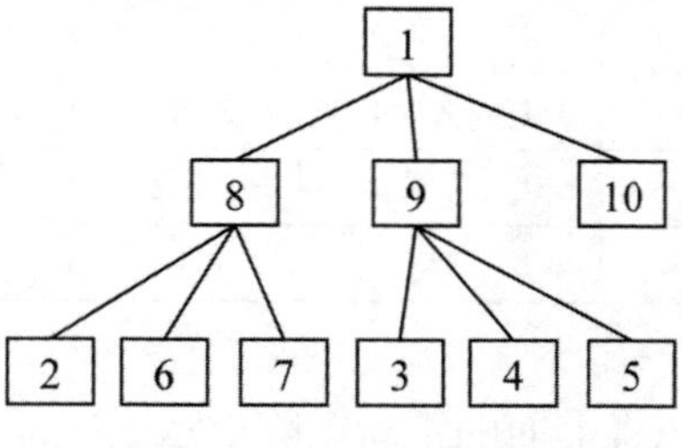

图 6　公务员组的路径搜索网络

对应的距离矩阵如表 5 和表 6 所示:

表 5　学生组网络图的距离矩阵

节点	1	2	3	4	5	6	7	8	9	10
1	0	2	2	1	2	2	2	1	1	1
2	2	0	2	3	4	2	4	1	3	3

续表

节点	1	2	3	4	5	6	7	8	9	10
3	2	2	0	3	4	2	4	1	3	3
4	1	3	3	0	1	3	1	2	2	2
5	2	4	4	1	0	4	2	3	3	3
6	2	2	2	3	4	0	4	1	3	3
7	2	4	4	1	2	4	0	3	3	3
8	1	1	1	2	3	1	3	0	2	2
9	1	3	3	2	3	3	3	2	0	2
10	1	3	3	2	3	3	3	2	2	0

表6　公务员组网络图的距离矩阵

节点	1	2	3	4	5	6	7	8	9	10
1	0	2	2	2	2	2	2	1	1	1
2	2	0	4	4	4	2	2	1	3	3
3	2	4	0	2	2	4	4	3	1	3
4	2	4	2	0	2	4	4	3	1	3
5	2	4	2	2	0	4	4	3	1	3
6	2	2	4	4	4	0	2	1	3	3
7	2	2	4	4	4	2	0	1	3	3
8	1	1	3	3	3	1	1	0	2	2
9	1	3	1	1	1	3	3	2	0	2
10	1	3	3	3	3	3	3	2	2	0

将上面的距离矩阵表示成向量，得到 $B_1=(2\ 2\ 1\ 2\ 2\ 2\ 1\ 1\ 1\ 2\ 3\ 4\ 2\ 4\ 1\ 3\ 3\ 3\ 4\ 2\ 4\ 1\ 3\ 3\ 1\ 3\ 1\ 2\ 2\ 2\ 4\ 2\ 3\ 3\ 3\ 4\ 1\ 3\ 3\ 3\ 3\ 3\ 2\ 2\ 2)$；$B_2=(2\ 2\ 2\ 2\ 2\ 2\ 1\ 1\ 1\ 4\ 4\ 4\ 2\ 2\ 1\ 3\ 3\ 2\ 2\ 4\ 4\ 3\ 1\ 3\ 2\ 4\ 4\ 3\ 1\ 3\ 4\ 4\ 3\ 1\ 3\ 2\ 1\ 3\ 3\ 1\ 3\ 3\ 2\ 2\ 2)$，并求得 $\bar{b}_1=2.4$，$\bar{b}_2=2.467$。将网站网络图和被试网络图的距离向量代入公式，算得全局相关系数分别记为 $N_1=0.306$，$N_2=0.426$。同理，可以表示出每个节点的距离向量，并带入公式，得到各组具体的单个节点相关性系数，如表 7 和表 8 所示：

表 7　学生组单个节点相关性系数

节点	1	2	3	4	5	6	7	8	9	10
相关系数	0. 791	0. 267	0. 191	0. 264	−0. 11	−0. 11	0. 301	−0. 04	0. 288	0. 53

表 8　公务员组单个节点相关性系数

节点	1	2	3	4	5	6	7	8	9	10
相关系数	1	0. 581	0. 256	−0. 26	0. 409	0	0. 581	0. 419	0. 161	0. 662

从计算结果来看,学生组和公务员组与网站标准网络图之间的相关系数分别为 $N_1 = 0.306$、$N_2 = 0.426$,与启发性规则比较可知($N_1 = 0.306$)$< 0.4 <$($N_2 = 0.426$)< 0.7,说明学生组与标准网络图之间相似性很小,而公务员组则与标准网络图呈中度相似性;公务员组比学生组的关于网站的心智模型更接近网站实际的分类体系。按照此种方法,可以对每一个被试者的实验数据进行分析,计算出全局相关系数和单个节点的相关系数,从而进行更进一步的分析。

3. 3. 2　影响因素分析

按照上述方法计算得出每个实验被试者的全局相关性系数,然后运用统计分析软件 SPSS18. 0 进行影响要素的分析。在运用该软件分析的过程中,主要运用方差分析中的独立样本 t 检验。方差分析是研究在因素影响过程中,因变量在各个因素水平下的平均值之间的差异检验。在此次实验数据分析中,主要对性别、职业、经验背景和教育背景这 4 项因素进行分析。

- 性别因素

——公务员组内性别因素分析。公务员组内共计男性 19 人,女性 13 人,统计分析结果如表 9 所示:

表 9　公务员组内性别因素独立样本检验

检验类型 相关性 系数		方差方程的 Levene 检验		均值方程的 t 检验						
		F	Sig	t	df	Sig (双侧)	均值差值	标准误差值	差分 95% 置信区间	
									下限	上限
相关性系数	方差相等	.002	.966	−.679	30	.502	−.037336	.054955	−.149570	.074898
	方差不等			−.667	25. 640	.504	−.037336	.055139	−.150753	.076081

从表 9 中可以看出,P(Sig.)=0.966>0.05,表明在方差齐性检验下,它们之间没有显著性差异。由此,假设方差相等,则 P(Sig,(双侧))=0.502>0.05,说明组内两类数据之间不存在显著性差异。即性别不是影响用户关于该网站旅游主题分类目录的心智模型的因素。

——学生组内性别因素分析。学生组内共计男生 18 人,女人 26 人,统计分析结果如表 10 所示:

表 10　学生组内性别因素独立样本检验

检验类型 相关性 系数		方差方程的 Levene 检验		均值方程的 t 检验					差分 95% 置信区间	
		F	sig	t	df	Sig (双侧)	均值 差值	标准误 差值	下限	上限
相关性系数	方差相等	.637	.429	-.240	42	.812	-.008444	.035192	-.079466	.062577
	方差不等			-.232	31.987	.818	-.008444	.036456	-.082704	.065815

从表 10 中可以看出,P(Sig.)=0.429>0.05,表明在方差齐性检验下,它们之间没有显著性差异。由此,假设方差相等,则 P(Sig,(双侧))=0.812>0.05,说明组内两类数据之间不存在显著性差异。即性别不是影响用户关于网站旅游主题分类目录的心智模型的因素。

- 职业背景因素。此次实验的被试主要分为两类职业:一类是公务员,共计 32 人;另一类是学生,共计 44 人。采用独立样本 t 检验,得到结果如表 11 所示:

表 11　样本职业背景独立样本检验

检验类型 相关性 系数		方差方程的 Levene 检验		均值方程的 t 检验					差分 95% 置信区间	
		F	Sig	t	df	Sig (双侧)	均值 差值	标准误 差值	下限	上限
相关性系数	方差相等	2.425	.124	-1.137	74	.259	-.034517	.030366	-.095022	.025988
	方差不等			-1.087	54.924	.282	-.034517	.031759	-.098166	.029132

从表 11 中可以看出：P(Sig.) = 0.124 > 0.05，表明在方差齐性检验下，它们之间没有显著性差异。由此，假设方差相等，则 P(Sig,(双侧)) = 0.259 > 0.05，说明此两组数据之间不存在显著性差异。即在职业层面，这两组被试者不存在显著性差异。所以，从分析结果来看，职业不是影响用户关于该网站旅游主题分类目录心智模型的主要因素

- 经验背景因素

——公务员组内经验背景分析。公务员组内有经验背景的 29 人，无经验背景的 3 人。统计分析结果如表 12 所示：

表 12　公务员组内经验背景独立样本检验

检验类型 相关性 系数		方差方程的 Levene 检验		均值方程的 t 检验						
		F	Sig	t	df	Sig（双侧）	均值差值	标准误差值	差分 95% 置信区间	
									下限	上限
相关性系数	方差相等	3.612	.067	.249	30	.805	.023241	.093211	−.167120	.213603
	方差不等			.624	11.888	.545	.023241	.037272	−.058052	.104535

从表 12 中可以看出，P(Sig.) = 0.067 > 0.05 表明在方差齐性检验下，它们之间没有显著性差异。由此，假设方差相等，则 P(Sig,(双侧)) = 0.805 > 0.05，说明组内两类数据之间不存在显著性差异。即经验背景不是影响用户关于该网站旅游主题分类目录心智模型的主要因素。

- 学生组内经验背景分析。学生组内有经验背景的 6 人，无经验背景的 38 人，具体统计结果如表 13 所示：

表 13　学生组内经验背景独立样本检验

检验类型 相关性 系数		方差方程的 Levene 检验		均值方程的 t 检验						
		F	Sig	t	df	Sig（双侧）	均值差值	标准误差值	差分 95% 置信区间	
									下限	上限
相关性系数	方差相等	.002	.965	−1.555	42	.128	−.076281	.049063	−.175293	.022732
	方差不等			−1.463	6.416	.191	−.076281	.052136	−.201876	.049315

从表 13 中可以看出,P(Sig.) = 0.965 > 0.05,表明在方差齐性检验下,它们之间没有显著性差异。由此,假设方差相等,则 P(Sig,(双侧)) = 0.128 > 0.05,说明组内两类数据之间不存在显著性差异。即经验背景不是影响用户关于该网站旅游主题分类目录心智模型的主要因素。

- 教育背景因素

——公务员组内教育背景(学历)分析。在公务员组内,本科及以下学历共计有 24 人次,硕士及以上有 8 人次。统计分析结果见表 14。

从表 14 中可以看出:P(Sig.) = 0.812 > 0.05,表明在方差齐性检验下,它们之间不存在显著性差异。

表 14　公务员组内教育背景(学历)独立样本检验

检验类型 相关性 系数		方差方程的 Levene 检验		均值方程的 t 检验						
		F	Sig	t	df	Sig(双侧)	均值差值	标准误差值	差分 95% 置信区间	
									下限	上限
相关性系数	方差相等	.057	.821	-1.480	30	.149	-.089750	.060634	-.213582	.034082
	方差不等			-1.453	11.678	.173	-.089750	.061761	-.224728	.045228

由此,从假设方差相等项来看,则 P(Sig,(双侧)) = 0.149 > 0.05,说明此两组数据之间不存在显著性差异。即在教育背景因素上,本科及以下和硕士及以上的用户对该网站分类目录体系的认识程度上不存在差异。所以,教育背景不是影响用户关于该网站旅游主题分类目录心智模型的主要因素。

——学生组内教育背景(年级)分析。在学生组内,低年级有 24 人次,高年级有 8 人次。统计分析结果如表 15 所示:

表 15　学生组内教育背景(年级)独立样本检验

检验类型 相关性 系数		方差方程的 Levene 检验		均值方程的 t 检验						
		F	Sig	t	df	Sig(双侧)	均值差值	标准误差值	差分 95% 置信区间	
									下限	上限
相关性系数	方差相等	.001	.980	1.315	42	.196	-.046384	.035275	-.024805	.117572
	方差不等			1.296	30.018	.205	-.046384	.035787	-.026700	.119468

从表15中可以看出：P(Sig.)=0.980>0.05，表明在方差齐性检验下，它们之间不存在显著性差异。由此，从假设方差相等项来看，则P(Sig,(双侧))=0.196>0.05，说明此两组数据之间不存在显著性差异。即在教育背景因素上，高年级和低年级的用户对该网站分类目录体系的认识程度不存在差异。所以，教育背景不是影响用户关于该网站旅游主题分类目录心智模型的主要因素。

3.4 实验结论

- 被试群关于网站分类目录的心智模型与网站实际分类目录体系之间的相似性比较。从整个结果来看，绝大多数用户的相关性系数值均小于0.4，共有69人次，占总被试的90.8%，而达到0.7以上的人数为0，介于0.4与0.7之间的只有7人次，占总数的9.2%。最大概率化样本后得到的学生组与公务员组的单样本与实际网站分类目录体系之间的相关性系数分别为$N_1=0.306$、$N_2=0.426$，其关系为$(N_1=0.306)<0.4<(N_2=0.426)<0.7$。综上所述可知，学生组与网站实际分类目录体系存在较大差异，而公务员组与网站旅游主题实际分类目录体系存在中等程度相似。学生组有关网站分类目录的心智模型与网站设计者的心智模型存在较大的不同，说明学生组不能按照自己的理解在网站中迅速搜寻到所需要的信息；而公务员组的心智模型与网站设计者的心智模型存在中等程度相似，说明他们之间对网站分类目录的理解有一些差异，但程度不大。
- 个人因素是否对用户关于网站分类目录的心智模型存在显著性差异。从以上数据分析中可以清楚地看出：性别、职业、经验背景和教育背景这4个方面的因素均对用户关于此政府网站旅游主题分类目录体系的心智模型不存在显著性差异。

针对以上结论，笔者提出建议：①调研和分析网站使用者的需求，根据用户的需求进行网站分类目录的重组和构建，方便用户快速找到所需要的信息；②针对网站的不同受众，推出个性化用户使用界面，例如美国国家政府网站(www.usa.gov)；③推出在线帮助服务，引导用户实时解决信息搜寻过程中遇到的问题。

参考文献：

[1] 徐春燕．网络搜索引擎分类目录检索功能研究[J]．图书馆学研究，2003(7)：56-59.
[2] 吴胜．网站信息分类体系优化方法及其应用[D]．南京：南京林业大学，2009.
[3] 白晨，甘利人，朱宪辰．基于信息用户决策心智模型的实验研究[J]．情报理论与实践，2009，32(10)：94-98.
[4] 潘明风．基于概念化心智模型的软件需求验证过程的研究及工具的实现[D]．上海：

华东师范大学,2005.
[5] 朱晶晶. 电子商务网站分类体系理解的用户心智模型研究[D]. 南京:南京理工大学,2010.
[6] Kudikyal U K, Vaughn R B. Software requirement understanding using Pathfinder networks: Discovering and evaluating mental models[J]. The Journal of Systems and Software, 2005, 74(1): 101 - 108.
[7] 吕晓俊. 心智模型的阐释:结构、过程与影响[M]. 上海:上海人民出版社,2007:6 - 7.
[8] Wu He, Erdelez S, Wang F K, et al. The effects of conceptual description and search practice on users' mental models and information seeking in a case-based reasoning retrieval system[J]. Information Processing and Management,2008,44(1):294 - 309.
[9] Roth S P,Schmutz P, Pauwels S L, et al. Mental models for web objects: Where do users expect to find the most frequent objects in online shops, news portals, and company web pages? [J]. Interacting with Computers,2010,22(2): 140 - 152.
[10] 吴鹏,张佩佩,甘利人. 网站用户信息获取中的心智模型研究[J]. 情报学报,2011, 30(9): 935 - 945.

作者简介

尤少伟，男，1988 年生，硕士研究生；
吴　鹏，男，1976 年生，副教授，博士，发表论文 20 余篇；
汤丽娟，女，1988 年生，硕士研究生；
严　悦，女，1988 年生，硕士研究生。

政府门户网站中的政府信息资源利用问题与对策研究*

陈能华　王晓敏

（湘潭大学公共管理学院　湘潭 411105）

摘　要　简述在信息化时代背景下政府信息资源利用与政府门户网站的关系，分析政府门户网站对政府信息资源利用的影响，以湖南省政府门户网站为例进行相关问卷调查，结合数据统计结果分析我国政府信息资源利用目前所存在的信息利用环境缺乏、信息质量参差不齐、信息获取渠道不畅等问题，并提出几点解决对策及建议。

关键词　政府信息资源　信息资源利用　政府门户网站

分类号　D630

随着我国信息化建设的飞速发展，信息资源在当今社会众多领域内发挥着越来越重要的作用，如何更充分地利用有限的信息资源成为人们共同关注的问题之一，这一问题在政府信息资源利用上也同样存在。本文主要研究的是政府门户网站中政府信息资源利用所存在的问题与对策。

1　政府信息资源利用与政府门户网站

1.1　政府信息资源与政府门户网站

政府信息资源是一切产生于政府内部，或者虽然产生于政府外部，但对政府各项业务活动能够产生影响的信息资源的统称。政府信息资源是社会的公共财产，属于社会公共服务产品，具有公共性、权威性、宏观性、及时性、机密性等特点。政府信息资源包括档案资料、电子文件、政府出版物和各种数据库等。《中华人民共和国政府信息公开条例》（以下简称《条例》）正式实施以来，我国的政府信息资源建设及利用工作有了更严格的制度性规范，

* 本文系湖南省哲学社会科学基金项目“湖南省落实执行《中华人民共和国政府信息公开条例》的策略研究”（项目编号：09YBA135）研究成果之一。

大量的政府信息资源被发布在政府门户网站等面向社会公众的媒体上，以供企业或者单位、个人利用。

在我国，政府门户网站是电子政务发展的产物，它是为了减少用户在检索、获取、利用政府信息资源或者使用政府信息服务时，在不同的政府部门网站之间重复访问所引起的困惑和不便而建立的，兼顾了政府的政治性和网络的平民性特点，充分发挥了网络传播范围广、时效性强的优势，能更及时、更准确地传播政府信息资源，为政府信息资源的公开、利用等提供了重要的平台。CNNIC（中国互联网络中心）第27次中国互联网络发展状况统计报告数据显示，我国目前以“gov. cn”结尾的政府网站已经达到了52 155个之多[1]。政府门户网站的优势在于它具有面向用户的统一的操作界面，能够帮助用户在不了解确切的政府部门职能和相关链接信息的情况下检索、获取与利用所需政府信息资源以及享受政府信息服务。

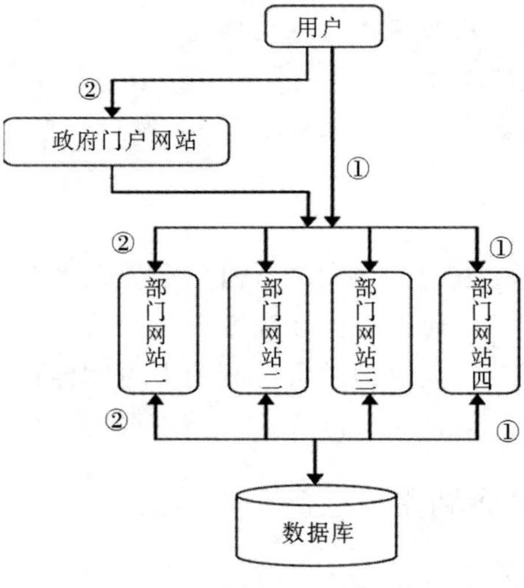

图1　政府门户网站与部门网站工作示意

图1中，“①”标注的是用户直接面对各政府部门网站检索政府信息资源的情况（用户面对的政府部门网站数量较多），“②”标注的则是用户面对政府门户网站这一单一界面检索政府信息资源的情况。

1.2　政府信息资源利用与政府门户网站

政府信息资源利用是指经过采集、加工、存储的政府信息资源，通过检索、传递，提供给相关组织和个人，以满足其信息需求的过程。

政府信息资源具有多方面的价值：对于政府而言，它是政府行为决策的重要参考依据，也是沟通政府与社会公众的纽带[2]；对企业而言，则具有隐性的商业价值和引导企业战略发展的作用；对于公众而言，政府信息资源的价值则主要体现在行使民主权利和提供日常生活信息等。中共中央办公厅、国务院办公厅印发的《2006－2020 年国家信息化发展战略》已将“大力发展以数字化、网络化为主要特征的现代信息服务业，促进信息资源的开发利用”作为我国信息化发展战略目标之一[3]。同时，《关于加强信息资源开发利用工作的若干意见》（中办发 E2004334 号文件）中指出，“对政府信息资源的利用是落实科学发展观，推动经济社会全面发展的重要途径，是增强我国综合国力和国际竞争力的必然选择”[4]。

目前我国各级政府部门的门户网站建设已经取得一定成效：各级政府部门本着一切从实际出发的原则，制定关于政府门户网站中政府信息资源的管理制度，促使政府信息资源及时发布；各级政府门户网站积极配合实际工作需要，开设政策宣传专题，满足特定时期的宣传需要；几乎所有的政府门户网站（尤其是省级政府门户网站）都建立了与其他政府门户网站的友情链接。与下级政府职能部门网站之间的树状联系，能够基本实现政府门户网站之间的无障碍沟通，降低政府的办公成本，提高政府的办公效率。

政府信息资源利用须以政府信息资源的建设与获取为前提。政府信息资源建设关系到我国政府职能转型与国际接轨的提速，关系到我国企业和单位国际竞争力的提高，关系到我国政府公共信息服务能力的提升等。但我国的政府信息资源建设目前仍然存在诸多问题，例如：政府信息资源采集手段单一、时效性不强，政府信息资源管理混乱、未成体系，政府信息资源发布平台缺乏维护、发布渠道单一等。

政府门户网站作为政府信息资源建设与获取的主要平台，对政府信息资源利用有着重要的影响。政府门户网站通过对政府信息资源的建设与质量控制对政府信息资源的获取与利用产生重要影响，主要表现在以下两个方面：①政府门户网站的政府信息资源建设能力决定了政府信息资源的系统性，政府信息资源的更新速度决定了政府信息资源的时效性，政府信息资源的真实性决定了政府信息资源的权威性；②政府门户网站的安全性决定了政府信息资源的安全性，操作平台、外部接口等决定了政府信息资源的可获取性。

然而，由于政府信息资源建设不足，政府信息资源开发利用的标准不一，各级政府门户网站和部门网站沟通不足、资源重复建设，各级政府门户网站与政府职能部门网站之间形式上互相连通，实质上为“信息孤岛”的情况屡见不鲜，严重阻碍了我国政府信息资源开发利用的进程。

2　政府信息资源利用状况分析——以湖南省政府门户网站为例

鉴于政府门户网站对政府信息资源利用的影响，笔者对湖南省政府门户网站中政府信息资源的利用状况进行了一次问卷调查。

本次调查问卷共设计了20个问题，包含三部分内容，以选项调查为主要提问方式。问卷顶部对专业术语进行了说明，以方便被调查者在做出选择前对问卷有比较充分的理解，从而尽可能保证达到问卷调查目的。样本数量为100人，具体样本情况见图2和图3。共发出问卷100份，收回有效问卷100份。

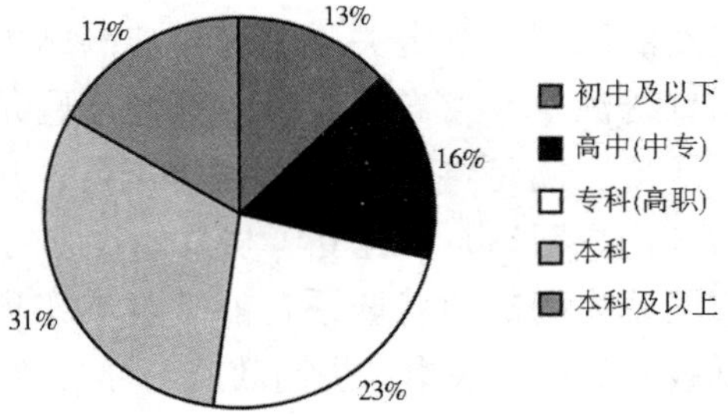

图2　样本学历层次统计结果

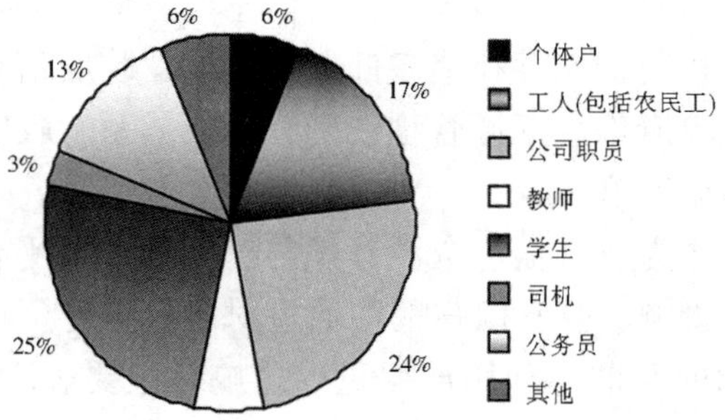

图3　样本职业范围统计结果

2.1　湖南省政府门户网站的政府信息资源利用状况分析

问卷的第一部分为样本群体的基本情况调查。在100名被调查者中，63%的人知道有《条例》，37%的人表示并不知道《条例》；71%的人知道湖南省政府门户网站，29%的人不知道湖南省有其政府门户网站。被调查者中67%的人关注过政府信息资源的宣传，33%的人没有留意过政府信息资源宣传。在 71 名知道湖南省政府门户网站的被调查者中，94% 的人访问过湖南省政府门户网站，但只有 36 人从湖南省政府门户网站获得了自己所需要的政府信息资源。

问卷的第二部分是对于湖南省政府门户网站中政府信息资源质量的调查。该部分调查内容涉及湖南省政府门户网站中政府信息资源的系统性、权威性、全面性、时效性、易读性等，如表 1 所示：

表 1　政府信息资源质量调查

调查内容 / 选项	系统性	权威性	全面性	时效性	易读性
很好	18.7%	21.8%	20.3%	23.4%	54.7%
一般	43.7%	53.2%	37.6%	32.9%	34.4%
不好	37.6%	25%	42.1%	43.7%	10.9%

问卷的第三部分为关于湖南省政府门户网站中政府信息资源获取的调查，包括页面外观、操作界面、使用其他终端获取是否方便、政府信息资源知识产权、个人信息安全等内容。

页面效果与操作界面是直接面对用户的第一印象，有 43% 的被调查者表示政府门户网站的页面效果不尽人意，19% 的人表示不太会使用操作界面，见图 4、图 5。

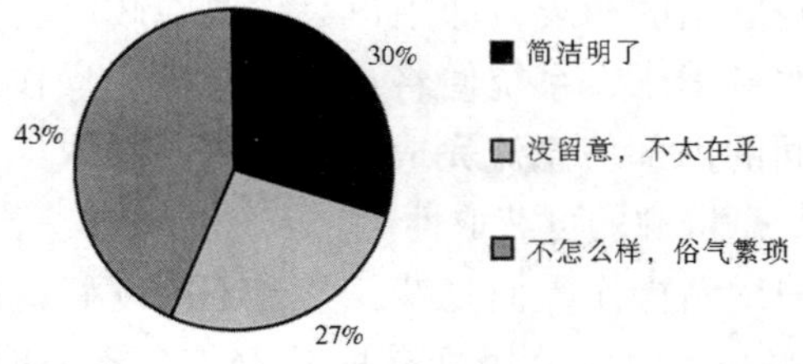

图 4　页面效果调查结果

2.2　政府信息资源利用存在的问题

2.2.1　信息文化环境缺乏

中国传统文化中，信息的传递多以上传下达的方式进行，公民缺乏“问”政府要信息资源的意识，政府将政府工作透明化和政府信息资源依法公开的主动性不足。我国目前尚未形成对政府信息资源公开的监督机制，缺乏规范政府信息资源利用行为的法律体系。公民在获取政府信息资源时无所适从，

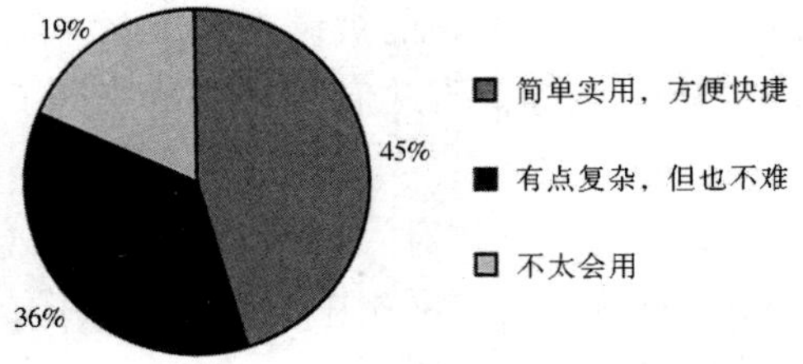

图5 操作界面调查结果

缺乏安全感，甚至无从获取政府信息资源，致使政府信息资源利用率低下。

2.2.2 政府信息资源质量参差不齐

政府门户网站信息构建技术的局限导致了网站中政府信息资源的系统性不足。政府门户网站数量猛增，却没有得到统一的管理，降低了政府门户网站和政府信息资源的权威性。政府门户网站看似涵盖面很广，但实际有很多死链、空链，公民无从获取所需政府信息资源。政府门户网站中政府信息资源的更新速度慢，导致政府信息资源时效性不强，降低了政府信息资源的利用价值。政府门户网站缺乏对用户知识结构和需求的深入了解，易读性较差。

2.2.3 政府信息资源获取不畅

我国政府信息资源规划开发目前呈现出资源建设上“各自为政”、资源归属实质上“部门私有”等情况，没有做到真正的政府信息资源共享。这违背了政府建立政府门户网站的初衷，即用户只需要在政府门户网站中的单一点上键入检索内容或服务请求，系统便将自动转至后台操作，由部门网站之间或部门与数据库之间的内部信息流完成，简化用户获取、利用政府信息资源的程序，提高政府信息资源的可获取性。

另外，政府门户网站操作界面复杂，平台不够友好，没有充分考虑用户的知识结构和文化水平，致使公民在获取政府信息资源时遭遇尴尬。同时，地域经济发展状况的差异造成的信息资源获取能力和信息资源配置的差距，也导致了公民对政府信息资源的利用程度的差异。

3 完善政府门户网站中政府信息资源利用的对策

3.1 优化政府信息资源利用环境

政府有责任培养公民的信息文化意识，发扬民主精神。社会公众要有关注政府信息资源公开、利用的意识，积极参与监督政府及其工作人员行为的意识，在利用政府信息资源为自身创造更大效益的同时，帮助政府提高工作效率，改善政府的服务质量。政府要坚决做好政府信息公开工作，这是开展政府信息资源利用工作的重要前提。政府应加大对政府信息资源利用的宣传，鼓励公民通过政府门户网站等高效的方式寻求政府信息资源，获取政府信息资源，利用政府信息资源。

政府要加强关于政府信息资源利用的法制建设，细化《条例》内容，明确政府信息资源公开和利用的范围，做到“保密有据，公开也有据”；制定政府信息资源开发和利用的统一标准，克服由于客观条件的差异而带来的“信息孤岛”问题。在此次调查中，访问过湖南省政府门户网站的64人中，有78.1%的被调查者对政府门户网站发布的政府信息资源“半信半疑”、“不可信”，这说明政府公信力低下。因此，政府要完善政府信息资源管理工作，政府CIO要对政府信息资源的真实性、准确性负责，统一政府信息公开平台，提高政府信息资源的权威性，确保政府公信力。

政府要提高对政府信息资源利用的重视，加大对政府信息资源利用的投入，促进我国政府信息化建设与发展。不同国家间信息基础设施情况、电子政务发展水平以及用户网上信息利用能力差异决定了政府网站用户的规模与实际利用效果[5]。因此，政府还应克服投资中重硬轻软的现象，在注重信息基础设施建设的同时，要加强信息人才的培养和信息技术的教育，提高公民的政府信息资源获取能力和利用能力，缩小地域性信息资源利用差异，兼顾信息公平。

3.2 改善政府信息资源质量

政府信息化三要素（计算机、网络通信系统、信息内容）中，信息内容是核心的部分。政府门户网站中政府信息资源的质量将直接影响到政府信息资源利用情况。政府应重视信息内容建设和信息服务，建立统一的政府信息资源管理系统，完善政府信息资源的构建、组织和管理工作。在政府信息资源公开最初的后台整合时，就要注意政府信息资源的质量，这样才能从源头上保证政府信息资源的系统性、权威性。政府还应该解决死链、空链等问题，建立“公民通过现有的政府信息资源公开平台无法获取相关部门的信息资源，就由该部门负责”的问责制。

政府信息资源一般具有较强的时效性，如果政府对其工作不能迅速地做出反应，公开反映社会发展的动态信息，就会大大降低政府信息资源利用的价值。因此，要对已发布的政府信息资源进行跟踪，并及时更新，尽可能地保证其时效性。政府应该充分利用互联网这种传播速度快、受众面广的信息传播方式，建立政府信息资源公开和利用的激励机制，达到促进政府信息资源利用的目的。

调查数据表明，访问过湖南省政府门户网站的64人中，有10.9%的人在关于政府信息资源易读性问题中，选择了“有些内容看不懂”的选项。因此，政府门户网站应注意提高网站的交互性，积极与用户沟通互动，充分了解用户对政府信息资源的需求以及其他信息服务需求，根据用户的具体情况提供个性化的“一站式”政府信息资源服务，帮助公民从政府门户网站获取并利用政府信息资源。

3.3 建立政府信息资源立体式获取渠道

政府要加强G2G（goverment to government）的联系，完善政府门户网站建设。政府门户网站是为了减少用户为获取政府信息资源而在政府部门网站的重复访问而构建的统一平台，它依靠与政府各职能部门的后台信息流，在同一操作平台上揭示政府信息资源。因此，政府应当加强政府门户网站与各职能部门的联系，政府部门应及时向数据库提供部门信息资源，供用户检索，在纵向上疏通政府信息资源的获取渠道。

政府门户网站面向的用户是社会公众，要充分考虑社会公众的知识结构、文化水平、文化习惯等个体及群体性特征。因此，政府门户网站应使用简洁大方的访问页面、方便简单的操作界面、详尽的网站地图以及友好的交互平台，尽量使用直观的图形界面、语音和视频等方式，协助用户进行操作，这不仅有利于政府信息资源的获取，还有利于降低用户培训成本。另外，2007年世界主要城市政府网站的调查结果表明，只有18%和11%的被调查城市政府网站分别为盲人和聋哑人提供了无障碍进入通道，非洲国家没有一个城市政府网站为残疾人提供无障碍获取工具[6]。因此，我国在发展政府门户网站时还应尽量完善残障用户的操作界面，减少弱势群体的操作困难。

政府还应该制定统一的政府信息资源开发利用标准。只有标准化建设的信息源才能够无障碍、不失真地在各种形式的载体中转换，在机器之间、人机之间、用户终端之间进行交流与共享。这样，才能保证政府信息资源的可获取性与可利用性。截至2010年12月，我国手机网民规模达3.03亿，较2009年底增加了6 930万人。手机网民在总体网民中的比例进一步提高，从2009年末的60.8%提升至66.2%[1]。手机网民越来越多，上网工具的种类也越来越多，例如PSP、PDA、iPad等终端无线设备。这不仅是对政府门户网站信息技术的挑战，也对拓展发布、传播、获取政府信息资源的渠道提出了新的要求。

此外，在注重提高政府信息资源利用率的同时，政府也不能放松对政府信息资源安全性的控制以及涉及知识产权的相关信息资源的管理。问卷调查结果显示，在回答涉及信息安全方面的问题时，64 名曾访问过湖南省政府门户网站的被调查者中，有 84.4% 的被调查者选择“在访问政府门户网站时担心自己的个人信息或者敏感数据的安全性”，其中 45.3% 的人选择“出于对安全性的考虑不会在政府门户网站上留下自己的个人信息”，40.6% 的人选择“虽然担心个人信息的安全，但有些情况下不得不留下个人信息”。因此，相关部门在对政府门户网站中政府信息资源安全性严格把关的同时，还要重视用户个人信息或者敏感数据的安全性，切实维护政府信息资源公开利用平台安全正常运行，防止用户信息被泄露和非法使用，解除用户访问政府门户网站的后顾之忧，从而促进政府信息资源的利用。

参考文献：

[1] 第 27 次中国互联网络发展状况统计报告[EB/OL].[2011 - 03 - 23].http://www.cnnic.net.cn/dtygg/dtgg/20110118_20250.html.

[2] 程万高.政府信息资源开发利用[M].北京:科学出版社,2009:13.

[3] 张诤.政府数字信息资源开发利用研究[J].电子政务,2010(5):70 - 73.

[4] 刘甲学.基于 Web Service 的政府信息资源共享平台研究[J].档案学通讯,2008(3):66 - 69.

[5] 夏义堃.电子政务环境下政府信息资源获取与利用状况分析及对策研究[J].图书情报知识,2010(5):97 - 102.

[6] Holzer M. Digital governance in municipalities worldwide(2007):A longitudinal assessment of municipal websites throughout the world[EB/OL].[2011 - 04 - 11].http://andromeda.rut?? gers.edu /... /100% 20City% 20Survey% 202007% 20 (Full% 20Report).pdf.

作者简介

陈能华，男，1954 年生，教授，博士生导师；

王晓敏，女，1987 年生，硕士研究生，发表论文 1 篇。

务　实　篇

欧洲电子政府公共服务研究

李章程

（湖州师范学院社会发展学院　湖州 313000）

摘　要　根据2010年和2011年联合国与日本早稻田大学分别发表的世界电子政府测评报告，将欧洲电子政府公共服务归纳为4个方面，即在线服务、用户体验、门户网站和电子采购，并通过相关数据及实例论述欧洲电子政府公共服务在不同领域的具体表现。最后，从人本理念、泛欧服务、多层治理三方面分析欧洲电子政府公共服务取得成效的基本原因。

关键词　欧洲　电子政府　公共服务　成效

分类号　C93

2010年，联合国发布了*UN：E-government Survey 2010*[1]报告，调查显示，欧洲在电子政府发展指数方面继续蝉联第一，紧随其后的是美洲，这也是两个唯一远超世界平均水平的地区。在发展指数排名前20位的国家中，欧洲有12个，占总数的60%。2011年1月，日本早稻田大学公布了*The 2011 Waseda University World E-government Ranking*[2]，在排名前20位的国家中，欧洲有13个，占总数的65%。尽管两者所采用的指标不尽相同，但结果却基本一致，表明欧洲已成为世界电子政府发展水平较高的地区。根据电子政府的构造模型理论，电子政府的概念结构由服务、政府、信息与技术构成，也就是以服务（S）为导向；以政府（G）管理服务流程优化、再造为根本；以信息（I）标准经处理、技术（T）集成应用为手段。服务是这一模型的出发点和归宿，电子政府的发展水平取决于服务水平。换言之，欧洲电子政府公共服务水平走在世界前列。

1　在线服务

就发展水平来说，在线服务主要涵盖在线成熟度和完全在线可获得性两方面；就服务对象来说，主要包含电子化企业服务与电子化公民服务。

为科学、客观地评估电子政府在线服务，2001年以来，欧盟设立了20项公共服务测评项目，其中，12 项面向公民，8 项面向企业。这 20 项公共服务项目兼顾了欧盟不同国家的政治、社会经济和文化背景的巨大差异，提供了公共部门和公民、企业之间在线方面的不同任务与互动的全貌。

1.1　在线成熟度（online sophistication）

在线成熟度是指围绕 5 种成熟模型的服务传递阶段，即信息发布阶段、单向互动阶段、双向互动阶段、交易阶段和个性化阶段。欧盟 2001－2010 年历次测评的 20 项基本服务的成熟度依次为：45%、55%、60%、67%、65%、75%、76%、83% 和 90%，见图 1。

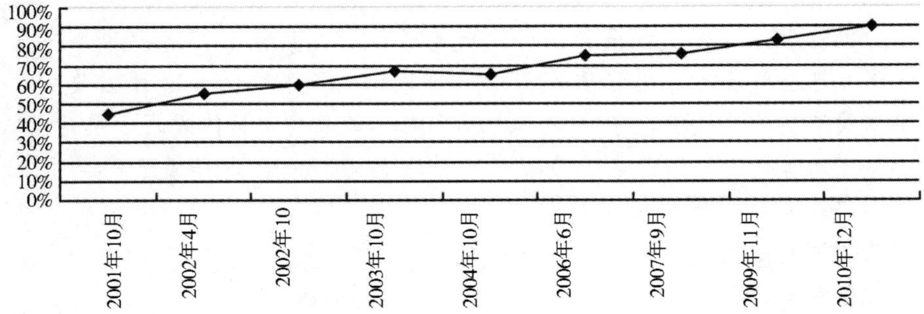

图 1　欧洲电子政府公共服务在线成熟度发展趋势

资料来源：根据欧盟 1～9 次在线服务调查报告整理而成

除 2004 年欧盟扩张致使当年整体成熟度较 2003 年下降 2% 外，其余均以 8% 左右的速度递增，2010 年达到了 90%。按照欧盟在线服务的 5 阶段划分标准，2010 年，欧洲电子政府在线成熟度已基本实现第四层次即交易阶段，现正处于交易层次和个性化层次之间。这充分证明，过去 10 年中，欧盟致力于在线服务传递的成效是巨大的，一个成熟的电子政府服务模型基本确立。另一方面，就具体的国家来说，在线服务的增长趋势亦是明显的，如图 2 所示[3]：

图 2 表明，2009—2010 两年间，几乎所有欧盟国家的在线成熟度都呈现出不同的增长趋势。其中，排名最好的是爱尔兰、马耳他、奥地利和葡萄牙，均达到 100%，紧随其后的是瑞典、德国和意大利，均达到 99%。此外，意大利的增长速度最快，增幅为 19%。从欧盟整体和各国在线成熟度的增长趋势可以看出，欧盟整体在线成熟度的提高是与具体国家在线成熟度的提升完全一致的，两者互为依托、参考与比较。

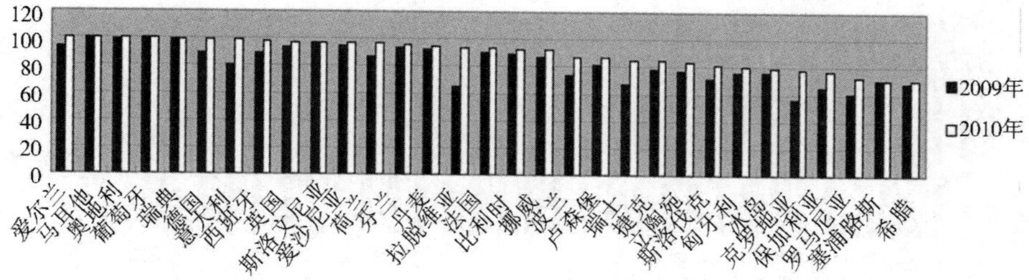

图 2　2009—2010 年欧洲国家电子政府公共服务在线成熟度排名

1.2　完全在线可获得性（full online avaliability）

完全在线可获得性是指所提供的在线服务是否能完全采用电子化方式进行处理，它是在线服务的深层次运用。2001—2010 年，欧盟电子政府公共服务的完全在线可获得性比例增长较快，除 2004 年较前一年下降 2% 外，其余均以 10% 左右的速度递增。2010 年，欧盟国家的平均水平达到 82%，较之 2009 年（69%）增长了 13%，说明欧盟电子政府公共服务在前两年间获得了较之以往更大的发展，进一步促进了电子政府公共服务的成熟运用，见图 3。

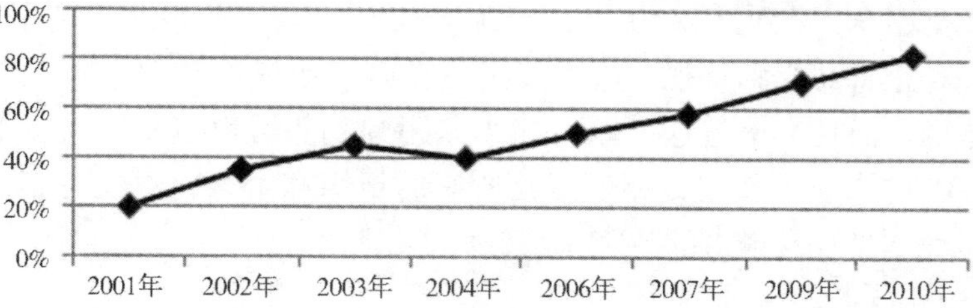

图 3　2009—2010 年欧洲国家电子政府公共服务在线成熟度排名

资料来源：根据欧盟 1 ~ 9 次在线服务调查报告整理而成

就具体的国家来说，完全在线可获性的增长趋势尤为显著，几乎所有国家都获得了较快的发展，特别是意大利、马耳他、奥地利、葡萄牙和瑞典，20 项公共服务均已实现 100% 在线可获得。另外，瑞士、意大利、保加利亚、克罗地亚和拉脱维亚在 2009—2010 年间增长均超过 25%，见图 4[3]。

从更广泛意义来讲，可获得性仅仅是第一步，重点必须放在理解和解决使用的动机、目的上。这样，在线服务的利用会上升，同时也减少了数字鸿沟，并最终能证明通过电子政府的途径可获得公共产出，即“信息通信技术红利”。它将有助于欧洲国家证明其投资于技术方面的价值，从而支持其面对短期的经济和预算挑战，实现长期的公共服务和民主改善的目标。

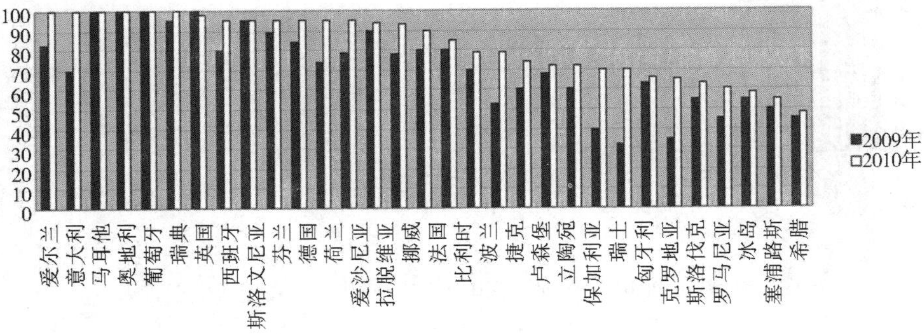

图4　2009—2010 年欧洲国家电子政府完全在线可获得性排名

资料来源：根据欧盟 1 ~9 次在线服务调查报告整理而成

1.3　G2B 和 G2C

就 G2B 和 G2C 来说，经过 10 年的发展，两者之间的差距日趋缩小。2001 年以来，G2B 曾一度被置于优先位置：2001—2006 年，G2C 平均以 15% 左右的差距落后于 G2B，且差距越来越大。但自 2007 年以后，两者的差距相对缩小，见图 5。特别是 2010 年，G2B 和 G2C 之间的差距缩小到了 7%。这表明，G2C 正日益受到重视，这不仅是建设电子政府的初衷，更是民主的一种具体体现。而且，透过这一相对缩小差距的趋势可以看出，欧盟电子政府公共服务经过了一个转向，那就是让所有的组织和个人，不仅是企业，更应是公民同等享受政府提供的数字化服务。

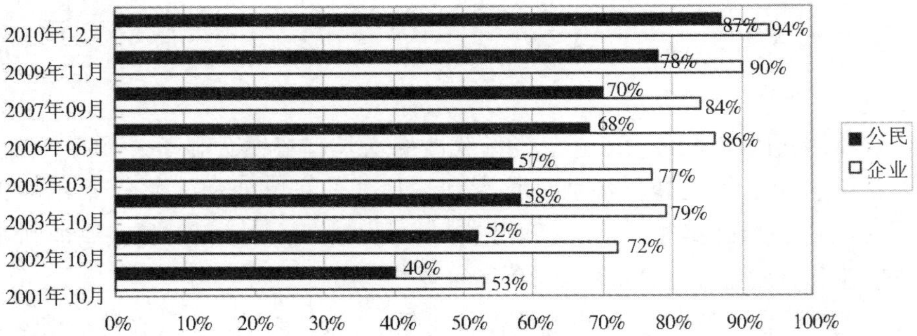

图5　G2B 和 G2C 发展趋势

资料来源：根据欧盟 1 ~9 次在线服务调查报告整理而成

2 用户体验

电子政府公共服务的价值在于能深刻体现服务的本质，按照用户的特点来构建服务模型和传递在线服务。用户导向成为国际电子政府研究的热点。如 Accenture 公司在评价电子政府的成熟度时不断提高客户服务成熟度的比例："从最初的30%到50%再到90%"[4]，充分表明客户导向的重要价值。

用户体验（user experience）正是客户导向的一个重要标志。每个人与政府接触都是有其合理性的，满足其需求并使服务增值才能真正实现用户体验。提升用户体验是从以政府为中心提供服务的范式转向以用户为中心提供服务的范式。虽然"客户"这个词并不总是被视为在公共服务中的一个合适的内涵，但它所体现出来的元素值得政府思考。用户体验考虑到了用户使用的渠道、用户特定的需求、简单程序和短期服务提供，也考虑到了用户反馈服务提供方的需求和能力。

2.1 5项核心指标

2010年，欧盟委员会评估在线服务所用的20项核心公共服务亦被用来评估整体用户体验，确立了5大核心指标：服务传递的透明性、多渠道服务提供、隐私保护、易用性和用户满意度监测。

这5项指标的测评结果依次为："隐私保护得分为95%，服务提供的多渠道得分为90%，易用性为75%，用户满意度监测为75%，服务提供的透明性为50%。"[3]这表明，虽然在线服务提供的透明性仍有待提高，但欧盟的整体用户体验已处于较高的阶段。

2.2 用户需求法

对用户需求的渐趋重视强烈地反映在对用户满意度监测的持续重视和在日益以用户为中心的测评工具上。

首先，开展用户需求监测的国家数量正处于稳定上升阶段。"2007年仅9个国家开始此项监测，但到2009年，就迅速扩大到23个，2010年至少已达26个。"[3]这一数量的变化深刻地说明了用户需求满意度正成为电子政府创新的新突破点，见图6。

其次，用户需求认证方法的使用。芬兰是这个方面的领军国家，已开发了基于广泛路径之上的全国在线服务设计纲要，包括人口背景、语言、残疾、兴趣、工作和技术。这些通常是通过角色来进行表达的，诸如第一次购买或寻找出租房，这就在一个广泛的使用场景范围内区别出不同用户的特点。另一种常见的是以人口统计的形式细分用户，例如西班牙细分为老年人、女性

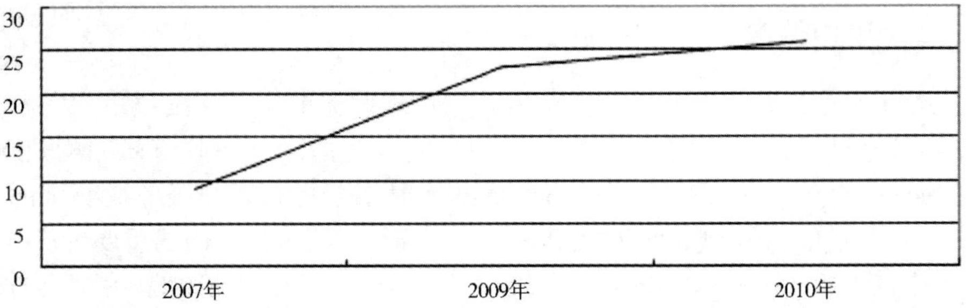

图 6　欧洲国家开展用户满意度测量数量增长趋势

和年青人。

电子政府公共服务的用户体验的一个最基本条件是能接触或使用互联网，可 2010 年的统计数据显示，“年龄在 16－74 岁之间的人仅有 42% 使用互联网与政府进行互动”[5]。服务的可获得性和被利用之间的现实差距表明，公共部门正面临着一个重要的挑战——重新思考如何使公共服务以公民为中心。因为，从电子政府服务获得的更好的经济效益、持续增长的公共价值和影响需要通过以用户为中心的方法得到更好的证明与反馈。对用户需求的日益重视越来越受政策决定驱动，反过来又反馈到广泛的公共部门政策发展中。用户施加的压力（如通过社会媒体）显著增长，它实质上是参与政策制定的过程，这将改变公共政策价值链的整体性质。

3　门户网站

欧美电子政府比较发达的国家，都非常重视政府门户网站的建设和管理，并将之作为提供电子政府服务的主要渠道。其发展特点主要有功能强大、可用性强、职能整合突出、简洁实用等[6]。下面从易用性、互动性两方面分析欧盟电子政府门户网站公共服务情况。

3.1　易用性

主要观察整体使用性，如网站的多语制、信息提供种类和数量、个性化选择和用户搜索等。

3.1.1　信息类型方面

部分国家如英国、爱尔兰、芬兰等的门户网站特别吸引人，除提供常规信息外，还提供不同信息管理工具和器具，如管理工具、证件查找工具等。总的来说可分为如下几大方面[3]：

- 绝大多数的门户网站提供详细的联系方式；

• 大多数网站提供一个启动过程的概述（78%），这大大方便了用户使用各种概述；

• 许多网站显示列表，包括可供选择的公司类型列表（69%）、在线可用的许可证列表（72%）；

• 在信息支撑方面，2/3 的网站（66%）提供关于受托区（当地人口数量、环境、住房、医疗、学校或休闲设施等），当地劳动力，企业资产和（或）当地可用财政等方面的信息；

• 最显著的是，有 41% 的受访网站包含关于赔偿方面的信息，这是一个确保企业权利的重要因素。

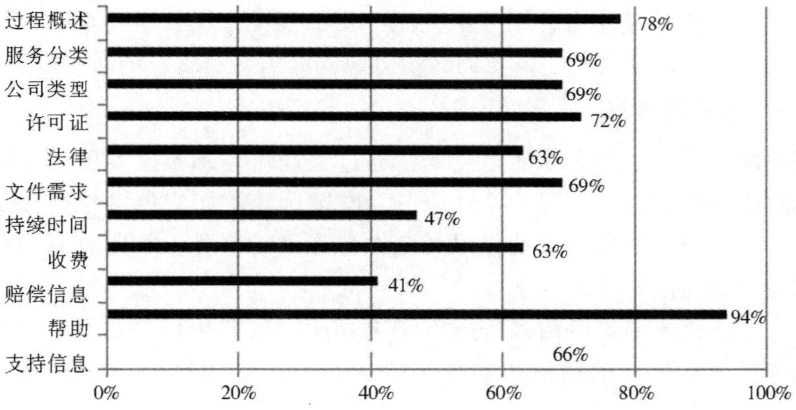

图 7　欧盟国家通过门户网站获取信息的类型百分比

3.1.2　信息相关性方面

与信息类型提供的多样性相比，信息相关性方面明显不足。虽然许多网站提供了一个过程概述，但在实践上，开展一项业务到底需要多少步骤，用户在理解上依然存在困难。尤其是，相关信息缺少个性化。这样一来，用户对于哪一步真正适用于自己的具体情况和需要就不确定了。

当涉及判断可获得信息的数量和质量时，随着时间的推移，行政部门通过"信息曲线"的方式进行。首先不提供或提供极少的信息，然后用明显过量的信息补偿这一缺失，最终成功减少真正相关的网站内容。其中一个例子是关于法律信息，有些网站提供过多的法律文本，其他的只有交叉法律数据库，仅少数网站提供量身定制的信息，即信息是申请人认为与他的请求相关的。2010 年欧盟政府门户网站的信息相关性的百分比，如图 8 所示[3]：

图 8 表明，欧盟政府门户网站在所提供信息的相关性方面，太少所占比

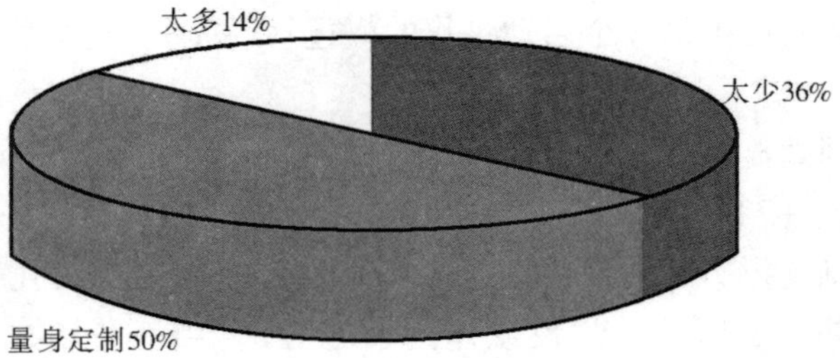

图 8　欧盟国家通过门户网站开展某一可获得性业务的不同数量比

例为 36%，太多占 14%，真正量身定制的信息所占比例仅为 50%。这说明，政府门户网站所提供的信息服务虽类型丰富、多样，但其中真正有效的信息和服务约占五成。换言之，信息的数量可观，但信息的质量仍需要提升。

3.2　互动性方面

门户网站的一个强大功能是互动，通过互动可省却不必要的繁文缛节而便捷地解决问题，真正实现一站式服务。欧盟国家的门户网站注重提供互动服务，特别是定制信息、自动化以及个性化方面的服务。欧盟政府门户网站的互动性方面的主要特征有：

- 个性化表格。申请人一般仅浏览其所需要的表格，在某些国家，表格已预选填好，从以前的应用数据记录或由行政部门维护的数据库里进行检索。
- 在线表格。在某些情况下，表格被整合成网站的界面。在其他情况下，有可供下载的 PDF 文件。申请人能改变和填写所提供的表格是关键。
- 个性化文件清单，网站显示与用户相关的文件。
- 电子支付。用户能够在线缴纳登记和相关的费用，使用一个电子银行申请或类似的程序。
- 监测正在进行的程序。用户能通过一个私人空间、一个功能性邮箱或一个电子文件库来监测他们申请的进展，知晓所处阶段及负责处理相关请求的部门。
- 通过网站传送决定和交流。启动进程不应随着申请人提交其请求而结束，通告和决定都是通过在线传递的。

图 9[3] 表明，欧盟门户网站互动服务可用性方面，在线种类和个性化表格遥遥领先，分别占 53% 和 47%，说明门户网站的自动化和个性化发展较快。其他诸如文件清单、汇票的保存、电子支付等得到不同程度的发展，亦说明网站互动服务的多样化。

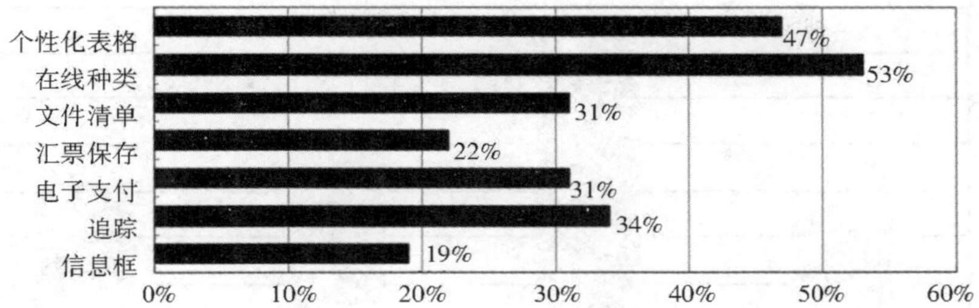

图9　欧盟门户网站互动服务可用性百分比

4　电子采购

电子采购由终端到终端的公共采购流程的数字化组成，它具有传统采购所无法比拟的优势，可将政府的采购过程进行系统化、流程化管理，从根本上提高工作效率。欧盟的政府电子化采购起步较早，1994 年便在互联网上开通了《电子招标日报》（TED）系统。该系统包括欧盟的所有政府招标信息，并对所有欧盟成员国的投标者进行开放。2004 年，欧盟将原有的 4 类公共采购法进行合并，制定了新的政府采购指令，即公共事业部门采购指令（2004/17）和公共部门采购指令（2004/18）。尽管这两部法令还需要通过法律层面的进一步检验，但对政府电子采购进行了革命性的规定，并要求“2006 年 1 月 31 日之前，欧盟的所有成员均须修订国内的政府采购法律法规和实际做法，将电子采购规则国内化”[7]。

4.1　电子采购平台

从 2009 年开始，欧盟就电子政府的公共服务传递的测评开始采用电子采购指标。调查发现，电子采购平台普遍反映了地理范围和行政部门的层级，大部分服务于全国市场（69%）和（或）联邦、地方市场（52%）。大约 1/3 的样品宣称提供跨国服务，这得到缓慢发展的电子采购单一市场的证实，见图 10[3]。另一方面，平台不再按部门细分：大多数平台提供的服务不仅是面向核心的政府部门，也面向最重要的公共部门，特别是教育、国际和医疗部门，见图 11[3]。平台的大多数（65%）覆盖 3～4 个部门，表明电子采购服务在公共领域被认为是水平而不是垂直的[3]。

4.2　电子采购参与

如果说电子采购平台是从政府自身角度来评估的话，那么，参与度则是从企业角度来评估的。

首先，从企业通过电子采购手段参与公共投标百分比来说，2010 年比

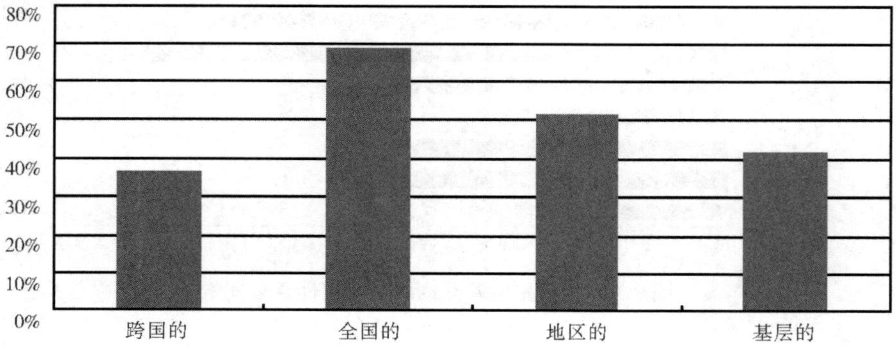

图 10　电子采购平台的地理分布（%）

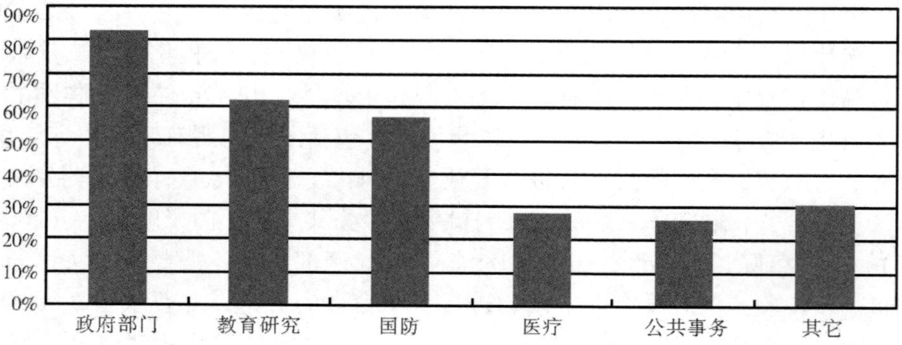

图 11　电子采购平台部门分布

2009 年增加了 2%。欧盟范围内的平均参与度为 13%，各有 10 个国家超过和低于这一平均值。如图 12 所示[8]：

图 12 表明，欧盟国家的企业通过电子采购参与公共投标的平均值为 13%，较 2009 年有所发展。就国家来说，基本形成了领跑梯队、赶超梯队和落后梯队 3 种类型，其中爱尔兰成就最大，占 32%，几乎 1/3 的企业通过电子采购的方式进行投标。

其次，电子采购给企业本身带来的影响是显著的。2011 年，德国的 Deutsche Bank Research 研究机构对德国 187 家公司进行调研，结果发现，在电子采购过程中，需要使用一系列相关的工具，如电子目录、处理进程等，其中，电子目录在交易费用上节省最多，而反向电子拍卖在价格上更为低廉。最显著的是，尽管在电子采购过程中，相应的成本、进程、价格能够有不同程度的节省和节约，但这并不影响原有人事的变动，也就是不会引起工作岗位和

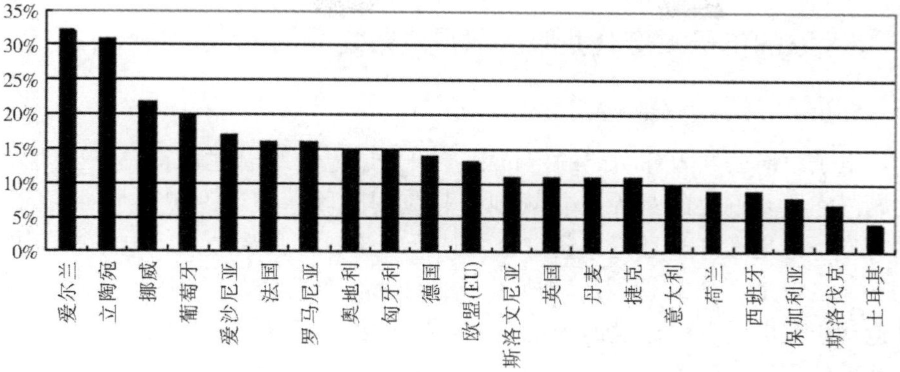

图 12　2010 年欧盟企业通过电子采购参与公共投标情况

工作人员的减少。这充分表明，在原有机构、人员的基础上，通过电子采购来开展相应的业务活动更能降低成本和提高效率。如图 13 所示[8]：

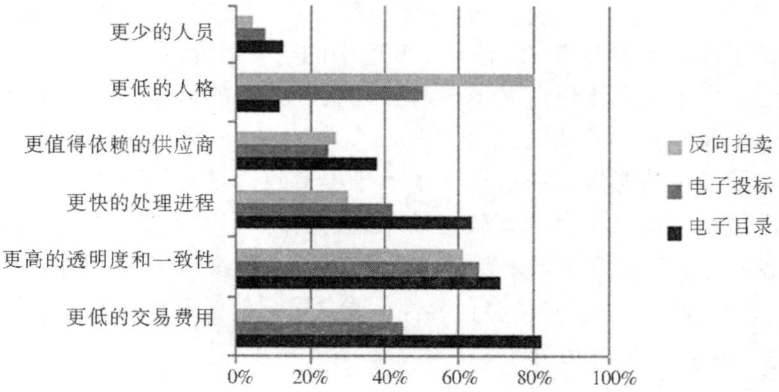

图 13　电子采购给企业带来的影响

在更高的效率和生产力的利益驱动下，欧洲公共部门正加速实现从传统采购到电子采购的过渡。虽然，曼彻斯特部长会议宣称的到 2010 年实现 100% 电子采购的目标还没实现，然而，仅一年，门户网站公共采购的透明度从 2009 年的 56% 增加到 2010 年的 71%，这有助于潜在的客户寻找商业机会。更重要的是，根据 2010 年电子采购平台管理者的调查，在线处理通知书的总体数目增加到 41%。这表明，从传统采购到电子采购的转变正在整个欧盟范围内取得进展，2005 年设定的政治目标已取得明显的成效。

5 欧洲电子政府公共服务取得成效之原因

5.1 人本理念的确立

电子政府公共服务功能的定位是各国开展电子政府建设首先需要明确的问题。它所要解决的是无论在规划还是应用阶段，必须落实一个对象问题。因为，不论是经济学理论，还是公共选择理论，都强调绩效，电子政府亦不例外，这也是新公共管理运动所追求的目标。而新公共管理的“顾客导向”理论却正是电子政府建设的理论基础。换言之，客户导向是电子政府公共服务绩效的理论基础和前提。

自2000年电子欧洲计划制定实施以来，欧洲电子政府公共服务理念有了一个转变，即从“以技术为中心”转向“以公众为中心”。这在“eEurope2005”行动计划和“I2010”均得以凸显。此后，以公众为中心的理念不断渗透于电子政府的计划报告及系列评估中。特别是2009年，欧盟首次使用了“用户体验度”指标作为电子政府公共服务成熟与否的一个重要标志，充分说明了公众需求导向在欧盟电子政府中的重要地位。

总之，人本理念体现在电子政府公共服务方面的特征有二：①以公众为中心；②惠及所有人。就以公众为中心来说，它是欧盟电子政府战略的核心定位，希冀通过功能强大的信息技术手段再造政府现有管理模式，改善政府与公众的关系，提升两者的有效互动，最终实现有效的电子治理；就惠及所有人来说，它是欧盟电子政府战略的重要目标，即建立“一个为所有人的信息社会”，确保整个过程的社会包容性，建立客户信任和加强社会凝聚力。

5.2 泛欧服务的传递

技术、标准等因素的差异导致电子政府建设过程中易出现数据异构、信息孤岛等问题。特别是在欧盟这样较大范围的区域组织内如何引导成员国在信息化过程中的协同是一个特别突出的问题。为此，欧盟提出了泛欧电子政府互操作，它是“为电子政府服务所设的一系列的建议和准则”[9]，政府、企业和公民能够在泛欧背景下进行跨越国界的互动。它有效解决了泛欧电子政府公共服务传递的技术问题，是欧洲电子政府公共服务实现的技术保障。

2004年，泛欧电子政府服务（PEGS）传递的框架确立，它包含概念框架、逻辑框架、物理框架三大主要内容，每一框架又有许多规定和说明。它为泛欧电子政府公务服务的具体落实提供了一个可操作的模版和蓝图。

泛欧电子服务的传递最显著的工程是IDABC项目（2005—2009年）。该项目是继IDA（政府部门之间数据交换）项目之后实施的又一重大工程，目的是提供公民与企业所请求的服务，提高欧洲公共部门的效率及相互合作。通过建立基础设施和交互的政府网络来支持PEGS，IDABC会真正满足公民和企业的需求，促进关键的社区政策的实施，并有助于消除仍然存在的人员、商品、服务自由流动方面的障碍，进而有助于提升欧洲的商业环境，支持欧盟各国提升竞争力和就业水平。

从历史的角度来看，IDABC对欧洲一体化的进程有决定性的贡献。在数字时代，技术在建立和巩固国家之间的战略关系方面真正扮演了一个重要角色。通过加强泛欧电子政府的合作和扩大其对政府、公民和企业的利益，IDABC还将通过技术途径成为促进和支持欧洲一体化的重要工具。

5.3 多层治理的框架

电子政府是借助先进的技术手段来弥补政治治理中的不足，它本身不能脱离政治而“孤军奋进”。政治背景、政治制度等规定了电子政府公共服务实施的原则性框架，为电子政府建设提供了特定的政治环境。

由于欧盟是集超国家、国家和次国家等多种行为实体的统一，再加上各成员国之间的历史、文化、制度等方面的巨大差异，欧盟的合法、有效治理面临巨大的困难，多层次治理理论的提出即是解决欧盟治理困境的新视角。其主要特征是：“决策主体具有多层级性，各个行为体之间没有等级之分，多层级治理体系具有动态性，多层级治理体系是一种非多数同意（non-majoritarian）的谈判协商体系”[10]。多层治理体现在电子政府建设上，表现为两条主线：①欧盟整体的信息化；②欧盟成员国根据欧盟所制定的信息化战略自主地进行国家电子政府建设。这种“一体两翼”的电子政府建设之路体现了区域电子政府的发展特色。就管理层次来说，欧盟设立了专门的电子政府管理部门，负责政策的执行、业务的协调、资金的管理等。为规范和加强成员国的电子政府建设，促进欧盟整体电子政府公共服务水平的提升，欧盟曾先后制定、颁布过信息化过程中的一系列政策和指令，初步建立了欧盟的信息法律体系。在欧盟统一法律规范的指导下，各成员国根据本国的实际情况，制定了相应的信息化法律规范体系。欧盟及其成员国在信息化法律法规体系上的服务和补充，是“一体两翼”在信息化领域最重要的体现。虽然欧盟成员国中的联邦制、中央集权制等不同国家制度并存，但在电子政府公共服务上，却表现为将宏观调控作为长远发展重点的共同倾向，充分表明多层治理与电子政府的结合，在欧盟整体及其成员国电子政府服务水平的提升方面具有重要性和独特性。

经过10多年的发展，我国电子政府建设进入了一个重服务、倡实效的新阶段，但仍存在应用系统建设水平低下、服务广度和深度不够、发展不平衡等问题。这些问题的解决不仅需要进一步结合国情加以深刻反思和总结，更需要借鉴域外成功的“舶来品”。而中欧国情较为类似，这就为“拿来主义”找到了一个可供参考的框架。主要启发点有：①应建立适合国情的电子政府公共服务模型。宏观上，做好电子政府公共服务质量评估研究的应用框架，并对研究进行整体规划、宏观统筹；理论上，扩大电子政府公共服务的基础理论研究，将电子政府公共服务质量评估的相关理论引入电子政府公共服务质量评估的研究中；研究方法上，应通过服务模型研究、案例研究和调查研究，对原有的理论和框架等进行补充、修改和完善，使之臻于成熟。②建立科学的评估体系。首要的是在立法途径上完善现有的评估体制，将各项评估活动纳入正常化、规范化和法制化的轨道，使之从一种自发状态上升为一种科学的机制。还可以借鉴欧洲的经验和做法，加快电子政府公共绩效评估的立法工作，在制度层面上赋予其明确的法律依据，这将有助于电子政府公共服务能力的提升。③统一标准，深化应用。要从我国实际国情出发，从电子政府公共服务的总体标准、技术标准、基础设施标准等方面着手，构建起电子政府应用网络平台，实现一站式服务，推动服务的深入发展。

参考文献：

[1] UN. E-government survey 2010. [2010 - 04 - 16]. http://www2. unpan. org/egovkb/global_reports/10report. htm.

[2] Waseda University. 2011 world e-government ranking. [2011 - 01 - 14]. http://www. waseda. jp/eng/news10/110114_egov. html.

[3] EU. eGovernment benchmark survey 2010. [2011 - 02 - 21]. http://www. epractice. eu/en/library/5283331.

[4] Accenture. Leadership in customer service:Delivering on the promise. [2007 - 06 - 18]. http://www. epractice. eu/node/281693.

[5] Eurostat. Individuals using internet for interaction with public authoritie. [2011 - 03 - 15]. http://epp. eurostat. ec. europa. eu/portal/page/portal/statistics/search_database.

[6] 杨冰之．国外政府门户网站的发展特点与对我国的启示．信息化建设,2004(11):31 - 33.

[7] 吕汉阳．欧盟政府采购电子化:法律标准完备 统一灵活兼具．[2011 - 04 - 11]. http://www. caigou2003. com/theory/discussion/20110411/discussion_176940 - 2. html.

[8] E U. eProcurement: Public procurement worth two trillion euros needs smarter spending . [2011 - 02 - 15] http://www. epractice. eu/en/library/5280576.

[9] Europe Comission. European interoperability framework for pan-European eGovernment serv-

ices. [2004 - 12 - 10]. http://www. epractice. eu/files/media/media_226. pdf.
[10] 吴志成,李客循. 欧洲联盟的多层级治理理论及其模式分析. 欧洲研究,2003(6): 100 - 114.

作者简介

李章程，男，1979 年生，讲师，硕士，发表论文 10 余篇，出版专著 1 部。

移动电子政务公众采纳影响因素的实证研究*

周　沛　马　静　徐晓林

（华中科技大学公共管理学院　武汉 430074）

摘　要　公众对移动政务服务的采纳是移动政务成败的关键。以 TAM 和 IDT 为基础，结合移动政务特点，构建移动政务公众采纳影响因素的理论模型，并通过问卷调查对研究模型和假设进行实证检验。研究表明，感知信任、感知成本、感知易用性、相对优势、相容性、自我效能、主观范式是影响公众采纳意向的重要因素。最后，根据研究结果给出提升移动政务公众采纳水平的建议。

关键词　移动政务　公众采纳　影响因素　TAM　IDT

分类号　G35　C936.1

1　引　言

随着移动通讯技术的逐步发展成熟，越来越多的公众通过移动网络享受个性化的信息和服务。据 CNNIC 统计，截至 2011 年 6 月，我国手机网民达 3.18 亿，手机网民占网民总数的 65.5%[1]。日趋扩大的移动用户群体形成了公众对移动政务的服务需求。从目前我国移动政务发展情况来看，网络平台和基础设施已具雏形，但公众采纳和接受程度很低。据调查结果显示，访问政府网站的网民中曾在网上办理业务的仅占2.5%[2]。需求与供给不能良好对接的现状将极大制约我国移动政务发展进程。因此，对移动政务公众采纳的影响因素进行分析，有利于合理提高公众采纳，真正实现服务优化。本文提出了移动政务公众采纳的影响因素模型，并利用问卷调查对模型进行检验，基于实证结果提出相关建议，以期为我国移动政务建设提供借鉴。

---

* 本文系教育部博士点基金项目“移动政务环境下公共服务的用户接受行为研究”（项目编号：20090142110071）研究成果之一。

2 文献综述

在用户采纳行为研究中，最具影响力的分别是 Davis 提出的技术接受模型（technology acceptance model，TAM）[3] 和 Rogers 发现的创新扩散理论（innovations diffusion theory，IDT）[4]。

2.1 技术接受模型（TAM）

TAM 旨在解释和预测信息系统用户接受行为意向，试图发现人们接受或拒绝信息系统的原因。在 TAM 中，感知有用性和感知易用性被认为是影响用户态度最主要的两个变量[5]。部分学者利用 TAM 模型对移动服务用户采纳进行研究。Pagani（2004）对意大利 1 000 名 3G 用户接受进行研究，结果发现感知有用性、感知易用性、价格和连接速度是用户接受移动商务的关键[6]。June Lu 等（2008）对中国无线移动数据服务用户进行研究，实证结果表明感知有用性、感知易用性、移动信任对接受意向有显著影响[7]。

2.2 创新扩散理论（IDT）

在信息技术领域，IDT 有助于识别促进或阻碍信息技术采纳与实施的因素。Rogers 认为预测个体对特定创新的采纳时，创新技术特征是最重要的。创新技术特征主要包括：相对优势、相容性、复杂性、可试性和可观察性。

在信息系统及相关领域中，IDT 得到了广泛运用。Wu Jen-Her 和 Wang Shu-Shing 等（2005）将 TAM 和 IDT 整合，加入感知风险和成本构建模型，调查移动商务用户使用行为的影响因素[8]。Mallat 等（2006）从 IDT 中提取兼容性、移动性，从 TAM 中提取感知有用性和感知易用性构建模型，研究消费者移动售票服务使用行为[9]。

2.3 移动政务公众采纳的影响因素

到目前为止，只有 Tarek EL - Kiki（2007）和代蕾、徐艺博（2011）用定性方式描述过移动政务使用及持续使用的影响因素[10-11]，移动商务和电子政务领域的相关研究较为丰富。何德华、鲁耀斌（2008）从个人、组织、技术、任务、环境 5 个方面分析了移动商务用户接受的影响因素[12]。蒋晓（2010）将公民采纳电子政务的影响因素分为环境、技术、个人、质量 4 个特征[13]。本文基于移动政务与电子政务、移动商务的相通性及其自身特点，借鉴前人研究成果，将移动政务公众采纳影响因素分为 5 个层面，如表 1 所示：

表 1　移动政务用户采纳影响因素

因素类型	因　素
技术层面	系统/服务质量，移动性，灵活性，复杂性，连接速度，屏幕限制，地域性，相对优势，便利性，导航，无处不在性，操控性，交互性
组织层面	服务提供者，监管体制，授权，权威性
任务层面	娱乐感知，任务类型/特色，交易速度，时效性，价格，及时性，可行性，表达感知，可靠性，频率，紧急事件处理能力，绩效预期，效能
个人层面	自我效能，影响，信任感知，个人创新，行为控制，满意度，个人经历，风险感知，个人期望，知识，个体差异，财务资源感知，自我表达能力
环境层面	社会影响，主观范式，同龄的影响，外部的影响，使用的处境的影响，媒体服务，设备特征

本文以公众个体的主观感知为研究视角，探寻公众采纳移动政务的影响因素，主要分析技术、任务、个人、环境层面。

3　研究模型与假设

在文献回顾的基础上，本文构建了移动政务公众采纳影响因素模型（见图 1）。

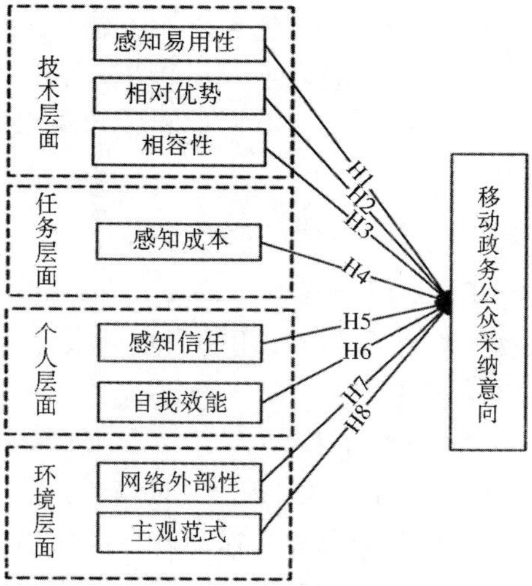

图 1　移动政务公众采纳影响因素模型

3.1 技术层面因素

Taylor 和 Todd（1995）认为 IDT 中的复杂性和相对优势分别对应 TAM 中的感知易用性和感知有用性[14]。移动政务环境下，感知有用性与相对优势具有一致性，且本文测量个体对创新本身的态度，不是使用创新的态度，故略去感知有用性。Wu Jen-Her 和 Wang Shu-Ching（2005）发现相容性是用户使用在线服务的最主要驱动因素[8]。公众希望获得与原有的价值观、经验和个体需求相契合的服务。所以本文认为感知易用性、相对优势和相容性是更为稳定的变量。在技术层面提出假设：

H1：感知易用性将积极影响公众采纳意向

H2：相对优势将积极影响公众采纳意向

H3：相容性将积极影响公众采纳意向

3.2 任务层面因素

有研究表明，经济动机和结果是信息系统采纳的焦点。移动政务成本主要包括移动终端费、通讯费、信息附加费以及学习使用付出的时间和精力。Hung（2003）将感知成本引入 WAP 服务接受模型，提高模型的解释力[15]。本文同意 Hung 的观点，认为有必要将感知成本引入模型。在任务层面提出假设：

H4：感知成本将消极影响公众采纳意向

3.3 个人层面因素

移动政务的自我效能是指基于过去的知识、技能和经验，对移动政务使用过程中所需知识和技能的自我判断。Dada（2007）的研究证明电子服务使用率较低的主要原因是公民普遍缺乏使用网络服务的基本知识和技能[16]。这表明，只有公众掌握一定使用知识和技能，才会产生采纳意愿。此外，在相关领域研究中发现，信任会影响用户态度。在初次使用移动政务服务之前，公众主要通过政府的公共服务效能及移动政务服务的内容等方面对其建立信任。在个人层面提出假设：

H5：自我效能将积极影响公众采纳意向

H6：感知信任将积极影响公众采纳意向

3.4 环境层面因素

网络外部性是指某种产品（服务）的效用随其使用者的增加而提升的特性。网络外部性在移动通讯产业表现突出。移动政务和移动通讯产业联系十分紧密，公众参与程度越高，所获得的信息和服务价值越大。Wang 等

（2004）的研究证明网络外部性对用户采纳行为意向有显著影响[17]。主观范式是指公众的采纳意向很容易受到亲友及媒体等外部环境的影响。Lau（2004）研究发现亲友对用户采纳意愿产生显著影响[18]。这表明，人际效仿是影响公众采纳移动政务决策的重要因素。在环境层面提出假设：

H7：网络外部性将积极影响公众采纳意向

H8：主观范式将积极影响公众采纳意向

4 研究设计和实证结果

4.1 问卷设计和调查

本文采用问卷调查法收集数据。问卷形式为 Likert5 级量表。问卷开发主要借鉴国外相关研究文献中具有较高信度和效度的量表问项[17,19-20]，结合移动政务特点适当修改。然后，在咨询相关专家及小规模试测与访谈的基础上，对初始问卷题项进行调整，形成正式调查问卷。正式调查于 2011 年 3 月 2 日 -4 月 27 日进行，共发放 480 份问卷，回收有效问卷 302 份，样本有效率为 64%。

4.2 样本特征

样本分布如下：男性 168 人，占 55.6%，女性 134 人，占 44.4%；年龄层次以 18-45 岁为主，占样本总数的 86.7%；职业主要为公务员、事业单位工作者和企业职工，占比分别为 20.9%、24.4% 和 26.7%；教育程度以本科为主，占样本总数的 56.7%。其中 57 人未曾听说过移动政务，占 19%，245 人对移动政务有不同程度的了解，占 81%。大多数人最主要的移动政务服务经历来自政府发送的预警信息和通知公告等。

4.3 数据处理结果

4.3.1 信度与效度检验

本研究借助 SPSS17.0 进行数据分析。用 Cronbach’sα 系数配合 0.7 的临界值进行信度检验，检验结果见表 2。由表 2 可知，各维度的 Cronbach’sα 值均高于 0.7，且问卷整体的 Cronbach’sα 值是 0.890，因此问卷可信度较高。

表 2 各变量的 Cronbach’sα 值

变量	测量项目数	Cronbach’sα
相对优势（RA）	4	0.888
感知易用性（PE）	3	0.853
相容性（CP）	3	0.826

续表

变量	测量项目数	Cronbach’sα
感知成本（PC）	4	0.715
感知信任（PT）	3	0.907
自我效能（SE）	4	0.870
网络外部性（NE）	3	0.757
主观范式（SN）	4	0.919
采纳意向（ADOP）	4	0.907
问卷整体		0.890

本研究的量表设计参照了前人成果，具有一定的内容效度。这里重点检测量表的构建效度，先检验 KMO 适当性参数检验和巴特利特球体（Bartlett），结果如表 3 所示：

表 3　KMO 和 Bartlett’s 检验

测量项目	值
KMO 适当性参数检验	0.721
卡方检验	7 535.857
巴特利特球体检验	496
显著性水平	0.000

由表 3 可得，变量的 KMO 统计量为 0.721，大于 0.5，因子分析结果可接受；Bartlett 的 Approx. Chi – Square 为 7 535.857，自由度（df）为 496，达到显著性水平，故本研究适合进行因子分析，量表整体有效。

在此基础上进行因子分析，各变量旋转后的因子负荷矩阵如表 4 所示：

表 4　主成分因子提取载荷值

测量项目	载荷系数	测量项目	载荷系数
RA1	0.736	PT1	0.847
RA2	0.809	PT2	0.894
RA3	0.813	PT3	0.878
RA4	0.686	SE1	0.708
PE1	0.682	SE2	0.777

续表

测量项目	载荷系数	测量项目	载荷系数
PE2	0.810	SE3	0.790
PE3	0.775	SE4	0.850
CP1	0.779	NE1	0.853
CP2	0.759	NE2	0.851
CP3	0.799	NE3	0.609
PC1	0.846	SN1	0.857
PC2	0.844	SN2	0.811
PC3	0.865	SN3	0.869
PC4	0.742	SN4	0.899
ADOP1	0.838	ADOP3	0.671
ADOP2	0.759	ADOP4	0.719

由表4可知每个测试题项的因子载荷值都大于0.6，说明问卷数据具有较高的信度和效度。

4.3.2 相关分析

采用皮尔逊相关分析法研究公众采纳意向与其他变量间的关系，结果见表5。由表5可知，在0.01的显著性水平上，除感知成本和网络外部性与公众采纳意向为负相关，其他因素均与公众采纳意向呈正相关。

表5 各变量的相关分析

变量	RA	PE	CP	PC	PT	SE	NE	SN	ADOP
RA	1.000								
PE	0.688**	1.000							
CP	0.504**	0.707**	1.000						
PC	-0.220	-0.290	-0.240	1.000					
PT	0.075	0.205**	0.078	-0.289**	1.000				
SE	0.330**	0.389**	0.348**	-0.246**	0.234	1.000			
NE	-0.107	-0.178**	-0.145*	0.111	-0.007	-0.145*	1.000		
SN	-0.025	-0.121	-0.060	-0.141*	0.302**	0.142*	0.192**	1.000	
ADOP	0.408**	0.542**	0.420**	-0.262**	0.289**	0.524**	-0.300**	0.346**	1.000

**：表示在0.01的水平上显著相关；*：表示在0.05的水平上显著相关。

4.3.3 多元线性回归分析

采用标准化回归系数 β 进行多元回归分析。具体方程为：用户采纳移动政务意向 =0.382x 相对优势 +0.373x 感知易用性 +0.043x相容性 -0.107x 感知成本 +0.238x 感知信任 +0.206x 自我效能 +0.350x 主观范式

由线性分析得出移动政务公众采纳的分解模型，如图 2 所示：

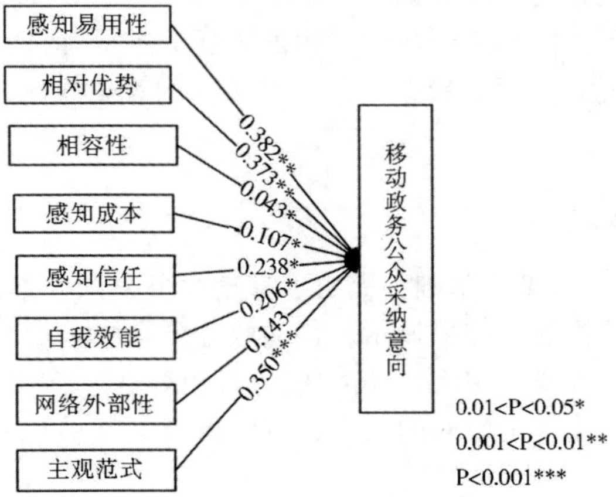

图 2 移动政务公众采纳的分解模型

4.4 结果讨论

由结果可知，假设 H1、H2、H3、H4、H5、H6、H8 均通过了假设检验，但假设 H7 没有通过检验。

在技术层面，感知易用性（β =0.382 ＊ ＊）对采纳意向影响最大，相对优势（β =0.373 ＊ ＊）影响次之，相容性（β =0.043 ＊）的影响最小。这说明公众首要考虑移动政务系统的操作简易程度，同时对通过移动网络获取服务的优势及绩效也甚为敏感。相容性虽是影响因素，但公众已经习惯通过网络获取信息，且与原有服务方式冲突不大，故重要性较弱。

在任务层面，感知成本（β = －0.107 ＊）显著消极影响采纳意向。不同用户对移动政务成本的感知不同。低收入群体对物质成本考虑较多，而高收入群体则对精神成本考虑较多。如果移动政务不需额外投入太多费用和精力，更易于接受。

在个人层面，感知信任（β =0.238 ＊）和自我效能（β =0.206 ＊）显著影响采纳意向。这表明公众对服务效能、法律法规、隐私保护等涉及移动政务公信力的方面十分关注。只有建立信任，才能吸引公众采纳。此外，公众

对自身使用能力的判断也十分重要。对类似网络服务的使用经验越少，越缺乏自信，就越影响采纳意向。

在环境层面，网络外部性（β＝0.143）未对采纳意向产生显著影响。原因可能是目前移动政务服务种类有限，未建立真正意义上的移动政务公共服务体系。公众对移动政务认识尚浅，移动政务的网络价值没有得到体现。从系数来看，主观范式（β＝0.350＊＊＊）对采纳意向影响最大，可见公众采纳行为很容易受到周围环境影响，身边的人成为社会性模仿对象。中国传统文化中"自我"意识较弱，崇尚"集体主义"的观念导致环境因素更容易影响个体做出决策。

5　研究结论

本文以 TAM 和 IDT 为基础，提出了移动政务公众采纳的影响因素模型，并对模型进行实证检验。结果显示，移动政务公众采纳的影响因素按贡献度依次为主观范式、感知易用性、相对优势、相容性、感知信任、自我效能、感知成本。根据上述 4 个层面的因素，试给出提高移动政务公众采纳水平的建议。

5.1　环境层面

加强移动政务功能的宣传，塑造积极的主观范式。目前，公众对移动政务的特点、功能、使用方法了解还不够全面，主观范式的影响没有发挥。因此，有关部门应通过多种渠道宣传移动政务的优越性，让公众深入了解其功能；增加公共服务相关信息，使更多的公众愿意接受并带动周围的人使用。

5.2　技术层面

不断创新技术，提供个性化服务，增强公众的感知易用和相对优势。移动政务的出发点和立足点就是满足公众需求，这要求政府部门进行人性化系统设计，赋予其更高的可操作性，提供符合个体偏好的定制化服务，以进一步增强公众的感知易用和相对优势。

5.3　个人层面

开展针对性培训，完善法律法规，增强公众感知信任和自我效能。提高政府机构移动服务质量，规范移动办事流程，逐步完善移动互联网法律并规范相关产业的运作，保障公民隐私不受侵犯。同时开展移动政务相关培训，宣传应用方法和技巧，使公众能轻松使用。

5.4　任务层面

扩大基础设施建设，建立良好合作机制，降低公众感知成本。政府应投入基础网络建设，便捷系统使用，减少用户适应系统所需的时间和精力。通过政府与运营商之间良好的合作机制，使用户享有适当的优惠和补贴，降低系统采纳费用，使更多公众愿意接受并主动尝试移动政务。

参考文献：

[1] CNNIC. 第28次中国互联网络发展状况统计报告[ED/OL].[2011－07－19]. http://www.cnnic.cn.

[2] CNNIC. 第25次中国互联网络发展状况统计报告[ED/OL].[2010－01－15]. http://www.cnnic.cn.

[3] Davis F D. Perceived usefulness, perceived case of use, and user acceptance of information technology[J]. MIS Quarterly,1989,13(3):319－339.

[4] Rogers Everett M. Diffusion of Innovation, 3th Edition[M]. NY:The Free Press,1983:187－201.

[5] Davis F D. Perceived usefulness, perceived case of use, and user acceptance of information technology[J]. MIS Quarterly, 1989,13 (3):319－340.

[6] Pagani M. Determinants of adoption of third generation mobile multimedia services[J]. Journal of Interactive Marketing, 2004, 18(3):46－59.

[7] June Lu, Chang Liu, Chun－Sheng Yu, et al. Determinants of accepting wireless mobile data services in China [J]. Information & Management, 2008, 45(1):52－64.

[8] Wu Jen-Her, Wang Shu-Ching. What drives mobile commerce? An empirical evaluation of the revised technology acceptance model [J]. Information & Management, 2005, 42(5): 719－729.

[9] Mallat N, Rossi M, Tuunainen Tuunainen V K, et al. The impact of use situation and mobility on the acceptance of mobile ticketing services[EB/OL]. [2011－05－20]. http://citeseerx.ist.psu.edu/viewdoc/download? doi=10.1.1.157.3556&rep=rep1&type=pdf.

[10] Tarek El-Kiki. M Government: A reality check[EB/OL]. [2010－10－12]. http://arnetminer.org/viewpub.do? pid=329538.

[11] 代蕾,徐艺博. 移动电子政务的公众持续使用行为研究[J]. 情报杂志,2011(1):186－189.

[12] 何德华,鲁耀斌. 移动商务技术接受问题的研究述评[J]. 电子科技大学学报(社科版), 2008(10):46－50.

[13] 蒋晓. 电子政务公民采纳研究[D]. 大连:大连理工大学,2010:33－36.

[14] Taylor S, Todd P. Assessing IT usage: The role of prior experience [J]. MIS Quarterly, 1995, 19(4): 561－570.

[15] Huang Shin-Yuan, Ku Cheng-Yuan, Chang Chia-Ming. Critical factors of WAP services adoption: An empirical study [J]. Electronic Commerce Research and Applications,

2003, 2(1):42 -60.
[16] Dada D. The failure of E-government in developing countries[EB/OL]. [2010 -01 -17]. http://www.lse.ac.uk/collections/informationSystems/iSChannel/Dada_2006b.pdf.
[17] Wang Chinh-Chien, Hsu Ya-Hui, Fang Wenchang. Acceptance of technology with network externalities: An empirical study of Internet instant messaging services[J]. Journal of Information Technology Theory and Application, 2004, 6(4):15 -28.
[18] Adela S M Lau. Strategies to encourage the adoption of G2C e - government services in Hong Kong [J]. International Journal of Electronic Government, 2004, 1(3):273 -292.
[19] Bélanger F, Carter L. Trust and risk in e - government adoption[J]. Journal of Strategic Information Systems, 2008, 17(1):165 -176.
[20] Bhattacherjee A. Acceptance of e - commerce services: The case of electronic brokerages [J]. IEEE Transactions on Systems, 2000, 30(4):411 -420.

作者简介

周　沛，男，1985 年生，硕士研究生，发表论文 1 篇；
马　静，女，1987 年生，博士研究生，发表论文 3 篇；
徐晓林，男，1956 年生，教授，院长，博士生导师，发表论文 70 余篇。

移动政务公众接受度影响因素实证研究

张　可[1]　张　宁[2]

（1. 华中科技大学公共管理学院　武汉 430074；
2. 河南财经政法大学会计学院　郑州 450002）

摘　要　移动政务的公众接受度直接影响着移动政务建设的成效性和公众对移动政务公共服务的满意度，因此研究移动政务公众接受度影响因素对提高移动政务公众接受度有着重要的意义。通过实证研究，分析移动政务接受度影响因素的重要程度，探讨影响因素和公众接受度之间的关系，假设并验证移动政务公众接受度影响因素模型，最后对提高移动政务公众接受度提出政策建议。

关键词　移动政务　公众接受度　影响因素

分类号　G202

1　引　言

随着移动设备和无线通信技术的发展，公众对政府服务的需求层次越来越高，需求的变化导致政府不断地运用新的技术和设备为政府服务应用开辟新通道，这种政府通过移动平台设施转变服务方式的渠道叫做移动政务。移动政务主要是通过移动终端设备（移动电话、PDA、Wi-Fi 等）有效地满足公众对于公务需求多样化和异质性的特点，它作为一种新型的政府服务形式，已引起公众的广泛关注。

移动政务公众接受度主要指公众对移动政务的接受程度，也就是移动政务的客体接受者“公众”对移动政务的认可、使用和采纳行为，是移动政务能否满足公众需求、能否为公众提供高质量服务的关键。因此，研究公众接受移动政务的影响因素对移动政务能够更好地促进社会进步的价值、更好地满足公众的需要、更好地为公众服务，具有重要的现实意义。

技术接受理论 TAM（technology acceptance model）理论是 Davis[1] 结合社会心理学的观点，提出使用意向影响使用者的行为，其他因素起着辅助性的作用。Jan，Oscar[2] 等增加了人口统计变量、电子媒体使用经历和网络服务支持等因子，建立了公众对在线政务服务的接受模型，并成功解释2006年荷兰公众对政府门户网站的使用行为。Seyal 和 Pijpers[3]基于 TAM，建立了政府内部高级管理人员对电子政务系统的用户接受模型，引入了人口统计因素（demography）、计算机环境、工作相关性和组织因素4个外部变量，并通过实证调查，验证了模型的有效性[4]。

目前有关移动政务公众接受方面的相关研究学者比较少，研究主要集中于两个方面：①移动技术的公众接受模型。Lu 和 Yu[5]提出了无线互联网的技术接受模型；Arbrham[6]等基于 TAM 和 TRA 理论解释了用户使用移动聊天服务的行为意向；Ntaliani[7]提出移动门户接受模型；Heinz[8]基于 TAM 和 TPB 理论研究影响用户接受移动银行服务的因素。②移动服务的公众接受模型。Tarek Ei Kiki[9]教授以 TAM、创新扩散理论及初始信任理论为基础，将三者进行融合构建出用户接受移动政务的研究模型；Hsu[10]等论研究了移动互联网多媒体短信服务的用户接受代蕾[11]在技术接受模型和信息系统持续使用模型的基础上，结合移动电子政务的特点，提出政府对公众（G2C）移动电子政务的用户持续使用模型。

我国对移动政务的研究刚刚起步，现有研究主要关注其概念、特征、适用性、支撑技术以及发展模式等方面，理论界目前还处在起步或萌芽状态[12-14]。本文基于 Tareki 提出的用户接受移动政务的研究模型，结合我国的具体国情和移动政务发展的现状，从影响因素的角度探讨移动政务公众接受度，拟构建一个移动政务公众接受度的影响因素模型，全面考虑移动政务公众接受度的影响因素，即拓展和深化 Tareki 的研究，又为我国移动政务能够更好的为公众服务提供理论依据，从而达到公众能够真正接受、使用和采纳移动政务的目的。

2 假设模型

2.1 影响因素的整理与提炼

笔者随机对50名不同人群的个体进行访谈。其中男性57.7%，女性43.3%；25岁以下34.8%，25~35岁30.4%，36~45岁21.7%，46~55岁13.1%；大学专科及以上43.5%，中等受教育者（中专、职专、高中）34.8%，初中及以下21.7%。

通过访谈、共收集了62个影响反映项目。由于移动政务和移动商务从实现形式和支撑体系来看非常类似，借鉴前人对移动商务的主要影响因素的分析，再根据访谈对象所提出的各项影响因素的重要程度，对其中的重复项目进行合并与删减，最后提炼出移动政务的影响因素主要分为5个类别，每一维度下面包含不同的因素因子，如表1所示：

表1　移动政务公众接受度影响因素分类

因素类型	因素因子
1 用户个人因素	个体差异、个体满意度、个人经历、个人预期、风险感知、知识层次
2 外部环境因素	社会影响、宣传程度、周围人群的使用情况
3 技术因素	异质性、移动性、无处不在性、内容丰富性、屏幕特色、便捷性、安全性
4 任务因素	可靠程度、娱乐感知、时效性、价格、可信度
5 组织因素	服务提供者、监管体系

2.2　研究假设及模型构建

本文提出不同的影响因素假设模型，目的是为探讨各因素因子对公众的重要程度以及对公众接受移动政务的采纳行为和使用行为之间的相互关系。研究假设如下：

H1：影响移动政务公众接受度的因素分为用户个人因素、外部环境因素、技术因素、组织因素和任务因素，且个因素内部有一定的相关性。

H2：用户个人因素包括个体差异、个体满意度、个人经历、个人预期、风险感知、知识层次6个因素因子。

H3：外部环境因素包括社会影响、宣传程度、周围人群的使用情况三个因素因子。

H4：技术因素包括异质性、移动性、无处不在性、内容丰富性、屏幕特色、便捷性、安全性7个因素因子。

H5：任务因素包括可靠程度、娱乐感知、时效性、价格、可信度5个因素因子。

H6：组织因素包括服务提供者、监管体系两个因素因子。

H7：公众对各项影响因素的重视程度和接受行为密切相关。

模型如图1所示：

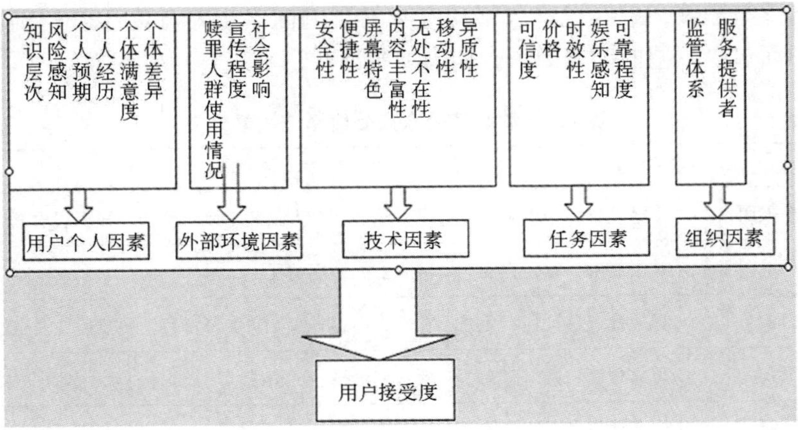

图 1　移动政务公众接受度影响因素假设模型

3　统计分析

3.1　样本选取与统计

根据假设模型，设计移动政务公众接受度影响因素的研究问卷，分为背景资料、影响因素重要程度、公众接受度三部分，包括 24 个影响因素。第一部分主要对被测试样本进行基本信息的收集，包括性别、年龄、受教育程度。第二部分又分为两个模块，第一块要求被测试者在 23 个影响因素中做出他们认为对移动政务接受度影响最大的一项；第二块要求被测试者针对 23 个影响因素用 7 点量表记分，可以得到各个影响因素的接受程度得分。第三部分要求被测试者根据自己感受到的接受度（即是否愿意采纳和使用移动政务的高低程度）来进行 7 点量表记分。

选取的调查对象主要来自于武汉市光谷广场、鲁巷广场、中南民族大学、街道口 4 个地方随机抽取的 240 名公民。其中男性 59.2%，女性 40.8%；25 岁以下 38.8%，25～35 岁 28.4%，36～45 岁 19.7%，46～55 岁 7.8%；55 岁以上的 5.3%；大学专科及以上 41.5%，中等受教育者（中专、职专、高中）36.8%，初中及以下 21.7%。

此次共发放问卷 240 份，回收 217 份，有效问卷 203 份。对问卷收集的数据采用 SPSS17.0 统计软件进行数理分析，通过分析对前文提出的影响因素假设模型进行验证，主要的分析方法包括描述性统计分析、因素分析、相关分析等。

3.2 调查数据的分析

3.2.1 移动政务公众接受度影响因素的描述性统计

根据问卷对移动政务公众接受度影响因素重要程度选项进行统计，得到结果如表2和表3所示：

表2 影响公众对移动政务接受度的重要影响因素排序

排序	影响因素	样本总数	人数	百分数（%）
1	移动性	203	34	16.7
2	无处不在性	203	31	15.3
3	价格	203	29	14.3
4	娱乐感知	203	29	14.3
5	便捷性	203	21	10.3
6	个体满意度	203	18	8.9
7	风险感知	203	13	6.4

表3 移动政务公众接受度的各影响因素重要程度分析（前十位）

排序	影响因素	平均得分	标准差
1	价格	6.27	.784
2	风险感知	6.20	.801
3	便捷性	6.12	.776
4	个体满意度	6.10	.768
5	移动性	6.07	.734
6	娱乐感知	6.03	.758
7	无处不在性	5.99	.717
8	可信度	5.99	.726
9	屏幕特色	5.97	.757
10	周围人群使用情况	5.94	.719

表2和表3分别显示了公众认为最重要的影响因素和各影响因素的重要性程度的具体得分。

由表2可知：公众认为影响其对移动政务接受度的最重要因素依次为：移动性、无处不在性、价格、娱乐感知、便捷性、个体满意度和风险感知，这7项影响因素占了所有影响因素的86%。而表3显示的影响因素的重要程度得分排在前列的分别为：价格、风险感知、便捷性、个体满意度、移动性、娱乐感知、无处不在性和可信度，这一结果正好可以验证影响因素重要程度排序的结果。

3.2.2 移动政务公众接受度的影响因素的因子分析

对影响因素进行因子分析前，必须进行效度的有效分析，即采用因子分析对问卷的理论构思效度进行验证，通过比较变量间简单相关系数和偏相关系数的指标 KMO（Kaiser – Meyer-Olkin）进行检验统计，如表 4 所示：

表 4 KMO 测度和巴特利特球体检验结果

KMO 样本测度		.911
巴特利特球体检验	Approx. Chi-Square	2 963.607
	自由度 df	216
	显著性概率 Sig.	.004

表 4 显示了 KMO 的值为 0.911（>0.9），表明该数据适合做因子分析。同时从统计结果也可以看出，巴特利特球体验的 x^2 统计值的显著性概率是 0.004，小于 1%，表明数据直接有着一定的相关性，适合做因子分析。

对影响因素重要程度问卷的 23 个项目进行因素分析，得到三个因素（见表 5）。结果显示 3 个因素的一致性系数 α 分别达到了 0.901 1、0.873 6、0.844 2，这不仅说明了测量的一致性程度较高、内部结构良好，而且也表明影响因素重要程度问卷较高。笔者对三因素命名如下：

F1 因素：有 10 个影响因素组成，原构想中的任务因素中的可靠程度、娱乐感知、几个、可信度、可靠程度与用户个人因素合并成了一个用户从自身对移动政务的态度和使用意向的相关的因素，即内生变量因素。这些因素主要是从公众自身认识产生的影响因素，从不同的方面反映认识水平、教育程度等的差距相关的影响因素，因此将合并后的因素成为内生变量影响因素。

F2 因素：由技术条件的发展影响移动终端设备的服务质量提高，携带方便等细小的因素的变化，进而改变公众愿意使用和接受移动政务系统，根据原来的构思，将他们命名为技术影响因素。

F3 因素：由原来的外部影响因素、组织因素 5 个因素组成，他们都是由于外界环境的变化影响用户对移动政务的接受度。故根据原来构思，将他们命名为外部环境影响因素。

表5 移动政务公众接受度影响因素重要程度问卷因子分析结果

因素	影响因素	因素荷重			α 系数
		F1	F2	F3	
F1	个体差异	.592	.284	.121	.900 5
	个体满意度	.683	.201	.360	
	个人经历	.655	.298	.224	
	个人预期	.601	.389	.298	
	风险感知	.764	.091	.371	
	知识层次	.589	.202	.478	
	娱乐感知	.591	.435	.199	
	价格	.527	.399	.399	
	可信度	.665	.271	.096	
	可靠程度	.706	.309	.337	
F2	异质性	.089	.821	.163	.874 3
	移动性	.167	.684	.211	
	无处不在性	.450	.783	.102	
	内容丰富性	.258	.768	.380	
	屏幕特色	.231	.561	.391	
	便捷性	.409	.557	.218	
	安全性	.274	.589	.042	
	时效性	.341	.580	.228	
F3	社会影响	.349	.199	.683	.854 2
	宣传	.284	.094	.746	
	周围人群的使用情况	.189	.301	.736	
	服务提供者	.438	.009	.601	
	监管体系	.372	.290	.595	

3.2.3 分析结果的描述性统计

各项影响因素对公众对移动政务接受程度的反映，如表6所示：

表6　移动政务公众接受度影响因素重要程度的描述统计值

因素	项目数	平均分	标准差
F1 内生变量影响因素	10	4.91	.738
F2 技术影响因素	8	5.02	.711
F3 外部环境影响因素	5	4.85	.831

其中技术影响因素对公众接受移动政务的影响程度最高，达到5.02。而内生变量影响因素和外部环境影响因素为4.91和4.85，与技术影响因素相比这两个因素对公众接受移动政务的程度一般。

3.2.4　公众对移动政务接受度的影响因素的相关性分析

为了探讨各项影响因素对公众接受移动政务行为的影响作用以及各项影响因素与公众使用和采纳行为直接的关系，本文把公众的各项影响因素和公众的接受行为之间进行相关分析，如表7所示：

表7　移动政务公众接受度的各项影响因素对于接受行为的相关分析

影响因素	接受行为
F1 内生变量影响因素	.651**
F2 技术影响因素	.698**
F3 外部环境影响因素	.613**

注：*表示在.05水平上显著；**表示在.01水平上显著，下同。

从表7可以看出，公众接受移动政务的三类影响因素内生变量影响因素、技术影响因素和外部环境影响因素与接受行为都在0.01水平下显著正相关。

4　研究结论与政策建议

4.1　研究结论

通过上述讨论分析，本文基本上验证了最初的理论假设，主要表现在：①影响移动政务公众接受度的影视主要分为内生变量因素、技术影响因素和外部环境影响因素；②内生变量因素包括个体差异、个体满意度、个人经历、个人预期、风险感知、知识层次、娱乐感知、价格、可信度和可靠信度；③技术影响因素主要包括异质性、移动性、无处不在性、内容丰富性、屏幕特色、便捷性、安全性和时效性；④外部环境影响因素主要包括社会影响、宣传程度、周围人的使用情况、服务提供者和监管体系；⑤公众对各项影响因素的重视程度和接受度成显著正相关。

但是需要指出的是，数据处理的结果与影响因素假设模型相比，有一些不同，主要表现在：①任务因素中的娱乐感知、价格、可信度和可靠程度和原用户个人影响因素同属于内生变量影响因素，主要是因为这些因素都是公众自身的心理感知和接受度之间的关系，是属于个人自身产生的影响因素，所以将这些因素命名为内生变量因素；②任务影响因素中的时效性是由于技术条件的成熟和政府信息管理系统的完善而产生的结果，所以将其并入技术影响因素之中；③社会影响、宣传程度、周围人群使用情况、服务提供方、监督体系与公众的个人生活和外界力量的变化相关，故根据原来的构思将其命名为外部环境影响因素。调整后的影响因素模型如图 2 所示：

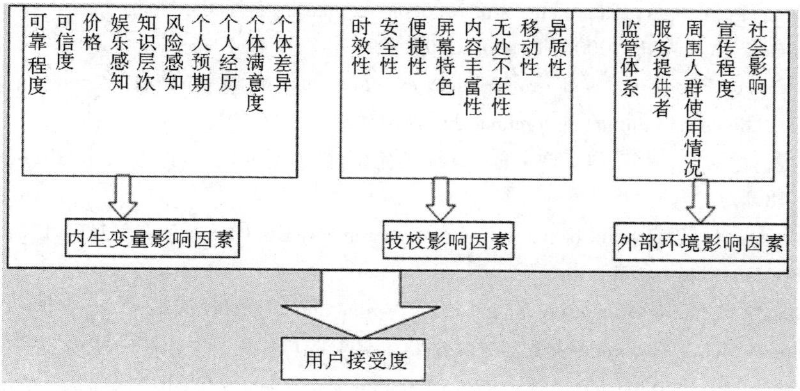

图 2　移动政务公众接受度影响因素实证模型

4.2　提高移动政务公众接受度的对策建议

4.2.1　提高服务质量，降低服务成本

移动政务可根据每一个公众的不同需求提供异质性服务，提供高度个性化的服务内容，是服务更加人性化。同时政府也可降低服务价格和运营费用，保证广大人民群众可自愿使用服务。

4.2.2　提高移动通信技术的发展，确保服务质量和用户的信息安全

由于移动手机终端的便捷、自由和开发的特征，虚假信息、垃圾信息通过移动终端肆意泛滥，违法犯罪行为便时有发生，因此，要强化信息的开发，采用更严密的安全设置和安全措施开发移动终端设备，从而提高用户使用的安心程度，增大用户的信任感。

4.2.3 扩大移动政务的影响力，完善移动政务监管体系

通过宣传等手段让更多人认识并了解移动政务及其给公众日常生活带来的便利和效益，利用群体效应扩大公众对移动政务的适用范围，同时政府应完善相关的法律法规，提高对移动政务的监管力度，保障移动政务体系的有效运行。

参考文献：

[1] Davis F D. Perceived usefulness , perceived ease of use, and user acceptance of information technology[J]. MIS Quarterly, 1989(9): 319 - 340.

[2] Jan A G. Mvan D, Oscar P, et al. Explaining the acceptance and use of government internet services: A multivariate analysis of 2006 survey data in the netherlands[J]. Government Information Quarterly, 2008, 25(3): 379 - 399.

[3] Seyal A, Pijpers G. Senior government executives use of the Internet: A reunion scenario [J]. Behavior Information Technology, 2004 (23): 197 - 210.

[4] 代蕾,徐博艺. 移动电子政务的公众持续使用行为研究[J]. 情报杂志,2011(1):186 - 189.

[5] Yu B. The value of mobility for e-government[EB/OL]. [2011 - 05 - 12]. http://www.mgovlab.org/ik@mgovlab.org.

[6] Nava A S. M-Government for digital cities: Value added public services[C]//The First European Mobile Government Conference,2005:304 - 312.

[7] Ntaliani M, Costopoulou C, Karetsos S. Mobile government:A challenge for agriculture[J]. Government Information Quarterly,2008,25(4):699 - 716.

[8] Heinz. Cashing up with mobile money-The faircash way[C]//The First European Mobile Government Conference. Chicago:University of Chicago,2006.

[9] Kiki T E. A management framework for mobile government services[C]//Proceedings of the 4th WSEAS Int. Conf. on Information Security. Slovenia,2005:478 - 483.

[10] Carroll J. Risky business: Will citizens accept m-government in the long term? [EB/OL]. [2011 - 05 - 28]. http://www.dis.unimelb.edu.au/staff/jcarroll/Index.html.

[11] 宋刚. 移动政务推动公共管理与服务创新[J]. 办公自动化,2006(11):10 - 13.

[12] 赵蓉. 移动政务关键成功因素研究[J]. 上海行政学院学报,2008(5):28 - 33.

[13] 钱英. 刍议移动政务的应用和发展[J]. 云南财贸学院学报(社会科学版),2008(2):100 - 101.

作者简介

张　可，女，1986 年生，硕士研究生，发表论文 2 篇；

张　宁，男，1989 年生，本科生。

政府创新扩散视角下的电子政务发展*

——基于中国省级政府的实证研究

马　亮

（西北工业大学人文与经济学院　西安 710072；
西安交通大学管理学院　西安 710049）

摘　要　应用并发展政府创新和政策扩散理论，采用 2004－2009 年中国省级面板数据，对电子政务发展水平的影响因素进行实证研究。研究发现，政府资源和能力、公众需求、区域环境特征等内部因素与电子政务发展显著正相关，区域扩散效应也对电子政务产生显著正向影响；与预期相反，中央压力对省级政府电子政务发展没有显著正向影响。

关键词　电子政务　政府创新　政策扩散　省级政府　实证研究

分类号　D035

信息技术的迅猛发展和快速普及使政府管理方式发生了深刻转变，电子政务在过去 20 年也获得长足进步[1]。目前中国各级政府及部门都已建立网站，一些部门还建立内网和跨部门协作网。依托日趋成熟的 Web 2.0 技术，电子政务发展步伐越来越快，“政府 2.0”时代呼之欲出[2]。电子政务的快速发展极大地提高了政府工作效率和质量，改善了政民关系并促进了政府公信力的提高。调查显示，中国各级政府网站拥有率接近 100%，网站整体水平大幅提升[3]。中国多年位居世界电子政务前列，是发展中国家的少数代表[1]；与此同时，中国电子政务仍与发达国家的差距较大，地区间差异有增无减[3]。因此，只有识别其关键影响因素，才能为推进电子政务发展提供决策依据。

电子政务是政府创新的重要内容，其快速发展是政府创新扩散的集中表现。电子政务迅速扩散并迅猛发展的影响因素是什么？对该问题的研究有助于找到推动创新扩散的关键渠道[4]。虽然相关研究越来越多，但电子政务发

＊　本文系国家自然科学基金项目“目标责任考核、财政管理与组织创新——面向中国地方政府绩效改进的实证研究”（项目编号：70873092）研究成果之一。

展的影响因素的研究还不多见[5-6]，政府创新扩散视角下的研究还未发现。本文采用中国省级面板数据，从组织创新和政策扩散的理论视角识别电子政务的关键影响因素，将对电子政务、组织创新和政策扩散等研究领域作出贡献，并为该领域提供新的实证依据。

1 理论基础与研究综述

1.1 电子政务与组织创新研究

电子政务是政府创新的重要表现，指政府引入新的信息技术以实现绩效改进的目的[7]。电子政务也属于服务创新，因为许多都为公众提供新服务[8]；其还对政府组织结构和业务流程产生影响，也是组织创新和管理创新的主要体现[9]。电子政务本质上是政府创新的重要内容，其快速发展和普及实质上是政府创新扩散的集中表现[10]。

伴随着电子政务的迅猛发展，有关研究也日益增多[11]，大多集中在技术解决方案设计、绩效评估、用户需求与满意度调查、对政府和公众的影响等[1,12]。研究显示，电子政务对服务创新、民主参与、公民信任都产生重要影响[13-14]，并为公共问责提供了新手段[15]。

电子政务扩散研究主要涉及公民和企业使用电子政务的影响因素，地方政府电子政务的决定因素研究还处于起步阶段。对美国州政府的调查发现，电子政务受到辖区特征、组织属性、财政资源和政治特征等因素的影响[1,16-17]。对美国市政府的研究发现，管理者的创新导向和城市规模是影响电子政务的关键因素[18]，而应对公共需求和谋取合法性是推动电子政务创新的主要因素[19]。还有研究指出，电子政务发展经历不同时期且受到不同因素影响[20]。

上述研究从多个方面考察电子政务创新的影响因素[21]，而关于电子政务扩散的研究还不多见。对美国城市的调查显示，人口规模、强势人口比例、民主党选民人数等与电子政务正相关[10]。对荷兰的研究发现，不仅要关注创新是如何扩散的，而且要对扩散原因进行考察[22]。对全球电子政务和电子民主的研究发现，两者受到不同因素的驱动，电子政务受到国内因素和邻国扩散因素的影响，而电子民主受制于国内政治规范和工作压力[23]。

中国电子政务的快速发展吸引了大批学者的关注，并积累了大量文献[24]。一些学者对中国电子政务发展状况及影响进行研究[25]，并探讨其发展现状与前景[26]。对中国省级政府的研究发现，政府科技投入、经济发展水平、教育程度和城市化率等都对电子政务产生显著影响[6]；对地市级政府的研究发现，行政环境与政府网站绩效显著相关[5]。

1.2 政府创新与政策扩散研究

创新是采用新事物的活动，如新的理念、实践、技术、工具等[9]。创新的扩散是创新通过一段时间，经由特定渠道而在社会系统成员中传播的过程[27]。政策创新的扩散指特定政策在政府之间传播的过程[28]，如某个地区出台的政策在其他地区得到复制和传播，并最终导致许多地区都出台类似政策[29]。政策扩散研究是政治学、国际关系学和公共管理学等学科领域快速发展的一个重要分支，并对传统创新扩散研究做出重要贡献[27,30]。

影响政策创新扩散的因素无外乎内外两个方面[31]。内部因素主要是辖区属性及政府特征，包括辖区内部的政治、经济和社会等因素；外部因素指全国性和区域性的扩散因素，即政府采纳创新与否可能受到已采纳者的影响。只有将上述因素加以综合考虑，才能避免单一因素解释导致偏误结论。

Berry 等将政策创新扩散的影响因素归纳为 4 个方面：竞争、学习、压力和需求[28]。首先，政府官员为了赢得公众支持和职业发展会对公众需求作出积极回应，因此公众需求是政府创新的主要动力[29]。其次，政府为了谋求发展、赢得选民支持和获取合法性等会展开激烈的竞争，政府会采用新政策赢得竞争力[32]。再次，政府为了降低成本和提高效率，会选择学习和效仿其他政府的创新做法[33-34]。最后，中央和上级政府提供的激励、施加的压力乃至强制性要求会加快政策的贯彻落实，推动政府创新[35]。许多研究对该模型进行检验，发现它在美国州政府和英国地方政府都得到了很好的解释[28,30,36]。

1.3 已有文献评估

已有电子政务和政策扩散研究在如下方面存在不足。首先，已有研究虽然考察了诸多因素对电子政务的影响，但却未考虑政策扩散研究，从而限制了对电子政务发展的解释力。虽然一些研究对此进行探讨[10,22]，但系统性的理论阐释和经验证据还不够。

其次，多数研究用二分法考察创新采纳与否，而对采纳后的实施情况缺乏研究[28]。创新实施成功与否会对创新扩散产生重要影响，成功的政策得到更多的学习和模仿[37]；从单纯关注创新采纳转向综合考察创新实施，是政府创新扩散研究的重要课题[38]。此外，已有研究只考察一项或几项创新，而对不同类型的创新缺乏研究[36]；不同类型创新的扩散受到不同因素的影响，表现出较强的复杂性和权变性[9]。政策扩散研究长期关注于立法通过的政策，而对管理和技术扩散（如电子政务）缺乏关注[32]。

最后，目前研究主要在发达国家，且集中在美国州政府，发展中国家的研究还不够[30]。美国联邦制被喻为“政策实验室”[37]或“民主实验室”[39]，为政府创新扩散提供了良好条件。与之相比，单一制常常被认为有碍政府创新[40]，但也为政府保留了足够的创新空间[4]，而考察单一制国家的政府创新扩散有利于弥补已有研究之不足。

2 研究假设

从组织创新与电子政务生态理论来说，电子政务的发展依赖于它所处的小环境（政府）和大环境（辖区）[5]。因此，笔者将组织资源与能力、公众需求和区域环境特征等作为该视角下的关键影响因素。从政策扩散角度来说，需要强调区域扩散和上级压力的影响[28]，只有综合考虑两个方面的因素，才能全面解释电子政务的扩散机理。综上所述，笔者提出5个方面的研究假设。

2.1 资源与能力假设

资源松弛假设指出，松弛的资源状况是组织创新的重要条件，而资源丰富的组织更倾向于创新[41]。对美国的研究显示资金是最重要的因素之一，因为电子政务需要大量资金投入[1]。笔者认为财政资源与电子政务发展正相关，并提出如下假设：

H_{1a}：财政资源越丰富的地区，政府的电子政务水平越高。

政府能力的强弱与政府创新息息相关，而投入大、周期长、复杂性高的电子政务更是如此[42]。对美国的研究表明，州政府的制度能力是决定电子政务绩效的关键因素[17]；对转轨时期的中国各地区而言，政府制度能力至关重要。市场化进程是衡量中国政府制度转轨进程的核心变量[43]，笔者认为它与政府回应市场需求的能力正相关，并会对电子政务发展产生积极作用。因此，提出如下假设：

H_{1b}：市场化进程越快的地区，政府的电子政务水平越高。

2.2 公民需求假设

服务对象的需求程度直接决定了政府提供电子政务的动力和意愿，不同群体的公众对电子政务的需求不同，并导致“信息技术鸿沟”扩大[44]。信息技术发展推动公民通过网络参政议政，并对电子政务产生影响[45]。网民、高收入人群、受教育程度高的人群被认为对电子政务的需求更大，他们对政府电子政务的需求也会直接促进其发展[17,46]。

首先，网民规模（或互联网普及率）与电子政务息息相关，因为其服务对象主要是能够接触互联网的用户群体。如果网民规模较大，政府提供电子政务的意愿就较强[16]。由此，提出如下假设：

H_{2a}：网民比例越高的地区，政府的电子政务水平越高。

其次，从社会经济状况的角度来看，经济收入较高和学历较高的人群更乐于通过互联网参政议政，并推动政府电子政务发展[17]。据此，提出如下两个假设：

H_{2b}：人均收入水平越高的地区，政府的电子政务水平越高。

H_{2c}：人口受教育程度越高的地区，政府的电子政务水平越高。

2.3 区域环境与经济开放假设

一般认为，经济发展水平和城市化率都较高的地区更加倾向于接纳新事物，对电子政务的需求更大，电子政务发展水平也较高[17]。政府创新取决于创新者的意愿和能力，但也需要一定的经济基础和财政条件[4]。特别是电子政务这种投资规模大、持续期长的创新，经济基础条件至关重要[1]。因此，提出如下两个假设：

H_{3a}：经济发展水平越高的地区，政府的电子政务水平越高。

H_{3b}：城市化率越高的地区，政府的电子政务水平越高。

与电子政务发展密切相关的另一个因素是经济开放程度。企业与政府的业务往来较为密切，对政府服务质量的要求更高，也更加需要电子政务。特别是外资企业，通常会拿宗主国的标准来要求东道国，并推动电子政务发展。对于渴望外商直接投资（FDI）的政府而言，通过电子政务发展改善投资环境的意愿也更为强烈[47]。据此，提出如下假设：

H_{3c}：经济开放程度越高的地区，政府的电子政务水平越高。

2.4 区域扩散假设

与其他距离较远或差距较大的比较对象相比，组织更倾向于向与己接近或与自身条件相仿的对象学习，并将其视为竞争对手；这些相近或相仿的对象是否采取行动，可能会对组织产生重要影响[28]。地理接壤的地区在许多方面都有共同之处，相互学习和模仿的机会更多、可能性也更大，并更倾向于将彼此视为竞争对手[48]。但政策扩散研究需要考察辖区之间在许多方面的相似度，而不只是关注地理邻边[37]。

对省级官员晋升的研究表明，中央政府主要采取现任官员与其前任的相对绩效考核机制，但与邻省官员的绩效比较也是一个重要机制[49]。在这种政绩考核和人事管理体制下，地方官员会有选择地寻找“靶点”，作为竞争对手或学习榜样。如果临近或相似地区的电子政务发展水平较高，那么所在地区迫于竞争压力或学习动机，其电子政务发展水平也会提高。据此，提出如下假设：

H_4：临近或相似地区的电子政务水平越高，所在地区的电子政务水平也越高。

2.5 上级压力假设

电子政务发展还受到上级政府的影响，政策扩散研究既关注区域水平扩散，也考察上下垂直扩散[28]。如美国联邦政府为推动政策而向州政府提供的激励措施会提高政策贯彻落实程度[50]，与惩戒性举措相比，正向激励的扩散推动效果更为明显[35]。

与联邦制相比，单一制国家的上级政府对下级政府的影响更强、更深，在政府创新和电子政务方面也表现得最为明显[40]。中国各级政府都对下级政府具有较强的制约力，通过财政和人事等手段控制下级的权力。下级政府不得不"听命于"上级政府，对上级政府的政策要求言听计从[51]。如果上级政府鼓励和推动电子政务，那么下级政府发展电子政务的动力就较强，电子政务发展水平也会提高。据此，提出如下假设：

H_5：上级政府对电子政务的要求和压力会提高地方政府的电子政务水平。

上述5个方面的研究假设如图1所示：

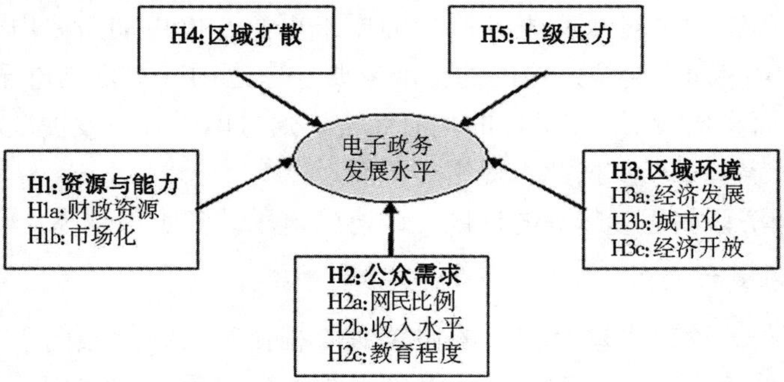

图1 概念模型与研究假设

资源与能力是政府内部因素，公众需求和区域环境属于辖区因素，而区域扩散和上级压力则属于府际关系因素（包括横向和纵向两个维度），它们共同对电子政务发展水平产生影响。

3 数据与方法

3.1 样本与数据来源

鉴于可比性和数据可及性等方面的考虑，本研究的样本由中国31个省（市、自治区）构成（不含港、澳、台）。样本涵盖2004—2009年共6年，实际观测点为186个。

数据均来自公开的二手数据，可以确保数据来源的可靠性和研究结论的可重复性。因变量采用中国软件测评中心的政府网站绩效评估结果衡量，自变量的数据来自《中国统计年鉴》、《中国市场化指数》和《中国互联网络发展状况统计报告》等。

3.2 变量测量

3.2.1 因变量

电子政务绩效是一个多维构念，且不同发展阶段的要求也不同[52]，应从整体角度分析其绩效[17]。二分法无法分析电子政务发展的多维性，而多指标综合评估可能较为合适[17]，且一些研究已证实该方法的有效性[36,50]。笔者采用中国软件测评中心发布的中国省级政府网站绩效评估指数衡量省级电子政务发展水平，采用信息公开、在线办事、公众参与等三大功能定位对历年政府网站绩效进行评估，将三个维度的得分简单平均后作为因变量。

3.2.2 自变量

- 政府资源与能力。选取人均财政收入和市场化进程作为衡量政府财政资源状况和制度能力的主要变量。人均政府预算财政收入作为衡量财政资源状况的变量，市场化进程指数用于衡量各省（市、自治区）市场化改革的相对进程[43]。
- 公众需求。网民比例采用中国互联网络信息中心发布的互联网普及率数据（网民规模占各省（市、自治区）人口的百分率）。以城乡人口比例为权重，将城镇居民人均可支配收入与农村居民人均纯收入加权平均为各省（市、自治区）人均收入。人口受教育程度采用历年入户调查人口中接受高等教育的人口比例作为衡量指标。
- 区域环境。区域经济环境变量主要包括人均GDP和城市化率两项指标。经济开放程度采用两项指标加以衡量，分别是人均进出口总额和人均外商直接投资总额。
- 区域扩散效应。区域扩散效应具有一定的复杂性和非线性特点[48]。地方政府在选取竞争对手和学习对象时通常选择相似度较高的辖区而不只是地理邻边[37]，为了衡量省际扩散对电子政务发展的影响，笔者考虑了三种情况：①最常用的邻边法，即根据地理接壤情况考察与特定地区地理接壤的地区采纳创新的比例[28,53]或创新程度的均值[23]；②按照经济社会发展状况，可以按照中国6大地区代码（华北、东北、华东、华中/华南、西南、西北）进行划分；③根据行政序列，4个直辖市、5个自治区和22个省各自较为接近，因此设置基于行政序列的区域扩散效应。笔者以邻省（市、自治区）、所在大区其他省（市、自治区）或所在行政序列其他省（市、自治区）的电子政务综合评分均值作为衡量指标，综合分析三种区域扩散因子对电子政务发展的影响。

- 中央压力。为了考察中央压力对电子政务发展的影响，笔者设置了两个虚拟变量。2005年，中央政府门户网站的试开通填补了中国国家政府网站门户的空白，被认为是“中国政府网站发展元年”[54]。中国政府网的开通运行对全国各级政府网站的建设产生了不容忽视的示范效应，并推动中国电子政务发展提速，在一定程度上产生类似于中央指令的无形压力。对于中国政府网开通的影响，笔者将2005年及以后的年份编码为1，此前年份编码为0。

电子政务的核心在于信息公开和沟通，因此信息公开的发展会促进电子政务建设[54]。作为第一部全国性政府信息公开法规，《政府信息公开条例》可能会对电子政务发展产生重要影响。就影响时点来看，虽然它在2008年才生效，但其大量要求需要提前准备，因此2007年就会产生影响。笔者将2007年及以后的年份编码为1，将此前年份编码为0。

3.2.3 控制变量

- 人口规模。组织规模越大，组织创新的条件越优越，创新绩效越高[41]。辖区规模可能影响电子政务，因为规模较大的辖区具有“规模优势”和“规模经济”，可能更倾向于投资和发展电子政务[10]。参考已有研究，采用取对数后的人口规模衡量辖区规模。

- 年份虚拟变量。笔者的样本期包括6年，为此以起始年2004年为参照组，设置后续各年的虚拟变量共5个，以避免观测点内部的自相关风险。

3.3 分析方法

本研究的分析单元为省（市、自治区）－年，数据库为均衡面板数据，传统的OLS回归模型不适用，因此应选取适合面板数据的回归分析方法。采用包括经面板调整的标准误的线性回归模型进行估计[17]。以省（市、自治区）为单位对标准误进行调整，获得稳健性标准误以避免估计错误。

由于许多自变量之间高度相关，可能诱发多重共线性问题。对取值较大的变量取对数处理（人口、人均收入、人均GDP、人均财政收入、人均FDI、人均进出口总额），降低多重共线性风险，采取多个独立模型将自变量分别代入回归模型进行假设检验。

4 结果与讨论

4.1 研究发现

描述性分析显示，各省（市、自治区）电子政务发展水平差距较大，说明存在较大的解释空间。相关分析显示所有自变量均与电子政务发展水平显著正相关，仅有中国政府网开通不显著，说明研究假设得到初步验证。结果还显示自变量之间存在较强的相关性，需要在回归分析时注意多重共线性问题。

回归分析显示，笔者的模型得到很好的解释，仅有中央压力模型的解释力较差。人均预算收入、市场化进程均与电子政务发展水平显著正相关，表明政府资源与能力对电子政务发展至关重要，H_{1a}和H_{1b}得到支持。网民比例、人均收入水平和受教育程度等均与电子政务发展水平显著正相关，说明公众需求假设H_{2a}、H_{2b}和H_{2c}均得到了支持，如表1所示：

表1 政府资源和能力及公众需求对电子政务发展水平的回归分析

变量	模型1	模型2	模型3	模型4	模型5
人均预算收入	0.162*** (0.005)	–	–	–	–
市场化进程	–	0.055*** (0.003)	–	–	–
网民比例	–	–	0.011*** (0.002)	–	–
人均收入	–	–	–	0.286*** (0.013)	–
教育水平	–	–	–	–	0.023*** (0.002)
人口	0.053*** (0.007)	-0.008 (0.009)	0.055*** (0.007)	0.036*** (0.008)	0.072*** (0.007)
决定系数	0.457 3	0.382 7	0.451 8	0.470 3	0.480 1
沃尔德卡方	328.70***	31.24***	68.84***	607.00***	612.36***

注：观测点为186个，*、**和***分别表示在90%、95%和99%的水平上统计显著（双尾）。括号外为回归系数，括号内为经面板调整的标准误。所有模型均控制年份虚拟变量，为节省篇幅未报告。

人均 GDP 的对数、城市化率、经济开放程度等均与电子政务发展水平显著正相关，说明区域环境特征在很大程度上影响电子政务的发展，由此区域环境假设 H_{3a}、H_{3b} 和 H_{3c} 均得到了支持，如表 2 所示：

表 2　区域环境对电子政务发展水平的回归分析

变量	模型 6	模型 7	模型 8	模型 9
人均 GDP	0.186*** (0.008)	–	–	–
城市化率	–	0.008*** (0.000)	–	–
人均 FDI	–	–	0.076*** (0.004)	–
人均贸易额	–	–	–	0.066*** (0.003)
人口	0.044*** (0.008)	0.058*** (0.009)	0.048*** (0.008)	0.038*** (0.008)
决定系数	0.389 0	0.489 9	0.404 2	0.372 6
沃尔德卡方	701.76***	746.77***	387.05***	586.20***

注：同表 1。

对区域扩散效应的分析显示，地理接壤和行政序列相同的回归系数均为正且显著，但经济社会发展水平接近的回归系数为负且不显著，因此 H_4 得到部分支持。有关中央压力假设的检验显示，两个虚拟变量均与电子政务发展水平正相关且不显著，因此 H_5 没有得到支持。控制变量人口对数在多数模型中与电子政务发展水平显著正相关，说明人口规模较大的省（市、自治区）发展电子政务的可能性更强，如表 3 所示：

表 3　区域扩散效应和中央压力对电子政务发展水平的回归分析

变量	模型 10	模型 11	模型 12	模型 13	模型 14
地理邻近	0.514*** (0.081)	–	–	–	–
发展水平相近	–	−0.070 (0.082)	–	–	–

续表

变量	模型10	模型11	模型12	模型13	模型14
行政序列相同	–	–	0.739*** (0.024)	–	–
中国政府网开通	–	–	–	0.013 (0.071)	–
信息公开条例	–	–	–	–	0.069 (0.045)
人口	0.042*** (0.007)	0.046*** (0.008)	0.030*** (0.006)	0.045*** (0.008)	0.045*** (0.008)
决定系数	0.224 5	0.150 2	0.338 1	0.041 2	0.071 4
沃尔德卡方	148.69***	31.19***	1 092.67***	33.50***	35.51***

注：同表1。

4.2 讨论

本文采用中国省级面板数据对电子政务发展水平的决定因素进行了研究，重点考察了内部因素和外部因素的综合影响。结果较好地支持了内部因素的解释，所有相关假设都得到支持。虽然区域扩散效应得到部分支持，但中央压力假设没有得到验证。在政府创新的解释方面，内外因素都是不容忽视的，内部因素的解释力强于外部因素[28]。

区域扩散效应对电子政务发展具有较强的解释力，主要表现在地理接壤和行政序列相同两个方面，而在经济社会发展水平接近方面没有显著影响。对单一制国家的研究与联邦制国家一致，即区域扩散效应对政府创新产生重要影响[53]。笔者也证实区域扩散效应的复杂性[48]，即政府在确定竞争对手或学习榜样时会根据特定属性[37]。省级政府主要参照地理临近原则和行政序列相同原则，而经济社会发展水平接近原则没有得到支持，可能的原因是这种区域划分的合理性因为快速发展和区域动态性而遭到冲击。

虽然已有研究发现中央激励对政策创新扩散具有影响[35,50]，但本文却未证实该假设。可能的原因有三：①对中央压力的操作化较为粗糙，仅考察了中央政府对各省级政府的统一要求，未能识别不同地区的不同压力；②单一制国家内部下级受上级的控制更强，因此中央压力已内含在政府日常管理中，中央压力的解释力不足；③对电子政务发展水平的衡量标准是逐年收紧的，因此可能影响对电子政务时序变异的解释。

5 结 论

本文整合电子政务、组织创新与政策扩散领域的理论和文献，首次采用中国省级面板数据对电子政务发展水平的决定因素进行实证分析。分析表明政府内外部因素都对电子政务发展水平做出很好的解释，但内因更重要。本研究与国外研究得出类似发现[10,23]，本研究的政策启示在于：首先，电子政务作为一项大型、综合性工程，有赖于政府的大力投入和系统管理，因此政府资源和区域环境是其发展前提之一，而改善行政环境与电子政务发展息息相关。其次，电子政务的服务对象和其他利益相关者对政府的压力和需求会推动政府提供良好的电子政务，而鼓励公众参与有助于政府加大对电子政务的重视程度和投入力度。最后，中央和上级政府部门在推行某项管理创新或政策变革时，有目的地选取一些地理中心地区或属于不同行政序列的地区作为试点，可能更加有助于区域扩散和推广。

需要指出本研究存在的一些不足，并提示未来研究方向。首先，笔者的研究没有控制政治因素和政府官员特征[1,17-18]，有待于未来研究深化。其次，未来研究可以考察区域扩散效应对政府创新的影响，特别是利用聚类分析等探索区域划分，明确政府竞争和学习的参照系，并进一步考察区域扩散效应的机制或渠道[34]。最后，目前研究都集中在国家和省级层面，而对地方和基层政府的研究还少见[38]，未来可以深入更低层级的政府，识别政府创新扩散的其他影响因素和机制[34]，特别是自下而上的政府创新“涌现”。

参考文献：

[1] West D M. Digital government: Technology and public sector performance[M]. Princeton: Princeton University Press, 2005.

[2] Eggers W D. Government 2.0 [M]. Lanham: Rowman & Littlefield Publishers, Inc., 2007.

[3] 中国软件评测中心. 2010 年中国政府网站绩效评估总报告[R/OL]. [2011-04-15]. http://2010wzpg.cstc.org.cn/fbh2010/.

[4] 杨雪冬. 简论中国地方政府创新研究的十个问题[J]. 公共管理学报, 2008, 5 (1): 16-26.

[5] 王立华, 覃正. 中国地级城市行政环境与政府门户网站绩效关系的实证研究[J]. 当代经济科学, 2006, 28 (3): 102-107.

[6] Wu Yuehua, Bauer J M. E-government in China: Deployment and driving forces of provincial government portals[J]. Chinese Journal of Communication, 2010, 3 (3): 290-310.

[7] 吴建南, 孔晓勇. 信息技术、内部流程与组织绩效[J]. 中山大学学报(社会科学版),

2008, 48 (3): 142 - 150.

[8] 吴建南，马亮，苏婷．政府创新的类型与特征：基于“中国地方政府创新奖”获奖项目的多案例研究[J]．公共管理学报，2011，8 (1)：94 - 103.

[9] Walker R M. Innovation type and diffusion: An empirical analysis of local government[J]. Public Administration, 2006, 84 (2): 311 - 335.

[10] Franzel J M. Urban government innovation: Identifying current innovations and factors that contribute to their adoption[J]. Review of Policy Research, 2008, 25 (3): 253 - 277.

[11] Heeks R, Bailur S. Analyzing E-government research: Perspectives, philosophies, theories, methods, and practice[J]. Government Information Quarterly, 2007, 24 (2): 243 - 265.

[12] Yildiz M. E-government research: Reviewing the literature, limitations, and ways forward [J]. Government Information Quarterly, 2007, 24 (3): 646 - 665.

[13] West D M. E-government and the transformation of service delivery and citizen attitudes [J]. Public Administration Review, 2004, 64 (1): 15 - 27.

[14] Tolbert C J, Mossberger K. The effects of E-government on trust and confidence in government[J]. Public Administration Review, 2006, 66 (3): 354 - 369.

[15] Wong W, Welch E. Does E-government promote accountability? A comparative analysis of website openness and government accountability[J]. Governance, 2004, 17 (2): 275 - 297.

[16] Mcneal R S, Tolbert C J, Mossberger K, et al. Innovating in digital government in the American States[J]. Social Science Quarterly, 2003, 84 (1): 52 - 70.

[17] Tolbert C J, Mossberger K, Mcneal R S. Institutions, policy innovation, and E-government in the American States[J]. Public Administration Review, 2008, 68 (3): 549 - 563.

[18] Moon M J, Norris D F. Does managerial orientation matter? The adoption of reinventing government and E-government at the municipal level[J]. Information Systems Journal, 2005, 15 (1): 43 - 60.

[19] Jun K N, Weare C. Institutional motivations in the adoption of innovations: The case of E-government[J]. Journal of Public Administration Research and Theory, 2011, 21 (3): 495 - 519.

[20] Reddick C G. A two-stage model of E-government growth: Theories and empirical evidence for U. S. cities[J]. Government Information Quarterly, 2004, 21 (1): 51 - 64.

[21] Ahn M J. Adoption of E-communication applications in U. S. municipalities: The role of political environment, bureaucratic structure, and the nature of applications[J]. The American Review of Public Administration, 2011, 41 (4): 428 - 452.

[22] Korteland E, Bekkers V. The diffusion of electronic service delivery innovations in Dutch E-policing[J]. Public Management Review, 2008, 10 (1): 71 - 88.

[23] Lee Chung-pin, Chang Kaiju, Berry F S. Testing the development and diffusion of E-gov-

ernment and E-democracy: A global perspective[J]. Public Administration Review, 2011, 71 (3): 444 -454.
[24] Ma Lianjie, Chung Jongpil, Thorson S. E-government in china: Bringing economic development through administrative reform[J]. Government Information Quarterly, 2005, 22 (1): 20 -37.
[25] Lollar X L. Assessing China's E-government: Information, service, transparency and citizen outreach of government websites[J]. Journal of Contemporary China, 2006, 15 (46): 31 -41.
[26] 曾润喜，崔薇，曾忠平．我国电子政务的研究主题及其发展:基于 2001 -2009 年 CSSCI 期刊论文的分析[J]．图书情报工作，2011，54 (1): 118 -121.
[27] Rogers E M. Diffusion of innovations[M]. New York: Free Press, 2003.
[28] Berry F S, Berry W D. Innovation and diffusion models in policy research[C]//Sabatier P A. Theories of the Policy Process. Boulder: Westview Press, 1999: 169 -200.
[29] Walker J L. The diffusion of innovations among the American states[J]. The American Political Science Review, 1969, 63 (3): 880 -899.
[30] Graham E, Shipan C R, Volden C. The diffusion of policy diffusion research[EB/OL]. [2011 -04 -15]. http://www - persanal. umich. edu/ ~ franzese/spatialprobit. pubchoiceo9. pdf.
[31] Berry F S. Sizing UP State policy innovation research[J]. Policy Studies Journal, 1994, 22 (3): 442 -456.
[32] Berry F S. Innovation in public management: The adoption of strategic planning[J]. Public Administration Review, 1994, 54 (4): 322 -330.
[33] Volden C, Ting M M, Carpenter D P. A formal model of learning and policy diffusion[J]. The American Political Science Review, 2008, 102 (3): 319 -332.
[34] Shipan C R, Volden C. The mechanisms of policy diffusion[J]. American Journal of Political Science, 2008, 52 (4): 840 -857.
[35] Welch S, Thompson K. The impact of federal incentives on state policy innovation[J]. American Journal of Political Science, 1980, 24 (4): 715 -729.
[36] Walker R M, Avellaneda C N, Berry F S. Exploring the diffusion of innovation among high and low innovative localities[J]. Public Management Review, 2011, 13 (1): 95 -125.
[37] Volden C. States as policy laboratories: Emulating success in the children's health insurance program[J]. American Journal of Political Science, 2006, 50 (2): 294 -312.
[38] Zhang Yahong, Yang Kaifeng. What drives charter school diffusion at the local level: Educational needs or political and institutional forces? [J]. Policy Studies Journal, 2008, 36 (4): 571 -591.
[39] Karch A. Democratic laboratories: Policy diffusion among the American states[M]. Ann Arbor: University of Michigan Press, 2007.

[40] Cai Hongbin, Treisman D. Political decentralization and policy experimentation[J]. Quarterly Journal of Political Science, 2009, 4 (1): 35 –58.

[41] Damanpour F. Organizational innovation: A meta-analysis of effects of determinants and moderators[J]. Academy of Management Journal, 1991, 34 (3): 555 –590.

[42] Kim S E, Lee J W. The impact of management capacity on government innovation in Korea: An empirical study[J]. International Public Management Journal, 2009, 12 (3): 345 –369.

[43] 樊纲，王小鲁，朱恒鹏．中国市场化指数——各地区市场化相对进程 2009 年报告[M]．北京：经济科学出版社，2010.

[44] Thomas J C, Streib G. The new face of government: Citizen-initiated contacts in the era of E-government[J]. Journal of Public Administration Research and Theory, 2003, 13 (1): 83 – 102.

[45] Yang Guobin. The power of the Internet in China: Citizen activism online[M]. New York: Columbia University Press, 2009.

[46] Yang Guobin. The Internet and civil society in China: A preliminary assessment[J]. Journal of Contemporary China, 2003, 12 (36): 453 –475.

[47] 世界银行．政府治理、投资环境与和谐社会：中国 120 个城市竞争力的提升[M]．北京：中国财政经济出版社，2007.

[48] Mooney C Z. Modeling regional effects on state policy diffusion[J]. Political Research Quarterly, 2001, 54 (1): 103 – 124.

[49] Li Hongbin, Zhou Lian. Political turnover and economic performance: The incentive role of personnel control in China[J]. Journal of Public Economics, 2005, 89 (9/10): 1743 –1762.

[50] Daley D M, Garand J C. Horizontal diffusion, vertical diffusion, and Internal pressure in state environmental policymaking, 1989 – 1998[J]. American Politics Research, 2005, 33 (5): 615 –644.

[51] 周雪光．"逆向软预算约束"：一个政府行为的组织分析[J]．中国社会科学，2005 (2): 132 –143.

[52] O'brien K J, Li Lianjiang. Selective policy implementation in rural China[J]. Comparative Politics, 1999, 31(2): 167 – 186.

[53] Berry F S, Berry W D. State lottery adoptions as policy innovations: An event history analysis[J]. The American Political Science Review, 1990, 84 (2): 395 –415.

[54] 赛迪顾问股份有限公司．2005 年中国政府网站绩效评估报告[EB/OL]．[2011 –04 –15]. http://93. nc. gov. cn/onews. asp? id =338.

作者简介

马　亮，男，1984 年生，讲师，博士，发表论文 27 篇。

公共危机网络信息扩散的政府应对仿真研究*

史　波[1,2]　金洪志[1]

（1. 哈尔滨工程大学经济管理学院　哈尔滨 150001；
2. 哈尔滨工程大学灾难与危机管理研究所　哈尔滨 150001）

摘　要　运用复杂适应系统理论构建公共危机网络信息扩散的政府应对仿真模型。该模型以现实为基础，以有限信任 Deffuant 模型为依据，由网民、网络媒体、政府及它们之间的交互规则组成。运用 Netlogo 仿真软件进行模拟仿真，分析政府介入时间、政府公信力、政府信息真实度和政府引导与监管等政府主体属性在不同参数设置下的演化结果。并在此基础上提出公共危机网络信息扩散的政府应对建议，以期为政府有效调控公共危机网络信息扩散提供决策依据。

关键词　公共危机　网络信息　扩散　政府应对

分类号　G201

目前，我国正处于经济转轨和社会转型的关键时期，公共危机事件发生的领域多、频率高、破坏性强[1]。作为公共危机的管理者，政府对危机的处置效果直接影响着社会的稳定。公共危机网络信息扩散的影响不容忽视，尤其是网络已经成为思想文化信息的集散地和社会舆论的放大器，给政府应对公共危机带来了极大的挑战。网络虽能及时反映公众意见，但同时又存在很多非理性、虚假的信息，导致这些信息扩散迅速，并在短时间内对公众造成极大的影响[2]。例如 2011 年抢盐事件中，网络上出现“碘盐能防辐射”的虚假信息，导致公众哄抢碘盐，商贩哄抬盐价，造成碘盐紧缺。由此可以看出，网络虚假信息会给社会带来动荡、给公众带来经济损失。因此，研究政府在危机的网络应对中如何促进真实信息的扩散、减少虚假信息的消极影响，对

* 本文系教育部人文社会科学青年基金项目“网络环境下公共危机信息的扩散机理及其管理研究”（项目编号：11YJCZH143）和中央高校基本科研业务费专项资金项目“核应急管理的关键基础问题研究”（项目编号：HEUCF120910）研究成果之一。

于提高政府的危机管理能力具有重要的意义。

国外学者对信息扩散进行了比较深入的研究。Hagerstrand 最早指出信息扩散的空间模式是由信息流动和采用阻力的空间特征所决定的[3]。之后经济演进思想逐渐被用于信息扩散研究，以系统观和演进观进行信息扩散研究成为扩散研究的趋势[4]。近些年随着人工智能技术的发展，基于随机元胞自动机、复杂网络等的信息扩散模型也逐渐被学者所重视[5]。国内有关信息扩散的研究则主要集中于信息扩散的过程。如基于混沌情景预测方法构建公共危机伪信息扩散仿真模型，并对公共危机伪信息扩散进行仿真[6]，借用物理学中“场”的概念，运用场论对信息扩散的机理进行场描述[7]。考虑到创新扩散、知识扩散领域的理论和方法比较完善[8]，一些学者借鉴 Logistic 模型、Bass 模型、Matthew-polya 模型、Lotka-Volterra 模型等研究了信息扩散问题[9-12]。

上述研究主要立足于信息扩散本身，鲜有从扩散应对角度进行分析的。尤其在公共危机领域，政府如何应对网络信息扩散已成为一个值得研究的问题。因此，本文在前人研究的基础上，运用复杂适应系统理论对公共危机网络信息扩散的政府应对进行建模仿真，重点分析政府介入时间、政府公信力、政府信息真实度和政府引导与监管策略等因素对政府应对效果的影响，以期为政府有效应对公共危机网络信息扩散提供科学的决策依据。

1 模型构建

运用复杂适应系统理论建模的基本思想是其智能体具有适应性，智能体可与其他智能体或周围环境进行交互，智能体通过学习或是积累经验的方式改变自身的属性值和行为规则[13]。在公共危机网络信息扩散的政府应对中，网民、网络媒体和政府三类主体都是智能体，具有适应性，会通过彼此的影响来改变自己的行为，故具备运用复杂适应系统理论进行建模仿真的可行性。

1.1 公共危机网络信息扩散主体及主体间的交互作用

公共危机网络信息扩散是指公共危机信息由信息发布者（网民、网络媒体或政府）通过网络发布在各大网站、BBS、博客、微博等网络平台或 QQ、MSN、UC 等网络即时通讯工具上，供公众及时获取，最终使得公共危机信息由一个点向整个网络空间弥漫的过程。

公共危机网络信息扩散主体之间的交互作用有所不同，如图 1 所示：

第一阶段，公共危机信息在网络环境下自由扩散。网民把自己所掌握的公共危机信息在 BBS、博客、微博等网络平台上发表，使得公共危机信息在网民间迅速传播开来，同时敏锐的网络媒体也会及时跟踪报道。第二阶段，

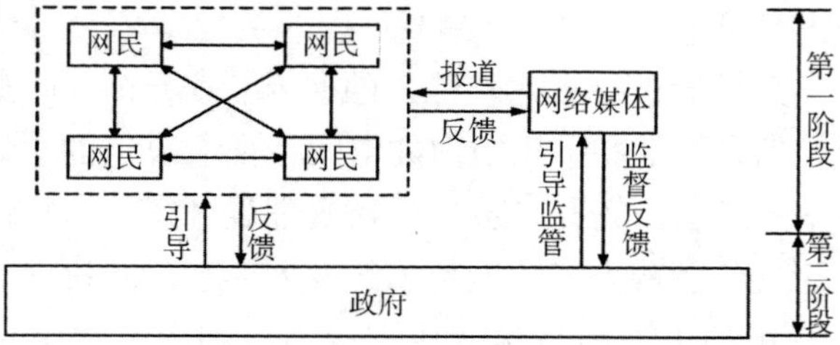

图1　网民、网络媒体、政府三类主体交互作用

政府会介入扩散过程，对公共危机信息进行官方发布，对网络媒体进行引导与监管，对不明真相的网民进行引导等。在整个扩散过程中，网民、网络媒体、政府三类主体之间相互联系、相互作用、相互制约。

1.2　模型假设

根据主体的行为特征，特提出以下假设：①网民、网络媒体和政府三类主体对公共危机网络信息的态度分为三种：反对、中立和支持。②网民的态度由主体意识形态决定且有限理性，会受其他网民、网络媒体和政府态度影响，受不同主体的影响程度用权重表示。网民、网络媒体和政府的初始态度为外部已知条件。③网民和网络媒体的数量随时间而增加，但最大规模是确定的。初始数量的网络媒体和网民为已知外部条件。④网民和网络媒体分别以 P_1 和 P_2 的概率选择是否与其他网民、网络媒体和政府进行交互。⑤网民、网络媒体和政府三类主体的属性每一时步同时更新。

1.3　模型主体属性

网民、网络媒体和政府是三类主体，其各自影响权重、数量等可作为环境主体，故本文共设置了4类主体的属性。各类主体属性如下：

1.3.1　网民主体属性描述

网民主体的属性函数为：

$$F\left[A_i(t),\ B_i(t),\ C_i(t),\ D_i\right] \tag{1}$$

其中，$A_i(t)$ 表示网民主体 i 在 t 时刻的态度。$A_i(t)$ 在区间 [0，1] 内取值，$A_i(t) \in [0, 0.33]$ 为支持态度；$A_i(t) \in (0.33, 0.67]$ 为中立态度；$A_i(t) \in (0.67, 1]$ 为反对态度。

$B_i(t)$ 表示网民 i 在 t 时刻的影响力。$B_i(t)$ 在区间 [0，1] 内取值，$B_i(t)$ 越接近于1，表示网民的影响力越强。

$C_i(t)$ 表示网民 i 在 t 时刻的观点可信度。$C_i(t)$ 在区间 [0，1] 内取值，C_i（t）越接近于1，表示网民观点可信度越高。

D_i 表示网民 i 的偏执度，D_i 在区间［0，1］内取值。一般而言，网民群体中有10%的网民为偏执的网民[2]。故当 D_i 的取值落在区间［0.9，1］时，则认为该网民为偏执的网民。

1.3.2　网络媒体主体属性描述

网络媒体主体的属性函数为：

$$F\left[E_i(t),\ F_i,\ G_i(t)\right] \tag{2}$$

其中，E_i（t）表示网络媒体 i 在 t 时刻对公共危机网络信息所持的态度。E_i（t）在区间［0，1］内取值，$E_i(t) \in [0,\ 0.33]$ 为支持态度；$E_i(t) \in (0.33,\ 0.67]$ 为中立态度；$E_i(t) \in (0.67,\ 1]$ 为反对态度。

F_i 表示网络媒体 i 的公信力。F_i 在区间［0，1］内取值，F_i 越接近于1，表示公信力越高，对网民的影响越大。

G_i（t）表示网络媒体 i 在 t 时刻的信息真实度。G_i（t）在区间［0，1］内取值，G_i（t）越接近于1，表示信息真实性越高，对网民的影响越大。

1.3.3　政府主体属性描述

政府主体的属性函数为：

$$F\left[H(t),\ I,\ J(t),\ K(t),\ L(t),\ M\right] \tag{3}$$

其中，H（t）表示政府的态度。H（t）在区间［0，1］内取值。$H(t) \in [0,\ 0.33]$ 为支持态度；$H(t) \in (0.33,\ 0.67]$ 为中立态度；$H(t) \in (0.67,\ 1]$ 为反对态度。

I 表示政府的公信力。I 在区间［0，1］内取值。I 的取值越接近1，则表明政府的公信力越高，影响力越大。

J（t）表示政府的监管力度。J（t）在区间［0，1］内取值。J（t）的取值越接近1，则表明政府的监管力度越大。

K（t）表示政府的引导力度。K（t）在区间［0，1］内取值。K（t）的取值越接近1，则表明政府的引导力度越大。

L（t）表示政府的信息真实度。L（t）在区间［0，1］内取值。L（t）的取值越接近1，则表明政府向公众公开的信息越真实。

M 表示政府的介入时间。政府的介入时间是指互联网上第一次出现公共危机信息到政府第一次公开公共危机信息的时间差。这个时间差越短，说明政府对公共危机网络信息的管理越及时。

1.3.4　环境主体属性描述

其中，N_j（t）表示网民 j 在 t 时刻对其他网民的影响权重。令 $N_j(t) =$

B_j (t), B_j (t) 为网民 j 的影响力。

O_i (t) 表示网民在 t 时刻对网络媒体 i 的影响权重。令 $O_i(t) = \frac{\sum_{j=1}^{m} A_j(t)}{m}$，其中 m 是占三类态度比重最多的那类态度网民数，$\sum_{j=1}^{m} A_j(t)$ 是占三类态度比重最多的那类态度网民的态度值总和。

P_j (t) 表示网络媒体 j 在 t 时刻对网民的影响权重。令 $P_j(t) = F_j$，其中 F_j 为网络媒体 j 的公信力。

Q_j (t) 表示网络媒体 j 在 t 时刻对其他网络媒体的影响权重。令 $Q_j(t) = F_j$，其中 F_j 为网络媒体 j 的公信力。

R (t) 表示政府在 t 时刻对网民的影响权重。令 $R(t) = I * K(t)$，其中 I 为政府的公信力，K (t) 为政府的引导力度。

S (t) 表示政府在 t 时刻对网络媒体的影响权重。令 $S(t) = K(t)$，其中 K 为政府的引导力度。

为了更好地观察网民、网络媒体和政府对网民态度影响的情况，假设网民权重系数为 a，网络媒体权重系数为 b，政府权重系数为 c。则网民权重系数：网络媒体权重系数：政府权重系数 = a：b：c，且 $a + b + c = 1$，a、b、c $\in [0, 1]$。

1.4 模型主体交互规则

本文研究的网民、网络媒体和政府三类主体属性根据有限信任 Deffuant 模型[14]进行交互。三者需要同时满足两个条件，才会进行交互：一是其他主体和受影响者间的态度差应该在给定的阈值之内；二是其他主体的观点可信度大于受影响者的观点可信度。各个主体的交互规则如下：

1.4.1 网民主体的交互规则

- 网民 i 与其他网民间的交互规则为：随机选取一个网民 j，判断网民 j 的态度与网民 i 的态度是否一致。如果一致，则网民 i 不受影响；如果不一致，则判断交互条件。状态转移方程如下所示：

$$A_i^1(t+1) = \begin{cases} A_i(t) + [A_i(t) - A_j(t)]N_j(t) & |A_i(t) - A_j(t)| < \alpha \text{ 且 } C_i(t) < C_j(t) \\ A_i(t) & \text{其他情况} \end{cases} \quad (4)$$

$$C_i^1(t+1) = \begin{cases} C_i(t) + [C_j(t) - C_i(t)]N_j(t) & |A_i(t) - A_j(t)| < \alpha \text{ 且 } C_i(t) < C_j(t) \\ C_i(t) & \text{其他情况} \end{cases} \quad (5)$$

- 网民 i 与网络媒体间的交互规则为：判断网民 i 是否与网络媒体 j 有接触，如果没有接触，网民 i 不受网络媒体 j 的影响；如果有接触，判断网民 i 与网络媒体 j 的态度。如果一致，则网络媒体 j 对网民 i 没有影响；如果不一致，则判断交互条件。状态转移方程如下所示：

$$A_i^2(t+1)=\begin{cases}A_i(t)+[A_i(t)-E_j(t)]P_j(t) & |A_i(t)-E_j(t)|<\alpha \text{ 且 } C_i(t)<G_j(t)\\ A_i(t) & \text{其他情况}\end{cases} \tag{6}$$

$$C_i^2(t+1)=\begin{cases}C_i(t)+[G_j(t)-C_i(t)]P_j(t) & |A_i(t)-E_j(t)|<\alpha \text{ 且 } C_i(t)<G_j(t)\\ C_i(t) & \text{其他情况}\end{cases} \tag{7}$$

- 网民 i 与政府间的交互规则为：判断政府是否已经介入，如果没有介入，则政府对网民 i 没有影响；如果已经介入，网民 i 判断政府的态度，如果一致，则网民 i 不受影响，如果不一致，则判断交互条件。状态转移方程如下所示：

$$A_i^3(t+1)=\begin{cases}A_i(t)+[A_i(t)-H(t)]R(t) & |A_i(t)-H(t)\}<\alpha \text{ 且 } C_i(t)<L(t)\\ A_i(t) & \text{其他情况}\end{cases} \tag{8}$$

$$C_i^3(t+1)=\begin{cases}C_i(t)+[L(t)-C_i(t)]R(t) & |A_i(t)-H(t)|<\alpha \text{ 且 } C_i(t)<L(t)\\ C_i(t) & \text{其他情况}\end{cases} \tag{9}$$

由网民 i 与其他网民、网络媒体和政府的交互规则可以得到网民 i 与各主体的交互规则，具体为：网民以 P_1 概率选择是否进行交互。若交互，判断网民 i 是否为顽固的网民。如果网民 i 是顽固的网民，则其态度不会受任何主体的影响；反之，则网民 i 与其他主体进行交互。根据最终状态转移方程得到网民 i 在 t+1 时刻的态度和观点可信度，分别为：

$$A_i(t+1)=aA_i^1(t+1)+bA_i^2(t+1)+cA_i^3(t+1) \tag{10}$$

$$C_i(t+1)=aC_i^1(t+1)+bC_i^2(t+1)+cC_i^3(t+1) \tag{11}$$

1.4.2 网络媒体主体的交互规则

- 网络媒体 i 与网民间的交互规则为：网络媒体 i 分析网民群体的态度分布；判断网络媒体 i 的态度与绝大多数网民的态度是否一致。如果一致，网络媒体 i 不受影响；如果不一致，判断交互条件。状态转移方程如下所示：

$$E_i^1(t+1)=\begin{cases}E_i(t) & \text{一致}\\ \cdots\cdots\cdots\cdots\cdots & \\ O_j(t) & \text{不一致}\end{cases} \tag{12}$$

$$G_i^1\ (t+1)\ =G_i\ (t) \tag{13}$$

• 网络媒体 i 与其他网络媒体间的交互规则为：随机选取一个网络媒体 j，判断网络媒体 i 与网络媒体 j 的态度是否一致。如果一致，则网络媒体 i 不受影响；如果不一致，则判断交互条件。状态转移方程为：

$$E_i^2\ (t+1)\ = \begin{cases} E_i(t)+[E_i(t)-E_k(t)]Q_k(t) & |E_i(t)-E_k(t)|<\alpha \text{ 且 } G_i(t)<G_k(t) \\ E_i(t) & \text{其他情况} \end{cases} \tag{14}$$

$$G_i^2(t+1)= \begin{cases} G_i(t)+[G_k(t)-G_i(t)]Q_k(t) & |E_i(t)-E_k(t)|<\alpha \text{ 且 } G_i(t)<G_k(t) \\ G_i(t) & \text{其他情况} \end{cases} \tag{15}$$

• 网络媒体 i 与政府间的交互规则为：判断政府是否已经介入。如果政府没有介入，则网络媒体 i 与政府间没有交互；如果政府已经介入，则判断政府的态度与网络媒体 i 的态度是否一致。如果一致，则网络媒体 i 不受影响；如果不一致，则判断交互条件。状态转移方程如下所示：

$$E_i^3(t+1)= \begin{cases} E_i(t)+[E_i(t)-H(t)]S(t) & |E_i(t)-H(t)|<\alpha \text{ 且 } G_i(t)<L(t) \\ E_i(t) & \text{其他情况} \end{cases} \tag{16}$$

$$G_i^3(t+1)= \begin{cases} G_i(t)+[L(t)-G_i(t)]S(t) & |E_i(t)-H(t)|<\alpha \text{ 且 } G_i(t)<L(t) \\ G_i(t) & \text{其他情况} \end{cases} \tag{17}$$

由网络媒体 i 与网民、其他网络媒体和政府的交互规则可以得到网络媒体 i 与各主体的交互规则，具体为：网络媒体以 P_2 的概率选择是否进行交互。若交互，根据最终状态转移方程得到网络媒体 i 在 t+1 时刻的态度和信息可信度。最终状态转移方程如下所示：

$$E_i\ (t+1)\ =aE_i^1\ (t+1)\ +bE_i^2\ (t+1)\ +cE_i^3\ (t+1) \tag{18}$$

$$G_i\ (t+1)\ =aG_i^1\ (t+1)\ +bG_i^2\ (t+1)\ +cG_i^3\ (t+1) \tag{19}$$

2 仿真实现与结果分析

本文以“抢盐事件”为例获取仿真初始数据。2011 年 3 月 15 日开始的抢盐事件，在短短的四五天内，除了西藏和青海两个省份，几乎席卷全国。据统计，18 日报道此事件的网络媒体有 3 240 个，关注该事件的网民有 22 682

人[15]。由于仿真软件的限制，本文对网络媒体总数和网民总数进行了一定比例的缩小。缩小比例为3%，即网络媒体总数约100个，网民总数约700名。运用Netlogo仿真软件进行模拟仿真。网民每一时步增加35人。网络媒体每一时步增加5个。每一时步增加的网民和网络媒体随机持有态度。

通过对仿真参数的改变，得到不同的仿真结果，并对其进行分析。对仿真程序进行多次仿真，取最具代表性的数量变化图进行分析研究。

2.1　政府介入

由图2可知：政府介入时间越早，应对效果越好。政府在第10时步时介入和政府在第30时步介入对网民和网络媒体态度的影响不同；政府介入时间越早，网民和网络媒体的态度达到均衡状态的时间越短。在抢盐事件中，政府在虚假信息产生的第二天就开始介入，并采取相应措施，使抢盐事件在短短的四五天内得到平息。

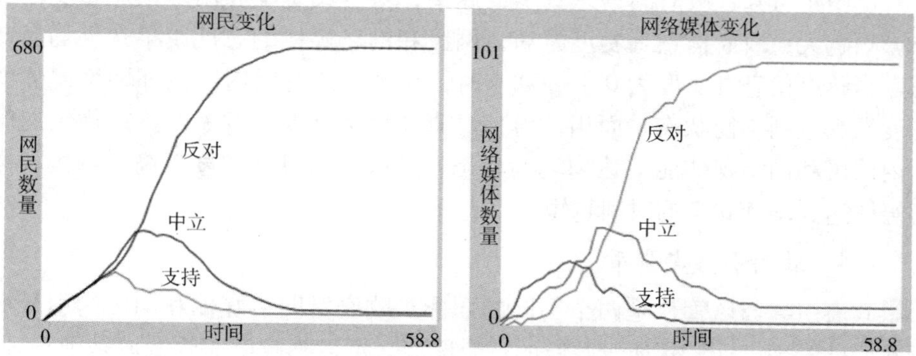

(a)政府介入时间=10

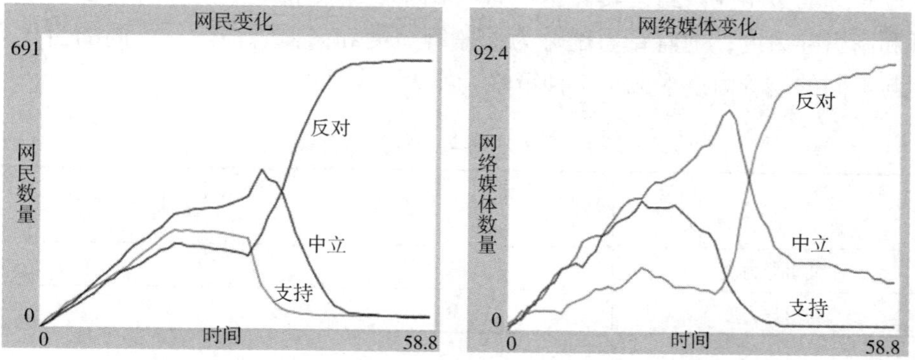

(b)政府介入时间=30

图2　政府介入时间不同对网民和网络媒体的影响

2.2 政府公信力

由图3可知：政府的公信力越高，对网民和网络媒体态度的变化影响越大。当政府公信力为0.1时，持反对态度的网民数量增加缓慢，持反对态度的网络媒体数量先增加再减少再增加；当政府公信力为0.9时，持反对态度的网民和网络媒体数量急速增加并达到均衡状态。图3也说明政府的公信力越高，网民和网络媒体越能尽早地达到均衡状态。当政府公信力为0.1时，在有限时间内网民和网络媒体没有达到均衡状态；当政府公信力为0.5时，网民在第50时步达到均衡状态，网络媒体在第53时步达到均衡状态；当政府公信力为0.9时，网民在第36时步达到均衡状态，网络媒体在第40时步达到均衡状态。

2.3 政府信息真实度

由图4可知：政府的信息真实度越高，对网民态度和网络媒体态度的变化影响越大；政府信息真实度越高，网民和网络媒体的态度越早达到均衡状态。当政府信息真实度为0.1和0.4时，在规定的时间内网民和网络媒体的态度没有达到均衡状态，而当政府信息真实度为0.6和0.9时，在规定的时间内网民和网络媒体能够达到均衡状态，且政府信息真实度越高，网民和网络媒体达到均衡状态的时间越短。

2.4 政府引导与监管

政府引导与监管，是两个不同的职能。政府对网络媒体和网民的引导属于政府软管理，而监管属于政府的行政职能，可以把政府监管看成是硬管理。软硬管理的策略应该结合实际情况进行调整。本文将政府引导分为低引导力度和高引导力度；把监管力度分为低监管力度和高监管力度。不同的引导力度与不同的监管力度形成了4种策略，如表1所示：

表1 政府引导与监管策略方案

引导＼监管	低监管力度	高监管力度
低引导力度	A	C
高引导力度	B	D

根据表1，有A、B、C、D共4种策略。在仿真过程中，运行步长取58，其他初始值不变，只改变引导力度和监管力度。观察仿真结果。

- 低监管力度条件下，政府不同引导力度对网民和网络媒体的影响。

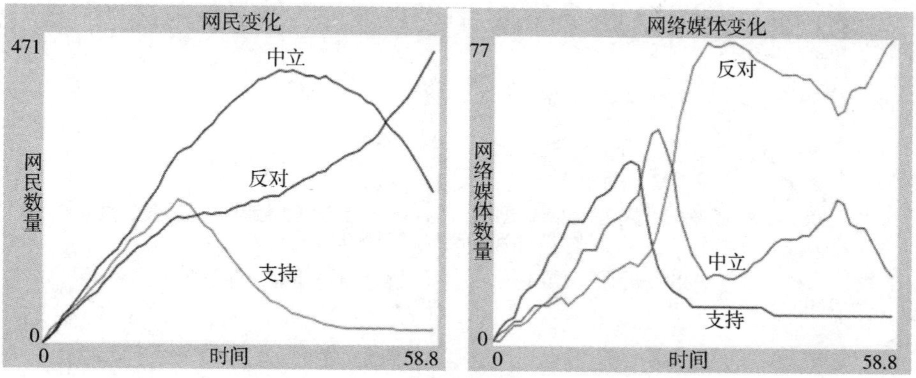

(a)政府公信力为0.1

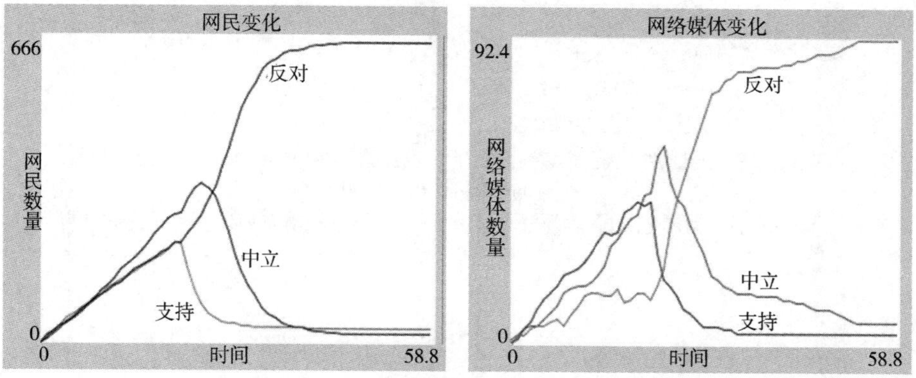

(b)政府公信力为0.5

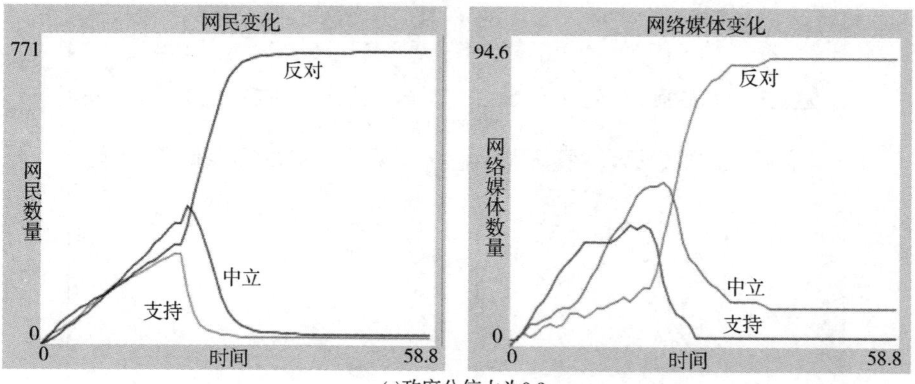

(c)政府公信力为0.9

图 3　政府公信力不同对网民和网络媒体的影响

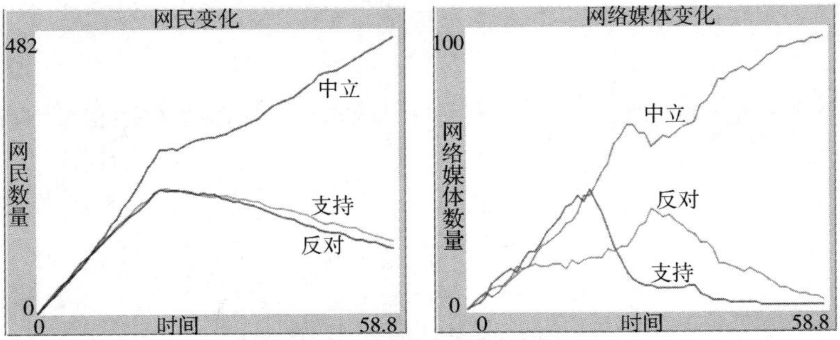

(a)政府信息真实度为0.1

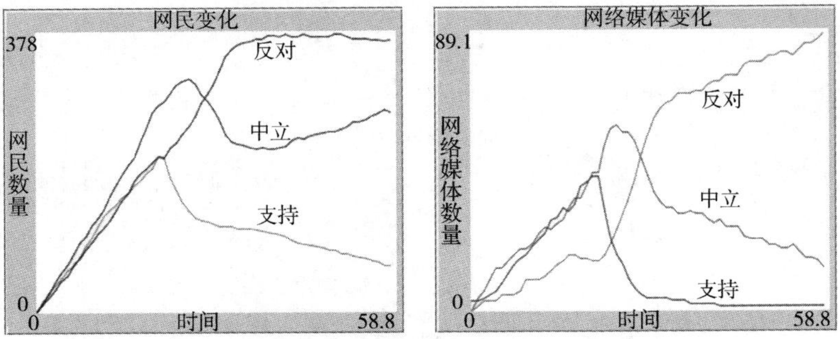

(b)政府信息真实度为0.4

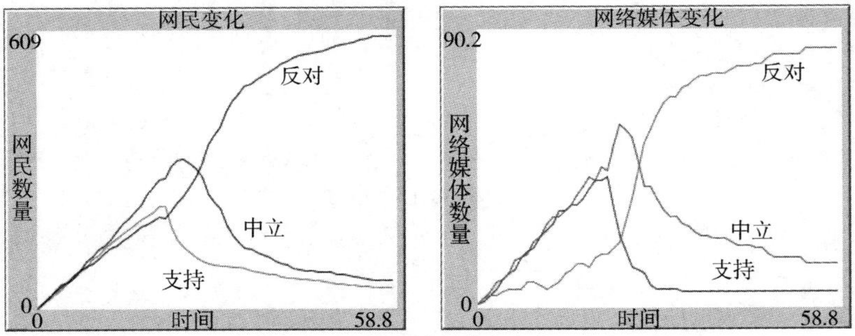

(c)政府信息真实度为0.6

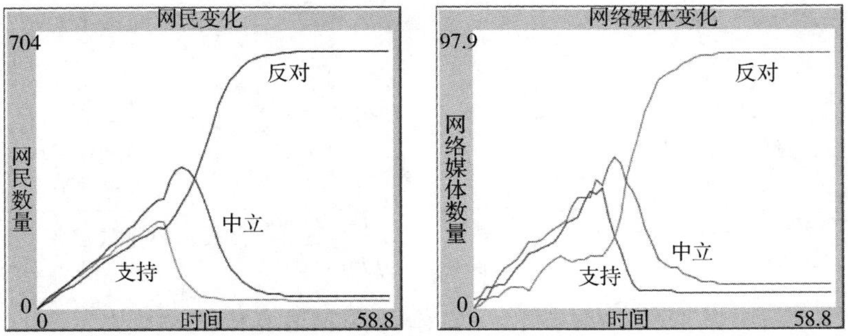

(d)政府信息真实度为0.9

图 4　政府信息真实度不同对网民和网络媒体的影响

政府监管力度取 0. 1，政府介入时间取第 10 时步。对仿真程序进行多次仿真，取最具代表性的数量变化图进行分析研究。

由图 5 可知：政府引导力度的增加，对网民和网络媒体能够起到明显的作用；B 方案比 A 方案更有效地引导网民和网络媒体，使之与政府态度相一致。

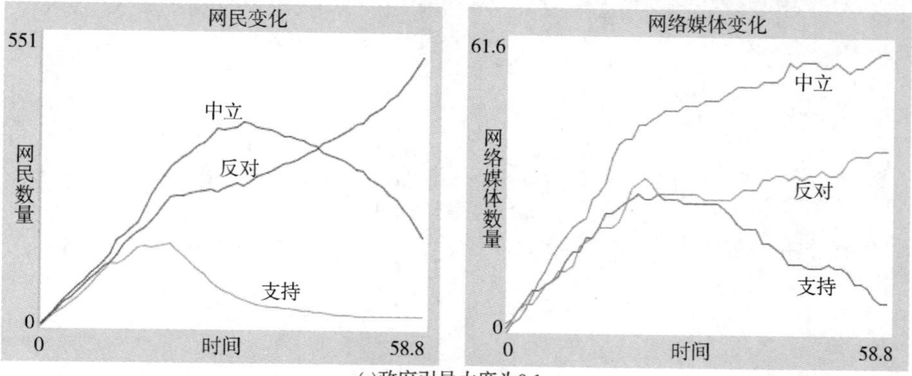

(a)政府引导力度为0.1

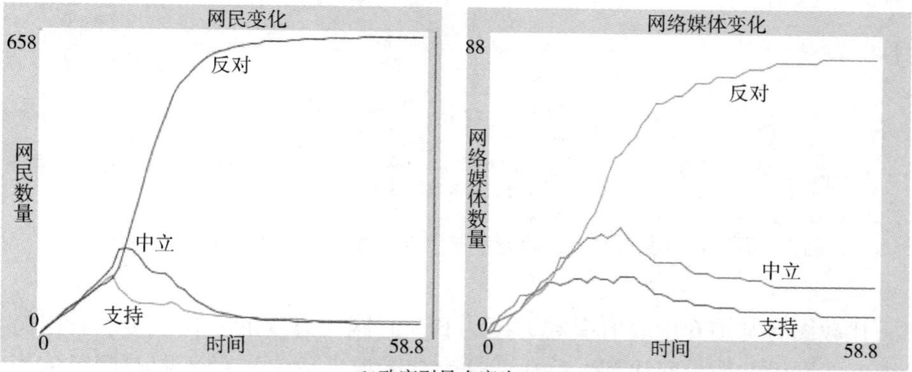

(b)政府引导力度为0.9

图 5　低监管力度条件下，政府不同引导力度对网民和网络媒体的影响

- 高监管力度条件下，政府不同引导力度对网络媒体和网民的影响。

政府监管力度取 0. 9，政府介入时间取第 10 时步。对仿真程序进行多次仿真，取最具代表性的数量变化图进行分析研究。

由图 6 可知：当政府监管力度和引导力度加大时，对网络媒体的影响很大，使网络媒体的态度在短时间内与政府的态度保持一致；政府的引导力度和监管力度越大，网民和网络媒体达到均衡状态越早；D 方案比 C 方案更有效地引导网络媒体，使之与政府态度相一致。

- 低引导力度条件下，政府不同监管力度对网民和网络媒体的影响。

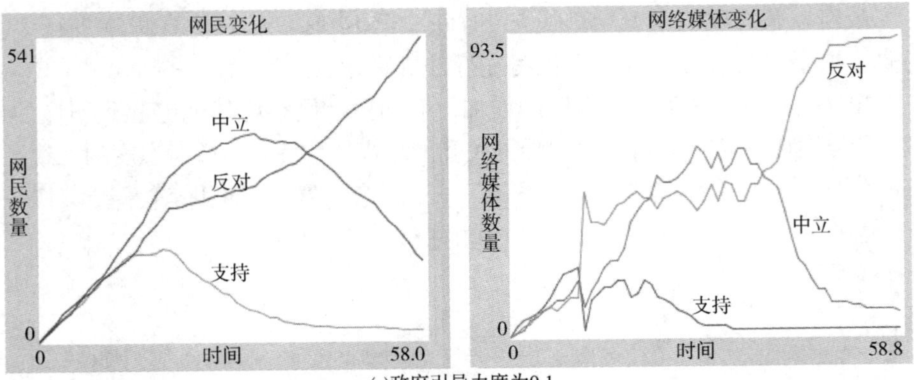

(a)政府引导力度为0.1

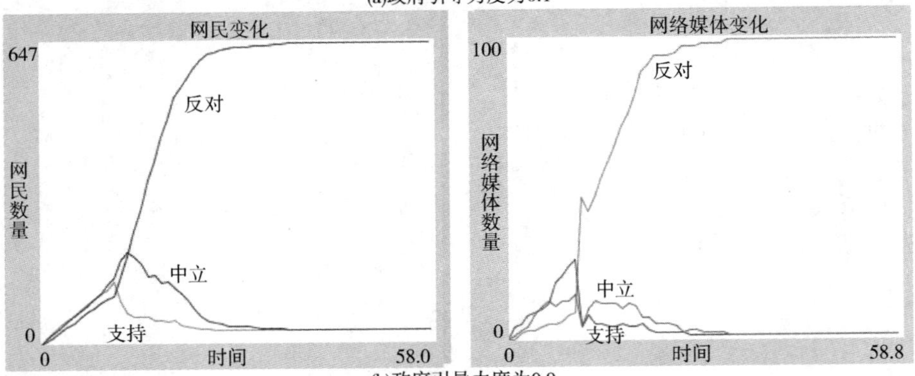

(b)政府引导力度为0.9

图6　高监管力度条件下，政府不同引导力度对网民和网络媒体的影响

比较图5与图6中政府引导力度为0.1时网民态度的变化，可以看出持各种态度的网民的数量变化基本一样，这表明政府监管力度的不同对网民的影响很小。比较图5与图6中政府引导力度为0.1时网络媒体态度的变化，可以看出，在低引导力度条件下，政府的监管力度越大，对网络媒体的引导作用越大。说明方案C比方案A能更有效地引导网络媒体，使之与政府态度相一致。

- 高引导力度条件下，政府不同监管力度对网民和网络媒体的影响。

比较图5与图6中政府引导力度为0.9时网民态度的变化，可以看出各种态度的网民的数量变化基本一样，这表明政府监管力度的不同对网民的影响很小。比较图5与图6中政府引导力度为0.9时网络媒体态度的变化，可以看出，在高引导力度条件下，政府的监管力度越大，对网络媒体的引导作用越大，网络媒体越早进入均衡状态。说明方案D比方案B更能有效地引导网民和网络媒体，使之与政府态度相一致。

通过以上对仿真试验结果的分析，可以得出以下结论：

- 早介入比晚介入的效果要好。政府早介入能够尽早地占领舆论制高点，而且不管是对网民的影响还是对网络媒体的影响，都是在早介入的情况下能够使之尽快地达到均衡状态。因此，对于公共危机网络信息扩散的引导和监管，政府应该及早介入。
- 政府的引导力度越大，对网民和网络媒体的影响作用越大，但监管力度则仅对网络媒体的影响较大，而对网民的影响很小。应该把引导和监管的对象区分开来。引导作为软管理，其主要对象应该是网民和网络媒体。而监管作为硬管理，其主要对象是网络媒体。在通信发达的当今社会，政府在引导网民的同时要做好网络媒体的监管。
- 网民的群体态度对网络媒体具有一定的影响。单个网民对网络媒体的影响非常有限，但网络媒体为了其利益，会在考虑网民群体态度的偏好后，有选择地报道相关公共危机信息。
- 在各个方案中，早介入、高引导和高监管力度方案的管理效果优于其他方案。早介入能够准确地掌握网民和网络媒体的态度变化方向；高引导力度能够及时地引导网民和网络媒体的态度变化方向；高监管力度能够用硬管理对网络媒体进行有效的调控。

3　公共危机网络信息扩散的政府应对建议

由于互联网具有开放性、匿名性、及时性等特性，公共危机网络信息鱼龙混杂，泥沙俱下。对于真实信息，政府应该积极促进其扩散，选择不同的扩散方式使其在短时间内传播给公众，让公众及时获得真实的公共危机信息；而对虚假信息，政府应该阻止其扩散，对于触犯法律者依法严办，这样可以有效地控制虚假信息扩散。

3.1　选择适当的介入时间

政府对于公共危机网络信息扩散的应对应选择正确的介入时间。政府的介入是必要的。政府介入的时间应该根据具体实际情况来判断。政府选择正确的介入时间有助于其掌握和引导网络信息，高效地处理公共危机事件。当公共危机信息为真实信息时，政府可以晚一些介入或者不介入；当公共危机信息为虚假信息时，政府的介入时间应该越早越好。

3.2　加强政府的公信力建设

人无信不立，政无信不兴。这句谚语充分说明了信任的重要性。信任来自于双方的沟通，如果双方没有沟通，就不存在信任。为了加强政府的公信力，政府应该积极主动与公众进行沟通，让公众了解政府执政的理念和政府行为的意义。政府在日常工作中应强化服务意识，提高行政效率，建立问责机制。当公共危机发生以后，网络上会第一时间出现危机事件信息，此时政府应该通过互联网平台，公布公共危机事件的相关信息，以免虚假信息快速扩散。这也会加强政府与公众的互动性，增强公众与政府之间的互信度。

3.3 提高政府信息的真实度

政府还应进一步加强信息公开的制度设计。《中华人民共和国政府信息公开条例》已经执行了4年[16]，但具体落实受到各种各样的阻力，甚至有些真正的公开受到制度约束。在公共危机信息的公开问题上，有些地方政府为了地方利益，对上级政府采取瞒报、谎报的行为，对当地群众采取封锁真实消息或者发布虚假信息的行为。政府应当加强对政府信息透明度的外部监督。在政府部门中，政务信息的不予披露被作为掩盖政府失策、减少不利后果以及逃避惩罚的有效策略[17]。为了提高政府信息真实度，不仅仅需要法律法规的约束，也需要社会的监督。

3.4 实施有效的引导和监管策略

对于公共危机网络信息扩散，政府应当积极引导，加强监管，使得信息朝着良性传播的目标方向扩散。政府应制定出公共危机网络信息扩散引导和监管的基本策略，并根据信息扩散的实际情况动态调整和实施。事后，政府应及时总结应对的实际效果，并对引导和监管策略进行完善。这样，既能积累政府应对公共危机网络信息扩散的经验，又能不断提升政府网络信息应对能力。

4 结 论

本文运用多智能体复杂适应系统建模方法构建了公共危机网络信息政府应对的仿真模型，并分别对政府介入时间、政府公信力、政府信息真实度和政府引导与监管4个方面进行模拟仿真。根据仿真结果可知：①政府介入时间越早，对网民和网络媒体的引导作用越强；②政府的公信力越强，信息真实度越大，对网民和网络媒体的影响越大；③政府引导力度和监管力度越大，对公共危机网络信息的有效调控作用越大。为此，政府应选择适当的介入时间，加强公信力建设，提高信息真实度和实施有效的引导与监管策略。

本文构建的模型还存在一定的局限性，尤其是对政府主体进行了单一化处理，而政府主体还存在着不同层次的个体，即不同级别的政府。因此，对于政府主体及其主体属性有待下一步进行细分研究。

参考文献：

[1] 朱义宁. 网络舆论危机中的政府应对策略研究——基于政府、媒体、公众关系重构的

视角[D]. 武汉:华中师范大学,2009:1 –5.
[2] 孙晓茜,林思明,刘悦,等. 媒体舆论引导仿真[J]. 智能系统学报,2010(4):106 –111.
[3] Hagerstrand T. Innovation diffusion as a spatial process[M]. Chicago:University of Chicago Press, 1967:16 –32.
[4] Nelson R R, Winter S G. An evolutionary theory of economic change[M]. Cambridge: Mass Belknap Press, 1982:1 –6.
[5] Saia J, Young M. Reducing communication costs in robust peer-to-peer networks[J]. Information Processing Letters, 2008(4): 119 –129.
[6] 傅毓维,刘拓,朱发根. 公共危机伪信息扩散的混沌情景仿真研究[J]. 情报杂志, 2007(12): 7 –9.
[7] 邓忆瑞. 网络环境下信息扩散的模式研究[J]. 图书情报工作, 2010,54(8): 37 –40.
[8] Wasko M M, Faraj S. Why should I share? Examining social capital and knowledge contribution in electronic networks of practice[J]. MIS Quarterly, 2005, 29(1): 35 –57.
[9] 魏玖长. 危机事件社会影响的分析与评估研究[D]. 合肥:中国科学技术大学, 2006: 56 –65.
[10] 魏玖长,周磊,赵定涛. 基于BASS模型的危机信息扩散模式[J]. 系统工程,2011,29(9): 16 –22.
[11] Li Zhihong, Chen Yuehui, Zhou Guanggang, et al. The dissemination simulation of paroxysmal public crisis information based on polya distribution [J]. Journal of Software, 2011, 6(8):1492 –1497.
[12] 钟琪,戚巍,张乐. Lotka-Volterra系统下的社会型危机信息扩散模型[J]. 系统工程理论与实践,2012(1):104 –107.
[13] 方美琪,张树人. 复杂系统建模与仿真[M]. 北京:中国人民大学出版社, 2005:220 –230.
[14] 张磊,李志蜀,王永锋,等. 基于Deffuant模型的领先用户意见一致性研究[J]. 计算机集成制造系统,2011(10):2011 –2014.
[15] 喻国明. 中国社会舆情年度报告[M]. 北京:人民日报出版社,2011:246.
[16] 贾君枝,闫晓美,武晓宇. 政府信息公开的自动标引的设计与实现[J]. 情报理论与实践,2012(2):109 –113.
[17] 刘谊,刘星. 我国政府信息透明度的现实思考[J]. 中国软科学,2004(9):25 –31.

作者简介

史 波，男，1981年生，讲师，硕士生导师，发表论文15篇。

金洪志，男，1986年生，硕士研究生，发表论文2篇。

推进欠发达地区政府信息资源开放共享研究*

高　歌[1]　王天勇[1]　范云翠[2]　刘国亮[1]

（1. 吉林大学管理学院　长春 130022；2. 吉林建筑工程学院管理系　长春 130000）

摘　要　在分析国内外政府信息资源开放与共享的状况及未来发展趋势的基础上，以吉林省为例，分别从瓶颈问题、根源问题、关键问题以及特色问题入手，探讨我国欠发达地区政府信息资源开放共享的状况及存在的问题；结合欠发达地区的特点，提出政府信息网络统一平台的模式以及政府信息公开平台的框架，同时探讨相应的政府信息开放与共享模式。

关键词　政府信息资源　开放共享　欠发达地区　信息公开平台

分类号　G203

1　国内外政府信息资源开放共享状况对比

由于各国实施电子政务的起始时间不同，全球电子政务发展水平存在着不平衡性。总体来看，发达国家电子政务起步早于发展中国家，其电子政务发展水平也大大高于发展中国家。政府信息资源开放共享国内外对比研究的目的即是通过对信息资源开放共享研究与建设现状的比较分析，从中发现信息共享建设的共性问题与可借鉴的经验，寻找差距，并明确今后发展方向，为我国的政府信息资源开放共享建设发展提供启示与参考。

通过对国内外政府信息资源开放共享的研究现状进行分析，笔者总结出国外在政府信息资源建设研究方面所表现出的特点是：注重政府服务改革、应用技术、信息管理与获取以及法制政策层次上的研究。相对于国外的研究情况，我国的电子政务及信息资源共享研究主要具有以下特征：①研究起步

---

* 本文系“教育部人文社会科学青年基金项目“基于重大突发事件的应急物流能力研究”（项目编号：10YJC630053）、吉林大学“211 工程”项目“数量经济理论创新与中国重大现实经济问题研究”研究成果之一。

晚，但起点高，发展势头好；②注重对文献信息资源管理与共享、电子政务建设与政府改革问题的研究；③对电子政务信息资源共享问题的直接研究明显不足[1]。

经过对国内外政府信息资源开放共享的实践情况进行深入分析可以发现，国外政府信息资源开放共享成效的取得存在着一些共性因素，主要包括：①以电子政务建设拉动开发利用；②有职责清晰的组织机构，并有健全的管理体制；③采取多元化的建设与运维机制；④有较为完善的配套法规政策与标准体系；⑤建立了先进的安全保障体制；⑥将公众服务作为服务重点。这些建设方式与推进方法为我国提供了宝贵的经验。

我国推动政府信息资源开放共享的举措仅局限在信息公开制度建设与立法保障两个方面。目前通过模式构建指导政府信息资源共享实践的案例较少，“江西模式”是我国电子政务建设的一个典型案例，非常值得借鉴，特别是值得在欠发达地区广泛推广。推进欠发达地区政府信息共享，对于提高该地区的政府服务水平，维护社会稳定，促进社会和谐意义重大。

为明确电子政务的未来发展方向，有必要在寻找差距、借鉴经验的基础上，对国内外电子政务发展的阶段论进行研究，以了解电子政务发展的过程、方向与目标，以及我国政府信息资源开放共享所处的发展阶段和应具备的基础条件。通过对阶段的分析得到如下结论：无论电子政务的发展阶段如何划分，其发展过程都是从政府上网逐步深化到政府“消失”，政府在这个过程中越来越无形，电子政务发展的重点在于结合政务活动的特点和公众的需要，有计划有步骤地从低级到高级有序推进，使电子政务在各个阶段都发挥出应有的价值。信息开放共享是电子政务发展的一个重要内容，也应遵循这样的原则逐步建设与完善。

通过对国内外电子政务与信息资源开放共享研究与建设现状的分析可以发现，国外政府信息资源开放共享的成功经验主要有以下几个方面：①面向服务的信息资源开发应用是信息化推进的重点；②加强整体规划、实施顶层设计是开发利用顺利进行的前提条件；③信息资源组织与管理是开发利用的必要条件；④加快开发政府信息资源是关键；⑤信息公开和跨部门信息共享是利用的核心；⑥加快政策法规和标准的制定是政府信息资源开发利用的重要工作。

此外，为了更好地了解国外电子政务的状况，有必要对国际电子政务动向与发展趋势进行研究[2]，如表 1 所示：

表 1　国际电子政动向与发展趋势

国家、地区	战略	最佳实践	动向与趋势
美国[3-4]	奥巴马政府电子治理施政要点	犹他州使用 Geo IP 技术的个性化服务体验	＊开放透明 ＊公众参与 ＊共享协同
加拿大[5]	服务加拿大	渥太华的 82000 reasons. com 网站	＊更有效的用户体验 ＊改善不同的部门和机构之间的关系 ＊改善公民和机构之间的关系 ＊提高工作效率 ＊引导系统化的客户参与
欧盟[6]	i2010 电子政府行动计划；欧洲电子政府 2015 年的发展目标	一旦登录，便可获得所有公共部门服务	＊包容性政府：人人都能受益 ＊行政效率和效能 ＊电子政府服务 ＊确保关键驱动因素到位 ＊决策制定中的参与
日本	i-Japan 战略 2015	远程与数字化医疗	＊包容、以人为本 ＊创新 ＊国民本位的电子政府和电子治理
韩国	国家信息化基本计划	IPTV 服务方式	＊在线服务的广泛使用 ＊倡导绿色 IT
新加坡	iGov2010 计划	SOEasy 计划	＊整合型政府 ＊高质量的公共服务 ＊移动政府

从这些主要的发展趋势不难看出，我国电子政务的发展依然任重道远，特别是一些欠发达地区提高政府信息资源共享程度已经迫在眉睫。

2　我国欠发达地区政府信息资源开放共享的问题研究（以吉林省为例）

电子政务的发展与经济发展的速度和规模是密切相关的，而要从全局角度来判断经济增长的素质，离不开 GDP 的水平特别是人均可支配收入的水平。本文对于欠发达地区的界定以该地区城镇居民人均可支配收入排名来衡量。根据城镇居民人均可支配收入排名（见表 2），本文对各地区经济发展水平进行了分类：1－5 为发达地区；6－15 为中等发达地区；16－25 为欠发达地区；

26－31 为落后地区。

表 2　2009 年各省、市、自治区经济排名[7]

省、市、自治区	GDP 排名	城镇居民人均可支配收入排名	省、市、自治区	GDP 排名	城镇居民人均可支配收入排名
上海	8	1	河南	5	17
北京	13	2	湖北	11	18
浙江	4	3	安徽	14	19
天津	20	4	宁夏	29	20
广东	1	5	江西	19	21
江苏	2	6	吉林	22	22
福建	12	7	山西	21	23
山东	3	8	四川	9	24
内蒙古	15	9	海南	28	25
辽宁	7	10	贵州	26	26
重庆	23	11	青海	30	27
广西	18	12	黑龙江	16	28
湖南	10	13	新疆	25	29
河北	6	14	甘肃	27	30
陕西	17	15	西藏	31	31
云南	24	16			

注：本资料来源于 2010 年 31 个省、市、自治区政府工作报告。

近年来，政府已经开发和积累了海量的信息资源，但其作为“资源”的作用还远未充分发挥。如何更好地实现政务信息公开共享，特别是欠发达以及落后地区，如何充分利用信息资源为首脑机关和决策部门服务，为经济社会发展的宏观研究和分析服务，为企业乃至居民服务，成为需要迫切解决的问题之一；同时，这些地区的电子政务发展问题也成了整个国家电子政务水平整体提高的瓶颈。

本研究选定欠发达地区吉林省作为主要研究对象。截止到目前为止，在“政府上网工程”推动下，吉林省基本建成了以省政府门户网站为中心的全省政府网站体系。目前全省已建政府网站 200 余个，其中：省政府门户网站 1 个、部门网站 54 个；市州政府门户网站 9 个、部门网站 134 个；县（市）政府网站 32 个。省政府门户网站目前已有 70 个栏目，信息总量已经达到 5 000

余万字，14 000 余个页面。吉林省各政府部门已经独立或依托“金”字号系列工程进行了大量的数据库建设，政府信息的组织管理水平有明显的提高。但吉林省政府信息资源化情况仍然难以满足开放共享的要求，主要问题表现为：①各部门数据库建设水平参差不齐，相当多的信息还以纸质形式存在，一些部门未建立或只建立少量数据库，制约了信息资源化进程；②缺少顶层设计及统一规划，数据格式、标准不统一，信息组织不规范，制约了信息互联互通和互操作的实现；③普遍存在以个体寻租为目的的信息资源独家垄断现象，导致政府信息资源化陷入困境；④政府尚未出台明晰的信息等级划分文件，对现有业务数据无法进行系统梳理，无法准确判断信息是否可以共享；⑤低水平重复建设现象严重；⑥基础业务数据的梳理和整合还没有完成，尚未建立吉林省政府信息资源交换目录体系；⑦从信息共享需求来看，随着电子政务建设战略的推进，横向跨部门合作与信息资源共享需求是广泛存在的，但由于权力、利益与长期以来的工作习惯等问题，共享的需求、意识并不是非常强烈。

从吉林省的调研情况看，虽然基础网络基本建成，但不同系统、部门之间的信息共享尚处于起步阶段，共享效果差。

- 从网络衔接来看，尽管吉林省主要政府部门实现了与部分横向部门的网络连接，如省政府办公大厅、公安专网、审计专网、长春市医保网等，但目前各部门之间尚未建立起办公事务协作业务网络。虽然大多数建立了内部信息共享的局域网，但多数局域网没有与外部网络的链接，与互联网链接很少。有些部门尽管建立了网络接口，如吉林省交通运输厅在网络和系统建设时设计了两部分接口，一部分准备交通运输系统上下级之间的连接，另一部分为横向平级部门之间的链接，但至今并未实现与其他横向部门的链接。虽然吉林省交通运输厅在吉林省各个厅局电子政务的建设中处于佼佼者的地位，但与其他省的交通运输厅相比却存在明显的投入不足问题，信息共享无法真正实现。

- 从平级部门之间公文传递来看，吉林省不同系统同一级别部门之间的电子化文件递送基本没有实现。吉林省各部门与其他平级单位之间大多存在文件传送，除一些非涉密公文由政府强制在各部门网站共享外，其他公文仍然主要采用传统的非电子化方式传递；同时，一些部门由于没有接入政府内网等原因，不能实现电子文件递送。

- 从业务信息共享情况来看，吉林省不同系统同一级别的部门之间的业务信息共享状况很差，电子化共享发展缓慢。有些部门从未与其他部门进行信息共享，如信访局没有任何共享资源，民政厅暂时在信息化方面还没有相互协同开展业务的部门。大多数情况是各政府部门分别通过自己的信息收集渠道独立收集和处理信息，独立地建立自己的信息库和信息体系，相互之间并不互联互通和共享信息。如吉林省交通运输厅与吉林省旅游局、气象局、公安厅之间有信息沟通需求，也通过信息交换获取其他部门的数据，但交通运输厅一般通过技术手段从这些厅局的网站上获取所需信息，并没有与这些部门实现信息共享。

通过对吉林省典型政府部门的深度访谈，以及对吉林省政府信息资源开放共享深层原因的深入、系统分析，笔者将目前吉林省政府信息资源开放共享存在的问题划分为瓶颈问题、根源问题、关键问题和特色问题，如图 1 所示：

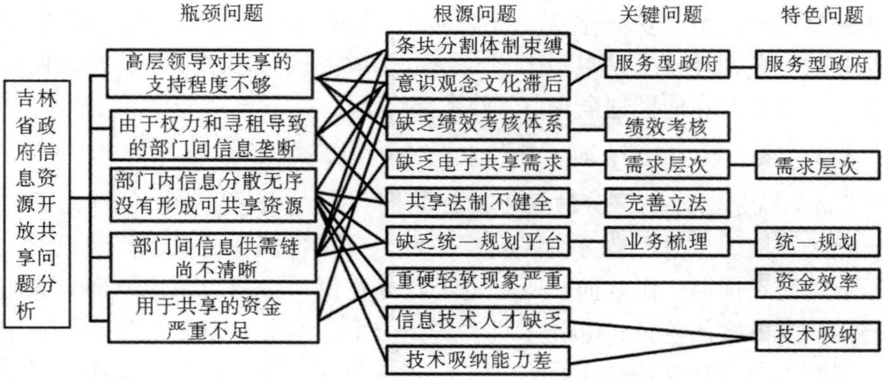

图 1　吉林省政府信息资源开放共享存在的问题

其中瓶颈问题是政府信息资源开放共享众多系统因素中的关键限制因素，它们的存在使政府信息开放共享停滞不前，一旦逾越这些瓶颈因素便可找到开放共享出路；根源问题是导致瓶颈问题产生的根源和本质问题，解决根源问题就突破了开放共享瓶颈；关键问题是为了解决根源问题而重点要解决的问题；特色问题是在根源问题基础上着重解决的带有吉林省地方特色的问题。

从信息共享模式来看，目前吉林省的信息共享模式主要包括信息组织模式、信息增值模式和共享推进模式。信息组织模式以省级大集中模式为主，部分部门采取数据分部门管理模式和数据分级管理模式。共享推进模式主要有硬件推进模式、以信息闭环为基础的部门间共享模式和以应急系统为基础的平台模式。

通过对现状的调研与分析可以得出结论，吉林省政府信息资源开放共享刚刚起步，目前正处于由硬件系统构建向实现部门间与公众信息共享的过渡阶段。虽然吉林省在推进政府信息资源共享方面采取了一定措施，但是限于共享的基础条件、客观环境与主观意愿等多方面原因，政府信息资源开放共享的推进工作仍面临重重障碍。

3 欠发达地区政府信息资源开放共享模式探讨

欠发达地区进行政府信息资源开放共享的建设，重点在于找到一条功能全、效果好、投资省的模式。目前，江西省推出的创新电子政务推进机制是欠发达地区的一条可借鉴之路[8-9]。

3.1 集中力量推进电子政务建设

电子政务建设要坚持“统一组织领导、统一规划实施、统一标准规范、统一网络平台、统一安全管理”的原则和“集中统一、整合共享、联合协同、安全高效”的总体要求，集中力量建设电子政务统一网络平台，实现网络互联互通，规范有序地推进全省电子政务建设。

3.2 应采取“堵”与“疏”相结合的办法

“堵”就是堵住网络分散重复建设漏洞：①在领导层面，领导需达成共识，明确只建一个电子政务统一网络平台，反对各部门分散重复建设；②在电子政务建设前期工作方面，所有电子政务建设项目须组织该方面专家组进行技术以及方案的论证；③在审批和资金方面，对分散重复建设的，不予立项，财政不予资金支持；④政府发文，要求各地、各部门都要依托电子政务统一网络平台进行业务应用系统建设，已经建设的系统和网络，要逐步移到平台上来，新建的原则上必须利用统一网络平台。“上面千张网，下面一网通”，利用全省电子政务统一网络平台，实现国家部委与本省对口部门的网络互联，不搞部门网络分散重复建设。“疏”就是集中力量建成全省电子政务统一网络平台，实现纵向到底，横向到边。这样，可以从根本上制止网络平台的分散重复建设，节省大量物力和网络建设经费。根据上述分析以及对江西模式的深入研究，本文设计的欠发达地区政务信息网统一网络平台见图2。

3.3 应坚持整合共享

3.3.1 从信息割据转变成整合共享

为推进资源整合，按照“集中统一、整合共享、联合协同、安全高效”的原则[11]，统筹规划建设政府信息资源共享目录交换体系和技术标准，集中建设省级政府信息公开平台（见图3）；建设社会信用联合征信系统；建设政务各部门统一的公共数据交换平台[2]。

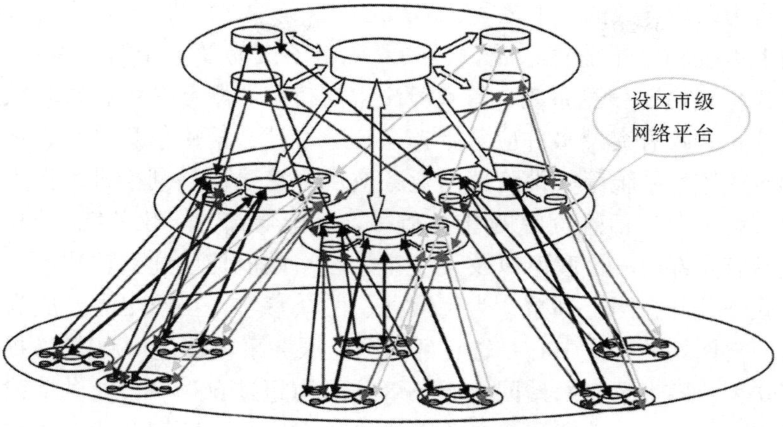

图2　政务信息网统一网络平台

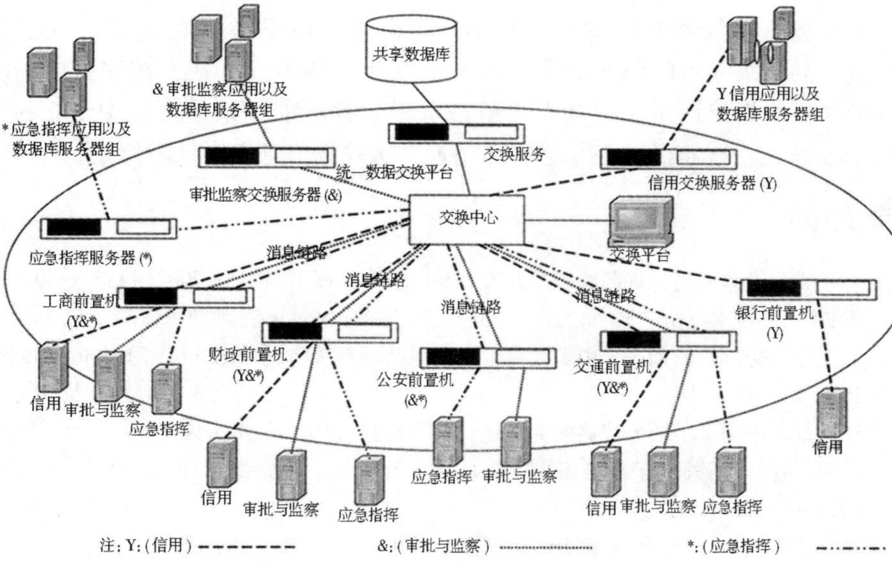

图3　省级政府信息公开平台

3.3.2　从各自为政转变为联合协同

为了规范有序地推进网上审批和电子监察等专业应用系统建设，江西省确立了“统一网络、统一软件、统一监察、统一运维”的“四统一”原则，并广泛应用于公共资源交易、社会管理和公共服务领域，解决各部门各行其是、各自为政所导致的上下之间、部门之间、条块之间业务难以协同的问题。建设网上审批和电子监察系统、公共资源电子交易及电子监察系统。例如，江西“民生通道”信息系统、省政府决策支持综合服务系统、省高级人才信息库系统、省政府突发事件应急指挥系统、省社会信用信息系统、全省网上审批和电子监察系统等一批跨部门业务应用系统建设顺利推进，作为龙头项目有力带动了全省信息资源的开发利用。依托全省电子政务统一网络平台，江西全部省直部门、市政府以及县（市、区）政府均已建立门户网站，对外宣传、政务公开、网上办事、为民服务、民众参与、互动交流已成为江西各级政府门户网站的工作中心。省直部门网上服务事项超过1 000项，提供下载表格230种；各市政府网站网上服务事项平均超过600项，提供下载表格平均达到400多种。省政府和各市政府的“政府信箱”顺利开通，成为公众表达诉求、建言献策的有效渠道。

3.3.3 坚持创新机制，营造电子政务发展的良好环境

为营造电子政务发展的良好环境，可以采取以下举措[12]：①建立健全省、市、县三级完备的电子政务建设和运维组织体系；②建立和完善电子政务重大项目规划建设机制；③大力推进电子政务标准体系建设；④建立和完善电子政务人才培养机制；⑤建立和完善电子政务信息安全保障体系。

参考文献：

[1] 查先进．论政府信息资源管理及其发展动向．中国图书馆学报,2002(4):37－39.

[2] 王长胜,许晓平．电子政务蓝皮书．北京:社会科学文献出版社,2010.

[3] 吕先竞,郑邦坤,汤爱群．中美政府信息资源共享系统建设对比分析．图书情报知识,2004(2)：55－57.

[4] 周立卓．中美电子政务战略研究综述．电子政务,2010(4):90－94.

[5] 严明,吴鹏．国外电子政务案例——加拿大政府的信息资源管理．电子政务，2005(21):6－12.

[6] 吴慰慈．国外政府信息资源开发的经验．图书馆杂志,2005(8):25－27.

[7] 各省区市 GDP 含金量排行榜．[2010－03－09]. http://news.163.com/10/0309/16/61BJFE88000146BD.html.

[8] 褚松燕．我国政府信息公开的现状分析与思考．新视野,2003(3):31－33.

[9] 卢智增．论《中华人民共和国政府信息公开条例》之实施困境及路径选择．图书情报工作,2010,54(13):124－127.

[10] 陈剑波．政府信息公开管理平台技术研究——以宁波市政府信息公开管理平台的建设为例．图书情报工作,2009,53(23):123－127.

[11] 夏立新．加强政府信息资源的组织与整合研究,推进电子政务信息门户建设．图书

情报工作,2010,54(8):10.
[12] 刘革.政府信息公开服务现状及对策研究.兰台世界,2009(12):12-13.

作者简介

高　歌，女，1975 年生，副教授，博士，博士后，发表论文 30 余篇；

王天勇，男，1972 年生，经济师，博士，发表论文 10 余篇；

范云翠，女，1980 年生，讲师，博士，发表论文 10 余篇；

刘国亮，男，1959 年生，教授，博士生导师，发表论文 30 余篇。

政府信息公开公众满意度测评研究*

朱红灿[1]　喻凯西[2]

（1. 湘潭大学公共管理学院　湘潭 411105；
2. 北京林业大学经济管理学院　北京 100083）

摘　要　以经典顾客满意度指数模型为基础，结合我国政府信息公开的特点，阐述政府信息公开公众满意度的内涵，讨论政府信息公开公众满意度的影响因素，然后构建我国政府信息公开公众满意度指数模型，最后通过实证研究检验模型的合理性。

关键词　政府信息公开　指数模型　公众满意度测评　实证
分类号　G203

1　引　言

政府信息公开是我国政府部门积极推行的透明政府的一项重要内容，通过政府信息公开，保护公民的知情权，提高政府运作的透明度，保障统治者不肆意妄为。《中华人民共和国政府信息公开条例》正是在我国打造“透明政府”的大背景下得以颁布实施的。胡锦涛总书记在党的十七大报告中明确指出，“让权力在阳光下运行”，要求保障人民的知情权、参与权、表达权和监督权。国务院总理温家宝也在不同场合多次强调，政府的工作必须透明，在阳光下进行。

政府信息公开是政府部门的义务，其根本目的是“提高政府工作的透明度，促进依法行政，充分发挥信息对群众生产，生活和经济活动的服务作用”[1]。随着中国民主、法治的不断发展，公众的参政议政、民主意识逐步增强，对政府信息公开的要求也越来越高。依据顾客满意度理论，政府信息公开的顾客是获取政府信息的公众，也应以“以顾客为关注焦点”为理念。同时，政府信息公开涉及了政府工作与民众诉求等多方面的因素，只有真正了

＊　本文系教育部人文社会科学研究青年基金项目“基于公众满意度评价的政府信息公开工作实施研究”（项目编号：10YJC630421）研究成果之一。

解公众对政府信息公开的需求与期望，才能使公众充分了解国家管理的各种情况，监督和防止权力的滥用。政府信息公开的最终目标是保障公众对政府行使公开管理活动的知情权，以公众对政府信息公开质量的感知结果为评价依据有利于公众实施对政府的问责与控制。因此，将顾客满意度理论引入政府信息公开中，测评政府信息公开公众满意度是有必要的。

2 政府信息公开公众满意度文献综述

政府信息公开的思想由来已久，英国学者洛克于 1685 年就在《政府论》中指出“权力的实施必须通过明确、公开的法律；只有法律公开，才能保障统治者不肆意妄为”。我国目前对“政府信息公开”尚未形成比较统一的概念，通常认为，政府信息公开是指政府机构通过多种方式公开其从事公共管理的政务活动，允许用户通过查询、收听、阅览、摘录、复制、下载等方式获取各级政府部门所保有的政府信息[2]。

政府信息公开公众满意度是指公众接受政府公开信息后的总体感知与接受前的期望值进行比较后产生的“差距”，即公众对政府信息公开的总体感受和主观评价。在国外，公众满意度指数作为政府机构公众满意满意度的测评手段，广泛应用于福利、信息、管理、电子政府等多个领域[3-7]。学者 Gregg G. V. R[4]引入美国顾客满意度指数 ACSI（American customer satisfaction Index）对地方政府政策信息与服务等内容进行公众满意度测评。学者 Ofir. T[6]通过引入改进的 ACSI 指数测评加拿大移动服务用户对所提供的无线通讯信息服务的满意度和忠诚度，以便为服务提供者、决策者以及用户本身提供参考。Bertot J C[7]在政府网站公众满意度评价指标体系中将政府信息公开服务作为测评内容。

在国内，段尧清[8-9]等学者采用结构方程模型（SEM）的分析方法，从理论上分析政府信息公开公众满意度的相关概念，并以此为基础对基于结构方程的政府信息公开满意度模型进行构建、校验、应用等方面的研究。辛玲[10]等学者将政府信息公开作为电子政务公众满意度测评、电子政务网站公众满意度评价指标体系中的一个一级指标。盛明科[11]等学者将政府信息公开满意度作为政府绩效评价体系的部分测评指标。

综上所述，目前针对政府信息公开公众满意度测评的研究主要将政府信息公开评价作为电子政府、政府网站公众满意度测评体系的部分内容，或作为政府绩效评价体系的部分内容，仅有较少文献涉及政府信息公开满意度评价模型，但也存在着指标体系选取与指标权重确定的科学性等问题。本文以经典顾客满意度指数模型为理论基础，探讨政府信息公开公众满意度指数模型的构建。另外，由于线性结构关系法 Lisrel（linear structural relations）——一种基于最大似然估计的协方差结构分析方法，采用多指标测量主观变量，能在提高计量精度的同时避免变量多重共线性问题，并有效控制内生性问题，从而克服一般线性回归方法的局限性，揭示显、潜变量之间深层次的作用机理[12]，因此，本文将应用 Lisrel 模型，以参数估计的方法以实证研究来验证模型的合理性。

3 政府信息公开公众满意度测评模型构建

构建政府信息公开公众满意度测评模型，以经典的顾客满意度指数模型 ASCI、SCSB 等为理论基础，潜在变量选取时不仅考虑模型构建的理论依据，还要考虑相应国情及政府信息公开现状、特点等因素，设计的政府信息公开公众满意度测评因果关系逻辑模型如图 1 所示：

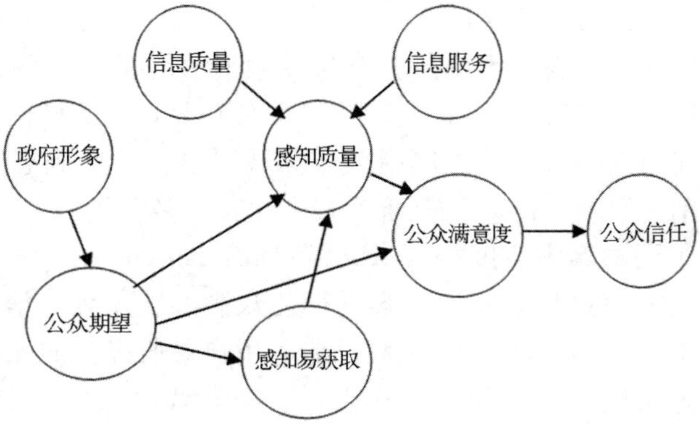

图 1　政府信息公开公众满意潜在变量因果关系逻辑模型

3.1 潜在变量的选取

本模型中共有 8 个潜在变量，具体描述如下：

3.1.1 政府形象

指公众在获取、使用政府公开信息前，对政府的印象。政府形象来自公众通过长期累积形成的对公共产品或服务的一般性认识。将“政府形象”作为政府信息公开公众满意度指数的潜在变量反映了服务型政府的理念。公众对政府形象良好的政府机关的信息公开的期望相对更高。

3.1.2 公众期望

指公众在获取、使用原则上需公开的政府公开信息前，对政府提供公开信息服务的期待和希望。根据段尧清等学者所做的公众对政府信息公开的响应情况的调查[8]可以得知，政府信息公开得到公众的70%以上的支持率，公众期望政府在公开信息时充分考虑他们的意愿，它们的利益。所以，从理论上来说，将“公众期望”作为政府信息公开公众满意度指数的潜在变量符合公众的意愿。对政府信息公开期望越高，对政府信息公开服务的实际感受就越好，对感知质量的判断就高，满意度也高。

3.1.3 信息质量

为了具体地描述政府信息公开质量，本文尝试引入一些感知政府信息公开服务质量的外生潜在变量，包括政府信息公开的信息质量因子、信息服务因子。选择信息质量因子在于衡量行政机关是否从个人和部门利益角度，选择性公开部分信息，以及衡量信息公开的及时性、正确性、可靠性等维度。政府信息公开信息质量因子越高，感知质量就越高。

3.1.4 信息服务

选择信息服务因子在于衡量政府信息公开提供服务平台的方便性、友好性等维度。政府信息公开信息服务水平越高，感知质量就越高。

3.1.5 感知易获取

感知易获取的选取是源于信息鸿沟所导致的公众所处的获取政府公开信息的不同环境。如：ICT技术的接入差距导致公民拥有获取政府公开信息技术基础条件的不同；种族、收入、教育、年龄等影响因素的差距导致政府信息公开信息获取能力的不同[13]。因此，衡量公众获取政府公开信息能力的“感知易获取”变量立足公众角度，作为政府信息公开公众满意度指数的潜在变量在理论上是可行的。公众对政府信息公开越感知易获取，感知质量越高。

3.1.6 感知质量

指获取政府公开信息后对于政府信息公开的总体评价。信息质量因子、信息服务因子共同决定了政府信息公开感知质量。公众对政府信息公开的感知质量高于预期后，顾客满意度就高，反之，公众就会产生不满意心理，差距愈大，不满意程度愈高。

3.1.7 公众满意度

指公众在体验政府提供信息公开服务后，对政府信息公开的总体满意度。根据政府信息公开的自身特点，公众对政府信息公开的满意度是通过将接受政府信息公开服务的实际感受与公众期望、理想的政府信息公开服务等参照物的比较获取的一种感受，理想的政府信息公开应该是让公民知道其应该知道的信息，让政府在最大范围内保证公民享有获取信息的权利。

3.1.8　公众信任

指公众获取政府公开信息服务后对政府产生的信任度和支持度。这一潜在变量揭示了公众满意度与公众信任政府行为程度的关系，进而通过提高政府信息公开公众满意度，提高公众信任，有利于社会的稳定。

与文献［9］的模型相比，本文模型的不同之处表现在：①模型中添加了政府形象前导变量。政府形象良好的行政机关公开的政府信息会得到公众支持与信赖，而政府形象欠佳的行政机关公开的政府信息，总是会遭到公众的质疑。②模型中添加了感知政府信息公开服务质量的外生潜在变量，通过一系列的活动来衡量感知质量。③模型中添加了感知易获取前导变量。从信息鸿沟出发，进一步立足公众角度感知政府信息公开质量。④模型中删除结构变量公众抱怨，因为有分析发现公众抱怨与顾客满意度和顾客忠诚没有直接的关系，且其可测变量也与其他变量不统一[14]。

3.2　可测变量的选取

选取可测变量就是建立测评指标体系，本文建立的测评指标体系见表1。

4　实证研究

4.1　问卷设计与数据收集

本文依据表1制作好调查问卷实施实证研究，除了政府信息公开认知情况及样本特征相关问题外，问卷还设计了19个问题，标度采用10分量表。调查对象为湖南X市各个行业民众，采用当面调查法，并现场回收问卷。数据收集时间从2010年11月10日至2011年2月22日。共发放问卷250份，收回有效问卷240份。其中，按性别分，男女比例分别为58.9%、41.1%；按年龄分，24岁以下者占5.5%，25－29占28.5%，30－35岁占29.6%，35岁以上占36.4%；按学历分，大专以下占31.6%，大专占25.8%，本科占30%，硕士及硕士以上占12.6%；按职业分，政府机关干部占11%，企事业单位职员占25.8%，私营企业主或个体经营者占22.6%；教师/科研人员/技术人员占11.6%，学生占7.4%，待业/下岗/其他占21.6%；按月收入分，1000元以下占10.1%，1 000－3 000元占41.6%；3 001－5 000占35.9%；5 001－8 000元占7.5%；8 001－10 000元占2.2%；10 000元以上占2.7%。

表1　政府信息公开公众满意潜在变量和可测变量

潜在变量	可测变量
政府形象（t1）	政府可信度（c1） 政府公正性（c2）
公众期望（t2）	整体期望（c3） 可靠性期望（c4）
信息质量（t3）	公开信息范围明确（c5） 正确性（c6） 可靠性（c7）
信息服务（t4）	服务方式多样性（c8） 信息服务响应速度（c9）
感知易获取（t5）	信息指南易获取（c10） 信息平台易操作（c11） 信息内容易获取（c12）
感知质量（t6）	感知信息质量（d1） 感知服务质量（d2）
公众满意（t7）	整体满意程度（d3） 与预期比，公众满意程度（d4） 与理想比，公众满意程度（d5）
公众信任（t8）	更加信任政府（d6） 更加支持政府（d7）

4.2　数据可靠性分析

本文采用SPSS17.0统计软件分析和计算调查数据的信度，问卷的克朗巴哈信度α系数为0.964，具有较高的可信度。表2为调查问卷的内部信度分析结果。

从表2可以看出，分量表克朗巴哈信度α系数最低值0.760，每个分量表的克朗巴哈信度α系数都超过了0.7，说明可以通过问卷内部信度检验。

4.3　模型检验

本文使用协方差结构分析软件Lisrel8.7对政府信息公开公众满意度测评模型进行模型拟合与参数估计。

表 2　内部信度分析

潜在变量	变量个数	克朗巴哈信度 α
政府形象	2	0.924
公众期望	2	0.894
信息质量	3	0.883
信息服务	2	0.760
感知易获取	3	0.847
感知质量	2	0.823
公众满意	3	0.853
公众信任	2	0.836
总量表	19	0.964

4.3.1　测量模型检验

测量模型（measurement equations）是描述潜在变量和可测变量之间关系的模型。检验测量模型的目的是检验潜在变量与其可测变量之间的相对重要度情况。本文测量模型的检验结果，如表 3 所示：

表 3　测量模型结果

测量模型结果	R^2	测量模型结果	R^2	测量模型结果	R^2
c1 = 0.925 × t1	0.86	c8 = 0.563 × t4	0.58	d3 = 0.793 × t7	0.66
c2 = 0.911 × t1	0.83	c9 = 0.693 × t4	0.69	d4 = 0.896 × t7	0.79
c3 = 0.793 × t2	0.63	c10 = 0.799 × t5	0.61	d5 = 0.693 × t7	0.48
c4 = 0.767 × t2	0.59	c11 = 0.824 × t5	0.68	d6 = 0.849 × t8	0.72
c5 = 0.711 × t3	0.51	c12 = 0.807 × t5	0.65	d7 = 0.850 × t8	0.72
c6 = 0.910 × t3	0.83	d1 = 0.806 × t6	0.65		
c7 = 0.926 × t3	0.86	d2 = 0.873 × t6	0.76		

表 3 中“测量模型结果”中的常数系数表示可测变量与相应潜在变量的相对重要度。从表中可以看出，各相对重要度系数均高于 0.563，说明可测变量可以较好地解释潜在变量。

4.3.2　结构模型检验

结构模型（Structural Equations）是描述潜在变量之间关系的模型。检验结构模型的目的是检验潜在变量之间的影响程度以及外生潜在变量对内生潜在变量的解释程度。表4为本文结构模型的检验结果。

表4 结构模型结果

结构模型结果	R^2
t2 = 0.984t1	0.97
t5 = 0.763t2	0.58
t6 = 0.197t2 + 0.238t3 + 0.024t4 + 0.608t5	0.91
t7 = 0.318t2 + 0.665t6	0.91
t8 = 0.925t7	0.86

表4中“结构模型结果”中的常数系数（路径系数）表示潜在变量之间的影响程度，路径系数越大，表明潜在变量之间的影响程度就越高；R^2 表示外生潜在变量对内生潜在变量的解释程度，即模型的拟合程度，R^2 值越大，则表明模型的拟合度越高。R^2 的值在0－1之间，R^2 为1时，表示模型完全能拟合原始数据；R^2 为0时，表示原始数据完全不能由模型解释了。从表中可以看出，除了（t2→t5）的 R^2 值为0.58外，其余各 R^2 值均高于0.86，其潜在变量被解释的程度比较高，说明模型整体基本拟合。感知易获取被公众期望解释程度较低，可能因为我国现阶段的政府信息公开工作相对落后，公众的预期期望中，对获取是否容易要求不高。其中影响感知质量的潜在变量信息服务因子的影响程度（0.024）远比感知易获取的影响程度（0.608）小，可能公众更在意立足公众需求，而不是立足政府的政府信息公开；感知质量与公众满意之间的路径系数较大（0.665），说明感知质量对公众满意影响很大，而公众期望与公众满意也存在一定的正相关关系（0.318），这点与顾客满意理论相符；公众满意对公众信任（0.925）的影响很大，公众感知政府信息公开满意度越高时，对政府的信任就会越强。这表明公众满意会增进公众对政府的信任，也体现了公众满意在创建和谐社会中的社会价值。

4.3.3 模型的拟合度分析

上节计算得出了政府信息公开公众满意度测评模型中各潜在变量以及可测变量之间的影响系数，为了确保模型的合理性，下面进一步检验模型的整体拟合度及内在结构拟合度，表5为模型的拟合度参数，如表5所示：

表 5　模型拟合度参数

卡方值（χ^2）	自由度（df）	近似误差均方根（RMSEA）	RMSEA 90% 置信区间	规范拟合指数（NFI）	非规范拟合指数（TLI）	比较拟合指数（CFI）	拟合优度指数（GFI）	调整的拟合优度指数（AGFI）	简效规范拟合指数（PNFI）	简效拟合优度指数（PGFI）
260.91	121	0.070	0.058 - 0.081	0.938	0.951	0.965	0.901	0.845	0.664	0.683

从表 5 中可以看出，模型的卡方值$\chi^2 = 260.91$，自由度 df = 121，$\chi^2 / df < 3$，可以认为测评模型与测评对象基本拟合；近似误差均方根 RMSEA = 0.070，小于接受模型推荐值 0.080，表明模型基本拟合，RMSEA 的 90% 置信区间上限为 0.081，略高于模型推荐值 0.08，表明模型基本拟合。以上参数表明政府信息公开公众满意度指数模型整体拟合参数符合标准，整体基本拟合。

其次，模型的规范拟合指数 NFI = 0.938，非规范拟合指数 TLI = 0.951，均超过了接受模型的推荐值0.90，比较拟合指数 CFI = 0.965，接近 1。以上的 3 个增值拟合指数均在接受范围内，表明模型拟合良好。

再次，模型的拟合优度指数 GFI = 0.901，超过了接受模型的推荐值 0.90，调整的拟合优度指数 AGFI = 0.845，略低于接受模型推荐值 0.9；简效规范拟合指数 PNFI = 0.664，简效拟合优度指数 PGFI = 0.683，均大于推荐值 0.5，均在接受范围之内。以上参数表明模型通过验证。

根据所得的权重，计算得到 8 个潜在变量政府形象、公众期望、信息质量、信息服务、感知易获取、感知质量、公众满意、公众满意的指数向量为 5.4、6.0、6.2、5.0、5.6、5.6、5.7、6.0。公众满意指数值为 5.7，说明 X 市的政府信息公开公众满意度度整体较低。各潜在变量指数值都偏低，说明政府信息公开工作亟待加强，只有政府形象得到改善、信息服务质量得到提高，信息服务方式得到完善才能提高公众的感知质量，最终提高政府信息公开公众满意度。

5　结　语

政府信息公开工作，是广大人们群众非常关心的大事，与人民群众的生活、生产密切相关，政府信息公开，将对“稳定社会秩序、扼制腐败、发展经济、改变政府机关的工作作风，起到不可估量的作用”[1]。政府信息公开公众满意度测评可以规范和引导政府信息公开工作的开展，针对政府信息公开的实施情况进行公众满意度测评具有一定的理论和实际意义。本文以经典顾客满意度指数模型为理论基础，探讨政府信息公开公众满意度指数模型的构建，并应用 Lisrel 模型作为参数估计的方法，通过实证研究验证了模型的合理性。

目前我国政府信息公开还不尽如人意，政府信息公开理论研究还不够深入，尤其缺少针对性的衡量和规范我国政府信息公开工作的测评体系方面的研究，因此对本文提出的政府信息公开感知质量等潜在变量尚需进一步的分析，对指数模型，也需要在理论与实践中进一步地分析、验证、改进。

参考文献：

[1] 中华人民共和国政府信息公开条例[EB/OL].[2011-01-05].http://www.gov.cn/zwgk/2007-04/24/content_5929-37.htm.

[2] 张晓文.政府信息公开中隐私权与知情权的博弈及平衡[J].情报理论与实践，2009(8):36-39.

[3] Wood F, Siegel E, Feldman S, et al. Web evaluation at the US National Institutes of Health: use of the American customer satisfaction index online customer survey[EB/OL].[2011-10-10].http://www.ncbi.nlm.nih.gov/pmc/articles/PMC2483849/.

[4] Gregg G R, Douglas M, Stephen I. Drivers and Consequences of Citizen Satisfaction: An application of the american customer satisfaction Index model to new York City [J]. Public Administration Review, 2004, 64 (4):331-342.

[5] Kim M N. Veterans' voices: use of the American Customer Satisfaction Index (ACSI) Survey to identify my healthevet personal health record users' characteristics, needs, and preferences [J]. Journal of the American Medical Informatics Association, 2010, 17(2):203-211.

[6] Ofir T, Alexander S. Satisfaction with mobile services in Canada: An empirical investigation [J]. Telecommunications Policy, 2006, 30 (3):314-331.

[7] Bertot J C, Jaeger P T. SALT: User-centered Egovernment: Challenges and Benefits for Government Web Sites [J]. Government Information Quarterly, 2006, 23(2):163-168.

[8] 段尧清，费奎明，徐希，等.我国政府信息公开公众响应情况调查报告[J].图书情报工作，2008,52(4):66-69.

[9] 段尧清，冯骞.政府信息公开满意度研究(Ⅱ)——基于结构方程的满意度模型构建[J].图书情报工作,2009,53(5):115-117.

[10] 辛玲.基于公众满意度的政府网站绩效综合评价[J].情报杂志,2008,27(4):22-24.

[11] 盛明科.政府绩效评估的主观评议与多指标综合评价的比较——兼论服务型政府绩效评估方法的科学选择[J].湘潭大学学报(哲学社会科学版),2009,33(1):14-18.

[12] 王克敏,王志超.高管控制权、报酬与盈余管理——基于中国上市公司的实证研究

[J],管理世界,2007(7):111 - 119.
[13] 朱红灿,陈能华. 信息鸿沟视野下的政府信息公开复杂性分析与启示[J],情报理论与实践,2010(9):47 - 50.
[14] 国家质监总局质量管理司,清华大学中国企业研究中心:中国顾客满意指数指南[M].北京:中国标准出版社,2003,20 - 30.

作者简介

朱红灿，女，1971 年生，博士，讲师，发表论文 10 余篇；
喻凯西，男，1991 年生，本科生。

基层政府公共信息服务的公平性研究*

张建彬

（武汉大学信息管理学院　武汉 430072）

摘　要　根据 A 镇和 B 乡的实地调研所得，将基层政府在提供公共信息服务的不公平问题分为城乡间不公平、区域间不公平、社会群体间不公平，在对三种不公平的表现及产生原因进行分析的基础上，结合与两地政府工作人员的访谈，指出两政府为改善公共信息服务的不公平采取的措施及未来规划。

关键词　基层政府　公共信息服务　公平　原因　对策

分类号　G203

公平与效率是公共管理的价值追求，而政府是通过向社会提供公共服务来实现公共管理的，在公共服务的提供中要兼顾公平与效率。公共信息服务作为公共服务的一种，在提供过程中应兼顾公平与效率，让公平之光普照所有公民。当前，在公共信息服务的不公平性问题引起了学界和实务界的关注。笔者到广东省的 A 镇和云南省的 B 乡进行了实地调研，通过向两地公众发放调查问卷以及与当地政府工作人员访谈等形式来了解两基层政府在提供公共信息服务方面所做的工作及存在问题。

1　公共信息服务的概念与理论基础

“公共信息服务”按语义分割由“公共”、“信息”和“服务”三词组成。其中，公共强调某一事物的集体属性而非个体性，即公共属性；信息是一种有价值的符号；服务是指能够满足人类需求的各种硬件和软件的集合。“公共”和“信息”两词合成的公共信息与公共信息服务的关系密切，因为在信息时代，政府向公众提供公共服务是通过公共信息实现的。冯惠玲认为，公共信息服务是指对与公共利益、公共政策制定、公共管理制度安排与执行和公共事务管理活动等相关信息实施开放与开发服务的过程[1]。基于上述分析，

* 本文系国家行政学院项目“面向信息弱势群体的公共服务研究”研究成果之一。

笔者将公共信息服务定义为：由政府提供的，用以满足社会公众信息需求的各种硬件和软件的集合，包括各种信息基础设施和公共信息。公共性是公共信息服务的本质属性，表现为公共信息服务的内容、对象、渠道的公共性。就内容的公共性而言，政府提供的公共信息服务应满足社会公众，特别是信息弱势群体的需求；就对象的公共性而言，公共信息服务对象应涵盖所有公民；就渠道的公共性而言，应采取多种公共信息服务渠道来满足公众的需求，且应设立无障碍通道以确保残障人便利获取和利用公共信息服务。在公共信息服务中，公平指所有公民都有能力获取和利用各种信息基础设施及公共信息，这里的能力包括主观能力和客观能力两方面：主观能力指公民的经济能力和素质能力；客观能力指政府得向公众提供各种信息基础设施，公开公共信息，以给公民获取和利用的机会。

美国学者罗伯特·登哈特提出的新公共服务理论认为，政府的角色是服务，而不是掌舵，公共利益是目标而非副产品[2]。在新公共服务视域下，公共利益是公众共商后共识的结果，维护和增进公共利益是政府存在和发展的出发点和落脚点。因此，政府在提供公共信息服务时要关注公共利益，而非部分人的利益。新公共服务强调提供服务的公平性，为确保公共信息服务的公平就需要重塑政府与公民的关系，政府在向不同公民群体提供公共信息服务时应秉持公平的杠杆。

贝恩将公共部门的责任分为三种：财务责任、公平责任和绩效责任[3]。基层政府作为公共部门，有责任维护社会公平，通过维护社会公平实现政府治理的善治。在信息社会，公共信息服务的公平与否同社会的稳定有着密切的关系，公平是维持社会群体团结的黏合剂，不公平感会加剧社会的不信任[4]，进而会危及社会和谐。在我国五级政府层级中，基层政府与民距离最近，若不能及时且有效的满足公众的公共信息服务需求，未能解决好公平问题，那么基层治理就会面临困境了。

2 基层政府公共信息服务不公平的表现

中国在推进信息化建设过程中出现了信息鸿沟问题，信息鸿沟是全球信息化进程中，不同国家地区、行业、阶层之间由于对信息、网络技术应用程度的差异以及创新能力的差异而造成的信息落差、知识分割和贫富分化现象[5]。此问题主要是由公共信息服务的不公平导致的。笔者根据对 A 镇与 B 乡的实地调研，将我国基层政府在公共信息服务中存在的不公平归纳为以下几种：

2.1 城乡间不公平

城乡间不公平是指城市居民与农村居民在获取和利用公共信息服务方面存在着不公平现象。城乡之间在信息基础设施建设和拥有方面存在巨大差别，以家庭电脑为例，如图 1 和图 2 所示：

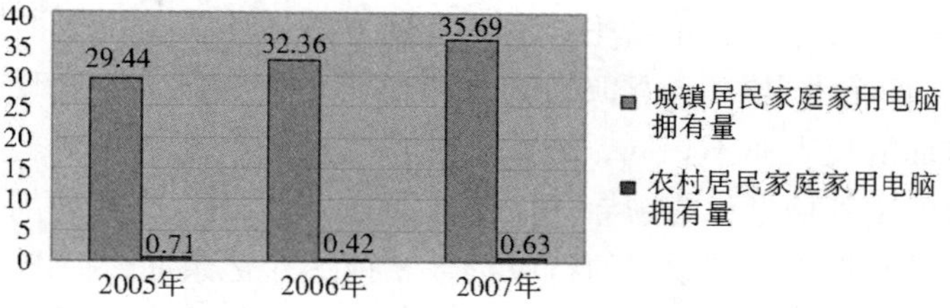

图 1　云南省城镇家庭与农村家庭家用电脑拥有量比较（单位：部/百户）

资料来源：根据 2006—2008 年《中国统计年鉴》绘制

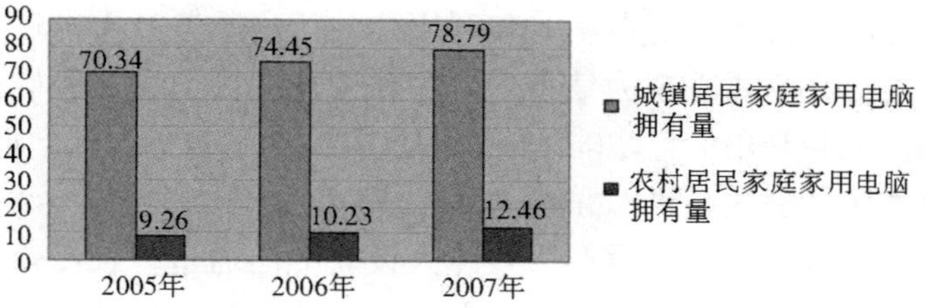

图 2　广东省城镇家庭与农村家庭家用电脑拥有量比较

资料来源：根据 2006 - 2008 年《中国统计年鉴》绘制

可见，在信息化建设方面，城市与农村的发展距离在不断扩大。信息基础设施的不足限制了农村居民获取和利用公共信息服务的能力。笔者向 A 镇和 B 乡的社会公众各发放调查问卷 320 份，分别回收有效问卷 306 份、310 份，并对问卷结果运用 EXCEL 和 SPSS 统计分析软件进行处理。问卷中第 11 题“您认为在城镇与在农村获取公共信息服务是否一样方便”，A 镇和 B 乡公众的回答情况如表 1 所示：

表 1　两地公众对在城镇与农村获取公共信息服务是否一样方便的回答情况

地区	一样方便	在农村比城镇难	在农村比城镇容易
A 镇公众	15.67%	54.51%	29.82%
B 乡公众	4.81%	87.50%	7.69%

由表1知，A镇和B乡的城镇居民在获得公共信息服务方面优于农村居民。

2.2 区域间不公平

区域间不公平是指我国东部、中部和西部地区之间的居民在获取和利用公共信息服务方面存在着不公平。中国地区发展不平衡，可以形象的描绘为“一个中国，四个世界”[6]。区域经济发展的不平衡，导致各地政府用于公共信息服务方面的投入亦不相同，导致公共信息服务呈现不平衡。笔者根据与两基层政府的主管信息化的领导访谈得知，在2002—2009年期间，A镇政府投入到信息基础设施建设领域的财政资金累计达5亿余元，而B乡投入到信息基础设施建设领域的财政资金累计不足1亿元。投入的不同造成两地公众所享受的公共信息服务不同。

2.3 社会群体间不公平

社会群体间不公平是指在获取和利用公共信息服务方面出现了强势群体与弱势群体之分，主要表现为信息弱势群体的产生。信息弱势群体是指在信息社会中在获取和利用信息基础设施及信息方面处于劣势的社会群体和个人。信息弱势群体包括一些高收入群体和经济弱势群体（如残疾人）。如在B乡社会保障一站式服务大厅中，没有为残障人设立专门通道，致使残障人无法便利地获得政府提供的社会保障信息与服务。A镇政府门户网站没有设置专为残疾人服务的栏目，致使其不能便利获取和利用公共信息。

3 基层政府公共信息服务不公平的原因

3.1 城乡发展政策不同

新中国成立以来，为了发展工业，增强国力，我国走了一条农业服务工业，农村服务城市之路，对农村和城市采取不同的发展政策，形成了稳固的城乡二元结构体制。在这种体制下，政策、财政资金等资源更多的流向了城镇，农村地区获得的资源比较有限，致使城市居民获得的公共信息服务远多于农村居民，“同国异遇”使农村居民有种受剥夺感。

3.2 基层政府财权与事权不对称

财权是指政府在取得财政收入、安排财政支出以及对财政收入和支出过程进行管理等方面的权限[7]。而事权主要是指政府承担的公共服务职责。只有财权与事权相匹配，才能使事权得到切实履行。而我国自1994年实行的分税制对中央与省一级的财税关系划分的比较清楚，但对市、县和乡镇三级地方政府的财税关系并没有清晰的界定。各级政府在分配公共服务职责时受利益动机的驱动，把财权往上收却把公共服务职责往下推，而基层政府由于处于政府层级的最基层，它别无选择，只好承担起上级推下来的公共服务职责。笔者在与两基层政府财政部门的领导访谈时发现，经济发达的 A 镇每年仍需上级政府的财政补助才能确保事权的正常行使，而 B 乡的财政收入主要依靠上级政府的转移支付与补贴。基层政府财政力不足限制了其投向公共信息服务方面的资金。A 镇与 B 乡政府财政力的差异导致两地公众享受公共信息服务的不公平。

3.3 基层政府与民沟通不足

问卷中第 7 题“您认为政府在向公众提供公共信息服务前是否了解过您的需求”，A 镇和 B 乡公众回答情况如表 2 所示：

表 2 两乡镇公众认为政府是否了解过他们的公共信息服务需求情况

地区	都进行	一般进行	很少进行	不进行
A 镇公众	10.38%	23.58%	56.60%	9.44%
B 乡公众	4.81%	11.54%	73.08%	10.57%

可见，在大多情况下，基层政府只是独白式的提供公共信息服务，缺乏与民互动沟通，这样提供的公共信息服务当然无法满足公民的公共信息需求。

3.4 公众的信息水平

公众的信息水平主要由信息意识与信息技能构成。问卷中第 21 和 22 题是对信息水平的调查。第 21 题“您的信息意识如何”，两乡镇公众的回答情况如图 3 所示：

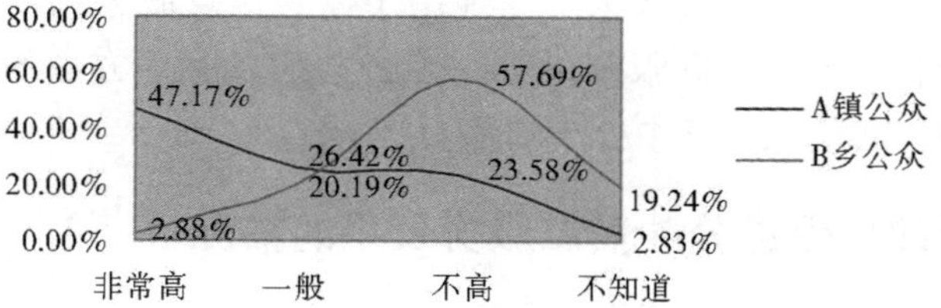

图 3 A 镇与 B 乡公众的信息意识情况

第 22 题“您的信息技能如何”，两乡镇公众的回答情况如图 4 所示：

由图 3 和图 4 知，A 镇和 B 乡公众的信息意识与信息技能都不太高，有

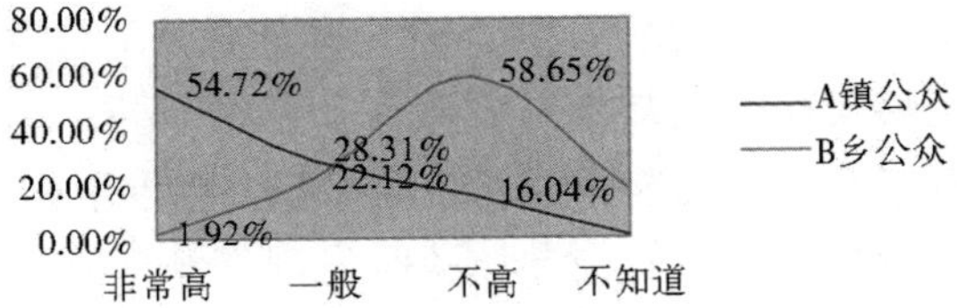

图4　A 镇与 B 乡公众的信息技能情况

很多公众的信息水平比较低，其中，A 镇公众的信息意识与信息技能普遍稍高于 B 乡公众。与信息水平较高者相比，信息水平较低者在获取和利用公共信息服务时处于劣势地位。

3.5　公众的收入水平

第 23 题调查的是两地公众每月用于公共信息服务的消费额占月总消费额的比重情况。笔者根据两地公众对第 3 题“您的月收入水平如何”的回答将两地公众划分为高、低收入群体两类。对于 A 镇，月收入2 000元以上者为高收入群体，月收入 2 000 元以下者为低收入群体，在回收的有效问卷中，低收入群体共156份。对于 B 乡，月收入 1 000 元以上者为高收入群体，月收入 1 000 元以下者为低收入群体，在回收的有效问卷中，低收入群体共 176 份。两地低收入群体对第 23 题的回答情况如表 3 所示：

表 3　A 镇与 B 乡公众每月用于公共信息服务的消费额占月总消费额的比重情况

地区	非常高	一般	不高	没考虑过
A 镇公众	10	27	83	36
B 乡公众	2	15	111	48

由表 3 知，一个人的收入水平与他用于公共信息服务的消费基本呈正相关。一些公众收入水平较低限制了其用于公共信息服务方面的消费，致使其在获取和利用公共信息服务中处于弱势。

4　基层政府促进公共信息服务公平的措施

政府要确保公平性就需要提高公民获取公共信息服务的主观能力和客观能力。就提高公民的主观能力而言，需要提高他们的经济收入、信息意识、信息技术水平，这就需要政府在民生领域，如就业、社会保障、教育、信息宣传与培训投入更多的资金；就提高公众的客观能力而言，需要政府加强信息基础设施建设，及时公开公共信息。笔者分别与 A 镇、B 乡的政府工作人员，包括财政、民政、教育、信息化建设、社会保障、宣传部门等政府部门的领导进行了访谈，从中了解到两基层政府为改善公共信息服务不公平采取的措施。

4.1 重视教育事业

A镇政府非常重视对教育事业的发展，每年用于教育的财政预算都比较高，2009年高达25%。政府对低收入的信息弱势群体的子女上学进行教育补助，以使他们能顺利求学。政府比较重视信息技术方面的教育，一些幼儿园就开设了电脑操作课程。孩提时代的习得是一种“深度习得”，它为理解成人阶段的信息提供了框架[8]。政府通过大力发展教育事业来提高公民的信息知识与技能水平，以提高他们获取和利用公共信息服务的主观能力。

4.2 重视社会保障

2009年A镇政府对低保户发放保障金213.0249万元，对残疾人发放残疾人专项补助金151.86万元；共发放医疗救济金28.05万元，救济看病难困难户122人。政府通过向信息弱势群体提高经济补助来提高他们的经济收入，使他们有能力进行信息方面的支出，进而提高了他们获取和利用公共信息服务的主观能力。B乡政府开展“651”工程，“651”是指一个统一的服务大厅，有65项职能，而且服务大厅内还为残障人开辟了专用通道。这为弱势群体获取和利用公共信息服务提供了便利。

4.3 重视就业

A镇政府组织社区聘用家庭经济困难的无业人员担任保安以解决他们的就业，并对下岗失业人员进行免费培训，通过培训大多数人又走上了工作岗位。B地政府推行“贷免扶补”政策以鼓励创业，以创业带动就业。贷免是指为创业者提供5万元的小额贷款支持，三年内免去其登记费等费用，并提高营业税起征点，扶补是指对创业者的创业全过程进行帮扶。政府通过采取一些促进就业的措施使一些公众获得了工作，提高了他们的收入水平，使其有实力投资公共信息服务。

4.4 开展信息知识宣传与培训

A镇政府借助每年举行的读书节活动，通过印发有关信息知识与技能的宣传册，向人们普及信息知识。通过工会技校和劳动技能培训中心对下岗失业人员进行免费培训，培训内容中有计算机技能的部分。政府通过信息宣传与技能培训提高了公众的信息水平，提高了他们获取和利用公共信息服务的主观能力。B地政府为方便公众获取和利用公共信息，开通了96128政务信息专线，公众可以通过拨打这个专线获取很多公共信息。为让公众知道并利用这个专线，政府出资做了宣传挂历，免费发给公众，针对农民，政府还发放宣传小手册并进行讲解。

4.5 开展数字乡村建设

B乡的“数字乡村”建设以自然村为单位，将乡镇、村民委员会和自然村三级的相关图片、文字介绍、155项数据报表指标及视频等信息资料由政府的数字乡村管理员采编后上传至数字乡村网，生成的基础信息客观、科学、系统地反应了当地“三农”情况和社会经济发展情况。B乡信息办的黄主任指出，通过”数字乡村”工程建设，当地农村的信息基础设施得到了明显的改善，农民的信息意识与技能也得到了一定的提高。

5 进一步改进的建议

虽然两基层政府都为改进公共信息服务的不公平做出了一些积极的努力，但两政府在信息基础设施建设、财政投入、与民沟通等方面还存在问题，需要采取措施予以解决。

5.1 加强信息基础设施建设

信息基础设施是公共信息服务的重要组成部分，是公众获取和利用公共信息的工具。它是一种基本公共服务，理应由政府提供，但由政府提供并不等于由政府直接生产。政府应充分发挥社会力量在公共事务治理中的作用。因为治理指出自政府、但又不限于政府的一套社会公共机构和行为者[9]。政府可以通过签约外包、BOT模式等构建信息基础设施领域的公私伙伴关系，借助社会力量来增加信息基础设施的供给，以满足公共需求。

5.2 发挥公共财政的作用

公共财政因其服务于公共目的而区别于私人财政，它的灵魂在于维护社会公平。因此，公共财政应更多的投向中西部的欠发达地区、农村、民生事业，通过它的资源配置功能来缩小城乡间、区域间、社会群体间的公共信息服务不公平。对于欠发达地区和农村地区，政府应加大转移支付力度，因为在那些地区，基层政府的财政收入比较低，在较低的财政力下，其用于公共信息服务方面的投入就可想而知了。

5.3 统筹城乡发展

为促进城乡之间的公共信息服务公平，需对城乡二元社会结构进行改革，需要对户籍制度进行改革，放宽农村居民落户城镇的条件，适当的推行城市服务农村的策略，让更多的公共信息服务流动农村。另外，政府可以出资在贫困的农村建立网吧，并配备专业人员教农民使用电脑，让农民有能力获取和利用公共信息服务。

5.4 加强政府与信息弱势群体的沟通

政府在公共信息服务之前，一定要通过各种渠道认真了解公众，特别是信息弱势群体的需求，倾听他们的心声，只有在充分征求他们意见的基础上提供的公共信息服务才能更好地满足他们的需求，才能充分发挥其应有的效益，才能减少他们获取和利用公共信息服务的交易成本。因为我们在后现代世界中相互依赖，所以治理必定越来越以相关各方——包括公民与行政官员——之间开诚布公的对话为基础[2]。政府通过加强与信息弱势群体的沟通，在公共信息服务提供过程中，构建政府与公民间的和谐关系，信息强势群体与信息弱势群体间的公平关系。

5.5 拓宽信息知识宣传与培训渠道

政府应发挥大学生村官及数字乡村建设的乡镇信息员的作用，鼓励他们为农民开展信息知识技能的培训，以提高农民的信息水平。另外，社区居委会应充分发挥其在社区治理中的作用，应积极组织有关信息知识与信息技能的文化活动，让居民在娱乐的同时，学到一些信息知识与信息技能，努力形成学习型社区、学习型社会。

本文从基层政府视角进公共信息服务不公平问题进行了考察，在对公共信息服务的相关概念与理论进行阐释的基础上，从城乡间、区域间、社会群体间的不公平三个维度分析了基层政府公共信息服务的不公平表现，由现状探究原因，基于此，从政府已采取的措施和进一步改进的建议两个方面探讨了如何促进公共信息服务公平。

参考文献：

[1] 冯惠玲,周毅．论公共信息服务体系的构建．情报理论与实践,2010(7):26-30.

[2] 登哈特 J,登哈特 R. 新公共服务:服务,而不是掌舵．丁煌,译．北京:中国人民大学出版社,2004:译者前言,7,38.

[3] 休斯．公共管理导论．张成福,王学栋,张强,等译．北京:中国人民大学出版社,2003:281.

[4] 弗雷德里克森．公共行政的精神．张成福,译．北京:中国人民大学出版社,2003:99.

[5] 张玲．我国信息鸿沟的现状分析及对策．河南教育学院学(自然科学版),2008,17(3):44.

[6] 胡鞍钢,胡联合．转型与稳定:中国如何长治久安．北京:人民出版社．2005:144.

[7] 刘溶沧,李茂生. 转轨中的中国财经问题. 北京:中国社会科学出版社,2002:374.
[8] 黑格,哈罗普. 比较政府与政治导论. 张小劲,广韶彬,李姿姿,等译. 北京:中国人民大学出版社,2007:142.
[9] Stoker G. Governance as theory: Five propositions. International Social Science Journal, 1998,50(155):17-28.

作者简介

张建彬，男，1988年生，博生研究生，发表论文2篇。

政府信息收费策略及其实施效果比较*

夏义堃

（武汉大学信息资源研究中心　武汉 430072）

摘　要　通过对政府信息收费依据的分析，指出收费的必要性，并从信息公开收费与增值信息收费等角度对各国政府信息收费制度进行梳理；同时，对边际成本收费、成本性收费在促进政府信息共享、降低行政成本以及推进信息市场竞争水平等方面的实际效果进行比较，指出不同收费策略可能存在的问题。

关键词　政府信息　收费　信息成本

分类号　G250

1　政府信息收费的依据与意义

"费"是以交换或提供服务为前提的一种分配方式，政府信息收费指"政府向公民提供特色服务或实施特色管理所收取的规费，以及政府对其所提供的公共产品或服务而直接向使用者和受益者收取的使用费"[1]。无论政府信息以文本形式还是数字形式出现，其获取与利用必然要耗费一定的人力、物力和财力，产生一定的成本支出，有必要对政府信息供给适当收费。国外学者指出，"公共信息的利用应该在透明和合理的价格机制下通过各种技术形式和许可方式来提高获取和再利用"[2]。纵观国内外专家观点，人们普遍认为政府信息收费的依据主要包括：

1.1　成本补偿

成本补偿包括显性成本和隐性成本两类。其中，显性成本指信息收集成本、加工成本、传递成本、存储成本、设备成本、人员开支、办公经费等可以计算的项目支出，而隐性成本则指诉讼成本、信任成本、风险损失等不易

* 本文系国家自然科学基金重点项目"基于生命周期理论的数字信息资源深度开发和管理机制研究"（项目编号：70833005）研究成果之一。

量化的支出。从成本效益角度看，政府信息服务的必要收费既是扼制公开申请权滥用、减少资源浪费的必要手段，也是降低行政成本、弥补公共开支不足的重要途径。

1.2　利益平衡

尽管政府信息开发的资金来源于公共财政，应免费供给，以保证信息的共有和共享，但对于信息公开申请、增值信息获取等少数人获益的信息供给，无偿提供并由所有纳税人共同承担费用的做法则造成了事实上的不公平，有违政府作为市场秩序和信息公平维护者的立场和身份。多数情况下，政府信息额外利用的收益只属于使用者，本着“谁受益谁付费”的原则，付费者的付费与其受益具有一定的对等性，而不应由社会全体成员负担。

1.3　有效供给

物品属性决定消费方式与收费原则。对于政府信息而言，除政策、法规、人口、资源等基础信息属纯公共物品外，大多数政府信息具有准公共物品属性。一方面，通过收费形成排他机制，可有效解决信息消费的“拥挤性”问题；另一方面，由于信息加工生产能力的限制，政府提供的绝大部分公共信息的消费具有一定容量限制，而“当公共信息持有者按商业性定价原则经营信息时，其对用户需求的反映会更为及时，并在管理中以用户为中心来改进服务和提高质量”[3]。通过收费既解决了私人提供的效率低下问题，也会调动各方力量参与政府信息资源的增值开发。

简而言之，政府信息收费实现了政府信息价值的货币化，使政府信息服务收益成为提高政府财政收入和信息资源建设资金的有益补充，对减缓政府信息成本压力，加快公共信息资源开发，改善政府信息资源供给结构，优化信息内容产业发展，形成社会信息共享环境发挥了重要作用。

2　中外政府信息收费制度概览

当前，各国政府信息收费主要集中在信息公开过程中的费用收取和信息增值获取中的收费。由于信息公共性程度和信息利用目的的差异，各国往往采取了不同的信息收费与定价策略。

2.1　中外政府信息公开收费制度比较

秉承“谁使用，谁受益，谁付费”的原则，许多国家的《信息公开法》中允许政府机构在信息公开请求中适当收取费用，普遍的收费项目包括：申请、检索、复制以及申诉等信息传播的相关费用，而不包含信息生产制作等成本费用。同时，为保障用户信息权，大多数国家在政府信息公开收费标准上进行了限定，一般只收取必要的复制费、申诉费等直接费用，而不进行人员开支、固定资产投入等全成本补偿性收费，基本以免费或低收费为主（见表1）。

表1　部分国家政府信息公开收费的相关制度规定

国家	信息公开收费的具体要求
美国	申请人支付费用以处理申请的部分或全部成本为限，不得按市场价值收费。1986年后，根据不同类型申请人确立收费原则：第一类传媒、教育与科研等非商业单位不以商业目的申请信息，只收取文件复制费；第二类商业用途的申请人，还包括复制费、寻找费与审查费等；第三类个人、公共利益团体、非盈利性组织等只收取合理的复制费与寻找费。
英国	免费或者收取为满足对信息特定要求发生的额外费用，如查找、检索、介质转换、复制、邮寄等费用。
保加利亚	应免费获取，提供公共信息所发生的费用应按照财政部规定标准收取，且不得超出发生的实际成本。
加拿大	收取申请费、复印费、检索费及计算机使用费，如出于“一般公共利益”而非个人或商业需要可以免去申请费。
芬兰	以文件副本或打印方式提供文件，或以技术界面、其他电子形式提供文件以及提供的回复和寄送服务，可按照具体规定收费。
日本	公开请示的提出人或行政文件公开的接受人应按照规定各自在实际发生费用范围内缴纳由政令规定金额的公开请示手续费和公开决定实施手续费。
澳大利亚	政府机关对实际披露的文件所规定的收费标准须依据信息自由专员确定的等级而定。信息自由专员根据政府机关负责人在对有效卷宗进行检索所花费的时间进行调查，将检索到的信息以页为单位计算出平均时间，从而根据申请人所获信息量的不同而收取不同的费用。
中国	行政机关政府信息公开工作中，依公民、法人或者其他组织的书面申请，向其提供本机关主动公开信息范围以外的政府公开信息时，可以收取检索费、复制费、邮寄费。

在规范收费原则与标准的同时，一些国家还设定了收费减免原则与条件，例如《日本信息公开法》指出申请人经济困难或有其他可以减免理由时可以进行必要的减免，泰国和印度将低收入经济困难列为减免理由，还有一些国家如韩国、美国等将“为了公共利益”作为免予收费理由；同时还针对申请公开用户的不同类型，如非商业单位、商业单位以及其他用户等在信息公开申请的收费标准上进行一定的价格区别。

2.2 中外政府信息增值开发收费情况比较

从各国政府增值信息开发与利用的收费制度来看，主要的收费做法包括政府增值信息的边际成本收费、平均成本收费、全成本收费以及市场化收费等。在实践中，对于私营信息机构等市场组织提供的政府增值信息，各国普遍采取市场机制随行就市的做法，并在贷款、税收等方面予以一定政策倾斜，大力扶持以政府信息资源开发为基础的信息内容产业的发展。对于政府部门提供的增值信息，均规定了不得以营利为目的，但在具体信息收费策略与方法上有所区别。受历史、文化以及政府管理传统等多方面影响，美国长期奉行政府信息开放获取政策，其联邦政府信息无版权以及信息传播边际成本收费等信息政策在政府信息资源开发利用领域产生了积极影响。布朗大学公共政策 Taubman 研究中心 2006 年、2007 年对美国各级政府网站的调查结果表明，2007 年美国地方政府网站中只有 17% 的站点提供在线服务时收费，2006 年的比例是 12%[4]。

在分权与市场导向的新公共管理运动影响下，以英国为代表的欧盟国家在政府信息增值开发中，普遍采取成本回收策略，允许政府机构通过公私合作或直接参与政府信息的商业性利用，明确规定获取或再利用政府信息的费用应考虑产生、复制和分发信息的成本，并可以加上合理的投资回报，因而费用相对较高；1978 年法国通过了《关于改善行政机关与公众关系的各种措施以及其他行政、社会和税收秩序规定的法律》，规定行政机关有权自主决定由其制定或持有的文件信息被再利用时是否收费以及计算费用数额的标准。依据公平原则，法国获取行政文件委员会规定政府信息收费以实际发生成本加上合理利润为基础[5]。新西兰政府认为，当政府信息从生产者手中传送到按接受者偏好进行加工传播的过程中，在边际成本收费基础上适当收取一定的信息加工制作费是可行的。同时，当政府信息被用户出于商业出售或牟利目的再利用时，政府部门可以进行全成本核算并定价收费，包括信息生产成本和传播成本[6]。

3 不同收费策略的实践效果比较

2008 年，美国学者 Darrell M. West 通过对全球 198 个国家的 167 个中央政府网站的调查，发现大部分政府网站无论是邮件信息服务还是数据库利用等服务都不需要用户付费，用户付费的比例仅占网站总数的 1%[7]。在政府信息服务实践中，无论是基础信息还是增值信息，主要以无偿获取为主，特别是在网络环境下，随着政府信息生产、传播、利用以及拥有方式的改变，政府信息的收费策略也在发生变化，免费获取成为主流，边际成本收费受到更多国家的重视和采纳。

3.1 政府信息共享情况比较

用户总是倾向于以最少的支出获取最多的信息，信息收费必然对用户政府信息消费产生影响，尤其是高收费极易对弱势群体的信息获取造成收费歧视。2003 年，爱尔兰政府修订了《信息公开法》，实行新的信息收费标准，如信息公开申请收取手续费等 15 欧元，内部行政复议收取 75 欧元，向信息委员会申诉收取 150 欧元。这一标准实施后，各界申请政府信息公开的数量明显下降，2005 年共收到政府信息公开请求 14 616 份，虽比 2004 年增长了 14%，但仍低于 2003 年的 18 400 份[8]；在英国，政府信息收费已经成为制约信息公开的障碍，尽管只有 7% 的公开请求需要缴费，但其中 62% 的请求就因为没有在规定期限内缴费而未果[9]；澳大利亚国家统计局 2005 年底将统计信息由成本收费改为网上免费获取后，用户的数据利用量大幅增加[10]。可见，政府信息收费在一定程度上限制了人们的信息利用。

值得关注的是，随着人们对政府信息价值认识的不断深化，越来越多的人们自下而上地愿意为获取公共信息付费，且出现了愿意付费的人比实际支付的人要多的现象[11]。欧盟公共信息定价的调查结果表明（见表 2），无论是政府信息利用的不收费、成本收费，还是边际成本收费，都没有对信息供需产生根本性影响[3]。

表 2 信息收费对政府信息利用的影响

信息收费方式变化	总体变化	政府信息供给者（政府部门）	政府信息需求者（私营部门）
不收费	更多的数据	更多的数据	一样多的数据
边际成本收费	一样多的数据	更多的数据	一样多的数据
全成本收费	一样多的数据	更多的数据	一样多的数据

3.2 行政成本补偿情况比较

政府信息具有生产加工的高固定成本、传播利用的低边际成本特点，而政府部门信息生产、加工与利用的经费来源主要由公共财政投入、生产者投入和用户付费三部分构成。同时，政府信息的公共性决定了公共投入必然要在其成本结构中占据主导地位，而生产者投入与用户收费的比例取决于政府信息资源开发策略，只是其成本来源的有益补充，特别是在政府信息封闭式体系内循环背景下，来自社会的资金、技术、人员等往往难以介入。2008—2009 年英国公共信息办公室有关公共信息供给活动的成本收支情况再次证明（见表 3），政府信息收费只能部分地冲抵信息成本开支，并不构成政府信息建设经费的主要渠道。

表 3　英国公共信息办公室 2008—2009 年信息供给收支情况比较[12]（单位：英镑）

具体开支项目		金额	总计
成本开支明细	相关工作人员的薪酬	771 000	1 173 000
	产权与基础设施等固定资产投入	184 000	
	其它运行经费	218 000	
	合计		
收入收费明细	版税（根据版权商业性利用的许可收费）	101 000	107 000
	行政性收费（对其它政府部门相关收费）	6 000	
净支出	–	–	1 066 000

注：成本开支中尚不包括公共信息办公室专家咨询小组等成本开支。

政府信息成本收费与边际成本收费的策略差异必然会对信息成本收支结构产生影响。美国政府机构信息边际成本收费的做法使其信息服务收入极为有限，只占其信息成本支出的 2%，而澳大利亚政府机构以市场价格或成本回收形式获得的信息收入达到或超过其支出的 30%[13]。需要指出的是，在一些实行成本性收费的国家，虽然成本性收费提高了具体政府部门的信息收入，但并未真正降低政府信息成本，只是政府信息资源建设经费的体制内循环。例如 1996—1997 年间，英国政府通过政府信息商业性利用，包括直接的销售收入、许可收入以及数据供给收入等共计 1.99 亿英镑，在发生上述信息交易的 76 个政府部门中，超过 88% 的收入来自 7 个实施成本收费的贸易基金部门，如气象局、土地登记局、统计局、地形勘测局、贸工部等。其中，73% 的收费来自其他政府部门的购买，只有 15% 的收入是根据《皇冠版权法》，由商业性出版、许可出版以及其他组织的出版收益构成[14]。

3.3　信息市场竞争情况比较

早在 2000 年，欧洲委员会《欧洲公共信息的商业开发》报告就对欧盟国家与美国公共信息再利用的不同收费机制效果进行了比较，指出政府信息的边际成本收费在价值上已经远远超过预想的成本回收办法。通常情况下，政府信息下游市场的竞争会在以下情形发生扭曲：政府部门作为市场化原材料的首要收集者和拥有者，拒绝向各类信息机构提供信息；政府部门对于自身及其所属下游企业和私营信息企业在政府信息获取上的歧视性收费或供给；借助政府数据与信息等上游产品的高定价高收费，对下游提供者的市场型增值信息进行边际效益压缩。据英国贸易基金管理办公室估算，不当的政府信息收费机制会导致政府信息产品的过高定价、下游竞争扭曲以及公共信息开发的失败等一系列损害用户利益的行为。其中，过高定价会导致的用户损失为每年2千万英镑，对下游竞争的限制会导致的损失有1.4亿英镑，公共信息开发失败将带来的损失有3.6亿英镑，总计高达大约5.9亿英镑/年[10]。

4 反思与启示

从社会效益角度分析，政府信息利用的成本回收做法并不是实现政府信息效益最大化的最好出路。在实际执行中，信息收费备受争议。一方面，信息成本的高低取决于多种因素，特别是政府机构记录管理工作的效率和效益，在不提高内部信息管理效率的情况下，单纯的信息收费不足以弥补信息成本开支，反而为个别政府机关拒绝信息供给大开方便之门；另一方面，对于弱势群体而言，信息收费无疑增加了信息获取成本，抑制了信息共享。但支持成本收费的人们认为，尽管从短期看，边际成本收费确实具有较大的社会经济效益，网络信息的复制成本费几乎为零，有其积极的一面，而信息首先是体验型商品，低成本收费会无限扩大信息需求，造成政府信息供给的拥挤。对此，信息经济学家金马解释道："用者付费的分配功能要求信息价格等同于边际成本以获取经济效益，然而，边际成本定价会降低平均成本曲线，导致没有足够的税收来资助信息产品和服务的生产"[15]。可见，政府信息收费应准确区分基础信息与增值信息的差别，进一步划清公共信息和准公共信息、私人信息的界线，清晰分辨信息共享全民受益与个性需求个体受益的利益差别。同时，还要积极推进电子政务建设，因为网络不仅为公众提供了获取相关信息和查询潜在信息的机会，而且还提供了免费获取的机会，否则其他形式的获取就要收取费用。

参考文献：

[1] 李齐石．政府经济学[M]．北京：经济科学出版社，2003：349.

[2] Fitzgerald B. Access to and re-use of public sector information[EB/OL].[2011-01-13]. http://www.ses.library.usyd.edu.au/bitstream/2123/6556/1/PSI_vol1_chapter1.pdf.

[3] Pollock R. The economics of public sector information[EB/OL].[2011-01-24]. http://www.rufuspollock.org/economics/papers/economics_of_psi.pdf.

[4] Delaware and Michigan are best states for American e-government[EB/OL]. [2009-01-

20]. http://news. brown. edu/pressreleases/2007/07/american-e-government.
[5] 李滨. 法国信息自由保护的立法与实践[J]. 南京大学学报,2009(6):43 - 51,140.
[6] Booth K. NZ government information policy and data re-use project background paper[EB/OL]. [2011 - 02 - 02]. http://ses. library. usyd. edu. au/bitstream/2123/6565/1/PSI_vol2_prelims. pdf.
[7] West D M. Improving technology utilization in electronic government around the world,2008[EB/OL]. [2010 - 03 - 12]. http://www. brookings. edu/.../2008/... egovernment_west/0817_egovernment_west. pdf.
[8] Office of the Information Commissioner. Annual report[EB/OL]. [2008 - 06 - 24]. www. ico. gov. uk/... reports/dp_annual_track_2005_-_individual_report. pdf.
[9] Kubicek H. Freedom of information as e-government service considerations on the effectiveness of recent reforms[EB/OL]. [2010 - 07 - 18]. http://www. ifib. de/publikations-dateien/kubicek_foi-tis. pdf.
[10] Office of Fare Trading. The price of everything but the value of nothing[EB/OL]. [2011 - 03 - 16]. http://www. oecd. org/dataoecd/12/34/40066135. pdf.
[11] Towards the 2008 review of the directive on PSI re-use:PSI pricing survey[EB/OL]. [2010 - 02 - 21]. www. appsi. gov. uk/.../APPSI-PSI-Directive-Consultation-Response-2010. pdf.
[12] The Office of Public Sector Information. The United Kingdom report on the re-use of public sector information 2009: Unlocking psi potential[EB/OL]. [2011 - 03 - 18]. www. nationalarchives. gov. uk/.../uk-report-reuse-psi-2009. pdf.
[13] KPMG Consulting (Garry Sears), Geospatial data policy study project report -executive summary[EB/OL]. [2010 - 08 - 12]. http://www. geoconnections. org/programsCommittees/proCom_policy/keydocs/KPMG/KPMG_E. pdf.
[14] Saxb S. UK public sector information and re-use policy-A 2008 analysis[EB/OL]. [2011 - 02 - 02]. http://ses. library. usyd. edu. au/bitstream/2123/6565/1/PSI _ vol2 _ prelims. pdf.
[15] Kingma B R. The economics of information: A guide to economic and cost-benefit analysis for information professionals[M]. 2nd ed. Englewood: Libraries Unlimited,2001.

作者简介

夏义堃，女，1967 年生，副教授，博士，发表论文 40 余篇。